DRC 丛书主编·李 伟

国务院发展研究中心
研究丛书2013

中国制造业创新与升级
路径、机制与政策

Transition and Upgrading of
China's Manufacturing Industry:
Paths, Mechanisms and Policies

吕 薇 主编 李志军 马名杰 副主编

中国发展出版社
CHINA DEVELOPMENT PRESS

图书在版编目（CIP）数据

中国制造业创新与升级——路径、机制与政策/吕薇主编.
北京：中国发展出版社，2013.6
（国务院发展研究中心研究丛书/李伟主编.2013）
ISBN 978-7-80234-958-2

Ⅰ.①中… Ⅱ.①吕… Ⅲ.①制造工业—经济发展—
研究—中国 Ⅳ.①F426.4

中国版本图书馆 CIP 数据核字（2013）第 124313 号

书　　　名：中国制造业创新与升级——路径、机制与政策
著作责任者：吕　薇
出 版 发 行：中国发展出版社
　　　　　　（北京市西城区百万庄大街 16 号 8 层　100037）
标 准 书 号：ISBN 978-7-80234-958-2
经 销 者：各地新华书店
印 刷 者：北京科信印刷有限公司
开　　　本：700mm×1000mm　1/16
印　　　张：26.75
字　　　数：420 千字
版　　　次：2013 年 6 月第 1 版
印　　　次：2013 年 6 月第 1 次印刷
定　　　价：75.00 元

联 系 电 话：(010) 68990630　68990692
购 书 热 线：(010) 68990682　68990686
网 络 订 购：http://zgfzcbs.tmall.com//
网 购 电 话：(010) 88333349　68990639
本 社 网 址：http://www.develpress.com.cn
电 子 邮 件：bianjibu16@vip.sohu.com

总　序

深化体制改革　促进转型发展

国务院发展研究中心主任　李伟

　　党的十八大提出了到 2020 年全面建成小康社会的宏伟目标。届时，按不变价计算，城乡居民收入水平比 2010 年实现倍增。要实现这一宏伟目标，到 2020 年前，我国 GDP 年均增长速度需要略高于 7%。如何在转变发展方式的基础上保持经济较快增长，实现全面建成小康社会的宏伟目标，对我们的工作提出了新的要求。

　　未来中国经济发展面临着全新的国际环境。全球金融危机爆发后，世界经济进入了大调整大转型时期。发达经济体难以在短期内恢复高速增长，世界经济进入低速增长新阶段。全球性产能过剩问题加剧，国际市场竞争更加激烈，贸易投资保护主义有所抬头。区域贸易安排取代多边贸易体系，成为贸易投资自由化的主要形式，发达国家正按照自身利益酝酿新的贸易投资规则。三大主要经济体同时采取宽松的货币政策，导致全球性流动性过剩，对国际资本流动、全球金融市场的稳定均产生巨大影响。能源供求结构与格局深刻变化。主要发达经济体在救助金融危机和刺激经济的同时，实施"再制造业化"战略，重视新兴产业发展，推动经济加速转型。国际环境的变化，蕴含着新的机遇与挑战，战略机遇期的内涵与条件发生了重要变化。

中国经济发展进入了新阶段。我国已经进入了中等收入国家的行列，潜在经济增长率将出现下降，经济增长动力正处于转换之中。我国比较优势也在发生深刻变化，以往支撑我国参与国际分工与竞争的低成本劳动力优势正在快速削弱，劳动密集型产品在国际市场上面临着日益激烈的挑战。

转变发展方式刻不容缓。依靠要素投入驱动的经济发展方式难以为继，不平衡、不协调、不可持续的矛盾日益尖锐。经济结构不合理的问题日益严重，影响社会和谐稳定的矛盾更加突出，产能过剩、房地产泡沫、地方融资平台蕴含的金融风险等问题不可忽视。年初华北地区大面积持续的雾霾天气，不仅突显了资源环境问题的严重性，更反映了转变发展方式的紧迫性。

既要转变发展方式，又要保持经济稳定增长，唯一的出路是深化体制改革。体制机制是决定经济发展方式的根本因素，老的体制机制决定了老的发展方式。要转变发展方式，必须要有一套新的体制机制，否则，转变发展方式只能是纸上谈兵。除此之外，抓住新的发展机遇，释放经济增长的潜力，同样需要进一步深化改革。

深化改革要坚持不断完善社会主义市场经济体制。深化改革的关键是处理好政府与市场、政府与社会的关系，要尽可能把市场与社会可以自行承担的职能交给市场和社会，要用体制机制用好、管好政府这只"看得见的手"，充分尊重市场这只"看不见的手"，真正发挥市场机制在资源配置中的基础性作用。

改革进入深水区，需要我们用极大的智慧与勇气推进改革。各种体制盘根错节，相互影响，牵一发而动全身，改革不能零打碎敲，必须做好改革的顶层设计，系统化推进。

国务院发展研究中心是直接为党中央国务院决策服务的政策研究咨询机构。我们始终坚持围绕中心、服务大局的方向，开展政策研究，将战略性、综合性、全局性和前瞻性的重大战略问题研究与对经济社会发展中的热点、难点、焦点问题研究有机结合，力争为党中央国务院决策提供"管用"的政策建议与解决方案。

2013 年的"国务院发展研究中心研究丛书"共包括 16 本著作，是过去一两年我中心部分政策研究成果。《改革攻坚（上）——改革的重点领域与推进机制研究》和《改革攻坚（下）——推进经济体制重点领域改革研究》是对下一步经济体制改革的总体设计，是我中心重大课题研究成果。丛书中还收录了对特定领域改革的研究成果，如《稳定与完善农村基本经营制度研究》《利率市场化改革研究》。关于转型发展方面的研究成果则包括：《中国制造业创新与升级——路径、机制与政策》《中国企业转型发展调查研究》《要素成本上涨对中国制造业的影响及相关政策研究》《大调整时代的世界经济》《全球农业战略：基于全球视野的中国粮食安全框架》《完善城镇化进程中的社会政策》《人口倒挂地区社会管理研究》等。针对经济社会发展中的热点问题，丛书重点收录了建立房地产市场调控长效机制的研究成果，包括《中国住房市场：调控与政策》《土地供应制度对房地产市场影响研究》。另外，丛书还收录了关于经济社会发展中一些新趋势、新问题的研究，如《中国云计算应用的经济效应与战略对策》《中国场外股权交易市场：发展与创新》《中国中长期负债能力与系统性风险研究》。

　　我们正在着力建设"一流智库"，不断提高政策研究的水平与质量。尽管如此，丛书中收录的研究成果，可能还存在种种不足，希望读者朋友不吝赐教，提出宝贵意见与建议，帮助我们不断改进。我衷心希望，社会各界都能够关心支持政策研究与咨询工作，为实现中华民族伟大复兴的"中国梦"，不断作出新贡献。

2013 年 6 月 3 日

前 言
Foreword

　　"十二五"是我国转变发展方式，实现经济结构调整的关键时期。党的十八大报告提出实施创新驱动发展战略，强调科技创新是提高社会生产力和综合国力的重要支撑，必须摆在国家发展全局的核心位置。目前，我国是制造业大国，但不是制造业强国。随着劳动力、资源、环境成本不断提高，低成本制造的优势空间缩小，支撑经济发展的要素条件发生变化，投资驱动、规模扩张、出口导向的经济发展模式已不可持续。随着技术进步加快，产品结构向中高端转移，新技术突破带动新兴产业发展，模仿制造和技术引进的路子遇到障碍。因此，必须依靠创新推动制造业转型升级和提高要素生产率，保持和提升已有产业竞争优势，培育新优势，提高发展质量和效益。

　　近些年来，国务院发展研究中心技术经济研究部围绕创新促进转变发展方式和调整产业结构这一主题，重点研究制造业转型升级的路径、机制和政策。2011年，我们重点研究了"深化改革和体制机制创新，营造有利于技术创新的制度环境"，以及"促进传统产业技术改造的体制与机制"；2012年，我们又重点研究了"产业结构调整升级过程中的创新战略与政策"。研究结果表明：

　　首先，创新是个逐步积累的过程。我国产业发展经历了从生产能力追赶到技术追赶的过程，产业技术进步从模仿制造、引进技术消化吸收进入自主研发与引进技术消化吸收再创新的阶段。进入21世纪以来，我国的科技投入持续快速增长，多年科技投入积累的效果逐步显现，产业技术进步加快。目前，我国制造业能力和科技投入总量居世界前列，创新能力居中上，但总体看，我国仍是技术和知识产权净进口国。

　　第二，市场力量倒逼企业创新，形成具有中国特色的创新模式。目前，产业技术发展从跟踪模仿和引进生产能力逐步转向引进技术消化吸收与自主研发相结合。创新要素逐步向企业集聚，企业创新能力不断增强。企业技术水平和创新能力呈二元结构，部分行业的排头兵企业具有自主创新能力，并在部分领域与跨国公司同台竞争。但大部分企业仍处于技术跟踪阶段，从平均水平看，企业的研究开发活动仍不普遍，创新能力薄弱。

第三，我国各类产业的技术发展阶段不同，转型升级路径和创新模式不同。大部分行业处于技术追赶阶段，部分产业技术领域从模仿追赶者变为同行者，少数进入领跑者。企业创新模式多样化，目前技术改造仍是传统制造企业技术进步的重要形式之一。与发达国家相比，我国传统产业的创新优势要大于高技术产业。

第四，尽管我国的低成本竞争优势减弱，但仍有长期积累的其他优势。与发达国家相比，我们具有人力资本优势，工程技术人员数量多，成本较低，在技能密集型产业有优势；与发展中国家相比，我国具有技术积累和资本累积能力，在技术密集和具有完整供应链的行业有优势。因此，我国制造业的竞争优势将从低成本转向技能密集和具有较完整供应链。我们要找准和充分利用已有优势，改进制度安排，加强政策引导，把相对低的成本优势与技术进步和提高创新能力结合起来，提高要素生产率，重塑制造业竞争优势。

第五，全球金融危机以来，一些发达国家和新兴国家纷纷调整经济发展方式，加大对创新的投入，全球创新格局发生变化。一是发达国家仍是创新主力，新兴大国正在成为推动世界创新格局演变的主要力量。二是创新全球化的趋势明显。随着经济全球化发展，科技要素的全球流动加快，加速了创新人才的全球流动；联合研究开发和技术市场推动创新成果在全球范围内产业化。三是创新理念和模式发生变化。创新活动从工业领域向服务业延伸，从产品、工艺创新为主延伸到商业模式和产业组织模式创新；创新主体从跨国公司、大企业为主扩展到中小企业。创新模式也从依靠单个企业内部研究开发、产业化转向利用区域创新资源优势的集群创新，乃至全球化创新。

第六，面对国内外产业竞争和技术进步的新形势，创新驱动发展需要转变战略和推动方式。一方面，要从全球科技发展和产业竞争的大格局来布局创新活动；根据技术发展阶段和行业特点，分类制定创新战略；坚持开放创新，加强国际合作，有效利用国际资源；掌握和有效运用国际规则，保障全球范围内谋划和推进创新。另一方面，在推进方式上，应从政府主导创新转向加强体制机制建设和营造市场环境，以市场引导的企业创新；从科技政策为主转向创新政策，提高政策的综合性与协调性；从以点到点资助单个企业和机构创新转向加强创新基础设施建设和普遍性政策，提高公共资源和政策的社会效益。

我们将近两年关于创新与产业转型升级的部分研究成果编辑成册，献给读者。目的是与广大读者分享我们的研究与思考，并就大家共同关心的问题进行讨论，为推进创新驱动发展战略的实施尽一份力量。本书共分为五篇。第一篇总论从总体角度研究创新驱动产业转型升级，在分析我国产业技术创新阶段特征和创新环境的基础上，探索如何完善创新环境和改进创新推进方式。第二篇和第三篇分别研究了战略性新兴产业发展和传统产业改造升级的动力、模式、机制和政策，重点选择平板显示行业、数控机床和高速铁路等战略性新兴产业，以及家用电器、建材、纺织和服装、汽车等传统产业，进行较深入的研究。在第四篇和第五篇，针对通信设备制造业和化学制药两个竞争力不同的典型行业，深入分析研究了创新在产业转型升级的作用，以及行业创新特点和影响因素，提出了有关创新战略和政策建议。

本书第一章、第二章、第三章和第七章由吕薇撰写；第十一章、第十九章由李志军撰写；第四章、第六章和第十五章由马名杰撰写；第五章、第十六章由田杰棠撰写；第八章、第十章、第十二章由沈恒超撰写；第九章、第十七章由戴建军撰写；第二十章由李广乾撰写；第十三章、第二十二章由罗涛撰写；第二十一章由李忠撰写；第十四章、第十八章由杨超撰写。

由于制造业转型和创新是一个综合性很强的题目，涉及方方面面的问题，加之编者和作者水平有限，本书难免有不当之处，希望读者给我们提出宝贵意见。

吕　薇

2013 年 5 月

目 录
Contents

第三篇　传统产业的技术改造与转型升级

第四篇　通信设备制造业创新与产业升级

第五篇　化学制药工业创新与转型升级

第一篇

总 论

第一章

创新是促进制造业转型升级的
重要动力和支撑

党的十八大提出实施创新驱动发展战略，并强调科技创新是提高社会生产力和综合国力的重要支撑，必须摆在国家发展全局的核心位置。技术创新是经济增长和经济结构调整的重要源泉，我国正处于加快工业化进程和转变发展方式的关键时期，创新成为转型发展和产业升级的重要动力和手段。

一、创新的内涵

1. 创新是经济概念而不是技术概念

创新的本质是利用知识和发明创造财富，创新是将创造技术和知识的能力转变为经济效益的过程。创新有多种形式，包括技术创新、商业模式创新、组织创新和管理创新等等。技术创新的本质是将科学与技术转化为生产力。创新链包括从研究开发、成果转化到产业化、商业化的全过程，研究开发仅是创新的一个环节。市场是检验创新是否成功的最终标准，有效的创新是获得市场成功的创新。

2. 在市场上获得成功的创新并不一定是最先进的技术

创新不是为了追求技术的先进性，而应强调市场适应性与经济可行性。例如，集装箱的发明是 20 世纪最重要的创新之一，其运用改变了世界交通运输的模式。但集装箱本身并没有太多技术含量。相反，有些高新技术产品则因为成本太高，经济不可行而不被市场接受。

按照替代性来划分，创新可以分为突破式创新和渐进式创新。突破式创新是创造一种高附加值的新产品，替代现有产品和技术。渐进式创新是对已有的技术进行改进，对现有的产品和工艺进行改造。现实中，绝大部分创新是渐进式创新。按照有无原则划分，创新可以分为原始型创新和学习型创新。原始创新主要是实现前沿技术产业化，从无到有，可以获得较长期超额利润，产业竞争力强。但需要大量前期研发投入，要求国家和企业具有较强的技术和经济实力。而学习型创新（或模仿型研究开发）是以引进技术消化吸收、改进创新为主。通常，处于技术追赶阶段的国家以学习型创新为主。按照技术的获得方式划分，创新可以分为自主研发、引进技术消化吸收改进创新和集成创新。《国家中长期科学与技术发展规划纲要（2006～2020）》（简称《规划纲要》）中提出把增强自主创新能力作为国家战略，贯穿到现代化建设的各个方面。《规划纲要》提出的自主创新包括原始创新、引进技术消化吸收再创新和集成创新，其实质仍是开放创新。"自主创新"是针对过多依赖外部技术，防止国内企业技术"空心化"而言，其核心是根据国家发展战略和企业参与国际竞争的需要，掌握技术发展方向和研究开发的主导权。因此，自主创新不是关起门来自己研究开发，而是在开放条件下以我为主导的创新。

3. 对不同发展阶段和技术能力的国家，创新含义不同

在技术领先的发达国家，原创技术较多，创新主要指采用比其他国家更新、更先进的技术。而在发展中国家，创新不一定是创造世界最先进的技术、工艺和产品，而是对一个国家和地区来说是新的产品、设计和生产工艺，包括学习、利用和传播外国新技术，以及对其进行适应性改造。发展中国家的创新要充分发挥后发优势，有效利用国际科技资源，吸引人才、技术和管理经验，广泛开展国际合作。

4. 随着技术复杂度和全球创新系统的发展，产业技术创新模式发生变化

创新有三种主要模式。一是垂直创新（线性创新），即依靠企业内部的研发能力，从研发、创新成果转化到现实商业化，创新各环节大都是在垂直一体化的企业内完成，如 IBM、AT&T、通用电气公司都曾经是线性创新的典范。

二是集群创新，即利用地区内集中的科技资源，实现大学与企业合理分工，形成创新网络。大学主要从事基础性研究，为创新打造科技的基础设施；而企业则主要进行成果转化、产业化和市场开拓。比如，美国的硅谷、西雅图、波士顿，北京中关村、上海张江、武汉光谷等，形成了产学研相结合的创新集群，吸引了一些大企业和诞生了许多初创企业。三是创新网络全球化。随着现代信息基础设施的快速进步和发展，缩短了区域间的举例，人们开始以一种全新的方式把信息技术服务和硬件、软件捆绑在一起，整合全球资源，实现创新的专业化分工和网络化集成。如苹果公司通过设计能力和组织模式，利用全球的研发和制造能力，实现集成创新。全球网络创新的兴起，将不断提高创新的效率，缩短创新周期。

5. 全球创新格局发生变化

①发达国家仍是创新主力，新兴大国正在成为推动世界创新格局演变的主要力量。发达国家居世界创新的前沿，高收入国家 R&D 支出占全球的 70%，平均 R&D 支出强度为 2.5%。但中国、印度、巴西等新兴大国的高技术产品出口增速加快，R&D 支出和专利数量与份额不断增加。例如，中国的发明专利申请量已居世界第一，R&D 支出总量和论文数量居世界第二位。

②创新全球化的趋势明显。随着经济全球化发展，科技要素的全球流动加快。教育的全球化，加速了创新人才的全球流动；联合研究开发推动创新成果在全球范围内产业化。因此，创新也要充分利用世界的人才、技术和市场。跨国公司根据人力资源、成本优势和市场空间等因素，利用全球研究开发资源的比较优势，在世界各地布局研究开发中心，推进创新活动国际化。目前，我国已经成为研究开发国际化的重点地区，至 2010 年，外国公司在中国设立的研发机构超过 1200 家。但外资研究机构与国内创新和经济的融合仍有待加强。

③创新理念和模式发生变化。创新活动从工业领域向服务业延伸，从产品、工艺创新为主延伸到商业模式和产业组织模式创新；创新主体从跨国公司、大企业为主扩展到中小企业，越来越多的创新源于中小企业。由于技术进步加快，特别是跨领域技术的发展，产品技术集成性、复杂性增加，创新所需投入加大，创新模式从垂直创新和集群创新逐步转向全球网络创新。创新模式从依靠单个企业内部研究开发、产业化转向利用区域创新资源优势、产学研合

理分工合作，从垂直创新转向集群创新和全球网络创新。

二、我国产业技术创新的阶段特征

我国产业发展经历了一个从生产能力追赶到技术追赶的过程，产业技术进步经历了从模仿制造、引进技术到自主研发的过程。建国伊始，我国的工业基础薄弱，技术能力不足，大部分行业通过引进生产能力，尽快形成工业基础。从"一五"时期的156项重点工程，到1970年代引进大型化工装置。特别是改革开放以来，我国实行改革开放，进入了新一轮大范围的技术引进，通过引进外资和技术，不断扩大生产规模，逐步提高技术能力和产业竞争力，许多行业的生产规模进入世界前列，从规模追赶走向技术追赶；一些创新型企业经历了从模仿制造到自主创新的过程。

进入21世纪以来，我国的科技投入持续快速增长，科技经费筹集额和研究开发（R&D）支出的增长速度均超过GDP的增长。多年科技投入积累的效果正在逐步显现，产业技术进步加快，企业技术创新能力逐步增强。

1. 科技支出总量进入世界前列

目前，我国的R&D支出位居世界第二位，R&D经费支出强度居发展中国家首位，超过部分高收入国家的水平，但与发达的创新型国家相比仍有较大差距。2012年，全国R&D经费支出8687亿元，比2002年增长5.7倍，占国内生产总值的比重由1.07%上升到1.84%；2012年，R&D支出超过万亿元人民币，R&D强度为1.97%。科技人力资源和从事研发人员总量居世界前列。2002～2011年，全时R&D人员当量数从103.51万人年增加到288.3万人年，增长了1.8倍。2006～2010年，每万名就业者中R&D人员年增长20.8%，比"十五"期间增加3.4个百分点，远超过OECD国家总体增长率2.74%。

2. 制造业能力居世界前列，创新能力为中上水平

在国际上，我国的制造能力排名高于产业竞争力排名，产业竞争力排名高于创新竞争力。目前，我国的制造业增加值居世界第一。在500个制造产品中，我国有220种产品的产量居世界前列。根据联合国工业发展组织（UNI-DO）的全球工业竞争力指数排序，2009年，我国的工业竞争力指数位居世界

第 5 位。根据世界经济论坛瑞士洛桑经济学院发布的国家竞争力排名，近几年我国位居第 26 ~ 29 位；根据欧洲工商管理学院和世界知识产权组织（WIPO）联合发布的 2012 年全球创新指数，在 141 个国家中，我国位居第 34 位。

3. 创新要素逐步向企业集聚，企业创新能力不断提高

一方面，企业已经成为创新投入的主力军。2002 ~ 2011 年，企业执行的 R&D 支出占全社会 R&D 支出的比例从 61% 增加到超过 74%，高于美、英、法等国，略低于韩国和日本等国。2011 年，企业的 R&D 人员全时当量占全社会的比重高达 75%，其职务发明占国内的 64%，有效发明专利约占全社会的 55%；大中型工业企业 R&D 人员全时当量占全社会的比重从 2004 年的 38% 增加到 2010 年的 54%。

另一方面，企业技术水平和创新能力呈现二元结构。少数创新型企业与多数跟随企业并存。一些行业排头兵企业的技术装备基本可以达到世界水平，已形成自主创新能力，有些还拥有自主核心技术；而大部分企业仍处于技术跟踪和模仿制造阶段。华为、中兴、联想等一批依靠创新提高竞争力和持续发展的企业正在形成，与跨国公司同台竞争；但许多行业仍处于低端加工制造和低价竞争阶段，大部分企业难以较快积累足够资金和技术能力进行 R&D 投入。从平均水平看，企业的创新活动还不普遍。2011 年，大中型工业企业中只有不到 30% 的企业具有研究开发活动，平均 R&D 支出强度为 0.93%；规模以上工业企业中具有研究开发活动的企业仅占 11%，平均 R&D 支出强度只有 0.71%。

4. 在市场力量驱动下企业以多种形式创新，以集成创新和引进技术消化吸收改进创新为主

经过多年引进技术消化吸收，我国企业的技术和资金积累能力提高，创新能力逐步增强。近些年，企业加大自主研发和引进技术消化吸收的投入力度，产业技术进步从依靠跟踪模仿和引进生产能力逐步转向引进技术消化吸收与自主研发相结合。全国 R&D 内部支出中，来自企业的资金从 2003 年的 460.6 亿元增加到 2011 年的 6420.6 亿元。根据统计数据，2004 ~ 2011 年，规模以上工业企业的 R&D 经费与引进技术经费之比从 2.78 倍提高到 13.3 倍，消化吸收经费与引进技术经费之比从 15.4% 增至 45%，购买国内技术经费支出与引进技术经费支出之比从 20% 增至 49.1%，R&D 经费支出与技术改造经费之比从37%增加到139.5%①。

5. 不仅高技术产业需要创新，我国传统产业也具有创新优势

从 R&D 支出总量来看，企业 R&D 支出相对集中在中高技术行业。但与发达国家相比，我国中、低技术传统产业制造业的创新优势大于高技术产业制造业。如，与12个 OECD 国家1991~1999年的 R&D 强度相比，2004~2009年，我国低技术制造业的 R&D 强度与 OECD 国家差距最小（有些年份还高于这些国家的强度），其次是中低技术制造业的差距稍小，中高技术和高技术制造业的 R&D 强度远低于12个 OECD 国家1991~1999年的 R&D 强度，见图1.1。

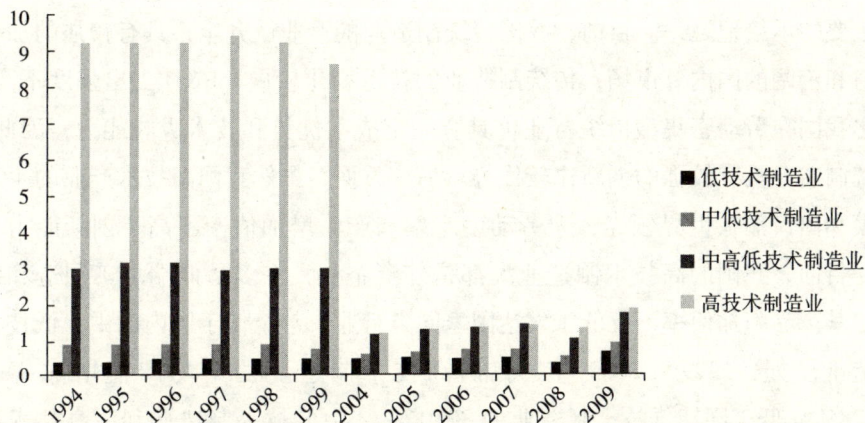

图1.1　中国 R&D 强度与 OECD 国家 R&D 强度比较

注：1994~1999年的数据为12个 OECD 国家的 R&D 分布，2004~2009年的数据为我国的 R&D 分布。

与欧美日韩等国相比，总体看，我国制造业的相对平均 R&D 强度要明显高于高技术制造业。如我国制造业的 R&D 强度分别是美国和日本的1/3、德国的43.5%、韩国的52%，而高技术制造业的 R&D 强度仅是美国的1/10、日本的16%、德国的24.6%和韩国的19%，见表1.1。我国高技术制造业的人均劳动增加值率和产值增加值率与发达国家的差距也大于中低技术制造业。如，2004~2009年，我国高技术制造业的平均产值增加值率不到美国的50%和德国的60%，约为日本的63%和韩国的86%；而低技术制造业的平均产值

① 根据各年《中国科学与技术统计年鉴》的数据计算。

增加值率约是美国的 84%、德国的 97%、日本的 76% 和韩国的 127%。2009年，我国制造业的劳动生产增加值率不到美国的 18%、日本和德国的 20%[①]。

表1.1　　　　　　中国制造业开发强度的国际比较（2011年,%）

	美国	日本	德国	法国	英国	意大利	韩国
	2007	2008	2007	2008	2006	2007	2006
制造业	29.41	29.41	43.48	40.00	41.67	142.86	52.63
高技术产业	10.06	16.19	24.64	22.08	15.32	44.74	28.81

数据来源：根据科技部战略研究院的资料计算。

　　我国传统的中低技术制造业创新优势大于高技术制造业，其主要原因如下。一方面，由于欧美等发达国家的传统制造业大都转移到发展中国家，我国是主要的承接地之一。目前，我国传统制造业的产业链齐全，具有较强的加工能力和广阔的国内外市场；传统制造业的技术变化较慢，R&D 支出强度不高，加之我国在劳动密集型传统行业仍具有一定成本优势和技术吸收能力，因此，传统制造业具有较强的创新比较优势。另一方面，虽然我国高技术产业的生产规模和出口额在世界领先，但劳动生产率和产值增加值率不高、创新能力不强。目前，我国的高技术制造业大都是外资企业，许多是低端加工制造和组装，其产品附加值率不仅低于发达国家同类行业，甚至低于国内的中、低技术制造业。如，1999～2009 年，我国高技术制造业的平均产值增加率为 22.78%，低于同期低技术制造业的 30.06%、中低技术制造业和中高技术制造业的 26.23% 和 25.51%[②]。加上高技术制造业的技术变化快，研发所需资金强度较大，技术能力需要长期积累，我国高技术制造业的 R&D 强度处于弱势。因此，我国要继续保持传统制造业的创新优势，不断提升高技术领域的创新能力，实现从制造大国向制造强国的转变。

　　6. 部分领域从技术追赶走向局部赶超

　　企业创新能力是一个渐进积累的过程，我国部分行业、部分企业的创新正在从量变到质变。经过多年的竞争、拼搏和积累，在部分产业技术领域，我国已从模仿、追赶者变为同行者，少数领域进入领跑者行列。如，目前中国制造的白色家电产品已超过全球市场的 60%，产品质量与国外同类产品

---

① 根据 OECD 网站数据计算，劳动增加值率按官方汇率换算成人民币。
② 根据各年中国统计年鉴数据计算。

接近，新产品开发逐步实现与国际同步。一些行业排头兵，如海尔、格力的R&D强度与国际同行基本相当，逐步建立了从零部件、关键零部件到整机制造的产业链，相继掌握了系统优化等整机技术。在电信系统设备领域，华为和中兴经过10多年的努力，不仅生产规模位居世界前列，而且已树立了国际品牌，被国外运营商认可。2011年，华为成为全球电信设备制造商的第二位，中兴也于2010年跻身世界五强。与国外电信设备制造商相比，华为和中兴的部分产品技术水平和性能与国外同类产品基本相当，其主要竞争优势在于高性价比。目前，我国的高速铁路、特高压输变电技术应用已成为世界的领跑者。

我国少数企业在部分国际标准中拥有话语权。如，截至2011年底，华为加入了130个行业标准组织，共向这些标准组织提交提案累计超过28000件，并担任OMA、CCSA、ETSI和ATIS等权威组织的董事会成员。在云计算的国际标准制定工作中，华为成为DMTF的14个董事成员之一，主导成立了IETF云计算数据中心领域的ARDM工作组并担任主席。一些特大工程技术项目的建设提升了我国在制定国际标准中的话语权。如"特高压"输电工程项目大幅提升了中国在国际电工领域的影响力，国家电网公司在国际电工委员会（IEC）推动创立了高压直流输电技术委员会，并承担委员会的秘书处工作；提交IEC标准提案13次，8次获得正式立项，其中《高压直流接地极设计通用技术导则》于2010年通过ICTTC115各成员国的投票。目前，我国已在全球率先建立了特高压交流输电技术标准体系，包括国家标准27项，行业标准23项，特高压交流电压成为国际标准电压。

7. 我国仍是技术和知识产权的净进口国，关键核心技术对外依赖性较大

2006~2011年，我国累计进口的专有权利使用费和特许费为640亿美元，出口额约为30多亿美元，净进口额约600亿美元，见表1.2。

表1.2　　　　2006~2011年我国专有权利使用费和特许费收支情况　单位：亿美元

	出口	进口	逆差
2006	2	66.3	64.3
2007	3.4	81.9	78.5
2008	5.71	103.19	97.48

续表

	出口	进口	逆差
2009	4	110.76	106.76
2010	7.8	130	112.2
2011	7	147	140
总计	29.91	639.86	599.24

资料来源：2009 年以前数据来自国家知识产权局规划发展司，《专利统计简报》，2010 年第 14 期（总第 90 期），2010 年以后数据来自中国人民银行年报。

三、中国特色的产业技术创新模式

产业技术创新能力的形成是一个渐进的积累过程。我国大部分企业是通过模仿制造和技术改造，在扩大生产规模的同时，不断提升产品档次和质量，提高市场占有率与盈利能力，逐步增强创新能力，探索形成了具有中国特色的创新模式。归纳起来主要有以下几种模式。

（一）在技术成熟的产业领域，从模仿制造到自主研发

我国许多行业从无到有，通过引进生产能力、模仿制造和引进技术消化吸收，逐步发展壮大。在技术比较成熟的传统制造行业，大部分创新型企业都经历了从引进生产能力和技术，通过反向工程，逐步形成自主研发和成果产业化能力；创新模式从引进技术消化吸收、改进到自主创新。

1. 白色家电行业的典型案例

我国空调行业老大——格力电器从一个手工制作窗式空调的企业，通过模仿制造、改进设计、提升产品档次、引进技术消化吸收再创新，到自主研发关键核心技术，不断扩大企业规模，积累资金和技术能力，成为具有创新能力的行业排头兵，"格力"品牌空调远销全球 100 多个国家和地区。格力电器的创新过程就是根据消费者的实际需求，不断改进产品品质和扩大生产能力，提升产品档次，提高产品市场竞争力的过程。从最初的改进外形设计、提高产品质量，到改进静音技术降低噪音、自主开发节能减排技术，一步一个脚印，目前，格力电器拥有国内外专利 6000 多项，其中发明专利 1300 多项，仅 2011

年就申请专利 1480 多项，平均每天 4 项专利问世，自主开发的变频技术获得国家科技进步二等奖。

2. 通信设备制造业的典型案例

华为是从制造交换机逐步发展成为创新型企业和电信设备行业的龙头企业。其创新能力的形成经历了几个发展阶段：在从模拟交换机到程控交换机的产品转变过程中，华为跟随外国先进技术，以模仿制造和改进创新为主，在国内市场和部分发展中国家市场占据了优势地位。接着，华为以降低成本为目标，从关键零部件自主研发入手，逐步介入 3G 技术。目前，华为通过自主研发与合作开发、以获得技术为目标的并购相结合，不断增强创新能力，已跻身全球电信设备制造领域的第二位。

综上所述，面向市场广大消费者的产业技术创新主要以市场为导向，市场倒逼企业创新的机制在发挥作用。因行业技术特征不同，各行业创新面临的主要问题不同。一是劳动密集型的传统制造业，如服装纺织和家用电器等行业技术变化较慢，成本和规模竞争力较强，市场占有率较高，创新技术大都是以降低成本、适应市场需求为目标的渐进创新。企业创新不仅是技术创新，还体现在企业管理、市场营销、品牌建设、产业组织结构调整等方面。这些行业创新面临的主要问题是，中小企业数量多，融资难，技术研究开发能力薄弱，技术来源不足；自主品牌产品较少，大多数是贴牌生产，产品附加值较低。目前，虽然少数行业排头兵企业形成了创新能力，但常常受到一些仿制或不达标企业的低价竞争的影响。二是在电子信息设备等高技术制造业，技术含量较高，技术变化较快，技术创新的研究开发支出较大。企业创新主要在低劳动力成本优势的基础上，靠大量研发投入和价低素质较高的科技人才，不断进行产品、工艺和商业模式创新，与国际竞争对手形成差异化优势。这些行业创新遇到的主要问题是，一方面，以规模为主的市场准入限制了早期市场竞争；另一方面，标准滞后及其排他性导致企业创新方向不确定和走出去困难。同时，政府采购政策缺乏鼓励创新的细则。

（二）依托国家重大建设工程项目，实现重大技术装备制造国产化和工程项目运行自主化

重大技术装备是指"技术难度大、成套性强、需跨行业配套制造"的资

本品，重大技术装备制造和工程项目运行水平反映一个国家在科学技术、工艺设计、材料、加工制造等方面的综合配套能力，其国产化将带动一大批相关技术的研发和行业发展。由于重大技术装备的技术复杂，涉及行业多，单个企业和部门难以实施其国产化，需要组织各方面进行攻关和配套消化吸收。国家有关部门专门设置了重大技术装备国产化计划，利用我国市场规模大的优势，通过"市场换技术"，引进技术消化吸收，逐步进行集成创新和改进创新，部分重大产业技术的应用步入国际前列。如，超临界火电机组、三峡水电站机组、特高压输变电、高速铁路等都是依托国家重大工程，通过合同招标的形式，引进跨国公司的先进技术，组织国内有关企业和研究机构消化吸收、改进创新，实现装备制造国产化和工程项目运行自主化。目前，我国在大型水电、高速铁路、特高压输变电等重大工程技术应用和成套装备已达世界领先地位。

1. 火电机组引进技术国产化

从 1980 年开始，为了加快提高电力工业和火电设备制造水平，我国引进 30 万千瓦、60 万千瓦亚临界火电机组的设计、制造技术，并组织消化吸收，实现了亚临界火电机组设计自主化和制造国产化，并达到 20 世纪 70 年代末 80 年代初的世界水平。为了实现节能减排，20 世纪 80 年代后期我国开始发展超临界火电机组，分别对 60 万千瓦超临界火电机组的锅炉、汽轮机、发电机组进行国产化。目前，国产的 60 万千瓦超临界火电机组性能已达到国际先进水平。2000 年，我国又将超超临界发电技术列入国家"十五"科技攻关和"863"计划，通过引进技术与中外联合设计制造，最终实现自主设计、制造，形成 60 万千瓦和 100 万千瓦超超临界发电机组的设计和成套制造能力。

2. 三峡水电站工程和直流输电工程技术国产化

我国三峡水电站工程和直流输电工程均采取捆绑招标和技贸结合的方式，坚持以我为主，从进口整套设备到与外国设备供应商联合设计、合作制造，最终实现技术自主化。例如，依托三峡直流输电工程的技术引进、消化吸收，我国超高压直流输电技术从无到有，从由外国公司总承包，直到具备自主系统研究和设计、自主招投标、自主采购元部件进行自主的设备研发/设计/制造/供货、独立完成安装和工程试验验收的能力，大大缩小了我国直流输电技术与国际先进水平之间的差距。从 1998 年开始引进超高压直流输电技术至 2011 年底，国内建成投产的超高压及以上直流输电线路达到 13548 公里，输送容量

3973 万千瓦。与国际上三大直流输电工程相比，在建设规模、设备容量等方面，三峡直流输电工程均属当时世界最大型的直流工程之一；三峡直流输电工程的先进运行指标，表明在自主化基础上我国直流工程的建设、运行和维护水平进一步创新，达到了目前世界先进水平。

3. 高速铁路技术引进与国产化

国产化高速铁路技术国产化工程也是通过集中引进技术、集中消化吸收，降低了引进技术和消化吸收的成本。铁道部统一组织引进技术对外谈判，然后实行任务分解，组织相关制造企业和研究机构一对一地引进、消化吸收，统一向企业下订单。一大批国内高校、研究机构、国家实验室与工程中心，以及 30 多家机车车辆厂，参与引进技术消化吸收，培养和锻炼了队伍，提高了整体技术能力。

4. 重大技术装备国产化中存在的主要问题

一是重点放在设备制造国产化和工程运行自主化，一些核心关键技术仍然受制于人。由于核心关键技术难以引进，许多国产化项目只是引进制造技术，关键部件和材料还靠进口。二是缺少前期研究开发投入，技术积累少，核心技术的消化能力弱。三是缺乏持续的投入。一些国产化项目完成后，后续研发投入不足，难以实现技术升级和自主创新。四是缺乏长期合作机制，当国外技术升级后，又要引进技术，存在循环引进现象。因此，重大技术装备国产化要加强关键核心技术的引进、消化吸收和继续研发，做到不仅知其然，还要知其所以然，真正形成自主创新能力。

（三）以科技成果产业化为主的创新创业推动了高新技术产业发展

科技型中小企业对发展我国的高新技术产业发挥了重要作用。科技型创业企业的技术和市场具有不确定性，其成长和发展主要靠市场选择，但需要政府的扶持。国际上一些成熟的市场经济国家，创新政策更多地偏向于创新创业新企业。

1. 科技体制改革与创业环境建设促进科技兴中小企业发展

一方面，改革开放以来，我国通过科技体制改革，促进科研院所、科技人员与市场结合，加快科研成果产业化，形成了一大批科研人员"下海"兴办的科技型中小企业。另一方面，政府的主要作用是搭建服务平台和创造良好的商业环境。1988 年开始推进高技术产业化的国家指导性计划，各地建设了一批高新技术园区和孵化器，促进科研成果转化，培育新兴技术企业。国家级高新技术园区集聚了一大批科技型中小企业，成为发展高新技术产业的主力军。如，北大方正、联想、中兴、清华紫光等企业都是科技体制改革以后科研人员创建的科技型企业，以科研成果产业化、技工贸结合等多种方式起家，最终在市场竞争中成长为行业排头兵。截至 2011 年底，88 个国家级高新技术园区共有工商注册企业 38 万户，新产品比重为 32.6%，技术性收入占营业收入 7%；R&D 支出占销售收入的 2.1%，占增加值的 5.45%，占全国企业 R&D 支出的 34.7%。国家级高新区的高新技术产品占园区产品总数 92%，高技术产品产值占园区销售额的 91.8%。为了改善高新区的创新创业环境，更多集聚创新资源和提高企业创新能力，近些年来，国家批准北京中关村、上海张江、武汉东湖为自主创新综合示范区，在创新体制、机制和政策环境方面先行先试。

　　2. 我国科技型创业企业发展面临的主要问题

　　一是多层次的资本市场不健全，创新型企业融资渠道不畅。为中小企业服务的金融机构不足，风险投资退出机制不健全，影响了创新创业企业的发展，以及新技术成果的产业化和商业化。目前，我国的创业投资基金仍以政府为主。2011 年，全国 29 个地区开展创业投资活动，1116 家创业投资机构，只有 12 个地区的私人资本占比超过 10%①。二是服务体系市场化程度较低，服务功能单一。各地孵化器、生产力中心的行政色彩较浓，人才短缺，特别是缺乏从事市场培育方面的专业辅导和咨询人才，多数以提供厂房服务为主。三是现行税收体制不利于一些智力密集型企业发展。如，因研究开发人员的工资不能享受研究开发支出加计扣除的政策，对智力密集型企业不利；对未分配利润转增资本金存在二次征税现象等。

（四）多数战略性新兴产业以引进技术起步，少数新兴技术应用居世界领先地位

　　为了应对全球金融危机，一些发达国家加大结构调整，加快新兴技术产业布局。2010 年，国务院作出了"加快培育和发展战略性新兴产业的决定"，确

---

① 中国科学技术发展战略研究院编：《中国创新地图 2012》，科学技术文献出版社 2012 年版。

定七大战略性产业。在各级政府的规划推动下，以制造业为特征的新兴技术产业迅速进入规模化发展。总体看，我国的新兴技术产业大多是从引进技术发展起来的，技术应用与国外基本处于同一起跑线，少数领域居世界领先地位。依托国内市场规模优势，我国成为新兴技术产业化应用的重要市场和设备制造基地。如，我国的风机产量、风电装机容量、太阳能光伏电池和组件生产能力都居世界第一，生物燃料的生产能力等也进入世界前列。高速铁路、特高压输变电等项技术的应用进入世界领先地位。

我国新兴技术产业的发展路径大都是从引进和发展制造能力入手，逐步向上游零部件制造延伸，从引进技术到根据市场需求进行改进创新。如，我国的新型平板显示技术行业排头兵之一——京东方科技集团股份有限公司，通过收购韩国现代集团下属 HYDIS 公司，获得液晶显示屏制造技术，建设了第一条5代线。在此基础上不断消化吸收和自主研发，实现了8.5代线的量产，形成 TFT – LCD 产品和工艺开发能力及建线能力。京东方的发展促使进口和外资生产的平板显示器大幅降价，带来了社会效益。

目前，我国战略性新兴产业发展中存在的主要问题是沿用传统产业的发展模式，重规模扩张、轻研发投入，重技术应用、轻核心技术掌握，重加工制造、轻产业链配套，重生产供应、轻市场开拓，导致部分领域出现新一轮低水平重复建设和产能过剩。尽管在许多新兴产业技术的应用与国际同步，甚至部分领域处于领先地位，但是关键核心技术和关键部件仍依靠进口，缺乏原始创新能力。有些新兴技术产业盲目扩张，供需不匹配。如，光伏产业的全链条是节能减排产业，但光伏电池制造是高耗能的，并具有污染，通常光伏电池发电15~20年才能补偿制造光伏电池所消耗的能源。而我国将光伏电池产业作为制造业来发展，并过度依赖国际市场，结果把能源消耗和污染留在国内，将清洁能源输出国外。

（五）集中力量实现战略性工程技术突破

在一些需要构建国际战略地位的领域，采取举国之力进行重点技术攻关。目前，我国在战略工程技术突破方面取得了世界瞩目的成就。如，我国在航天、深海等领域已进入世界前列，尽管某些核心技术与少数领先国家仍有一定差距。这不仅体现了国家实力，而且对带动高技术的发展发挥了积极作用。这些技术攻关实现了国家战略目标和用途，解决了有无问题，但因尚未实现产业化应用或无商业化用途。因此，不仅要继续加强这些战略领域的深入技术开发，还应加强技术转化和转移，促进其在民用领域的产业化应用。

（六）具有中国特色的突破性创新创造了巨大的社会效益

在我国，具有重大意义的突破性创新大都是根据市场需求，具有中国元素的创新。民营企业在其中发挥了积极的作用。如，汉字激光照排系统的技术突破使汉字印刷从火与铅的时代过渡到了计算机与激光的时代，改变了中国的印刷业。北大方正的诞生和发展是科技与经济的结合，有明确应用目标的、需求导向的政府资助研发项目通过科技型创业企业实现成果产业化的成功典型范例。

又如，中国的电子商务企业以电子商务交易平台，通过集成创新和商业模式创新，整合生产、商业和物流业，带动了大批制造业、物流等中小企业的发展，促进了就业。目前，中国电子商务交易量已居世界前列。2010 年，全国共有 9200 家企业从事 B2B 业务，年业务量为 95.5 亿元，网上支付额为 1 万亿；规模以上快递服务业务量达 23.4 亿件，收入 574.6 亿元，50% 的业务来自电子商务。特别是阿里巴巴作为电子商务平台运营商针对中国信用体系不完善的特点，开发了具有中国特色的第三方担保和电子银行。阿里巴巴的"支付宝"与多家银行建立了合作伙伴关系，银行为网上支付提供担保服务，最大程度上降低了用户的电子商务交易风险，成为中国最领先的在线支付服务提供商，用户数和交易额都在国内占主导地位。2012 年，阿里巴巴电子商务平台上上线的交易额突破万亿元人民币。这是民营企业根据市场需求进行的重大商业模式创新。

这些根据中国市场需求、具有突破性的创新，大都是民营企业实现的。这些民营企业在实现自身利益的同时，创造了巨大的社会效益。但是，目前我国类似的具有较大影响的突破性创新还很少。

综上所述，我国产业技术创新是市场导向和政府推动相结合。在面向广大消费者市场的产业技术创新主要依靠市场导向，政府给予一定支持，创新主体主要是民营企业和上市的公众公司。在战略性领域，产业技术创新则主要依靠政府推动，如重大技术装备国产化和战略技术攻关等，创新主体以国有大中型企业和公立机构为主。在新技术产业化领域，政府营造各种园区环境和提供服务，扶持创新创业企业，企业的发展则靠市场选择，如，各类高新技术园区和孵化器培育了科技型中小企业。

四、创新驱动战略是转变发展方式的必然选择

我国正处于产业结构调整和转变发展方式的重要阶段，创新与解决产业转型发展面临的突出问题相结合。目前，我国的经济总量居世界第二，制造业的规模为世界第一。但支撑经济发展的要素条件发生变化，劳动力、资源、环境成本不断提高，低成本制造的优势空间缩小，投资驱动、规模扩张、出口导向的经济发展模式已不可持续。技术进步加快，产品结构向中高端转移，新技术突破带动新兴产业发展，模仿制造和技术引进的路子遇到障碍。因此，必须依靠创新推动产业转型升级和提高要素生产率，培育新的产业竞争力优势，提高发展质量和效益。

1. 从依靠低成本制造优势转向培育技术、人才和品牌优势，提高要素生产率

随着要素成本和价格上升，环境和资源容量压力加大，我国低成本制造优势正在减弱，传统的资源消耗型发展模式不可持续。2005～2011年，城镇单位就业人员的平均工资指数为190.77，接近翻番；燃料动力的价格指数为161.4，固定资产投资指数124。目前，我国的能源消耗总量已是世界第一，制造业的劳动增加值率低于欧美日韩，高技术制造业的差距更大。高技术制造业的劳动生产率约为美国的1/10、德国和日本的1/6、韩国的1/4。因此，必须依靠技术进步、创新和提高劳动力素质来降低成本、实现节能减排和提高要素生产率。

2. 从低端制造转向中高端制造，提升制造业的价值链，做强制造业

我国是世界制造大国，但大而不强。与世界上发达的工业化国家相比，我国制造业的产值增加值率偏低。如，根据OECD的数据，2009年我国制造业的产值增加值率只是美国的71%，日本的79%，德国的84%；高技术制造业的产值增加值率仅是美国的46%，德国的60%（2007年）和日本的68%

(2008年)。制造业缺少自主品牌，虽然我国的制造产品出口额占世界的比例较高，但以出口加工和贴牌生产为主，50%以上是贴牌生产和出口加工。在世界100个知名品牌中，只有4个中国品牌，主要是中国银行、中国电信等国有服务企业品牌；我国有27个品牌进入500个知名品牌，仅有7个是制造业的品牌。因此，迫切需要提升产业价值链，增强产业竞争力。

3. 从依靠投资扩大规模转向创新驱动发展，消化过剩产能

由于投资驱动和追求GDP，我国不少行业存在产能过剩问题，高产能、低产出，高成本、低效益的矛盾困扰一些行业的健康发展。如2012年，全国钢铁产能利用率仅为72%，电解铝和氧化铝产能利用率不到80%，聚氯乙烯和电石全年装置利用率分别为60%和70%，多晶硅产能利用率仅50%左右，尿素产能过剩约25%，光伏、风电设备等战略性新兴产业也出现了较为严重的产能过剩问题。解决产能过剩不能仅靠行政命令和关停并转，必须从投资驱动向创新驱动发展转变，通过技术改造提升传统产业，发展新兴技术产业和高技术服务业，调整和优化产业结构。

4. 从模仿制造、引进技术转向引进技术消化吸收改进创新和自主研究开发相结合，增强创新能力提高技术自给率

随着我国经济和科技实力的增加，部分企业从中低端制造转向中高端制造，与国际跨国公司的竞争加剧。发达国家对我国的贸易壁垒不断升级，有针对性地加大打压我国创新企业和新兴技术产业；进一步加强对我国高技术出口的限制，引进技术的门槛日益提高，引进技术变得越来越困难。而外国转移到我国的制造企业，大部分核心技术、品牌和销售渠道仍然被外国公司所控制。因此，迫切需要转变依赖进口的技术发展模式，增强自主创新能力和提高国内技术供应能力。

5. 从依靠人口红利转向依靠人才红利，教育为创新培养适用人才

一方面，随着劳动力成本上升，人口红利下降，迫切需要提高劳动生产率。另一方面，产业转型升级提高了对劳动力素质的要求，创新的产品和工艺需要一线的生产和管理者去实现。目前，我国的劳动力结构不能适应创新发展和产业升级的需要。一是人才结构亟待改善。我国从事科技活动的人员和全时研发人员当量数分别位居世界第一和第二，但科技领军人才不足。二是生产和管理一线的技术工人和工程管理人才短缺，许多企业面临先进技术设备、低技

能操作人员的问题。三是教育结构不适应创新发展需要。职业教育发展不足，普通高等教育扩招过快，高等学校同质化严重，专科和应用型大学较少；教学模式和评价体系不适应培养创新人才和创新文化要求。因此，迫切需要改进教育体制，加大和优化人力资本投入，适应转型发展需要。

五、根据转型升级的需要制定创新战略

1. 从全球科技发展和产业竞争的格局出发布局创新战略

随着全球知识创造和跨学科技术融合发展，技术创新速度明显加快，一些重要战略领域孕育重大技术突破。要密切关注和紧跟世界科技发展的大趋势，根据全球产业竞争格局变化的新动向和社会需求提前做好战略部署。在市场潜力大、带动性强的领域率先进行研究开发和创新布局，在新的科技革命中赢得主动、有所作为。

一是信息化与工业化和人民生活深度融合推动信息技术深入发展和应用，互联网、物联网技术将在生产和生活的各个领域进一步广泛和深化应用。二是能源需求增加和传统资源约束加大，催生新能源技术发展与应用。三是人口老龄化以及人们对生活质量要求的提高，生命科学技术发展与应用加快。四是随着人口增加、耕地减少、食品安全等正成为可持续发展和减贫的重要议题，农业科学技术与应用越来越受重视。五是由于环境质量不断恶化，环境容量压力凸显，绿色增长成为人民群众普遍关注的问题，迫切需要发展绿色科学技术，加大对化工、交通、建材、电力等高耗能、高污染行业的节能减排技术改造。六是随着我国的制造业产品结构升级，制造业服务化的趋势明显，加快发展生产性服务业，促进制造业转型升级。

2. 根据技术发展阶段和行业特点，分类实施创新战略

我国产业门类齐全，产业技术发展处于不同阶段。目前，大部分产业技术领域处于追赶阶段，少数领域进入同步发展和技术前沿，因此，要实行追赶战略与跨越战略相结合。在追赶领域，技术路线和市场方向比较确定，可以采取市场导向与政府重点支持相结合。在同步发展和技术前沿领域，技术路线和市场不确定，要多发挥市场机制选择的作用，采用普遍性政策引导和后补助的方

式。如美国的页岩气产业的发展主要得益于美国政府的非常规气勘探开采减免税政策。美国政府事先并没有对页岩气勘探开采技术的研究开发给予专门支持，而是在减免税政策激励下，民间企业自发进行持续研究开发。政府重点支持一些战略性领域的研究开发和示范项目。如，在被封锁的战略技术领域，应坚持自己开发和创新；在技术被垄断的行业，通过自主研发促使垄断方降价，提高社会效益。而在一般竞争性领域，则应根据成本效益的原则以自主研发、引进技术、合作开发多种方式获得技术。

3. 加强传统制造业的创新，提升整体产业竞争优势

现阶段，创新不是为了追求技术的先进性，而是通过创新提高要素生产率，重塑产业竞争优势。尽管我国传统制造业的低成本竞争优势正在减弱，但仍有长期积累的其他优势。总体来看，与发达国家相比，我国具有人力资本优势，工程技术人员数量多而成本较低，在技能密集型产业有优势；与发展中国家相比，我国具有技术积累和资本累积能力，在技术密集和具有完整供应链的行业有优势。同时，我国具有巨大的市场规模优势，有利于分摊创新成本。因此，要找准和充分利用已有优势，改进制度安排，加强政策引导，用高新技术改造传统产业，把相对低的成本优势与技术进步和提高创新能力结合起来，进一步提升产业竞争优势。

在劳动密集型制造业，以培育国际品牌和提高劳动生产率为目标，加强技术、管理创新，市场营销、产业组织结构调整等综合创新，以品牌龙头企业带动广大中小企业整体转型升级。

在一些技术变化较快的电子信息等行业，则要在继续发挥劳动力成本优势的基础上，根据市场需求实行差别战略，加大技术研发投入，从中低端制造向中高端制造升级，与国际竞争对手形成差异化优势。

高度重视基础工业的创新和发展，提高制造业整体水平。目前，我国的基础材料、关键基础部件加工等行业成为制约制造业竞争力的瓶颈，要加强基础工业领域的科技投入和产业升级。

4. 根据技术成熟度和市场规模确定战略性新兴产业发展方向和产业化规模，发展一批、培育一批和储备一批

发展战略性新兴产业既要靠技术突破，又要靠市场需求支撑和市场开拓。要大力发展一些技术成熟度较高，市场规模大的产业。对一些技术尚未成熟，

新生市场的领域，重点培育产业发展。对一些有市场前景的技术，要加强科技攻关，进行产业技术储备。

在国内外市场需求潜力大、带动性强的领域加快发展战略性新兴产业，发挥其先导和支柱作用。一是发展现代基础设施。如高速铁路、互联网、智能城市等，提高基础设施的效率和能力，为其他产业发展和人民生活提供强有力的支撑。二是发展一批直接扩大消费需求、提高广大人民生活水平和质量的新兴技术产业。如，发展新兴消费服务业和提高消费档次等。三是节能减排技术产业推动绿色增长。随着能源和环境压力加大，国家节能减排措施加强，各行业特别是高耗能行业都在进行节能减排的技术改造，要加速高效节能技术装备、先进环保产业的发展。四是利用新兴技术改造传统产业，促进传统产业转型升级，重塑竞争优势。如数字制造、高端装备、电动汽车等都是利用新兴技术推动传统产业转型升级。五是大力发展高技术服务业，如物联网、云计算、芯片设计软件服务等，以及产业升级需要的工业设计、现代物流、信息服务、研发外包等高技术服务业。同时，与此同时，还有大批创新创业的中小企业正孕育新的产业。

5. 坚持开放创新，加强国际合作，有效利用国际资源

经济全球化带动创新要素的全球化流动，随着全球知识经济和信息技术发展，技术复杂度增加，传统的创新模式发生变化，创新组织呈现网络化、专业化的趋势，创新链条上的各个环节已不是在一个企业内部、一个地区内部，甚至一个国家内部完成，开放与合作成为创新的必然选择。特别是目前人类发展面临一些共同的难题，如应对气候变化、增加能源供应、节能减排和环境保护，以及影响人类健康的疾病等，迫切需要加强国际合作，在更大范围开放创新，从全球视野寻求、整合、运用科技资源，提高创新的效率。

6. 掌握和有效运用国际规则，保障全球范围内谋划和推进创新

随着科技资源全球化流动、配置和开放创新，合作创新和资源配置的新模式不断出现，新的规则和制度正在逐步形成，我们既要研究、掌握和运用国际规则，推进开放创新；又要增加参与全球治理的能力，提升我国在制定国际规则中的话语权，保障我国企业的合法利益。

吕　薇　执笔

第二章

营造有利于创新的环境，实施创新驱动战略

一、建设创新型国家的核心是营造有利于创新的制度环境

《国家科学技术发展中长期规划纲要（2006~2020）》提出建设创新型国家的目标。创新型国家是指那些主要依靠创新驱动经济和社会发展的国家，其基本特征是具有较强的自主创新能力，包括创造和学习知识的能力，以及将知识转化为财富的能力。根据国际上对创新型国家或地区创新能力的评价指标体系，判断创新型国家主要从三个方面出发。一是社会环境。即是否具有有利于创新的价值观体系、制度环境和社会氛围。二是创新要素和基础设施。即国民受教育水平、人才、资金、研究机构、研发设施和 IT 基础设施等。三是创新活动与绩效。即创新投入、产出、经济绩效等。

1. 国家创新体系是由相互协作的创新参与者与相关的制度环境的组合

创新参与者包括政府、企业、大学、科研机构和个人，创新环境包括金融系统、教育系统、市场环境、企业运行机制，及其相关的法律、规章和政策等制度，以及创新文化等影响创新行为的外部环境构成。制度环境、各种要素与行为主体之间的相互作用决定了国家和区域的创新行为。通常，创新体系不一定是人为设计和建造的系统，并无明确边界。

创新要素主要包括人才、科技基础、资本、市场等。首先，对技术创新来说，起决定作用的是人力资本素质和能力。实现有效创新不仅需要研究开发人

才和科学家，还需要大批高素质的具有高技能的一线生产者和管理者，而企业家是组织各种创新要素的关键人物。第二是科技基础和能力。一个国家的科技水平是反映国家科技实力的重要标志，其中包括科研基础设施、技术积累和成果转化的能力。第三是资金。在创新链条的不同阶段，需要不同性质的资金，因此，需要提供能够承担创新风险的资金供应链，特别是初创企业需要风险投资。第四，市场也是重要的创新要素。科技只有与市场结合才能转变为生产力，市场不仅是引导创新的动力，而且大规模的市场可以，可以分摊创新成本，增加创新的规模效益。我国重要的创新优势之一就是具有巨大的国内市场。

创新文化首先是包容性，要使不同利益追求、不同背景、不同身份的创新主体和要素组合起来，形成合力，需要各种创新主体都能认同的文化价值基础。其次是容忍失败的氛围。创新具有技术风险、市场风险，只有容忍失败，才能鼓励企业、个人不断探索和创新。

2. 在不同技术发展阶段，政府的作用不同

科学技术的外部性较强，首先，在成熟的产业技术领域，技术线路和市场方向明确，政府可以各种振兴计划支持技术引进、消化吸收和再创新。其优点是可享受"搭车"优势，适用于赶超战略；缺点是缺乏创新，技术发展受制于人。通常，实施技术赶超战略的国家采取学习型创新，通过引进技术消化吸收逐步提高技术能力，如日本和韩国从仿制逐步转向自主创新。在前沿技术和突破创新阶段，技术路线和市场不确定，政府难以通过规划和计划来引导创新。通常，在一些新兴技术的早期，政府支持基础研究、成果转化，以及先期用户。如美国的国防部、教育部是互联网的早期用户。

3. 建立以企业为主体的创新体系关键是提高企业创新动力和能力

企业是创新的主体，企业创新的动力来自对创新收益的预期。评价创新型企业不仅要看其科技投入，还要看其创新产出；创新产出不仅是专利，更重要的是给企业带来绩效。如，美国《福布斯》杂志评选全球100个创新企业时，对各家公司的研究开发支出、收入、预期增长、现金流等因素进行全面评估。汤森路透公司根据专利指标评选"全球创新力100强企业"时，不仅看发明专利数量，还要考察企业专利申请成功率、专利组合全球覆盖范围以及专利影响力，同时参考企业的财务指标。入选2012年全球创新力百强企业

不仅在研发方面的投入高于其他企业，而且创造了更多的就业岗位，提高了营业收入。

二、实施创新驱动发展战略需要改进创新环境

我国的技术创新能力在增强，但创新环境还不适应创新驱动发展的需要。根据欧洲工商管理学院和世界知识产权组织发布的"2012 年全球创新指数"报告，在 141 个国家中，中国创新指数排在第 34 位，但创新环境评价位居第 55 位。现行以政府为主导的体制机制不适应创新驱动发展的需求，投资驱动的管理体制和政策激励不利于创新。主要表现在以下方面。

1. 市场机制不完善，公平竞争的市场环境亟待建立

一是在资源获得方面存在各种所有制企业不公平竞争问题。如，在国家科技计划项目资金配置和银行贷款等方面，国有机构和企业具有优势，而民营机构和企业处于弱势。二是市场准入方面存在较多限制，一些可竞争性领域存在行政垄断，受保护的企业没有创新动力。目前，我国许多行业准入不是以环境、质量和效率为标准，而主要以规模为标准，进行行政审批，民营企业和中小企业难以进入这些人为设置门槛的高盈利行业，造成不公平竞争。三是在执法方面存在地区间不平等。如，目前各地对环境、质量等标准的执法力度差别较大，有些地方为了吸引投资或保护本地企业，执法不严。结果导致一些遵纪守法企业成本高，而那些环境、质量不达标的企业具有成本优势，通过低价竞争打击守法的优势企业。四是部分重要资源产品价格不能反映资源稀缺性和环境外部性，企业创新压力不足。五是企业税费负担较重，创新投入能力不足。目前，我国企业缴纳的税收接近全部税收的 90%，中国企业的增值税率和社会保障支出占工资总额的比例在世界上属于较高。例如，据统计 2012 年 1~7 月，国有企业累计上缴额税费与利润总额的比例是 2.7：1。

2. 自上而下由政府主导创新的推动方式不适应创新驱动发展的需要

一方面，各级政府的科技计划、资助项目和评比考核成为引导企业创新的主要手段。政府选择产业发展方向、制定科技计划项目指南、组织专家评选项目和评价研究成果，导致企业和研究机构围着政府的指挥棒转，为迎合政府需

要，而偏离市场需求。政府科技资源多头管理，各部门之间的科技计划不衔接，导致科技资源分散使用和低水平重复，创新链条上各环节的融资链条断档，成果产业化成为薄弱环节。以各种评比和考核等行政管理方式要求企业创新，导致企业追求短期利益。如，高技术企业和创新型企业的评选指标以专利数量、R&D 投入强度和 R&D 人员强度为主，入选的企业就可以享受减免税的优惠政策。这虽然在一定程度上促进了企业加大创新投入，但同时也使一些企业利用政策寻租，虚报 R&D，花钱购买专利，或申请一些低质量的专利等等。结果，创新行为被业绩化、指标化和形式化。另一方面，各级政府过度采取投资激励措施，一些地方政府掌控税收、土地等资源，采取零地价和减免税等政策吸引投资，扩大生产规模，扭曲了资源配置机制。使得企业倾向于从投资、优惠政策中获利，将投资向高利润的房地产等行业集中，创新动力不足。相比之下，创新政策吸引力不大，形成政策挤出效应。

3. 知识产权保护现状不能满足鼓励创新的需要

实施国家知识产权战略纲要以来，我国的知识产权创造和保护不断加强。但创新型企业和品牌企业普遍反映，目前我国的知识产权保护力度不够，许多创新型的优势企业经常受到侵权假冒的困扰，影响了创新的积极性。其主要问题是，侵权假冒比较普遍，而诉讼举证难、处罚力度不够，侵权成本低、维权成本高，许多企业是赢了官司赔了钱。因此，创新型企业强烈要求加强知识产权保护。

4. 一些对鼓励企业创新具有重要作用的普遍性政策落实不到位

例如，R&D 支出加计扣除所得税是一项受企业欢迎的政策，但是落实难。据统计局的调查，2011 年受惠企业仅占有研发活动的规模以上工业企业的22%，免税金额只有252.4 亿元，所抵研发费用占实际发生额的45%。其主要原因：一是会计制度不配套。我国现行会计制度中没有 R&D 支出科目，既要进一步明确 R&D 支出科目，又需要对企业和税务部门进行财务培训。有些企业反映研究开发的重要支出——部分人工成本不能纳入抵扣范围。二是所得税主要是地方税，在财政税收下降的情况下，地方政府缺少减税的积极性，一些地方政府还设置了政策门槛。三是为了避免骗税等道德风险，一些地方要对每一项减免进行多部门核查，政策成本较高。又如，小微企业的创新政策力度不够，风险投资的退出机制不畅和税收政策不落实；企业税费负担较重，削弱了企业的创新投入能力；一些国有机构对创新的股权激励政策难以落实，人才激励不到位；政府采购鼓励创新的政策无细则等等。

5. 各类创新主体定位模糊，基础研究不足，共性技术缺失

大学、科研院所和企业之间存在功能缺位、错位的现象。一方面，大学和科研机构的基础研究投入和能力不足，难以为企业解决难题提供帮助。特别是目前我国部分企业已经进入行业技术前沿，需要深入的基础研究支持。而我国大学和科研院所偏向应用研究，基础研究能力不足，研究层次甚至不如一些创新型企业。目前，我国的总体基础研究投入不到 R&D 的 5%，难以提高原始创新能力。2011 年，高校的 R&D 支出中基础研究支出约占 1/3，应用研究支出占 54%；科研院所以试验开发为主，试验开发支出约占 56%，基础研究支出占 12.25%；企业的科学研究支出不到 R&D 的 3%。另一方面，产学研合作机制不健全。企业 R&D 投入以内部支出为主，大学和科研院所的研究脱离企业和市场需求。如，冶金、建材等一些高耗能的企业进行节能减排技术改造，没有合适的装备，许多企业只能自己去研发。技术转移机制不健全，加上一些政策阻碍了技术转移。如，国有大学和科研机构的技术转移合同超过 800 万元，需要国有资产管理部门审批。

6. 行业管理体制和政策制约产业技术创新

最明显的例子是现行医药管理体制和药品采购定价制度制约医药企业创新。由于药品市场准入制度，药品定价制度和 R&D 投入能力不足等诸多原因，我国的化学制药行业创新能力不足，一直以生产仿制药品为主，在技术上受制于人。虽然我国已形成比较完整的医药生产体系，但缺乏核心竞争能力，医药产品制造在国际医药分工的低端。国内医药企业分散，总体数量多，单个企业规模小；低水平重复，低价竞争，缺乏 R&D 投入能力。其主要原因，一是条块分割，多头管理。新药开发到上市涉及科技、产业、卫生、药品监管和价格管理等二十几个部门，各部门管理目标不同，难以协调。二是药品生产过程管理和质量认证体系与国际水平相差较远，市场准入和退出制度不健全，导致"优不胜，劣不败"，难以形成具有国际竞争优势的制药企业。三是现行化学药定价制度不利于我国仿制药行业的整体发展。外资企业可以享受单独定价政策，其价格远远高于国内企业的仿制药，一些过期专利药稍加改变仍可享受原研药的价格政策。四是物价部门为解决看病贵的问题，对药品强制降价，许多

生产医保目录药品的企业亏损。加上医药体制不顺，药品利润的 60% 被流通环节拿走。因此，许多医药企业缺乏创新能力和动力，没有持续发展后劲。

三、国际上创新政策的新动态

（一）创新政策呈现新的变化趋势

1. 创新战略成为国家战略，创新政策更趋综合性

金融危机以来，一些发达国家纷纷制定创新发展战略。如，美国自称没有产业政策，但是进入 21 世纪以来，制定国家创新战略，并将其作为国家的重要发展战略。全球金融危机以来，又连续两次修订了创新战略。韩国公布了《2020 年产业技术创新战略》，欧盟提出了《2020 创新战略》，日本制定了《创新 25 战略》等。由于创新政策是各项政策的综合，包括教育、科技、金融、贸易、财政、产业组织政策等。因此，一些国家建立了政策协调机制。如，瑞典成立创新署，主要协调创新政策和政府的创新项目；韩国建立创新办公室，重点协调各部门的创新资助计划；美国也加强了科技委员会和总统科技顾问委员会对政府之间、政府与民间之间的沟通协调。

2. 从科技政策转向创新政策，更加关注创新的全过程

科学研究与创新的区别在于，科学研究通常是商业应用前景不明确的探索性研究，创新过程包括从具有应用前景的技术开发、中试、示范与技术推广，到商业化规模化发展。科学研究政策只是创新政策的一部分。目前，OECD 国家区别研究与创新政策，政策重点不断从以科学政策为主转向加大对创新项目的支持。一些国家建立 RD&D 体系，加强对产业化示范和技术推广的支持与投入。

3. 创新政策进一步开放

经济全球化推动了全球创新网络的形成，特别是随着技术进步加快，跨学科、跨领域的技术创新增多，技术复杂度增加，很难靠单个企业和地区来完成。如，人类共同面临的一些环境、健康等问题需要各国共同应对。因此，一个国家的创新体系能否融入全球知识网络成为创新发展的重要因素。一些国家开始重视创新系统的开放性和国际合作。如，吸引国际人才，加强在应对气候

变化、能源和粮食安全、传染疾病等全球性问题的科技项目上进行国际合作等。

4. 明确政府与市场界限，加强公共部门与民营部门的合作

首先，企业是创新的主体，政府的主要职能是改善创新环境，鼓励和保护企业创新活动。如，加强知识产权保护，保护企业和个人的创新积极性和利益；通过对企业 R&D 支出减免税或补助，鼓励企业增加 R&D 支出等。二是政府创造科学、教育等基础条件和提供相应服务，提高国家的技术供应能力。一些市场经济国家的政府，加大对基础性和共性技术研究开发的直接支出，包括对创新基础设施，以及具有社会效益的新兴技术产业的示范项目和技术推广以直接投入，如，加大对节能环保绿色技术、健康卫生、信息基础设施等方面的投入。同时，通过制定相应法律促进公共部门的研究资源向民营部门和企业开放，鼓励公共部门的技术向民营部门转移。三是政府支持与市场机制相结合。市场经济国家在支持产业技术研究开发时，通常不制定项目指南和指定技术路线，而是提出明确的发展目标和标准，由企业研发、市场选择。如，美国能源部支持光伏电池技术进步，确定了降低光伏发电成本的目标，只要能够达到这一目标，并满足环境、安全、质量标准，政府就给予研究开发和示范项目的支持。丹麦政府明确可再生能源发电的目标，以及电价补助和企业绿色能源定额，企业自主选择可再生能源技术。丹麦在发展创新集群时，政府主要搭建交流平台，鼓励风险投资和社会机构进入，政府不直接干预产学研的联合和技术开发项目。

5. 把鼓励中小企业创新放在重要地位

由于小企业对增加就业具有良好作用，但在竞争中处于弱势，市场经济国家政府大力扶持小企业的发展。特别是小企业的创新活跃，经常有一些成长性较好的新技术创新，但市场和技术风险较大，因此，市场经济国家的创新政策主要是支持创新创业的小企业。如，美国的创新战略专门提出"创业美国计划"，加大对创业者和小企业的税收减免、融资支持和增加对小企业的政府采购，帮助小企业扩大出口。鼓励政府科研机构和大学向中小企业开放科技资源，向小企业转移技术；发展风险投资和完善资本市场等，为创新创业的新技术产业化和成长营造投融资环境。

6. 人才政策成为创新政策的重要内容，更重视人才培养和引进

长期以来，欧美国家，特别是美国把引进科技人才作为移民政策的重要任务。近些年，美国的创新战略把扩大和提升教育资源，改进教育质量，提高人才素质放在重要地位。

7. 对重大技术的推广进行经济和社会成本效益分析

一些发达国家根据国内的能源结构情况，通过全寿命期的能源效率和环境效果评价，决定新能源的发展方向。如，美国能源部组织利益相关者对智能电网技术进行评估，根据成本效益分析选定智能用电为智能电网发展重点。又如，美国的煤制油技术研发已经持续 40 年，但是由于其能源效率和环境影响，美国能源部仅支持其研究和示范项目，并不支持其规模化发展，等等。

8. 知识产权和技术性壁垒形成新的贸易保护

一些发达国家利用国际规则，保护本国企业在全球的创新和知识产权。如美国政府利用 331、TRIPs 协议等措施保护本国企业在海外的知识产权；利用 337 条款，及环境、安全、质量标准保护本地的知识产权、投资和创新活动。通过国际合作推进知识产权保护全球化，一些国家通过双边或多边协议加强知识产权审议授权和执法方面的合作。

（二）美国的创新战略是一项综合的发展战略

美国以市场经济自居，素称没有产业政策。但进入 21 世纪以来，美国政府制定了国家创新战略。特别是金融危机以来，几乎每两年就修订一次创新战略。美国创新战略的目标是要赢得未来，保持美国在创新能力、教育和基础设施等方面的竞争力，守住既有优势。

美国的创新战略是一项国家发展的综合战略，有以下特点。一是重视创新的关键基础建设，包括教育、基础研究和基础设施。在教育方面，美国将着重创建一流的早期教育，推动小学、中学教育质量改革，降低高等教育的费用，提升科学、技术、工程学和数学教育；在基础研究方面，美国将制定最庞大的研发投入计划，将 GDP 的 3% 用于研发；在基础设施方面，美国将加快高速铁路和高速无线宽带未来建设，并发展下一代航空交通管理。二是重视为创新的主体创造良好经营环境。为鼓励创新，将 R&D 的税收抵免永

久化；通过专利审查改革计划提高专利审批速度，支持并保护有效的知识产权；为小企业拓展资本来源，通过创业计划使美国成为世界上最适宜进行高增长型创业的地方；形成更具创新性、开放、有竞争力的市场，并推动美国的出口。三是发挥公共投资在关键领域的推动作用，与民间投资形成互补。美国政府认为能源、生物、纳米、太空、医疗以及教育等关键领域是政府分内事，提出了各种解决方案。四是突出战略重点。美国创新战略提出五大计划，即无线宽带计划、专利审批改革计划、教育改革计划、清洁能源计划和创业计划。其重点是加强创新基础设施建设，为社会创新提供平台和营造有利环境，促进就业等。

（三）日本的经验与教训

日本是技术追赶型国家，在经济赶超过程中十分重视技术进步和技术创新。20 世纪 80 年代，日本的汽车、集成电路制造等产业技术进步对美国造成了威胁。外界普遍认为，日本成功地实现了技术追赶。日本技术追赶型创新得益于官产学研一体的高度集中式的创新体系，其主要特点：一是强调中央政府的主导作用。日本的通产省根据不同的发展阶段，制定发展战略、产业规划和产业政策；政府与企业之间形成良好的共同关系，通产省与企业和大学的研究人员、技术专家进行对话，引导企业执行政府的产业政策；在执行发展战略时，区分政府和企业的功能，政府提供公共产品，企业进行市场竞争。二是强调大企业的作用。战后日本企业引进了美国的福特式大规模生产方式，以反向工程对引进技术进行消化吸收和改进，促进了日本企业的学习过程，积累了技术能力，逐步加强企业内部的研究开发。三是重视教育和培训。日本重视教育，一方面，其接受高等教育的人口比例甚至高于发达国家的水平，为社会提供大量的工程技术人员；另一方面，加强对学生的综合素质教育，提高了学生劳动力的适应性和灵活性。四是根据新的形势不断调整创新政策。20 世纪 60 年代，日本政府提出产业振兴计划，鼓励引进技术消化吸收；80 年代，政府提出技术立国战略；1995 年颁布《科学技术基本法》，进一步确定了"科学技术创造立国"的战略。21 世纪之初，日本又学习美国的拜度法案，进行科技体制改革，鼓励政府科研院所的成果转化转移和利用。

但是，进入 21 世纪以来，日本缺少重大技术创新，一些著名企业在国际市场上显得增长乏力。造成日本技术创新不足的主要原因还是制度因素。一是体制僵化。在日本经济实现追赶目标以后，继续依靠赶超时期的高度集中的官民一体的经济体制。在这一体制下，日本政府通过行政指导和各种规制保护了国内市场和经济中较弱的部门，虽然这种体制增强了发展的稳定性、协调性，但助长了一些企业的"依赖"思想，阻碍了企业创新积极性。二是市场相对封闭。长期以来，日本的对外政策具有明显保护性，被动开放，日本在31个世界主要国家和地区的"经济全球化程度"排名中名列第29位。日本的对内政策具有较强控制性，政府以规制等各种方式，尽可能保留对经济的间接控制权。同时，日本企业体制也带有封闭性，集团成员之间相互持股、金字塔形的内部交易，以及企业内部的终身雇佣制，造成一些促进市场竞争的措施难以实施。三是文化因素。创新需要自由探索的社会氛围，日本社会对特立独行的人普遍持批评的态度，一定程度上禁锢了创业者的行为。同时，日本的创新政策主要是鼓励公司和机构创新，对个人的激励不够。比如，日本将职务发明的专利归于政府和公司，对发明者缺乏合理的激励。最典型的例子是关于蓝色高亮度发光二极管的诉讼案。日亚化学工业株式会社凭借该技术获得巨大利益，但发明者却没有应有的奖励。

由此可见，同样的制度在不同的发展阶段，对技术进步和创新的促进作用不同。技术追赶时期采用的自上而下的政府主导体制和政策已不能适应新的形势，日本的创新放慢了步伐。

四、从体制和机制入手，营造有利于创新的
制度和政策环境

实现投资驱动向创新驱动发展转变的关键是要创造有利于创新的体制机制和政策环境。建立创新型国家，需要形成有利于创新的文化和社会氛围，调动全社会的创新积极性。创新环境是各种制度和各项政策综合作用的结果，要突破科技体制的局限，把创新政策融入财政、金融、贸易、产业、教育等各个领域和环节，加强部门协调配合，目标一致，形成合力；培育创新要素，加强知识产权保护，营造宽容失败的创新环境。

（一）实施创新驱动发展战略需要转变政策思路

1. 从政府主导创新转向市场引导企业创新

我国技术发展正在从模仿制造和引进技术为主转向引进技术消化吸收改进创新与自主研究开发产业化相结合，由政府主导的自上而下的项目计划方式不适应新形势的需要。在技术追赶阶段，市场和技术路线确定，政府计划和项目引导政策效果比较明显。在前沿技术领域和突破创新阶段，没有前车之鉴，难以靠政府计划项目推动创新。由于市场和技术的不确定性，即便企业参与计划项目决策，也会出现失误。如，从克林顿政府开始，每届美国政府都制定先进汽车制造计划，而且这些计划都有企业参与决策，但最终均因成本效益和技术可行性等问题搁置，不得不重新调整计划方向。2012 年以来，随着多家电动汽车公司的破产，奥巴马政府不得不放弃 2015 年销售 100 万辆电动汽车的计划，转向支持研究计划。

2. 从科技政策为主转向综合性创新政策，提高政策的综合性与协调性

创新链条包括从研究开发、成果产业化和商业化，乃至获得市场成功的全过程。研究开发仅是创新链条中的一个环节，科技政策只是创新政策的一部分。创新政策应具有综合性，需要科技政策、财税金融政策、贸易政策、金融政策、投资政策、产业政策、竞争政策、教育政策、社会保障政策的协调配套。对创新的支持要贯彻于创新链条的各个环节。目前，国际上一些市场经济国家实行 RD&D 计划，加强了对示范项目和公共平台的支持。创新政策应实行公共政策与市场机制结合，供给政策与需求政策结合，投资政策与产业组织政策结合等，因此，需要加强各部门的政策配套与协调。

3. 从资助、优惠政策和考核为主转向加强体制机制建设和营造市场环境，更多发挥市场机制配置资源的作用

企业是否愿意创新决定于创新是否能够给企业带来利益，真正创新的企业不会因为获得政府少量补贴而冒险进行创新。有效的创新是获得市场成功的创新，企业创新应从市场获得回报。目前，以项目为导向、以考核和评比为基础的资助和优惠政策，可能导致企业迎合政府的偏好而偏离市场需求方向，甚至出现弄虚作假现象和政策寻租行为。因此，政府要重点营造公平竞争的市场环境，建

立有利于创新的政策体系，促进要素向创新集聚，提高企业创新动力与能力。

4. 从以点到点资助单个企业和机构为主转向加强创新基础设施建设和普遍性政策，提高公共资源和政策的社会效益

目前，政府的资助项目和补贴大都针对少数企业，可能导致不公平竞争，还会引起国际上一些国家对我国创新政策的质疑。政府应重点加强创新基础设施和公共平台建设，如，加强教育培养人才、加大基础研究投入、建设中小企业服务平台等，增加公共支出的受益面。特别是目前的一些扶优扶强政策大都是"锦上添花"，除了少数涉及国家安全的战略性产业和项目以外，应通过普遍性政策来调动全社会创新的积极性。

（二）营造有利于创新的制度和政策环境

1. 完善公平竞争的市场环境，形成创新的市场倒逼机制

市场需求引导和竞争压力是企业创新的关键动力，建立公平竞争的市场环境是企业创新的基本条件。提高企业的创新动力，关键是要发挥市场机制激励创新的作用。因此，要建立公平的市场准入规则，减少行政性垄断，创造各种所有制企业公平竞争、平等获得创新资源的市场环境和机制；加快重要资源价格和税收改革，建立反映资源稀缺性和环境影响的资源价格体系和税收政策，利用市场机制推动和引导企业创新；加强知识产权保护，提高侵权成本和降低维权成本，提升知识产权价值，激励创新积极性和保护创新者的利益；完善各类环境、质量、安全标准，增强执行标准的力度和统一性；发展战略性新兴产业，应重点支持关键核心技术研发，公平对待不同的技术路线，通过能耗、安全、环保等标准建立准入门槛，由市场选择技术方向。

2. 厘清政府与市场的定位，处理好政府与市场的关系

科学和技术的外部性较强，存在较多市场失灵的领域，不能完全依靠市场机制配置资源。政府要在市场不能发挥作用，以及企业无力或是不愿意投入的领域发挥作用，起到对市场的引导和互补作用。

首先，政府的主要作用是营造有利于创新的外部环境。我国正处于转轨时期，市场机制尚不完善，体制改革对创新体系建设具有方向性的影响，政府在体制改革和制度建设方面具有不可替代的作用。目前，有关政府部门开展了综合性

的创新型城市试点工作，营造有利于创新的制度和政策环境。由于各种产业技术发展阶段和产业组织特点不同，所需环境有所不同，可在综合型试点的基础上，加强针对新兴产业群的区域开放创新生态环境建设试点工作，吸收外资企业参加区域开放创新环境试点。如，智慧城市、清洁城市等创新产业群的试点。

其次，政府在外部性和社会效益较大的领域加大投入。财政投入应重点支持基础研究、前沿技术、社会公益研究、重大共性关键技术研究等公共科技活动，加强创新基础设施建设，包括科技基础设施、信息基础设施、公共服务平台建设，政府搭台，企业和社会唱戏。

同时，扶持中小企业创新创业。重点加强知识产权保护和鼓励风险投资，扩大中小企业创新融资渠道；加强公共服务平台建设，为中小企业创新提供技术、标准和质量检测等各方面的服务。

3. 在一般性的应用技术研发和产业化，以及面向广大市场需求的企业创新，应有效发挥市场机制的作用

政府制定普惠性政策调动企业和社会的创新积极性。有重点地落实鼓励创新的投入和需求政策，降低企业创新的成本和风险。一方面，切实落实鼓励企业增加创新投入的各项政策，降低企业的税费负担。如，重点落实 R&D 支出加计扣除所得税政策，清理对智力密集型企业的不合理税费。另一方面，以多种方式加强鼓励创新的需求政策，使企业既成为创新投入的主体又是收获创新效益的主体。如，进一步细化政府采购政策，发挥政府采购对创新的激励作用；通过法律、技术标准、安全标准、市场准入等措施促进新技术的利用和推广；对应用节能减排等社会效益明显的创新产品和技术，给予适当的补贴和减免税等政策；以试验示范项目的形式，通过税收、金融等政策鼓励使用首台套或首批次重大技术装备。

4. 改进政府科技资源配置方式，提高公共资源的利用效率

一是建立统筹协调机制，加强创新链条上各环节政府投入的协调和衔接。根据大领域制定目标导向的科技计划，加强创新链条上各环节科技计划的协调，实现重大产业技术研发计划的研究开发、示范和技术推广的有机衔接，增加对成果转化环节和产业化示范项目的支持力度。二是突出公共科技资源的社会效益，重点支持市场机制不能有效解决的基础研究、公益性研究、重大关键共性技术研究，提高技术储备能力和创新质量。在竞争性领域减少点对点的支

持，加强创新服务平台建设，特别要加强中小企业的创新服务。三是从项目指南导向转向目标导向，从支持项目转向支持方向，择优公平支持各种技术路线。如美国能源部在支持太阳能光伏产业技术发展时提出降低光伏发电成本的目标。四是建立行之有效的成果转移和扩散机制，促进技术利用和推广。完善和细化各级政府科技计划的成果转移管理办法，明确科技成果转移任务，并建立相应的考核和监督机制。改革国有大学和科研机构的无形资产管理办法，大学和科研机构可以根据国家科技计划的管理办法转移和扩散技术。五是实行科技项目计划决策、执行和评价分离的管理体制，形成有效的监督和制约机制。建立科学决策程序和机制保障，提高产业界参与制订国家应用性科技项目计划的程度。五是改进科技计划项目评价体系，实行分类管理。基础研究项目采取同行评价，参考论文引用率和跟踪评估长期应用情况。应用技术研发项目采取市场评价的办法。对新技术产业化和推广项目进行全寿命期内的能源效率和环境效果评价。加强政府科技计划的阶段性评估，分阶段评估计划执行情况，根据目标执行情况及时进行调整。

5. 加强创新要素的培育，提升要素质量，完善要素市场，促进要素合理流动

加强对人力资本的投入，发展创新要素。对技术创新来说，起决定作用的是人力资本素质和能力。实现有效创新不仅需要研究开发人才和科学家，还需要大批高素质的具有高技能的一线生产者和管理者。因此，要优化教育结构，改进教育模式，为社会提供适应创新链条各环节需要的多层次人才。扩大职业教育，提高应用型大学比例，加强在职培育；改进教学方式，从小培育创新文化，增强创新意识。创新激励政策要落实到调动人的积极性上来，健全智力资本参与分配的制度和机制，形成尊重人才、用好人才的制度保障。进一步落实国有高技术企业、院所转制企业、高校和科研院所创办企业的股权激励政策。构建以鼓励创新为目标的人才评价机制，改进科研院所和大学的考核制度，将成果转移纳入科研人员评价和考核体系。实行政府支持与市场选择相结合的人才引进政策，提高引进人才的效用。政府人才引进计划应重点支持参与国家重点研究项目和创新型企业需要的人才。

健全多层次的资本市场，积极拓展企业创新的融资渠道。根据创新和创业的各阶段特点，建立多层次的创新融资渠道，为创新链条上各阶段的创新活动

提供便利融资条件。继续鼓励天使投资和风险投资，进一步完善中小企业和创业板股票市场管理，扩大规模；在有条件的地区开办区域性证券交易市场试点，促进中小企业信用担保向创新企业倾斜；对创新型中小企业开展知识产权抵押融资等。

完善技术转移机制，规范技术市场。加强专业技术转移机构建设，促进科技成果转化和专利技术的产业化应用，建议近期从国家科技计划成果管理与技术转移入手，培育我国的技术转移机构和发明资本经营公司。

6. 明确各类创新参与者的定位，促进产学研相结合，有效发挥创新体系的整体效率

建立以企业为主体的技术创新体系的核心是以企业为技术集成、产业化和商业化平台。以企业为创新主体，并不意味着创新链条上的每个环节都要在企业内部完成，特别是目前我国缺少集基础研究和研究开发于一体的大型企业，在基础研究、应用基础研究和共性技术研究开发等方面还要充分发挥科研院所和大学的作用。

建立企业主导的产学研相结合的技术创新体系，关键要在明确各类创新参与者定位的基础上，发挥产学研各自优势，促进协同创新。大学在兴趣和探索为导向的基础研究方面有优势，应加强以重点学科建设为主的大学基础研究；科研机构则应作为科学研究的集成平台，重点从事以项目为导向的基础研究和应用研究的系统集成。在企业研发能力有限的情况下，科研院所可以填补大学与企业之间的空白，发挥研究成果集成和转化的桥梁作用。企业的优势在于将根据市场需要进行研发和技术集成，提供面向市场需求的产品和服务。因此，企业主要在创新决策、研发投入、技术集成、成果商业化和产业化中发挥主体作用。因此要加强产学研合作。一方面，要充分发挥企业产业化和开拓市场的平台作用，由企业主导创新过程，有效发挥大学和科研院所的优势。另一方面，要推动大学和科研机构等公共研究机构对企业开放，以成果转移、人员交流，以及产学研合作等多种形式，使企业分享公共科技资源。坚持自愿联合与政策引导结合，鼓励多种形式的"产学研用"技术联盟，探索以利益和知识产权分享为纽带的产学研合作的长效机制。

吕　薇　执笔

第二篇

战略性新兴产业的创新与发展

第三章

战略性新兴产业的特征与推进方式

2008 年的国际金融危机发生后，发展战略性新兴产业成为抵御金融危机、调整产业结构的重大战略举措。2010 年 10 月，国务院就做出《关于加快培育和发展战略性新兴产业的决定》，提出发展节能环保产业、新一代信息技术产业、生物产业、高端装备制造产业、新能源产业、新材料产业、新能源汽车产业七大战略性新兴产业。各地政府加快部署，纷纷确定各自的战略性新兴产业发展领域，并出台了若干支持措施。

当前，我国战略性新兴产业进入实质性推进阶段。《"十二五"国家战略性新兴产业发展规划》明确了发展战略性新兴产业的目标、重点方向和主要任务、重大工程、政策措施、推进组织等。规划明确了发展目标、重点发展方向和主要任务、重大工程、政策措施、推进组织，提出发展战略性新兴产业分"三步走"的阶段性目标。在新形势下，我们要充分认识战略性新兴产业的发展规律和特殊性，找准把握战略性新兴产业的定位，推进战略性新兴产业健康持续发展。

一、战略性新兴产业的基本特征

目前，许多重点新兴产业技术应用还处于产业化初期，其技术和市场尚不成熟。战略性新兴产业有其规律和特殊性，要注意把握其基本特征。

1. 战略性新兴产业与传统产业的主要区别

战略性新兴产业既不同于一般的高技术产业，也不同于传统产业。战略性新兴产业具有以下基本特征。

一是战略性。战略性是指全局性和长期性，以重大技术突破和重大发展需求为基础，对经济社会全局、各行业具有带动和支撑作用，物质资源消耗少、外部效益大、综合效益好，国外垄断和封锁的领域等。

二是新兴产业。新兴产业是指新技术应用处于产业化的初期阶段，尽管面临一些不确定性，但未来的发展潜力巨大。

三是产业发展需要规模化、市场化。技术突破和工程化主要解决技术可行和有无问题，但技术可行不等于经济可行。而发展产业则要求经济可行和被市场接受。许多新兴技术产业都是由于成本较高、市场用不起等原因，发展不起来。

四是在新兴产业发展中政府的作用和推进方式不同。在成熟技术追赶阶段，技术路线和市场明确，政府可以通过计划和投资项目引导，实现技术和生产能力的追赶。而在新兴技术产业化初期，技术路线多样化，市场不确定，不能再沿用依靠政府配置资源和投资激励的老办法。根据国际经验，政府主要支持战略性新兴产业，一般新兴产业主要通过普遍性政策。在战略性领域，政府应重点支持核心技术研究开发，重大技术示范项目，培育早期市场等。因此，要通过深化体制改革和机制创新，营造适应战略性新兴产业发展的制度环境。

2. 战略性新兴产业发展具有不确定性

一是技术发展路线的不确定性。新兴产业在起步阶段创新活跃，技术更新快。如，目前太阳能光伏发电技术有多晶硅、单晶硅和薄膜技术等多种技术路线，各有利弊。又如，液晶显示技术在短短的几年内从5代线升级到8.5代线乃至更高，一项几十亿元、上百亿元的投资项目可能很快过时。

二是市场需求的不确定性。新兴产业的发展初期市场规模小、商业模式不确定，还可能与现有的产品和技术竞争，市场成长慢。因此，初期大规模投资效益不一定好。

三是产业成长过程中外部环境具有不确定性。新兴产业的基础设施和产业配套条件不成熟，相关政策和制度还不健全。政策、标准等制度变化，可能对产业发展形成不稳定因素。

3. 战略性新兴产业具有系统性

首先，战略性新兴产业是一个系统，不是单项技术、单个产品或某个环节的突破就能发展起来。如，我国的风力发电装机容量增加很快，但由于风电的不稳定性，需要稳定的电源与其配套。我国陆上大规模风电场大都在发展中地区或欠发达地区，有些地区缺少配套稳定电源，电网建设跟不上，设备利用效率低。又如，发展插电式电动汽车，必须解决方便充电问题才能推广使用，同时要解决汽车技术、电池技术和电池材料技术配套发展等。目前，国内大部分电动汽车生产企业是组装厂，电池技术、材料技术和充电设施是短腿。因此，要跨部门和跨领域做好规划和配套发展，提前做好部署。

其次，战略性新兴产业需要产业链条配套。如，光伏产业的全链条是节能减排产业，但光伏电池制造是高耗能的，并有污染，通常光伏电池发电 15～20 年才能补偿制造光伏电池所消耗的能源。而我国将光伏电池产业作为制造业来发展，并过度依赖国际市场，结果把能源消耗和污染留在国内，将清洁能源输出国外。

二、发展战略性新兴产业应注意的几个问题

总体上看，我国新兴产业大多是从引进技术发展起来的，技术应用与国外基本在同一起跑线，但在掌握核心关键技术方面滞后。许多新兴产业还处于低端制造，地区布局雷同，技术上与发达国家有较大差距。发展战略性新兴产业也要坚持科学发展观，防止走粗放增长的老路。

1. 注意避免重复低端制造的老路

我国发展新兴产业大部分靠引进技术，不掌握核心技术，建设投资增长较快，研究开发投入不足；研究开发与产业化脱离，论文多，发明专利少，转化能力较弱。如，现在国内上百家企业生产电动汽车，大部分是组装，真正掌握核心技术的企业很少。有些甚至是打着发展电动汽车的旗号生产传统汽车。又如，我国的风电装机容量已经达到世界前列，核心部件要靠进口，标准和检测体系不健全等。因此，要加强技术开发和掌握核心技术，防止重走引进、落后、再引进的低端制造老路。

2. 注意全寿命期的成本效益

新兴产业要规模化、商业化发展，必须具有经济可行性，一定加强成本效益分析。如，美国在发展智能电网时，美国能源部组织编制了成本效益分析框架，相关部门和企业从成本效益分析的角度出发决定发展重点；美国能源部组织对煤制油技术的全寿命期环境和能效评估，从而确定了政府仅支持技术示范项目而不资助其产业化的决策。我国在发展新兴产业时，有些项目缺乏科学论证和准确资源评估，刚上马就被叫停；有些项目，没有经过示范工程就上马；有些国有企业存在不惜成本的做法。成本效益不仅是财务和经济的成本效益，还要考虑社会成本效益的平衡，全寿命期的能源转化效率和环境影响。特别是发展新能源的项目，不能因为获得一种新能源而消耗更多的传统资源和环境容量。

3. 注意产业发展与市场开拓相结合

新兴技术产业的市场需要培育和开拓，甚至会与传统市场形成竞争。如，我国的太阳能光伏电池制造业发展很快，但因发电成本较高等因素，太阳能发电应用较少。结果是，节能环保的效益流向国外，污染和资源消耗留在国内。但在培育市场时，要防止有些地方利用政府采购保护本地产品，地方保护不利于创新和优势企业的规模化发展。

4. 注意防止新产业的技术和市场风险

发展新兴产业面临的主要风险是产业成长过程中的不确定性。一是技术发展路线的不确定性。新兴技术在起步阶段存在创新活跃和技术不成熟，一项投资几十亿元、上百亿元的项目可能很快过时。二是未来市场需求的不确定性。通常新兴产业发展初期的需求规模小，商业模式不确定，加上基础设施不完善，产业链配套条件不成熟，市场成长慢，经济性不一定好。

5. 注意防范政策和制度风险

新兴产业领域缺少相应的法律和制度环境，政策具有不确定性。从国际经验看，在一些新兴产业发展初期，政府给予阶段性补助，但是不可持续。如，欧洲一些国家为鼓励使用太阳能，对太阳能发电给予补贴。金融危机以后，欧洲国家减少或取消了对太阳能发电的补贴，我国部分太阳能光伏电池出口企业受到冲击。同时，发展初期技术标准体系建设滞后，体制机制不配套。如，因没有生物柴油标准，生物柴油不能进入销售主渠道；风电设备制造缺少标准和检测体系等。

6. 注意将战略性新兴产业与一般新兴产业区分开

战略性产业需要政府重点支持。如，国家在一些影响国家安全和重要公共领域实施了 16 个重大科技专项，在国外垄断和技术封锁的领域集中力量进行科技攻关等等。而一般性新兴产业主要靠市场选择，靠市场竞争来发展。目前，一些地方政府借发展新兴产业，开展新一轮投资激励政策，导致新一批扩大投资和重复建设。

三、率先发展市场潜力大、带动性强的产业

发展战略性新兴产业对促进我国经济结构调整和转变发展方式具有举足轻重的作用。一方面，发展战略性新兴产业有利于培育新的经济增长点，抢占下一轮产业结构调整的制高点。另一方面，发展战略性新兴产业是推动传统产业升级的重要途径。

战略性新兴产业将会在国内外市场需求潜力大、带动性强的领域加快发展，发挥先导和支柱作用：一是发展现代基础设施。我国正处于加速工业化和城镇化的阶段，发展现代基础设施，不仅有巨大的市场需求，还会进一步提高社会效益。如高速铁路、互联网、智能城市等，极大地提高了基础设施的效率和能力，为其他产业发展和人民生活提供强有力的支撑。二是发展一批直接扩大消费需求、提高广大人民生活水平和质量的新兴技术产业。三是节能减排技术产业推动绿色增长。随着能源和环境压力加大，国家节能减排措施加强，各行业特别是高耗能行业都在进行节能减排的技术改造，高效节能技术装备、先进环保产业等具有广阔的市场前景，正在加速发展。四是利用新技术改造传统产业，促进传统产业的转型升级。目前，许多战略性新兴产业大都是利用新技术改造传统产业，提升传统产业的竞争力。如数字制造、高端装备、电动汽车等都是利用新兴技术推动传统产业转型升级。五是带动一批高技术服务业的发展。有些战略性新兴产业如物联网、云计算、芯片设计软件服务等，本身就是以服务业为主。同时，发展战略性新兴产业需要工业设计、现代物流、信息服务、研发外包等高技术服务业。

　　与此同时，还要根据技术成熟度和市场规模确定战略性新兴产业的发展方向和产业化规模，发展一批、培育一批和储备一批。对一些技术尚未成熟的领域，可以重点培育产业发展；对一些有市场前景的技术，则要加强科技攻关，进行产业技术储备。

四、推进战略性新兴产业需要转变发展方式

　　发展战略性新兴产业没有经验可循，我们不能再依靠模仿和跟踪发达国家的传统模式推进战略性新兴产业。发展战略性新兴产业需要政府重点支持与发挥市场机制配置资源的作用相结合。一方面，应尊重战略性新兴产业的自身发展规律和市场需求，充分发挥市场机制配置资源的基础性作用，建设和完善与创新有关的各种要素市场，以企业为主体、市场为导向发展战略新兴产业。另一方面，政府要做好战略规划，培育生产要素市场，构建激励创新的制度政策，支持和促进创新成果产业化。通过深化体制改革和机制创新，营造适应战略性新兴产业发展的制度环境。

　　一要加强跨部门、跨领域的统筹规划，配套发展。打破部门和地区分割，在国家总体战略目标下统筹规划，形成合力，发挥整体效益。加强相关技术研发、产业链各环节配套、产业基础设施建设，以及相关标准、制度和政策的统筹规划。如，发展风电与配套电源和电网建设统筹规划，发展电动汽车与充电系统、电池技术、电池材料技术和汽车技术统筹规划，装备制造国产化与技术消化吸收再创新，标准、检测体系统筹规划等。

　　二要持续支持关键环节和核心技术的研究开发，加强基础研究和技术储备，提高技术创新能力。加强各部门之间和各类科技计划的衔接，建立研究开发与示范、推广为一体的管理体系。加大研究开发投入，从需求出发倒推基础研究和应用基础研究的重点，加大示范工程的投入。鼓励各种形式的产业技术战略联盟，支持产学研用相结合的研究开发联合体，建立国家支持和企业分担的投入模式，通过合理的利益和知识产权分享机制，形成产学研用合作长效机制。

　　三要建立以真实成本效益分析为基础的投资决策机制。新兴技术的应用推

广工程要进行建立全寿命期内能源转化效率和环境影响评价。在技术可行性的前提下，根据能源效率和环境影响确定不同技术路线的优先顺序和优惠政策。

四要从供给和需求两方面支持战略性新兴产业，加强鼓励需求的政策，为新兴产业开拓市场。切实落实消费型增值税，进一步细化政府采购政策，通过法律、技术标准、安全标准、市场准入等措施促进新技术的利用和推广。通过税收、金融等政策，鼓励采购首台套重大技术装备或首批次材料、部件。从国际经验看，政府对需求的资助和补贴大都是在发展初期的临时政策，而且针对节能环保等社会效益较大的技术、产品和服务。同时，要防止以政府采购等办法搞地方保护。

五要有效发挥市场机制配置资源的作用。政府支持技术开发和早期产业化，但是，技术选择和产业的发展还要靠市场机制。首先，政府要公平支持各种不同的技术路线，政府通过制定能耗、安全、环保等标准，建立市场准入门槛，由市场选择新兴产业的技术方向。其次，要加快资源性产品价格形成机制改革，建立反映稀缺和环境影响的资源价格和税收体系，利用市场机制推动和引导企业创新。

六要不仅关注大中型企业发展，更要发挥中小企业的作用。在技术相对成熟的领域，可以通过引进技术，实现规模化发展。但是，有许多处于技术不成熟、发展初期的新兴技术产业，以中小企业为主。要优化创业环境，培育和扶持基于创新的创业企业，培育新兴产业。应鼓励民间资本进入战略性新兴产业，调动各方面积极性，不能过早以规模标准为门槛限制中小企业的进入。

七要把传统产业技术改造与发展战略性新兴产业结合起来，少铺新摊子。许多新兴技术产业是利用新技术改造传统产业发展起来的。如，电动汽车是在改造传统汽车的基础上发展起来的；智能电网是互联网、传感技术在现有电网的应用等。因此，要支持和鼓励传统行业的企业技术改造，促进传统产业平稳转型升级。

吕 薇 执笔

第四章

数控机床业：研发设计引领优势升级

作为装备制造业的"母机"，数控机床业得到了国家重大专项，以及多种普惠性和针对性财税政策的支持，并在近年来取得了高速发展。为了解我国数控机床企业创新的现状、动力和发展方向，我们对辽宁、上海和安徽的一些领先企业进行了调研，并对民营企业和国有企业的创新特点进行了比较分析。

一、我国数控机床业进入转型发展期

1. 企业国际竞争力明显提升

在全球约20个数控机床生产国（地区）中，无论是技术领先程度还是企业综合竞争力，日、德、美都是全球数控机床行业的领导者。这一格局从20世纪80年代以来始终未变。其中，日本和德国的领先优势更为突出，在全球前20名和前133名大企业排行榜中，日本和德国的企业都占了一半左右（见表4.1）。经过10多年的快速成长，我国已有多家企业跻身世界机床行业百强之列，沈阳机床和大连机床更是跻身世界十强。这一数字虽然与日本和德国有很大差距，但已经接近美国、韩国和瑞士。

表4.1　　　　　　　　　　国际机床市场竞争格局（2007）

排名	国别	进入全球20强的企业数量	入围行业全球20强的企业总产值（百万美元）	占本国机床行业总产值百分比%	进入113名的企业数量	国内市场结构（CR8）
1	日本	7	9604	66.5	36	极高寡占
2	德国	5	6412	50.4	19	低集中寡占
3	美国	3	2922	81.7	6	极高寡占
4	中国	2	2488	23.1	4	低集中竞争
5	瑞士	2	1646	49.5	7	极高寡占
6	韩国	1	985	21.7	8	低集中竞争

资料来源：根据 http：//www.molds.cn/html/2009/04/03112121537.html 和 http：//www.acs.gov.cn/sites/aqzn/aqjxnr.jsp? contentId=2401818762075 计算。

2. 国内市场尚未进入重组阶段

各国数控机床市场的发展趋势是走向集中，我国这一趋势尚不明显。数控机床强国的国内市场呈不同程度的垄断格局。日本、美国和瑞士的国内机床市场都是极高寡占市场。其中以美国的集中度最高，瑞士和日本次之。德国市场集中度略低，但也属寡占市场。与发达国家不同，中国和韩国的市场结构类似，都属于低集中竞争市场（见表4.1）。20世纪90年代以来国内几起大的企业重组，具有明显的地方政府主导下的国有企业集团化特征，市场自发的重组并购行为为数不多。国内数控机床市场需求的结构特征是影响市场结构的一个重要因素。由于低端数控机床市场的技术和资金进入门槛低，国内市场需求大，大量中小企业能够凭借成本优势生存。我国数控机床行业集中度的提高有赖于我国需求结构的升级进程。

3. 国内配套体系集中于中低端

全球数控机床业的生产加工体系主要有两种模式。一种是以本国配套为主的生产体系。能独立科研、开发、创新、自行设计、制造，并能对数控系统、刀具等自行配套的仅有德国、美国、日本三国。这三个国家的共同特点是具有强大的技术和工业基础，能够支撑国内完整的产业链条。另一种是依赖国际配套，专注于本国优势环节的生产体系。以瑞士、中国台湾地区和韩国为代表，这些国家和地区的数控机床发展同样迅速。瑞士的中小型精密数控机床，匹配国际名牌高性能数控系统和功能部件，整机大量出口。我国数控机床行业配套体系基本完备，低端配套能力较强，中高端配套能力薄弱，高端部件主要依赖进口。

二、数控机床企业的创新动力与障碍

1. 需求引导，竞争驱动

首先，企业产品结构的调整取决于需求结构的变化。我国数控机床行业市场需求经历了两次明显变化。第一次是 20 世纪 90 年代，国内数控机床市场消费量从 1990 年的 2588 台增长至 1996 年的 18000 台，较高的获利空间使企业加大了对数控机床研发和生产的投入。第二次是 2000 年后，尤其是 2002 年后的国内经济高速增长时期，被数控机床业喻为"井喷"行情。汽车、航空和国防等对数控机床的需求大幅上升，拉动了数控机床业高速发展。我国民营经济的快速发展对拉动数控机床市场尤其是低端数控机床需求发挥了重要作用。在这一时期，大批民营企业进入了数控机床相关行业。2005 年以来，市场对中档数控机床需求明显增长，国内产品供应结构随之调整，一些有实力的企业开始将重点转向中档产品的研发和生产。

其次，全球竞争的市场格局激发了国内数控企业的创新动力。我国机床行业对外开放始于 1990 年代初，国际化的竞争环境对激励企业创新发挥了很大作用。另一方面，大批民营企业的进入使低端市场竞争非常激烈，行业利润率不断下降。充分竞争的市场环境使一些企业开始从低端走向中高端，加大了对中高端产品的研发投入，提高产品附加值，以获得更大收益。

2. 从模仿创新到自主研发

受访的企业都是从模仿国外产品起步，然后发展到引进技术或联合设计，继而发展到消化吸收与自主研发相结合。这些企业的技术引进最早从 20 世纪 80 年代开始，较迟的是从 20 世纪 90 年代开始。以沈阳机床厂为例，其创新历程经历了 4 个阶段：1980 年代以前，主要是模仿国外产品生产；从 1980 年代后直到 1990 年代中期，主要是引进国外技术；从 1990 年中后期到 2005 年，通过与国外联合设计，包括派工程师赴海外学习的方式掌握先进技术；在 2005 年后，随着企业技术能力增强，开始与国外高校进行联合开发，但技术向中国的出口受到了当地政府的限制。

　　近年来，中国数控机床企业技术能力有了明显提高，开始对国外中高端产品构成威胁。日本、德国和美国等开始对高档数控机床的技术、整机和关键部件施加出口限制。这种限制既有一些国家出于国防安全的政治需要，如对可用于军事目的数控机床技术和产品的出口限制，又有为防止竞争对手获得先进技术，不向中国企业转让技术或合作研发的企业行为。但是，引进先进技术难反而大大促进了我国企业自主研发的进程。在国家科技计划支持下，一些企业开始自主开发高档数控机床等产品，部分产品取得了成功。

　　3. 企业创新尚需夯实基础

　　在竞争压力和需求引导下，我国数控机床领先企业，特别是民营企业已经具备较强的创新意愿，创新能力明显增强。但企业综合能力、国内技术和工业基础，以及制度环境还难以满足企业竞争优势升级的需要。

　　(1) 企业自身的技术、人才和管理能力不足以支撑高端产品的研发和生产

　　经过20多年的积累，数控机床企业的资金实力和技术能力有了明显增强，一些领先企业初步具备了中高端产品的研发生产能力。有些企业（如沈阳机床）为获得国外先进的生产能力和研发能力，开始并购国外机床企业和科研机构。但企业技术升级受到资金和技术积累不足、管理能力落后和高端人才匮乏等因素的制约。

　　在资金积累方面，由于低端市场竞争激烈，我国数控机床企业利润率较低。一些大型企业的年利润仅数千万元，甚至亏损。利润水平不高限制了企业的融资能力和研发投入。我们调研的企业大都是行业领先企业，有的企业近5年研发强度都在4%以上，远高于行业平均水平，但这些企业都认为自身技术积累不能满足中高端产品开发的需要。

　　高端竞争优势的形成不仅需要技术能力的提升，还需要经营管理能力的提高。受访企业认为除了研究开发和设计能力，自身的制造和管理能力，以及工人素质等也与国外领先企业有较大差距。

　　国内高端人才匮乏是企业普遍反映的问题。民营企业在人才队伍建设上表现活跃，用人机制灵活，资金投入大。他们不仅重金聘请国内外技术人才，也重视高级管理人才的引进。国际金融危机为企业引进国外人才创造了机遇，有的企业此前花费数百万人民币请不来一个海外高级人才，现在不仅来了，还带来了一个研究团队。

（2）国内工业和技术基础尚处于中低水平，高端技术供给能力不足

国内的工业和技术基础是支撑数控机床行业发展的重要条件。在技术供应方面，我国数控机床的技术基础薄弱，高校和科研机构的高端技术供给能力不足。在零部件供应上，国产零部件的技术水平和稳定性难以达到高档机床要求，使主机厂转而进口国外关键部件和数控系统。数控机床业的工业设计与国外差距更大，行业发展仍处在起步阶段，工业设计人才特别是复合型人才严重不足。近年来，主机企业对工业设计重视程度有所提高，工业设计在中高端机床产品上得到了较多应用。工业设计开始出现向专业设计公司外包的趋势，但数控企业对工业设计的需求规模仍然不大。

（3）产学研合作缺乏诚信基础和法律保障

合作创新正成为数控机床行业创新的重要模式，但仍面临诸多障碍。首先，由于转制为企业的科研机构与企业存在利益冲突，转制院所已经难以发挥行业技术提供者的作用。很多企业更放心与高校进行合作研究。其次，假合作研究开始出现。国家和地方的一些科技计划项目为促成产学研合作，实现共性技术的行业共享，要求项目单位以产学研联合的方式申报和承担，于是各种假合作应运而生。

违约泄密是合作各方普遍担心的问题。企业对产学研合作心态矛盾：一方面自身研究能力有限，需要有高校或研究所的技术支持；另一方面又担心合作方将研究成果泄密给竞争对手。知识产权保护不足使企业不愿花费时间和精力去打官司。因此，产学研合作既缺乏动力形成实体性的长期合作组织，企业也不敢为合作研发投入大量资金。竞争对手间的合作研究就更加困难。一些企业认为，除非有良好的组织机制保障，否则在现阶段与竞争对手几乎不可能合作研究。

数控机床企业的发展及其遇到的创新困境表明，实现发展方式转变有赖于建立活跃的创新制度和规范的市场环境。

三、民营企业与国有企业创新的比较

1. 国有企业创新能力增强但激励机制缺乏

在国际机床行业产值排名前133位的我国企业大部分是国有企业。有的企业开发出了5轴联动机床等高端产品，并开始跨国并购。但相当一批国有机床

企业激励机制不到位，管理层和员工动力缺乏，企业经营效率不高，发展后劲不足。

2. 国有企业大而全，民营企业小而专

国有机床企业和民营机床企业的发展模式迥然不同。一些国有机床企业向大规模生产和全系列产品方向发展。首先是规模大，一些重点企业有上万职工，年产量可达 400～700 台（行业平均年产量 40～50 台）。其次是产品结构多元化，产品系列全，生产多种档次和品种的机床。三是产业链分工程度低，一体化程度高。这种大而全的发展模式既有企业自身战略定位的考虑，也有地方政府要求做大做强的压力。一些国有企业由于不断扩张生产规模，导致资产负债率居高不下，产值虽高但利润率很低。相比之下，民营数控机床企业生产规模小，专业化程度较高，已经成为我国机床行业创新的重要力量。特别是在数控机床和数控系统的中高端领域，活跃着一批有较强创新能力的民营企业，有的已成为某个领域的龙头企业。

3. 民营企业高度重视人才队伍建设

民营企业对人才的渴求程度更高，他们不仅重视聘请技术人才，也重视高级经营管理人才。由于其机制灵活、效率较高，吸引了一些原国有企业的经营和技术人才。为了解决国内高级人才不足的问题，有的民营企业开始从国外高薪聘请高级技术人员。当有的国有企业抱怨花钱也请不来海外人才时，民营企业却做到了。

4. 民营企业成功的基础来自长期的技术积累

民营企业在中高端领域的成功同样有赖于长期的技术积累。有的企业技术积累来自企业创办者，如大连光洋；有的民营企业技术积累来自原来的企业，民营企业家只是作为投资者和经营管理者，引入了灵活的管理机制。如合肥锻压集团的前身是一家于 1951 年建厂的地方国企，2003 年改制为民营企业。这家企业有 50 多年的技术积累，改制后灵活的机制使企业实现了快速发展。

四、数控机床企业创新的机遇与方向

1. 国内外市场提供了重大机遇和发展空间

国际上主要的机床消费国也是机床制造大国和出口大国。除了中国、韩国

和美国，各国的机床销售都以出口为主，中国机床的出口比例最低。尽管数控机床在出口机床中的比重不足1%，但出口额却占到1/3左右。竞争激烈的国际市场并没有被少数跨国公司垄断。按2007年世界机床业产值计算，国际机床市场的8企业集中度（CR8）仅有14.4%，即使全球20强的机床企业产值也只占全部产值的24.7%，我国企业仍有较大的发展空间。

我国数控机床国内市场也面临巨大的发展机遇。目前，我国的机床装备数控化率只有13%左右，大型企业的数控化率也只有30%，与日本、美国、德国等发达国家70%左右的数控化率相比仍有很大提升空间。未来的10～20年，我国仍处在工业化城市化加速发展阶段，数控机床市场规模将进一步扩大并保持高增长，消费结构的升级将带动对数控机床特别是中高档数控机床的需求。

2. 国际金融危机推动了数控机床企业创新

据受访企业反映，国际金融危机对普通机床的冲击很大，有的企业在2009年上半年的普通机床产量下降了30%～40%；但数控机床销量反而有所增长。受访企业一致认为，国际金融危机对企业创新起到了推动作用。首先，企业从危机前的创新投入中获益。由于附加价值较高的产品市场需求相对稳定，受经济波动影响相对小，使企业更加认识到创新的必要和紧迫，因此更重视新产品研发。其次，由于一些国外同行受到较大打击，国内企业能够更容易、更便宜地获取国外技术和智力资源。

3. 实现以研发设计能力提升为引领的竞争优势升级

我国数控机床企业正进入以创新促进竞争优势升级的重要阶段。我国企业的竞争优势集中于以低成本优势生产低端产品，以及分布广泛的售后服务体系。对领先企业的调查显示，提升我国数控机床企业和产业竞争力的根本途径，是实现从低端竞争优势向中高端竞争优势的转变。其方向是以研发设计能力为引领，加强品牌建设，提升供应链管理水平。

我国机床企业的技术能力与国际领先企业还有较大差距，局部领先的技术尚未出现。在相当长的一段时期内，我国在数控领域总体上还是处于技术追赶阶段。引进消化吸收再创新仍是今后一段时期的主要创新模式，也是一种成本较低、效率较高的技术升级方式。其中包括聘请外国管理和技术人员，购买国外研究机构和生产企业等多种方式。目前，我国企业已经开始对高端人才产生了迫切需求，由于国内相关人才缺乏，引进国外技术人员渐成趋势。另一方面，竞争优势的升级不仅是加强高档机床的研发投入，调整产品结构，还需要改变传统的生产和管理方式，实现组织创新。

五、政策建议

1. 财税政策重在落实、跟踪和调整

数控机床业享受的优惠政策覆盖了从研究开发到产品销售的各个环节。既有针对高技术企业和创新产品的普惠政策，如研究开发费用加计扣除和首台套政策等，又有针对数控机床行业的政策，如数控机床重大专项、重大专项数控机床应用示范工程政策等。加之增值税转型以及近期对进口机床和功能部件税收政策的调整，数控机床行业的政策环境更加宽松和有利。但是，尽管对重大装备的采购有首台套政策支持，国产中高端数控机床、数控系统和功能部件的市场接受程度仍然不高。

数控机床行业享有的多种优惠政策在很大程度上减轻了企业创新的财务负担，一些政策出台时间不长，政策效果尚未完全显现。今后一段时期，财税政策的重点应以首台套和研发费用加计扣除等财税鼓励政策的落实、跟踪和调整为主。

2. 增加中高端技术供给，优化关键技术研发与产业化的组织机制

企业对数控机床重大专项在共性和关键技术研发上的作用给予了肯定，但在以下三个方面有待改进。首先，技术选择的系统性和集成性不足。数控机床涉及数控、机械和材料等多个学科领域，在立项阶段就要针对若干关键环节，进行系统、整体的规划设计，形成明确的技术目标或技术路线图。而目前往往以突破单项技术为目标，而系统的解决方案不足。其次，企业参与技术选择的程度有所提高，但项目选择和考核标准主要以技术先进性为导向，论文和专利等指标更受重视，导致部分成果难以在企业集成和应用。第三，在项目组织环节，迫切需要探索成套技术系统开发应用的组织模式，将分散、孤立的研发和示范活动组织起来，实现技术的整体突破和产业化。

一是完善以企业为主导的科技计划项目立项和执行机制。以突破产业关键

技术为目标的科技计划项目，应以技术成果能否实现工业应用为主要目标，在技术选择（立项）环节加强企业参与程度，避免片面追求技术水平，忽视技术的实用性。重大关键技术研发可以由创新能力强的优秀企业总负责，高校和科研院所参与。牵头企业负责监督技术研发的方向及其适用性，提高技术成果转化率。

二是建立国产数控系统研发与产业化示范基地。通过组织创新，系统地解决研发、验证、试制三个环节的系统协调问题。

三是开展产学研合作组织资助试点。选择 1～2 家组织机构健全、治理结构合理、信用程度高的产学研合作组织进行试点。每年资助该组织一定的研究开发经费，由该组织决定技术项目的选择。同时建立绩效评价与资助额度挂钩的经费管理制度，以及技术项目报备制度。

3. 推进国有数控机床企业实行股权激励

我国进入国际机床行业产值百强的多为国有企业。但与民营企业相比，这些规模庞大的国有企业仍在不同程度上存在效率不高、动力不足的问题。我们在调研中发现，那些创新动力足、企业发展好的国有企业大多采取了股权激励措施。数控机床业属于竞争性行业，当前已经进入竞争优势升级的关键阶段，建议推进国有数控机床企业开展股权激励，调动管理层和技术骨干的积极性，提升企业发展和创新的动力，为国有数控机床企业的创新转型奠定必备的制度基础。

马名杰　执笔

第五章

显示产业：从产能扩张到技术升级

　　作为我国重要的家电产业之一，显示产业本来已经被视为发展非常成熟、技术趋于稳定的制造产业，但是平板显示新技术的快速发展和商业化使我们不得不面对我国显示产业的改造升级。面对技术上的差距和激烈的国际竞争环境，我国显示产业面临紧迫的升级挑战，新型显示产业也被国务院确定为战略性新兴产业的重点领域之一。

一、我国显示产业转型升级的背景与发展现状

（一）我国显示产业的发展背景

　　从 20 世纪 80 年代初到 90 年代中期，我国在 CRT（阴极射线管）显示电视领域通过技术引进建立了"彩电整机—彩管—玻壳"的完整产业链。在这个基础上，较早实现了市场化竞争体制的我国彩电工业，利用劳动力成本低和国内市场大等优势实现了规模经济，以价格优势赢得了国内市场，再进入国际市场。20 年来已经发展成为世界电视生产大国，一度在产量和出口量上都名列世界第一。

　　不过，我国显示产业很快就面临着升级换代的挑战。2006 年以来，平板电视以非常迅速的发展速度实现了全球范围内的产品换代，CRT 电视市场萎缩，产能面临逐步淘汰趋势。平板显示彩电从 2003 年在国内市场上出现，到 2008 年在销售量上超过 CRT 彩电，前后不过 6 年的时间，其替代速度之快令

我国彩电制造商和政府管理部门都有些措手不及。平板显示器对 CRT 的替代使我国彩电工业再次陷入对国外供应商的高度依赖：我国曾经花了几乎 20 年的时间使彩电工业价值链的 95% 在国内生产，但由于 CRT 被平板显示器所替代，不得不依靠外国厂商来获得液晶平板显示器，我国彩电工业价值链的 80% 又再度转移到国外。技术替代使我国彩电企业受制于液晶面板供应商，并因此被大幅压低了利润。而且，在 CRT 时代被我国企业压低了市场份额的外国品牌彩电，也凭借掌握核心技术的优势再度扩大了在我国的市场份额。这场技术替代使我国彩电工业在过去 20 多年里发展起来的"优势"顿失①。

不仅如此，在我国努力发展液晶显示产业、大量投资液晶面板项目的同时，更新一代的 OLED 显示技术也初步显现了商业化的苗头。起步于 1987 年的 OLED 技术被称为"梦幻般的显示技术"。与 LCD 相比，OLED 具有面板更薄（厚度约 1 毫米）、对比度更高（更适合 3D 显示）、无拖尾现象、更节能（功耗不到 LCD 的 40%）、更轻（重量仅为 LCD 的 33%）、没有视角问题等特点，更具有可实现柔性显示这一其他显示技术无法替代的独特优势。目前 OLED 产品已广泛应用在手机、MP3、数码相机、仪器仪表等消费类电子产品及工业产品中，面向大尺寸的 AMOLED 产业化刚刚起步，但势头非常强劲，OLED 电视小批量产品尺寸已经达到 15 英寸，样品更是达到了 40 英寸。韩国三星公司在手机产品上已经开始大量使用 OLED 显示屏，随着技术发展和商业化进程的加快，OLED 显示技术在显示产业的逐渐应用已经成为业界认同的未来发展趋势。

面对技术不断升级换代的显示产业，我国显示产业升级的主要任务包括两个方面：一方面要继续发展液晶显示技术和产业，逐步从加工制造的低端向液晶产业链和价值链的上游延伸，逐步掌握液晶显示的核心技术；另一方面，在研发和技术储备上要盯住下一代显示技术的发展，未雨绸缪，使显示产业在中长期内成为具备内生技术创新、动态发展的高技术产业。

（二）我国显示产业的当前发展态势

随着液晶显示技术替代 CRT 的趋势逐渐显现，从 2003 年起我国企业就开

---

① 参见路风等：《中国液晶面板工业报告》。

始涉足这一产业领域。2005 年 5 月，北京京东方公司建设的国内第一条液晶面板生产线实现量产，揭开了我国平板显示产业的发展序幕。在各级政府部门的明确支持下，2006～2010 年的五年中，我国的液晶产业发展迅速，已经成为世界上潜力较大的生产基地之一。不过，总体上看，我国液晶面板虽然产能很大，但是多数企业为合资企业，不掌握自主核心技术，产业升级迫在眉睫。

1. 产业发展规模

在 2006 年之前，我国量产的液晶面板生产线仅有两条 5 代线和一条 5 代在建线：量产线分别是京东方的 5 代线、上广电和 NEC 合资的 5 代线；在建线为龙腾光电的 5 代线。然而，在 2006～2010 年的 5 年里，在中央和地方政府的支持下，我国大陆吸引了很多的 LCD 投资，全球 LCD 面板和模组生产线加速向国内转移。2009 年，我国液晶面板产业产能已经达到 2020 万片，同比增长 35.6%。

根据 DisplaySearch 数据，2009 年我国大陆液晶面板产能已经占了全球产能的 6.38%。随着几条高世代液晶面板生产线的陆续投产，预计 2012 年我国大陆面板产能将比 2009 年增长 6.4 倍，占全球产能的份额有望达到 32%。如图 5.1 所示。

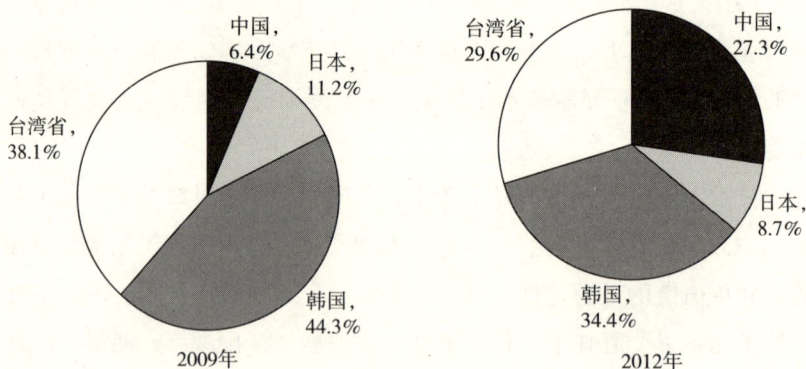

图 5.1　2009 年与 2012 年世界 TFT‑LCD 产能分布情况

数据来源：DisplaySearch，广发证券发展研究中心整理。

2010 年，全球液晶电视的产量大约 1.9 亿台，其中我国液晶电视的销量将近 3500 万台，已经成为全球最大的液晶电视消费市场。

2. 区域发展格局

平板显示产业的区域布局也初步形成。由于京东方对高世代线的持续投资，高世代液晶面板生产技术不再由日本、韩国以及我国台湾地区所垄断，加上液晶电视需求的迅速增加以及各级政府的优惠政策，日韩台相关企业纷纷进入我国大陆设厂。同时，TCL等国内企业也宣布投建8.5代液晶面板生产线。2009～2010年，我国大陆的液晶投资不断增加，截至2010年底，共有7条高世代液晶面板线（2条6代线、5条7.5代线以上）项目建设，围绕玻璃基板、高世代液晶面板线、模组与整机一体化以及相关产业配套的总规划投资超过了2000亿元。初步形成了北京辐射圈、长三角地区（苏州—南京—合肥）、珠三角地区（广州—佛山—深圳）、海西经济区（台北—厦门—福州）、以成都为主的西部开发区（成都—绵阳—重庆）等各具特色、合作分工、投资主体相对集中的产业园区聚集格局。如表5.1所示。

表5.1　　　　　　　　我国 TFT - LCD 液晶面板线分布

（截至 2011 年 8 月）

公司名称	厂址	玻璃基板尺寸（mm × mm）	代数	月产能（K）	投产状况	备注
京东方	成都	730 × 920	4.5	30	量产中	2009 年 10 月投产
	北京	1100 × 1300	5	97	量产中	2005 年一季度投产
		2200 × 2500	8.5	90	在建	2011 年 12 月底开始设备迁入
	合肥	1500 × 1850	6	90	量产中	2010 年第四季度量产
深天马	上海	1100 × 1300	5	92	量产中	原上广电 NEC，被中航技收购，深天马托管
		730 × 920	4.5	30	量产中	2007 年第四季度投产
	成都	730 × 920	4.5	30	投产	2010 年第二季度投产
	武汉	730 × 920	4.5	30	投产	2010 年第四季度投产
	厦门	1200 × 1300	5.5	30	签约	中航投资，深天马托管
龙腾光电	昆山	1100 × 1300	5	110	量产中	2006 年第三季度投产
龙飞光电	昆山	1950 × 2250	7.5	90	在建	
友达光电	昆山	2200 × 2500	8.5		获批	
深超光电	深圳	1200 × 1300	5.5	100	量产中	2009 年第一季度投产
华星光电	深圳	2200 × 2500	8.5	100	在建	2010 年年底厂房封顶

续表

公司名称	厂址	玻璃基板尺寸 （mm×mm）	代数	月产能（K）	投产状况	备注
中电熊猫	南京	1500×1850	6	80	在建	计划2011年实现量产
苏州三星	苏州	1950×2250	7.5	100	获批	
广州LGD	广州	2200×2500	8.5	120	获批	
莱宝高科	深圳	400×500	2.5	30	投产	2008年第三季度投产
信利	汕尾	400×500	2.5	50	投产	2007年第三季度投产

数据来源：根据已公开数据整理。

2011年，华星光电8.5代液晶面板项目正式投产，同时友达光电在昆山投资的8.5代LCD面板生产线获批，加上已经投产的京东方8.5代线、已经动工的三星7.5代线和即将动工的广州LGD8.5代线，不久以后，我国大陆将出现5条高世代液晶面板线。

（三）我国显示产业在全球产业链中的竞争力

TFT–LCD同样存在着"微笑曲线"。微笑曲线中间部分是面板制造；左边是上游材料供给，属于全球性的竞争；右边是产品应用及营销，主要是当地性的竞争。微笑曲线两端朝上，在产业链中，高附加值部分体现在两端，即材料供给和销售，材料供给的毛利率可以达到50%以上。处于中间的制造环节附加值最低，毛利率在−25%~30%之间，产业周期性波动则较大。因此，单就TFT–LCD产业链盈利能力来讲，玻璃基板、液晶、背光源等上游材料公司具有显著的高附加值优势。

由于技术门槛高、盈利能力强，上游材料的关键技术和市场基本掌握在全球少数企业手中，如玻璃基板被美国康宁公司、日本旭硝子和电气硝子公司等垄断，液晶被德国默克公司和日本智索公司垄断，偏光片市场被日东电工、LG化学和住友化学等企业垄断。因为技术门槛非常高，所以垄断企业可以凭借技术垄断获得超额利润，玻璃基板生产企业的净利率都在非常高的水平。根据美国康宁公司公告，其玻璃基板业务净利率通常维持在40%以上，2010年一季度和二季度，净利率分别达到45.9%和48.3%。

我国的液晶显示产业尽管产能很大，但是大部分企业基本上仍处于加工制造环节，除了背光模块本地配套率较高外，国内显示板行业的其他上游配套产品都依赖进口，我国为此付出了昂贵的代价。在液晶电视产业，外企通过技术垄断获得高利润有两种途径：一是利用技术和商标等知识产权优势提高产品价格，获得超额利润；二是利用对核心零部件、原材料技术知识产权的掌握，在国产液晶电视的销售额中又攫取一部分利润。

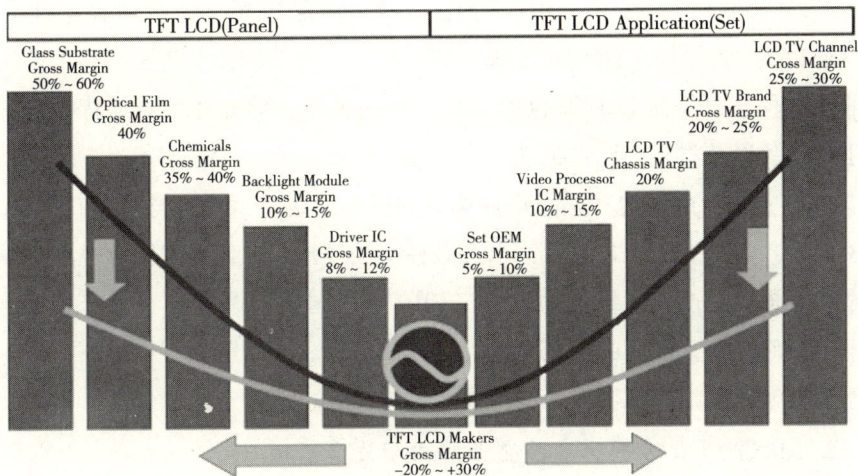

图 5.2　液晶面板产业的微笑曲线

数据来源：DisplaySearch，广发证券发展研究中心。

我们对此进行了估算。以 2009 年为例，国外品牌企业利用技术垄断优势提高产品价格获得的收益估计约为 80 亿～110 亿元人民币；从原材料和零部件获得的收益估计约为 45 亿元人民币。两项相加可得，2009 年液晶电视行业国外品牌企业利用知识产权在我国获得的收益估计约为 125 亿～155 亿元之间，如表 5.2 所示。

表 5.2　液晶电视行业国外品牌企业利用技术优势在我国获得的收益

收益方式	提高产品价格	垄断关键原材料和零部件	显性收益总计
收益估计	80 亿～110 亿元	约 45 亿元	125 亿～155 亿元

数据来源：国务院发展研究中心课题组，《外国知识产权对我国产业发展的影响与作用分析》。

（四）我国政府部门支持显示产业升级的主要政策

作为战略性新兴产业，平板显示产业带动力和辐射力较强，同时又是我国的技术薄弱产业。因此，"十一五"以来，TFT-LCD 产业一直是国家重点扶持的重点领域。

1. 制定规划和战略，支持新型显示产业发展

国家信息产业"十一五"规划明确提出，要加速发展新型显示器件。在 LCD 领域，面向大尺寸液晶电视需求，支持建设第 6 代及以上 LCD 大尺寸面板生产线，同时考虑手机、PDA 等中小尺寸产品市场，支持建设中小尺寸 LCD 面板生产线。在发展中游面板制造的同时，加快国内关键配套件的开发与产业化进程，力争在 LCD 彩色滤光片、基板玻璃、偏光片、新型背光源、部分生产设备以及材料上取得突破。

2009 年出台的《电子信息产业调整和振兴规划》，将新型显示和彩电工业转型列为六大重点工程之一，力求突破核心关键技术，促进我国彩电产业整体转型和平板显示产业持续健康发展。2010 年，国务院颁布的《关于加快培育和发展战略性新兴产业的决定》中，再次将包括 TFT - LCD 在内的新型显示产业作为引领未来经济社会发展的重要产业之一。

2. 组织产业化专项，支持企业建设研发平台

国家发展改革委先后组织实施了新型彩电产业战略转型产业化专项和平板显示器件产业化专项。

彩电产业战略转型产业化专项以支持彩电产业结构调整、打造相对完整的平板彩电产业链为目标，以着力提高自主发展能力为核心，以面板重大建设项目为牵引，兼顾目前主流显示技术及未来发展，通过国家支持和引导，做大做强彩电整机产业，完善新型平板显示器件产业链，增强我国彩电产业可持续发展能力。主要内容包括：引导规划内 TFT - LCD、PDP 及其他新技术产品生产线建设，形成持续开发和生产能力；支持平板彩电骨干企业完善新型平板显示整机工艺、模组一体化技术研究开发环境，加强共性技术研发；鼓励以平板显示骨干企业为龙头，带动上游关键配套材料、模组零部件及工艺设备的产业化，提高国内配套能力。

平板显示器件产业化专项则以完善新型平板显示器产业链为目标，着力提高自主创新能力，形成我国平板显示器件产业可持续发展能力；支持有条件的骨干企业建设新型平板显示器件工艺、模块技术研究开发环境，加强共性技术研发；支持建设薄膜晶体管液晶显示器（TFT - LCD）面板生产线、等离子显示（PDP）及其他新技术产品量产线，形成持续开发和生产能力；支持平板显

示器件关键配套材料及生产设备的产业化，提高国内配套能力。

经发展改革委批准，2009 年 4 月，我国第一个 TFT – LCD 工艺技术国家工程实验室在京东方公司设立。该实验室的建设得到发展改革委的资金和政策支持，致力于推进液晶显示器件研发、上下游技术融合与验证、标准研究和人才培养。

3. 在科技计划中支持平板显示项目的研发

863 计划高清晰度平板显示技术专项于 2002 年正式启动，在有机发光显示技术的中试工艺技术研究、高分子发光显示技术研究以及有源驱动技术研究等方面进行了布局，批准实施了若干课题。

"十一五"期间，863 计划新材料技术领域围绕国家重大行业应用和经济发展的迫切需求，设立了"新型平板显示技术"重大项目。该项目立足于建立以企业为主体的平板显示技术创新体系，通过核心技术和共性技术的突破，支持企业的垂直整合和产业调整。该项目以自主知识产权技术产品的产业化为主要目标，重点发展 TFT – LCD、PDP 和 OLED 技术，侧重发展未来对显示技术产业可能产生重大影响的 FED 和 E – PAPER 技术，同时兼顾 FPD 共性测试技术和前瞻性技术的研究，以规范技术性能测试和产品测试标准、完善平板显示技术评价体系、把握新型 FPD 的发展方向。

4. 地方政府对发展液晶产业积极性高，提供了投资和土地支持

除了国家层面的扶持以外，众多地方政府也给予了 LCD 产业更多的扶持政策。随着 LCD 产业在我国的不断发展，很多城市和地区的地方政府都很有兴趣引进相应的 LCD 产业相关项目。地方政府不但提供必要的土地资源，而且还利用政府能支配的资金进行产业投资。典型的如北京的京东方 8 代线项目，成都的天马和京东方 4.5 代线项目，合肥的京东方 6 代线项目，南京的夏普 6 代线项目，广州的 LGD8.5 代线项目，苏州的三星 7.5 代项目等。地方政府对 LCD 项目的高度重视与鼓励支持，极大地促进了我国 LCD 产业的发展。

二、韩国显示产业升级的经验

（一）世界新型显示产业的发展历史与竞争格局

1. 世界新型显示产业的发展趋势

2006～2010 年，是全球液晶产业爆发式发展的五年。虽然受到 2008 年金融危机的影响，但是全球液晶产业在坎坷的道路上来到了一个新的时代。2005 年，全球 TFT - LCD 面板出货量为 2.19 亿片，销售额为 440 亿美元，液晶电视销量约为 1900 万台，液晶电视的产值为 115.32 亿美元。而到了 2010 年，全球液晶电视出货量为 1.9 亿台，是 2005 年的 10 倍。

根据 DisplaySearch 预测，2015 年全球平板显示（FPD）产业产值将达到 1480 亿美元，将占所有显示器件的 98%，其中 TFT - LCD 面板产值将达 1337 亿美元，占 FPD 产业的 91%。目前，全球正在扩建或筹建中的平板显示生产线主要集中在高世代 TFT - LCD 和 AMOLED 生产线，其生产线折旧年限均在 10 年以上，但 OLED 的生产线规模相比还非常小，这决定了未来十年平板显示仍以 TFT - LCD 为主导。到 2020 年，TFT - LCD 仍可能是主流的显示技术，其稳定高效的性能、成熟而不断革进的产业化技术，以及迅速下降的成本，都将成为维持其主流地位的保障。

尽管如此，OLED 显示技术很可能成为继显像管（CRT）、液晶（LCD）之后的新一代平板显示技术，并在 2020 年之后发展成为主流显示技术。OLED 显示产业目前的发展阶段相当于 TFT - LCD 产业 20 世纪 90 年代起步阶段的状态，2010 年全球销售收入达到 14 亿美元，已开始进入高速增长期。DisplaySearch 预计 2017 年全球 OLED 市场将增长至约 140 亿美元，年均复合增长率达 39%，在所有平板显示领域增长率最高。2010 年 5 月，三星电子总裁李健熙甚至判断，OLED 将在未来 5 年内成为主流显示技术。除韩国的三星和 LG 外，台湾地区的友达、奇美等传统显示龙头企业也在积极筹建 4.5 代或更高世代的 AMOLED 生产线。

2. 世界液晶显示产业的竞争格局

从全球 TFT - LCD 产业格局来看，韩国、台湾地区、日本是全球主要的

TFT - LCD 生产地，我国大陆 TFT - LCD 产业正在快速崛起。根据 DisplaySearch 数据，2010 年 11 月份，全球 TFT - LCD 产业总销售额为 78.74 亿美元，其中韩国为 39.30 亿美元，比重达到 50%，占据全球市场的半壁江山；台湾地区为 28.14 亿美元，占 35.7%；日本、我国分别占 11.8% 和 2.1%。随着今后两年生产线的加快建设，我国大陆在全球产业中的地位将会快速提升。从生产厂商情况来看，三星是全球最大的 TFT - LCD 生产商，其次是 LG、友达、奇美。从面板尺寸分类来看，大尺寸面板方面，位居前列的同样是三星、LG、友达和奇美和夏普。但由于给美国苹果公司供应 IPS 屏，LG 在 2010 年增长显著。中小尺寸面板方面，位居前列的分别是奇美、SMD（三星移动显示）、LG、友达和中华映管，台湾地区企业在规模上有一定的优势。

（二）韩国实现显示产业升级的路径和模式

1. 韩国实现显示产业升级的发展历程

第一个试图将液晶显示技术产业化的国家是美国，但是，日本却在量产上占据了先机。1972 年初，日本夏普公司买下了美国无线电公司的液晶技术，并将其应用于计算器。同年，日本精工也购买了 TN - LCD 技术，应用于电子表。20 世纪 80 年代，夏普、精工、松下、三洋开始在液晶显示器研发方面开展竞争。1985 年，东芝推出采用液晶显示器的世界第一台笔记本电脑。1991 年，夏普建设了第一条量产的液晶面板 1 代生产线。日本液晶面板占据了全球 90% 的份额，美国只占不到 3%。

三星于 1993 年开建了第一条大批量生产线（370mm × 470mm 玻璃基板的 2 代线），1995 年 2 月建成投产。1993 年，LG 的第一条大批量生产线（2 代线）在 Kumi 动工，1995 年 8 月建成投产（月产 1 万片，到 1996 年底产能扩展到每月 4 万片）。20 世纪 90 年代中期，液晶面板迎来了衰退周期，日立、富士通、卡西欧、三菱等企业因亏损退出液晶产业。韩国企业开始利用这段时间大举扩张，LG、三星分别在 1997 年和 1998 年建设了世界第一和第二条 3.5 代线，韩国液晶产业开始追赶并超越日本。

1999 年 5 月，LG 和荷兰飞利浦宣布，后者以 16 亿美元的投资换取 LG 液晶业务的 50% 股份，新组建的 LG 飞利浦公司于 9 月正式运营。此前，飞利浦也曾涉足 TFT - LCD 领域，但始终不能在量产上取得突破，于是选择与 LG 结成战略联盟。LG 则不仅因此而获得投资，还使飞利浦成为合资企业在韩国设立的工厂的大客户。

1999 年 7 月，苹果公司向三星投资 1 亿美元，以加速其液晶生产设施的建设。10 月，三星又接到了戴尔公司价值 85 亿美元的 TFT - LCD 大合同订单。11 月，现代集团与 3 家笔记本制造商，包括 IBM、康柏和 Gateway，签订了 5 年 80 亿美元的供货合同。1999 年，三星在全球平板显示器市场的份额达到 18.8%，名列第一，LG 达到 16.2%，名列第二；这两家韩国企业的市场占有率分别超过了原来的行业龙头企业——日本的夏普公司。

2001 年，液晶面板价格下跌，几乎全世界 TFT 企业都陷入亏损。韩国企业则逆势而动，LG 建设了世界第一条 5 代线。同年，三星连续建设了两条 5 代线。2002 年开始，液晶显示器开始在桌面电脑上应用，LG 也凭借 5 代线的领先量产一度超越三星。同时，没有资金实力建设 5 代线的韩国现代则不得不出售液晶业务。之后的 2004 年，LG 建成了第一条 6 代线，三星公司则于 2005 年和 2006 年连续建成两条 7 代线，均为当时的世界第一。至此，韩国已经成为世界上液晶显示产业的领先者。

面对有可能替代液晶显示技术的 OLED 显示技术，韩国企业已经开始提前布局，并试图成为新技术时代的领先者。2010 年，三星电子在 OLED 产业的投资已经超过 LCD，成为其在平板显示领域的第一大投资方向。三星电子下属的三星移动显示公司于 2011 年 6 月宣布其 5.5 代 OLED 生产线已投产，其 8 代 OLED 试验线将于 2012 年 5 月投入使用。目前，国际上只有韩国三星一家实现了 AMOLED 生产线的大规模生产和销售。

2. 韩国显示产业发展模式的经验总结

韩国的显示工业之所以能够重复像半导体存储器（DRAM）工业一样的成功，其发展模式和核心战略值得我们思考。当前我国正处于大规模建设并发展新型显示产业的关键时期，如何把握机会、避免风险，坚定而智慧地走技术赶超之路，需要我们的企业和政府决策者都有清晰的发展战略。

（1）在新技术未商业化时开始进行研发和技术储备

早在 20 世纪 80 年代，液晶显示技术还远远没有在市场上盈利的能力，韩国企业就已经开始了对平板显示技术的研发。三星电子的子公司三星显示设备公司（Samsung Display Devices，SDD）在 1984 年就设立了 TFT - LCD 研究小组，SDD 投资 TFT 技术，完全是出于战略技术储备的考虑。1991 年，三星电子在其半导体事业部内设立了 TFT - LCD 事业部，该事业部在三星电子内部多年亏损，长期不受重视，但是三星集团仍然坚持进行投资。LG 电子则是从 1987 年开始了对液晶显示器的研发，到 1989 年才向公众展示了他们第一个可用的成果。1990 年，LG 电子成立了专门的研发中心，有大约 250 名员工在试产线上工作，每年生产 12000 片的 10.4 英寸和 12.1 英寸 SVGA 液晶面板。1988 年，现代集团也开始了平板显示技术研发，成立了 LCD 事业部。

对 OLED 技术也是如此，在夏普等企业正在投资建设 10 代以上的液晶面板生产线时，三星已经悄悄放弃了超大尺寸液晶面板的投资计划，在其拥有绝对技术优势的 OLED 大尺寸研发上赢得了时间，并致力于 OLED 技术的商业化。2011 年 5 月 31 日，三星移动显示公司宣布其在韩国投资 21 亿美元建设的 5.5 代 OLED 面板生产线已提前两个月进入量产，其第 8 代 AMOLED 面板试验线将于 2012 年 5 月投入使用，可以切割 46 寸、55 寸等大尺寸 OLED 面板，并使 OLED 面板的使用领域从智能手机、平板电脑延伸到电视等领域。至此，三星已经抢占了此产业的制高点。2011 年一季度，三星在 3.5 寸以上 AMOLED 面板的市场占有率超过 99%。在 2010 年推出 42 寸 OLED 电视样品后，三星移动显示又开始在高世代 OLED 面板布局，试图改写液晶面板领域群雄并起的格局，并确定其在 OLED 一家独大的优势。

（2）积极与国外厂商合作，但是目的集中在掌握技术而非扩大产能

韩国企业为了尽快融入主流，进行技术赶超，曾通过参与技术合作、结成战略联盟以及签订长期合同等形式与外国企业合作。但是，这种合作的核心不是仅仅利用韩国的制造能力赚取加工利润，而是从一开始就将目标定在获取关键技术上。

三星公司早在 20 世纪 80 年代开始研发时，就从美国 OIS 公司购买获得了技术许可。由于日本对技术控制很严，韩国企业就采取利用星期天工程师[①]和在日本设立研发机构的方式学习技术，并积极吸纳失业的日本工程师。1995 年，三星和日本的富士通公司签订了交叉许可协议。富士通提供宽视角技术交

---

① "星期天工程师"又称科技人员业余兼职，主要是指各级各类专业技术人才、经营管理人才通过事先联系，利用星期天或节假日等业余时间在完成本职工作、不侵害本企业技术及经济利益的前提下，为其他企业提供各种无偿和有偿服务。

换三星的高孔径比率技术。1996 年下半年，三星与美国玻璃巨头康宁公司合资生产熔融玻璃。三星航空公司（后改名为三星 Techwin）投资光刻机设备，三星显示设备公司制造彩膜，而三星电子提供驱动电路。LG 公司则采取了比三星更加开放的战略联盟方式。1994 年，LG 投资 3000 万美元和日本的元器件企业 Alps Electric 合资开发超清洁制造工艺。LG 第一次在 3 代线上应用了这一技术。LG 还有其他的一些合作开发项目，包括持有美国的一家测试设备厂商 Photon Dynamics 的股份。Photon Dynamics 在单个 TFT - LCD 像素的检测设备方面处于领先地位。这一合作项目帮助 LG 获得了价值 10 亿美元的合同——为康柏公司连续 5 年提供 12.1 英寸及更大尺寸屏幕。1996 年 5 月，LG 和美国的数字设备公司（DEC）建立了战略联盟。LG 为 DEC 提供 11.3 英寸和 12.1 英寸的平板显示器。另外，LG 还在 1997 年 8 月为 DEC 设计了超薄液晶显示器，取代了之前与 DEC 交易的日本西铁城公司。

（3）在产业亏损期坚持进行战略性投资

韩国企业从开始量产到实现盈利，经历的时间很长，期间一直亏损，但是他们在对技术路径做出准确判断的情况下，坚持进行战略性投资，直到盈利出现。三星的液晶业务从 1990 到 1997 年连续亏损了 7 年，在 1991 ~ 1994 年间平均每年亏损 1 亿美元。LG 的液晶业务从 1987 年到 1994 年，平均每年有 5300 万美元的亏损，持续了 8 年。

（4）在液晶产业衰退周期加大投资和海外收购力度，借机壮大实力

液晶产业存在着明显的周期现象。率先成功产业化的企业很可能会获得较高的利润，但是利润引发的新投资带来的产能会迅速扩大导致生产过剩、价格下降，造成产业衰退。此时往往又会出现新一代的产品，并再次得到高利润。如此往返，即为液晶产业的周期。正如澳大利亚学者马修斯（Mathews）提出的，成功的后进入者都是在液晶周期的衰退阶段进入的。"以进入这个产业为目标的企业会利用第一次衰退期获得技术和技术能力，如韩国三星和 LG 公司在 1993 ~ 1994 年的第一次衰退期所做的那样。他们雇佣了那些过剩的日本工程师，在日本设立研发中心，以利用衰退期资源和知识的流转。然后他们等待下一次衰退期，伺机再进行大规模投资。"在 1995 ~ 1996 年液晶产业的第二次衰退期里，韩国企业进入了 TFT - LCD 工业。与衰退期削减投资的惯常行为不同，刚刚进入的韩国企业继续投资建设新的生产线，是典型的进取性反周期投

资。1997 年亚洲金融危机爆发之后，全球液晶市场也陷入不景气，日本厂商虽然在市场上领先，但大多面临亏损。这种情况下，三星电子和 LG 再一次采取了反周期的投资战略，果断地在 LCD 领域投入数十亿美元，建设大尺寸液晶面板生产线，继 LG 于 1997 年 11 月率先建成 3.5 代线之后，三星也于 1998 年第四季度实现 3.5 代线的量产。

这种所谓的反周期战略使韩国企业在短期内蒙受了一定的财务损失，但是却在技术追赶上实现了成功，并最终在经济上获得了可观的回报。

（三）政府在推动液晶产业升级中发挥的主要作用

韩国企业之所以能够承受一定时期的亏损，除了企业本身在半导体方面有较多的利润累积之外，韩国政府的鼓励和支持也发挥了积极作用。

1. 制定明确的产业发展战略

2002 年，韩国产业资源部公布了"平面显示器产业发展计划"，明确重点发展 LCD、PDP 和 OLED，出口价值要达到 315 亿美元，设备和材料自制率从 2001 年的 20% ~40% 增加到 2010 年的 80%。2010 年 5 月 19 日，韩国政府又新推出了《显示器产业动向及应对方案》，明确 OLED 发展目标是到 2013 年能够成为世界首个实现 AMOLED 显示面板量产的国家；到 2015 年，韩国基本进入新型显示器时代。

2. 进行持续的研发支持

韩国政府从 2002 年到 2012 年，每年拿出 1700 万美元用于开发下一代显示器技术，250 万美元支持设备开发，60 万美元给韩国电子技术协会，协助液晶显示器件相关业者的交流与发展，并出资 5100 万美元成立工程技术开发中心、零组件与材料中心和人才培养中心，投资 7.4 亿美元支持建设光州光电子工业带。2010 年，韩国政府投资 75 万亿韩元支持将现有的第 5.5 代 AMOLED 面板的涂层工艺转换为垂直和水平连接型的工艺技术；投资 10 亿韩元用于核心有机材料的开发；投资 100 亿韩元用于可替代现有柔性显示器玻璃基板的塑料技术。

3. 利用金融机构对企业进行投资支持

在直接投资方面，韩国政府通过相关投资机构，特别是韩国产业银行（KDB），对三星、LG 的 TFT – LCD 事业进行直接投资和长期借款达 30 余亿美元。

4. 制定特殊的税收政策，为产业提供助力

韩国对液晶显示器企业所得税实行"七免三减半"政策，即 7 年内免除所得税，之后 3 年减半征收。更关键的是，为了与国外企业竞争，韩国改革了关税制度，降低显示器领域的关税税率。对于因未实现国产化而进行设备投资需要进口的品种及工厂自动化机械等，持续提供调剂关税、工厂自动化设备关税减免方面的支持政策。对于真空镀膜机、干法蚀刻机、OLED 用真空镀膜机、玻璃制造用成型机等 4 种设备则适用调剂关税。

5. 严格控制技术外溢

韩国在成为世界液晶大国之后，严格限制向我国转让技术，甚至不允许到外国建厂。韩国情报通信部的《2002 年综合审查评价报告书》中有一句话："经济迅速发展的中国需要大量的技术，……我国的知识头脑和技术流向中国的可能性空前地大"。根据韩国 2007 年颁布的《防止产业技术外流及产业技术保护法》，出售、转让核心技术必须获得国家批准，液晶面板与半导体都是核心战略产业，韩国企业在海外建设生产这些产品的基地需要韩国政府批准。企业本身也有很高的警惕性。直到 2009 年 5 月，三星电子全球副总裁赵容德还强调"暂时没有向中国国内转移液晶面板生产线的计划"，其 LCD 事业部总裁张元基在 8 月进一步表示："中国市场将会变得更大，但我们在决定之前必须了解更多状况。"

三、我国显示产业升级中存在的机制和政策问题

尽管我国液晶显示产业产能不断扩大，看起来红红火火，但是正如我们所指出的，大部分企业没有自主的核心技术和创新能力。从产业发展体制和政策的角度来分析，主要问题存在于两个方面。

（一）在实现技术追赶过程中，产业战略思路不明确，政策难以形成合力

韩国国家并不大，总体经济实力也不如我国，但是产业政策的制定和执行

是比较得力的。我国的政府部门一则存在中央和地方思路差异和利益机制不同的问题，另一方面即使在中央政府各部门之间，也存在着不能形成合力的问题。

1. 中央政府与地方政府的动力机制不同，使得国家整体产业战略不明确

对地方政府而言，发展液晶面板产业的主要目的在于引进项目，扩大生产规模，在数年之内尽快形成 GDP 和税收，重在"铺摊子"。而液晶产业恰恰又带着"战略性新兴产业"的帽子，符合国家鼓励发展的产业领域。于是，地方政府在我国液晶面板产能扩张中发挥了决定性作用。而中央政府则更看重我国显示产业的升级发展，尤其是要最终自主知识产权，提高自主创新能力，关注的是产业发展的质量和效益。从技术追赶的角度来看，我国的最佳策略是利用项目和投资审批等各种工具来扶持具有自主知识产权的企业优先发展，并对国外企业来我国抢占市场做出技术转让方面的要求。但是，现实情况是在地方政府和中央政府的博弈中，绝大多数外资企业在地方政府的支持下迅速投资建设了生产线，并利用技术优势对我国少数掌握自主技术的企业形成了较大威胁，使我国的技术追赶之路更加艰难。

2. 各部委的政策支持难以形成合力

我国有关高技术产业的管理部门较多，管理权限重复，难以形成合力。对新型显示产业而言，管理和政策职能分别存在于科技部、发展改革委、工业和信息化部的不同司局。由于资源配置权的划分不够清晰，这些部门分别与财政部沟通和确定科财权，所以在规划事权时彼此之间缺乏沟通和统筹，很难做到对显示产业的持续和重点扶持。以新兴的 OLED 技术和产业为例，政府项目来自不同部门，工业和信息化部的关键技术研发及产业化项目、科技部的"863"项目和发展改革委的生产试验线及产业化项目对我国 OLED 技术和产业化均提供了有效支持。但是这些项目来源比较分散，企业需要花很大的精力分别去争取一个个项目。而且这些项目一般都是一次性支持，难以对 OLED 技术研发和应用提供长期性的集中支持。

（二）长期问题在于没有形成内生的技术创新机制，产业总面临被动升级

回顾我国显示产业的发展历史，在液晶显示技术替代 CRT 技术之时，我

们几乎是毫无准备地被推到了尴尬境地，不得不转而致力于发展液晶产业，在此过程中损失了大量的人力和物力，不能不说是个惨痛教训。而目前，显示技术仍然孕育着新的技术革命，未来很可能 OLED 技术将成为新一代显示技术，韩国的三星公司又走在了前面，我们总是处于被动升级的困境中。

其根本原因在于，我国传统的产业发展体制对于技术变化较快的高技术产业非常不适应，也无法形成内生的技术创新、动态发展机制。政府推动产业快速发展的方式主要是依靠短期内动员资金、土地和研究开发的大量投入，这是我国得以迅速推进工业化过程的主要动力和成功经验之一，但是同时也带来了产业发展雷同、盲目重复建设、产能过剩等一系列问题。由于新兴显示产业的发展前景并不像传统制造业那样明确，因此缺少市场约束、不考虑新兴产业生命周期和特征的地方政府投资行为，很容易造成资源浪费、产业雷同、过度竞争等现象，而且也放大了新兴产业的内在发展风险。

四、根据产业升级的不同模式，明确支持重点和主要政策方式

制定支持显示产业升级的政策体系，必须依照我国的产业发展利益和目标，区别不同的产业升级模式，分类制定合理的支持政策。

（一）我国显示产业进行升级的典型模式

我国对新型显示产业的投资热情高涨，也出现了许多从事显示面板生产的企业。应该说，这些企业都致力于引进新的技术和产品来进行升级，逐渐减少 CRT 显示产品的产能和投资，向新型显示产业转型。不过，各类企业的做法也不相同，总结起来大概有三种模式。三种模式各有其优点与缺点，对政府支持力度和激励政策的需求程度不同，适用的政策类型也不同，如表 5.3 所示。

1. 第一种模式：与外企合资，迅速获得产能规模

从表 5.1 的数据可以看出，目前国内各地开建的液晶面板生产线中，大部分都是引进日本、韩国和我国台湾地区的液晶面板企业的生产线，与三星、LG、友达、奇美、夏普等企业进行合作，成立合资公司，迅速投产，并在短

期内实现量产。典型的例子如 LG 在广州投资的 8.5 代线，三星在苏州投产资建设 7.5 代线，以及友达光电在昆山投资建设的 8.5 代线等等。这是目前在我国各地投资液晶面板产业的最普遍的发展模式。

2. 第二种模式：通过收购国外技术获得创新能力并自主发展

这种模式的典型代表是北京的京东方公司。京东方进入液晶面板产业始自本世纪初对韩国企业和技术的收购。2003 年 1 月 22 日，京东方收购现代集团下属 HYDIS 公司的交易正式生效，京东方立刻利用 HYDIS 的技术资源在北京亦庄经济技术开发区建设了第一条 5 代线。2003 年 6 月，负责运营 5 代线的京东方光电科技有限公司注册成立；9 月京东方第 5 代 TFT－LCD 生产线项目开始动工。2005 年 1 月，京东方 5 代线生产的 17 英寸液晶显示屏首次出货；5 月京东方宣告 5 代线成功量产。此后京东方不断进取发展，直到今天 8.5 代线实现量产，成为我国唯一具备了 TFT－LCD 包括产品开发能力、工艺开发能力和建线能力在内的自主技术的企业。

京东方的经验在于收购中对技术的不断吸收和再创新。以京东方掌握的 FFS 宽视角技术（液晶面板用在电视上时必须使用宽视角技术）为例，FFS 技术本来是韩国现代独立研发的，京东方最初是从收购 HYDIS 而获得 FFS 专利使用权的，但后来京东方不断研发这个技术，追加了大量拥有自主产权的专利。

3. 第三种模式：利用自主研发的技术进行商业化

这种模式的典型代表是北京的维信诺公司。该企业与清华大学紧密合作，经过多年技术研发和工艺攻关，系统掌握了 OLED 材料、器件和工艺等关键技术；成功开发了单色、多色和彩色 PMOLED 显示屏和彩色 AMOLED 显示器件。截至 2010 年，维信诺和清华大学共申请专利 288 件，包括发明专利 225 件（其中国外专利 39 件），并以每年 50 多件的速度持续增长，专利涵盖了材料、器件结构、工艺技术、驱动技术和产品设计等各个方面。

维信诺公司依靠自主创新建立了完整的 OLED 技术和产业化体系。2008 年，以江苏省昆山市政府资金为主体，投资建成了中国大陆第一条 OLED 大规模生产线，是国内目前唯一掌握完整 PMOLED 量产技术并实现大规模生产和销售的公司。AMOLED 也已进入产品开发和工艺技术验证阶段，2010 年 12 月，该公司成功在中试线上全面打通 LTPS－TFT 背板和 OLED 显示屏制造工艺技术，为公司发展中大尺寸 AMOLED 技术和产品打下了坚实的基础，目前正在积极筹建 AMOLED 量产线。

表5.3 我国显示产业进行升级的典型模式比较

典型模式	第一种模式	第二种模式	第三种模式
代表企业	广州 LG、苏州三星等	北京京东方	北京维信诺
技术来源	外资企业	收购国外企业技术，消化吸收再创新	与大学合作，自主研发
升级优势	能迅速扩大产能，实现我国显示产业规模化	有一定的自主技术和创新能力	掌握核心技术和知识产权
升级劣势	不掌握核心技术，在全球产业链中处于低端	面临激烈的国际竞争，在较长时期面临亏损	盈利前景不确定，商业化尚面临困难
政府支持必要性	一般不需要中央政府特殊政策	需要政府在投资和研发上予以倾斜	需要政府给予长期持续、全方位支持
政策类型	技术改造政策地方土地和投资支持	企业融资政策支持研发平台建设技术改造政策地方土地和投资支持	研发持续资助政府战略性投资地方土地和投资支持

（二）促进显示产业升级的政策建议

1. 为快速实现技术追赶，必须明确政府支持的重点升级方向

我国显示产业的战略与政策体系的核心目的在于最终实现技术赶超的目的，通过逐步掌握显示技术的核心技术，在全球产业链和价值链中实现向"微笑曲线"两端的升级。换句话说，我们要的不仅是产业规模的扩大和产能的扩张，更是能换取高额利润的关键技术。

为了实现这一目标，中央政府应该对地方政府进行一定的约束和指导，以国家经济利益为核心形成一致的产业发展战略，重点支持具有自主知识产权的显示工业企业快速发展。

2. 建议相关部门统筹安排政策资源，形成合力

建议选择合适的时机，吸收科技、管理、经济等各方面的专家，会同发展改革委、工业和信息化部、科技部等不同政府管理部门的代表，统一负责确定显示产业的发展战略、支持方式和资金预算，对相关政府部门划分合理的分

工，将与显示技术相关的研发、中试和产业化项目进行统筹规划和适当的合并，有效地避免政府政策资源重复投入和难以协调的问题，为显示技术研发、试验、融资、产业化和规模化提供持续性集中支持。在预算中应明确其中各类产业政策所需的经费数量，并负责分配给不同的政府机构或独立机构来执行相应的政策。

3. 对具备技术能力的液晶面板企业，继续提供包括技术改造政策在内的全面的支持

对已经具备一定技术能力、致力于掌握关键核心技术的液晶面板企业，应该给予全方位、甚至是"一对一"的政策支持。包括：加强技术改造政策扶持，对因未实现国产化而需要进口的关键设备提供关税和增值税减免；继续资助企业进行研究开发平台建设，持续以无偿资助和合同研发等方式给予研发投入；以多种方式为企业利用银行贷款或资本市场融资予以事实上的扶持；利用投资和项目审批的手段，为国内创新型企业创造一个较为良好的竞争环境。

4. 对新一代技术商业化提供必要的战略性投资

作为新一代最可能替代液晶显示技术的 OLED 技术，其生产线所需投资巨大，国内技术产业化面临融资瓶颈。以 4.5 代 AMOLED 生产线为例，一条线大约需要投资 50 亿元人民币，而且由于 OLED 产业处于培育期，存在一定的风险。国内家电和手机制造企业利润率整体较低，很难进行如此大规模的投资；而在产业发展初期，相关企业也还达不到进入资本市场的门槛。目前国内的第一条 PMOLED 量产线，是在江苏省昆山市政府的投资带动下建设起来的，但是 AMOLED 生产线投资量也使地方政府难以独立支撑。对于 OLED 这类短期投资额巨大、有风险，但是又关乎显示产业长期发展利益和安全的技术，政府进行适当的投资是可行的。一种途径是通过政府引导基金进行示范性投资，降低社会资本的风险预期，吸引社会资本投入 OLED 产业；另一种方式是利用国有资本及其投资平台进行战略性投资，扶持 OLED 技术在已经进行生产试验的基础上，尽快形成批量化的生产线，在国际竞争中尽量抢占先机，为产业未来发展打好基础。综合来看，考虑到 OLED 产业尚处于培育期，短期内财务收益前景不明朗，第二种方式更为现实可行。

田杰棠　执笔

第六章

铁路装备制造业：消化吸收促技术跃升

在 2004 年开始的第六次铁路大提速中，国内机车企业用了 3 年多的时间，实现了高速动车组技术和大功率机车技术的引进和国产化目标，形成了我国高速列车的设计、研发和制造体系，自主开发了具有世界先进水平的高速列车。在这一过程中，政府发挥了积极作用。

一、我国铁路装备制造业的能力提升进程

改革开放以来，我国铁路装备制造业的创新过程可分为四个阶段。

1. 第一阶段（20 世纪 80～90 年代）：通过技术引进提升企业制造能力

制造能力是将技术成果转化为符合设计要求的可批量生产产品的能力，包括企业装备的先进性，工人的技术水平、适应性和工作质量，以及工艺设计和管理能力等。制造能力是企业技术能力提高的必要条件，通过引进技术可以迅速提高制造能力。20 世纪 80 年代，我国铁路进行了一次大规模技术引进，但由于当时国内的技术和工业基础薄弱（即使螺栓都买不到和国外同等质量的），管理水平不高，所以没有成功实现再创新。尽管如此，这一时期的技术引进仍加深了企业对关键技术的了解。当时培养的一批人才在 2003 年的技术引进中发挥了关键作用，也使我们掌握了技术引进谈判的话语权。

2. 第二阶段（20世纪90年代到21世纪初）：提升企业技术吸收能力和集成能力

这一时期是国内企业通过加强研究开发，技术吸收能力和集成能力得到大幅提高的阶段。铁路装备制造企业的集成能力主要体现在三个方面。一是掌握关键技术的能力，才能不为人所制。二是制定接口的规范与标准的能力。三是系统设计能力，即处理主机与部件的关系和功能的能力。

长期的技术积累形成了支撑企业创新的技术基础和人才队伍。如，南车青岛四方公司在转向架设计和制造方面有一定的技术积累。国内机车制造企业认为，自身实力是引进消化吸收再创新能否成功的根基，而2003年以前的5次铁路大提速对提高企业实力发挥了积极作用。虽然只掌握了160km/h以下的客车制造技术，但具备了相对完整的装备制造体系，为下一步的消化吸收再创新奠定了基础[①]。

尽管在这一时期企业的吸收能力有了很大提高，但技术水平仍然不高，大量关键技术尚未掌握。如，中国北车长春轨道客车股份有限公司（以下简称"长客"）从20世纪80年代开始，曾先后从英国、韩国、加拿大等国引进不少客车先进技术，但还没有掌握时速200公里动车组的成套技术，系统技术不成熟，关键技术没把握。转向架、牵引变流、制动系统等关键部位的安全性和可靠性与国外相比，还有一定差距，难以承担起铁路进一步实施提速的要求。

3. 第三阶段（2003年至今）：以集成创新为特征的消化吸收再创新

这一阶段的主要标志是企业在这一时期掌握了部分核心技术。国内企业的再创新主要表现为两种方式。

一种方式是在消化吸收的基础上，结合国情，对引进技术进行适应性改造。例如，动车组从引进之初就采取与外方联合设计的合作方式，使产品更适合国情。长客在引进阿尔斯通的高速列车技术时，对原型车做了大量修改，几乎等于设计了一款新车。现已在京哈线上投入运营的CRH5型车，整车专利属于中国。

另一种方式是在引进技术基础上实现技术升级。从高速列车技术角度看，再创新体现在2007年实现的从200公里到300～350公里的技术升级。此前，

---

① 张菁："中国制造：我国铁路技术装备现代化必由之路"，《综合运输》，2007年第8期。

世界上拥有 300 公里以上高速列车技术的仅有法国阿尔斯通、德国西门子、加拿大庞巴迪和日本川崎重工等跨国公司。从创新方式看，与技术引进时以外方为主设计不同，技术升级式的再创新是以国内企业设计为主，外方提供技术支持。青岛四方开发出 300~350 公里以上高速列车和长编组（16 辆）动车和卧车，标志着国内企业具备了自主设计制造时速 300~350 公里级别高速列车的能力。

这次技术引进为今后国内企业的自主创新搭建了 3 个平台。一是制造平台，即建立了一套适合中国国情的高速列车自有的标准体系。以 9 大关键技术的引进消化吸收为龙头，形成了高速列车研发、设计、制造产业链条。二是消化吸收平台，建立起一整套自己的检测和验收体系，包括大量技术图纸的转化、制造工艺的工装化等。三是再创新平台，可以进行产品层面的再创新以及基础理论平台的再创新。

总的来看，目前国内企业已经掌握了国际先进的制造技术，具备了集成能力。

表 6.1　　　　我国铁路装备制造业能力提升的阶段和特征

	第一阶段	第二阶段	第三阶段	第四阶段
技术来源	引进为主	引进为主	引进为主	内生为主
技术能力	制造能力	吸收能力	吸收能力	创新能力
创新模式	封闭创新 模仿创新	封闭创新 模仿创新	开放创新 模仿创新 集成创新	开放创新 原始创新 集成创新
知识转移	显性知识	显性知识	隐性知识	隐性知识

4. 第四阶段（中长期目标）：具备研发关键技术的自主创新能力

要实现技术赶超，仅靠提高生产能力和吸收能力是不够的，最终还要靠提高企业创新能力。实现以掌握全部或主要的核心技术为标志的自主创新，是我国铁路装备制造业的中长期发展目标。企业对此也有清醒认识，认为集成能力并非自主创新的最终目标，不能因为已具备了集成能力，就减少在创新上的投入。

二、铁路装备制造业消化吸收再创新的机制和经验

1. 通过与国外机构联合设计掌握核心技术和技术诀窍

在引进高速列车技术并实现国产化过程中，由于我国企业只具备160公里时速高速列车的设计能力，不具备250公里列车的设计经验，因此必须与外方联合设计。联合设计的基本原则是总体标准以我为主。如，长客与法国阿尔斯通公司共同制定了技术引进和国产化方案，通过联合设计、合作生产、技术培训、技术支持等方式，使长客具备了系统集成能力，掌握了时速200公里动车组的总体设计制造技术。株洲电力机车研究所在1年的时间内，先后派遣144名技术人员到日本接受技术培训。三菱电机的技术专家从2005年底开始，长期驻扎在株洲电力机车研究所，手把手地予以技术指导。通过将近3年的协同工作，株洲电力培育出一支熟练的技术和制造队伍，员工的设计理念和制造理念有了质的飞跃。

联合设计的关键是通过互派技术人员共同参与研发设计，在"边干边学"中不仅实现了有形技术的转移，也促成无形的技术诀窍的转移。国内企业通过系统的技术培训、技术图纸和技术制造的转让，以及与外方联合设计的方式，使技术人员全面掌握了动车组的设计标准、设计原理、设计控制程序和方法，为最终转化为自身的创新能力奠定了基础。

2. 国内开展产学研合作研究

在与国外企业开展合作，学习掌握先进技术的同时，国内企业、大学和科研机构也开展了合作研究。时速200公里及以上动车组研制是一项涉及多学科、多行业的极为复杂的系统工程，必须发挥高校、院所的专业力量，从一开始就参与到以企业为主的创新过程中。如，青岛四方与西南交通大学、北京交通大学等高校签署了高速动车组空气动力学研究等核心技术合作协议，形成了以主机厂为主体，产学研相结合的研发设计体系。在消化吸收与国产化取得阶段性成果的基础上，南车集团又联合中国科学院、清华大学等高校和院所，重点从事再创新工作。

3. 重整企业内部的知识共享和研发机制

一是建立统一的消化吸收平台。如，青岛四方在统一的技术平台基础上，由公司开发部门统一组织对设计图纸、文件、标准、程序等全面学习和转化；由工艺部门统一组织对与工艺制造相关的工艺文件、工艺卡片、检验文件等的消化吸收。

二是建立高端产品自主开发设计平台。一些企业通过重新整合内部设计开发资源，解决了科技资源配置分散的问题，形成了以技术中心为主体的研发机构和较完善的技术创新体系。同时，在企业内部建立可持续提升的轨道交通装备产品设计开发平台，以支持高端产品的自主设计开发，并在公司内实现技术同进、资源共享。

正如企业总结的，"从大量的工作实践来看，基础不牢，全面推进跟国际接轨将成为口号，如果我们把引进中学到的设计、工艺、制造的管理理念、方法固化下来，变成基础性、长期性、标准性的东西，大家在这个平台上开展工作，整体水平自然就上去了"。

三、政府在引进消化吸收再创新中的作用

（一）制定铁路技术装备现代化的战略规划，明确了创新目标和途径

1. 确定铁路现代化建设技术路线，明确了铁路实现大规模建设和装备现代化的发展目标

我国的高速铁路研究始于 1992 年。1994～1995 年，我国基本明确了发展轮轨技术，并在京沪线进行了"高速铁路预可行性研究"。1997 年左右，国内对选择高速轮轨还是磁悬浮技术产生了争论。2000 年 6 月，我国决定在上海建设磁悬浮列车商业运行示范线，并于 2002 年底开通。直到 2003 年左右，政府最终决定以高速轮轨技术作为我国铁路技术的发展方向。

根据 2004 年的《中长期铁路网规划》，《铁路主要技术政策》（第 5 版）瞄准世界铁路先进水平，勾画了具有中国铁路特点的技术体系雏形，即"依靠科技进步与创新，建立客运高速、货运重载、行车高密度协调发展，高新技

术与适用技术并举，不同等级技术装备并存的具有中国铁路特点的技术体系"，"建设大能力、高质量、高效率、安全可靠、环保型和全面信息化的现代化铁路"，实现"旅客运输高速化、快速化，货物运输重载化、快捷化，运营管理信息化，安全装备系统化，工程建设现代化，经营管理科学化"。

2. 确定铁路技术和装备发展的战略原则和实施方案

国务院于2004年4月召开会议，专门研究铁路机车车辆装备有关问题，形成了《研究铁路机车车辆装备有关问题的会议纪要》。《会议纪要》明确了"引进先进技术、联合设计生产、打造中国品牌"的基本原则，确定了重点扶持国内6家机车车辆制造企业，引进少量原装、国内散件组装和国内生产的项目运作模式。按照这一要求，铁道部确定了实施铁路装备现代化的具体方案。①瞄准世界铁路装备技术制高点，锁定当今国际上最先进、最成熟、最可靠的技术，进行引进消化吸收再创新。②以铁道部为主导，以国内企业为主体，以掌握核心技术为目标，实现先进技术的引进和转让。③利用我国铁路巨大的市场，形成一个拳头，联合国内科研、设计、制造企业，实现低成本引进。④在已有技术积累的基础上，坚持原始创新、集成创新和引进消化吸收再创新相结合，着力提高国内企业创新能力，扶持民族工业发展，实现本土化生产，打造中国品牌。⑤用3～5年的时间，实现我国铁路技术装备水平的快速提升、运输能力的快速扩充，以适应经济社会又好又快发展对铁路运输的迫切要求。

在明确了总体规划和实施方案后，政府部门从提高技术能力和刺激需求两方面，带动我国铁路企业和研究机构的技术升级和能力提高。

（二）利用国内统一采购，有效组织和协调技术引进

1. 庞大而明确的铁路装备市场需求使统一、有组织的"市场换技术"策略切实可行

我国铁路大规模建设为铁路装备制造业提供了巨大市场。2004年1月，我国铁路史上第一个《中长期铁路网规划》① 提出，到2020年，铁路营业里

---

① 这一规划又经重新调整。根据2008年11月公布的《中长期铁路网规划（2008年调整）》方案，将2020年全国铁路营业里程规划目标由10万公里调整为12万公里以上，其中客运专线由1.2万公里调整为1.6万公里，电化率由50%调整为60%。另，我国铁路营业里程在1949年、1978年和2007年，分别为2.2、5.3和7.8万公里。

程达到10万公里，其中客运专线1.2万公里。"十一五"期间，中国铁路将建设时速200公里及以上客运专线和城际轨道交通7000公里。由于发达国家的铁路建设基本成熟，铁路市场已接近饱和，中国就成为全球最大的铁路装备需求市场。

表6.2　　　　　　　　　　主要国家铁路营业里程　　　　　　　　单位：公里

国　别	2000 年	2005 年
美国	159822	272812
俄罗斯	86075	85542
中国	69000	75400
印度	62759	63465
加拿大	52970	57671
德国	36652	34228
法国	29343	29286
巴西	25555	29314
日本	20160	20052

资料来源：国家统计局网站，国际统计数据。

　　庞大、统一的市场需求为引进国外先进技术，特别是实现关键技术转让创造了必要条件，大大提高了我国铁路在技术引进和转让条件上的议价能力。与前几次技术引进不同，本次技术引进正值我国铁路大规模建设的难得机遇。高速扩张的中国铁路市场使国外企业预见到参与中国铁路建设的必要性和紧迫性，因此不得不正视中国企业的技术转让与合作的要求。国内铁路装备制造企业也认为，"如果没有国内市场，外方就不会给你技术"。

　　与汽车等行业分散且不确定的市场需求不同，我国铁路管理部门与运营部门是政企合一的。铁路管理部门利用了统一采购的优势和契机，帮助企业获得了有利的关键技术引进条件。

　　2. 有效组织和协调技术引进与消化吸收进程

　　在技术引进过程中，为了实现"引进最先进技术，掌握核心技术，实现低成本引进"的目标，铁道部委任一名副总工程师统一指挥项目引进进度和协调工作。并分别成立了动车组、大功率交流传动机车核心技术和主要配套技术3个项目引进办公室，分别负责相应的技术引进和谈判工作。每个项目引进办公室由技术人员（研究、设计、制造和检修），商务人员和法律人员等构成。这种统一引进的组织模式大大增强了中方的议价能力。例如，2004 年，西门子自恃技术先进，不仅要价高，还对技术转让限定很多条件，结果在投标中出局。2005 年，西门子重返谈判，主动降价 30%，技术转让费减少了 20 多亿元，最终与中方达成了协议。

我方争取有利的技术转让条件的基本策略是，将技术转让与采购进口设备相结合。同时，为了促使国内企业获得国外先进技术和管理经验，严格约定了采购招投标和技术引进的条件。

一是限定采购投标企业的资格，为国内企业预留市场空间。尽管当时我国企业并未完全掌握高速列车成套技术，也没有相应产品，但铁道部从推动高速列车国产化出发，在采取小批量进口的同时，引进成套技术。在投标资格上，要求投标企业必须是中方和外方企业组成联合体，共同投标。同时，要求国外投标伙伴企业必须同铁道部和我国企业签订技术转让协议，全面转让技术，使我国企业能够获得先进技术。为防止国外中间商参与投标，又规定参与投标和谈判的外方企业必须是国外原型车的主机生产厂和供应方；设备采购合同规定动车组的国产化率要达到 70% 以上，所有动车组要使用中国品牌等。例如，长客和四方公司分别中标的 60 列动车组中，有 3 列整车进口，6 列散件组装，其余 51 列全部国内制造。长春厂中标合同的最终国产化率达到 89%[①]。

二是明确自身技术需求，识别关键技术，严格约定技术转让条款。本轮技术引进前，政府和企业已经摸清了国内技术需求和国外关键技术情况，因此在技术引进谈判时能有针对性地要求外方转让国内急需的关键技术。为了让外方企业对转让技术负责，技术合同对设计图纸、检验文件、人员培训和外方技术指导（人次等）等都提出了具体要求。其结果是，这次动车组引进的 9 大核心技术，全部向国内企业转让。

三是将签订进口设备采购合同与技术转让效果挂钩。对同一家国外企业，将其向国内企业技术转让的进度和效果与签订新的进口设备采购合同挂钩，以此激励外方积极转让技术，落实承诺，保证技术的顺利转让。此外，铁道部作为采购方，把质量要求写入合同，要求对首列和首件产品由外方负责质量认

---

① 张维克，窦清旺："在技术引进中应充分发挥政府作用"，《理论学习与探索》，2005 年第 1 期。

可。不仅促使外方承担一定质量责任，帮助国内企业改进产品质量，也改变了以往国内企业在质量上自欺欺人的做法。

由于采取了较为积极、有效的策略，技术转让费用大幅降低，技术引进合同的执行情况也较好。迄今，技术引进合同都已经执行完毕。

（三）组织建立行业技术标准，支持产业链技术创新

1. 完善铁路技术体系，统一铁路技术标准

引进技术后的一个重要问题是必须根据我国情况将国外技术标准化，形成以我为主的技术体系。铁路技术标准可以分为 5 个层次。一是系统标准，系统标准确定了各子系统的边界接口标准，是最高层次的标准；二是关键部件标准，如变压器标准等；三是工艺标准；四是测试标准；五是综合实验标准。铁道部主要组织系统性和基础性的标准制定工作。关键部件标准和工艺标准则由企业制定。

按照《铁路科技发展"十一五"规划》初步建立了铁路客运专线建设和运营管理的成套技术体系、动车组和大功率交流传动机车的技术体系，完善了既有线提速成套技术体系，系统掌握了重载运输成套技术，建立起高原铁路成套技术体系、功能完善的铁路信息系统和铁路安全技术体系等。

2. 联合相关部门，支持企业加大自主创新投入

2006 年 11 月，为实现产业技术升级、打造中国高速列车自主品牌的目标，铁道部与南车四方股份公司签订了《高速动车组技术再创新体系及应用时速 350 公里高速列车研制》项目。该项目的目标是实现时速 350 公里动车组自主研制，逐步建立高速动车组基础理论和应用技术、研究开发、制造工艺、试验验证等相关技术体系和标准体系，形成高速动车组的产业化能力，建立高速动车组产业基地[①]。

铁道部还加强与科技部的合作，依托京沪高速专线项目，联合成立"高速列车自主创新联合行动"。项目一期投入 10 亿元，二期配套 30 亿元。目标是建立可持续发展的高速列车研究平台，建立国家实验室和大型转向架仿真平台等 18 个技术平台，使京沪线建成时不仅有国际一流的高速列车，还有国际

---

① 刘曼："南车四方：引领中国高速动车组技术潮流"，《中国科技投资》，2007 年第 8 期。

一流的技术平台。此外，铁道部还与知识产权局达成协议，建立了高速列车专利申报专用通道。目前我国客运专线已拥有 160 多项专利。

3. 组织提升铁路装备配套行业的技术能力，促进整个产业链的制造和技术水平升级

铁路装备制造业涉及许多相关配套行业，配套零部件（如国产材料、电子元器件）质量和水平对整车质量有重要影响。为同时提升配套行业的技术能力，在这次技术引进中，铁道部要求系统集成企业与配套企业实现共同引进，优化我国机车车辆制造的供应链。在新的市场需求刺激下，国内配套企业也开始组织新产品的研制生产。铁路装备制造链的技术能力和配套能力得到整体提升。

这种大规模的捆绑引进在带动机车装备产业链发展和升级的同时，也推动了区域产业集群的发展。如以株电公司在引进技术消化吸收的同时，带动了长株潭地区机电制造、电子元器件、线材、有色金属材料、化工等 20 多种配套行业，30 多个企业的发展。在长沙、株洲、湘潭等地形成了较大规模的以株电公司为核心的交流传动电力机车产业集群。2006 年，在株电公司电力机车制造的 20.5 亿元外购盘子中，湖南省内的采购量超过了 70%，新创就业岗位5000 多个。

四、几点启示

1. 企业应建立开放、科学的创新机制

学习是企业积累知识、创新和成长的关键动力机制，而企业学习的有效性决定了企业技术能力提高的水平。本轮技术引进中，企业能较为成功地实现消化吸收和再创新的一个重要原因，就是通过开放式学习和创新，建立了有利于技术学习和转移的机制。因此，企业实现再创新的一个重要前提是建立有效的内部创新机制，提高技术积累的速度，促进知识在内部的有效转移。政府应积极为企业创造低成本、高效率的外部环境，包括提供学习国内外先进技术的机会，消除产学研合作的制度障碍等。

2. 政府应支持企业实现技术能力的加速提升

企业技术能力的提高是渐进的，但可以通过在技术资源投入上进行重大调整，实现企业技术能力的跃升。如，我国在高速列车技术上起步晚，虽然掌握了高速列车系统集成、转向架、网络控制、交流传动、制动等关键技术，但技术标准、工艺标准、可靠性试验验证数据还需要进一步完善。通过 2004 年对 200 公里高速列车技术的引进，我国企业的设计制造能力有了大幅提高，加速了产业技术升级的步伐。

当前，是我国铁路装备制造业从以消化吸收为主向以集成创新为主转变的关键时期。创新政策应着重解决研发投入不足和高端人才缺乏两大问题。

第一，鼓励企业加大研发投入，加速形成技术积累。研发投入低，企业创新后劲不足是我国铁路装备制造业面临的一个突出问题。国内铁路装备制造企业的研发投入仅占销售额的 2%～3%，而国外企业为 10% 左右，差距极大。企业研发缺乏足够资金持续投入，只能从事一些一两年的短期研发项目。建议采取贷款贴息、新产品减免税等政策，调动企业研发投入的积极性。同时，支持和鼓励重点装备制造企业通过公开上市和企业债券等方式筹措资金。

第二，支持企业培养和引进高端技术人才，实现技术能力的跳跃式发展。缺乏领军人物已经成为影响企业技术能力提升的重要问题。政府应高度重视高端人才的培养和引进问题，通过引进一流的科学家和技术人才，促成企业技术能力实现跳跃式发展。

3. 政府应从需求和供给两方面入手促进企业消化吸收和再创新

铁路管理部门从需求和供给两个方面入手，既注重扶持企业提升自身能力，又尽量消除政策不确定性带来的市场风险，积极担当起"机会提供者，引进管理者，研发资助者，市场创造者"的角色，促进了铁路装备制造业对引进技术的消化吸收和再创新。

铁路管理部门能发挥强有力的作用，一个重要原因是铁路行政管理和运营一体化带来的买方优势地位，使其在技术引进中具有很强的议价能力，以及对国内制造企业的组织协调能力。尽管国内其他行业难以具备这种特殊的体制和市场地位，但政府部门仍然可以在协助企业获得国外关键技术，促进产业技术升级中发挥积极作用。

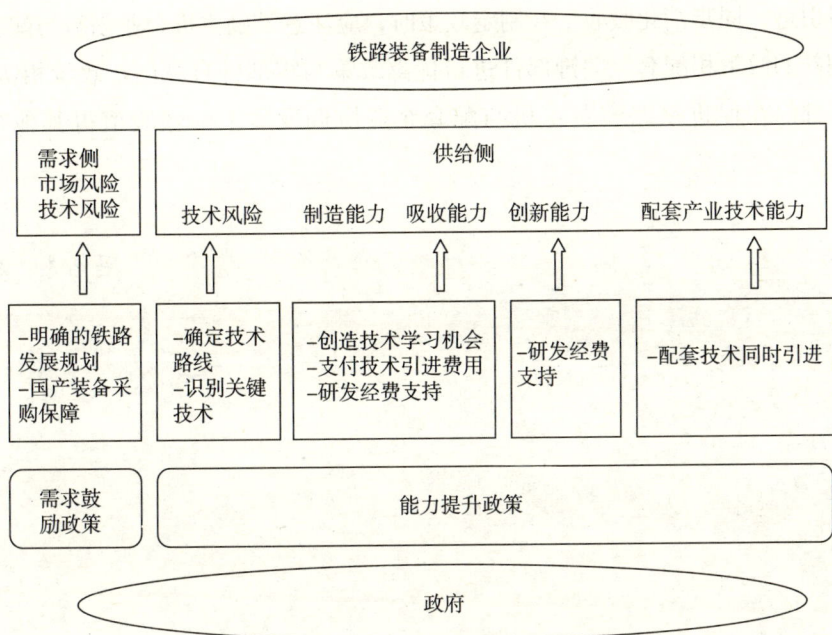

图 6.1　政府在铁路技术引进中的作用机制

首先，"市场换技术"的一个重要作用是充分利用国内大宗采购的契机，为国内企业预留市场和发展空间，创造消化国外先进技术、实现批量国产化的机会。我国企业已经具备较强的消化吸收能力，政府要创造机会让企业掌握国外已经成熟的关键技术，迅速缩短技术差距。第一，在采购大宗装备时，力争同时购买国内急需的关键技术。由于不是强制外方转让技术，因此不违背 WTO 有关协议的规定。第二，大宗装备的采购要提前规划，尽量以国产设备为主，进口设备为辅。通过提前规划，使国内企业获得消化吸收国外技术，实现批量国产化的生产周期。第三，政府应积极组织和协调技术引进和消化吸收，做到技术引进目标明确、方案具体、过程可控、效果明显。

其次，努力促进整个产业链制造能力和创新能力的提升，夯实产业技术升级的工业基础。铁路装备制造业技术进步的历程说明，全行业制造能力和创新能力的提高是实现产业技术进步的必要条件。薄弱的工业基础往往成为制约产业技术进步的重要障碍。因此，不仅要重视主机厂或总装厂的技术能力提升，也要重视配套企业的技术能力提高。在技术引进中应注意主机企业和配套企业同时引进，同步消化吸收。在制定政策时，应注意鼓励主机企业创新与配套企业创新的政策相配套，关键部件进口优惠政策与零部件自主创新政策相协调。铁路部门在促进铁路装备主机与配套企业协调发展上的经验值得其他行业借鉴。

马名杰　执笔

第三篇

传统产业的技术改造与转型升级

第七章

传统产业改造升级的动力、模式与政策

企业技术改造是依托现有企业、依靠技术进步、改进原有生产与管理状况、提高效率的投资活动，具有投资省、消耗少、见效快、效益好的特点，是促进传统产业转型升级和创新的重要途径之一。目前，我国已成为世界制造大国，但大而不强。大部分产业的规模和产量居世界前列，而工业产值增加值率长期徘徊不前，世界名牌产品和知名企业的数量屈指可数；一些行业产能过剩，粗放的增长方式导致环境、资源消耗的不可持续。我国正处于建设创新型国家和转变发展方式的关键时期，不能再靠新铺摊子、新建项目粗放发展，而要走集约和内涵发展的道路。新形势下，技术改造在传统产业创新、转型升级和结构调整中，将会发挥越来越重要的作用。

一、"十一五"以来我国企业技术改造的新形势

随着要素价格提高，能源和环境压力加大，依靠低成本和资源消耗的发展模式不可持续，传统产业转变经济发展方式迫在眉睫。"十一五"国家经济社会发展规划提出加快转变经济发展方式，我国企业技术改造进入新的阶段，呈现以下特点。

1. 工业企业技术改造投资规模不断扩大，占工业固定资产投资的比例逐步提高

根据国家统计局公布的数据，"十一五"期间，全国规模以上工业企业累

计完成技术改造投资（包括扩建与改建投资）约14万亿元，占工业企业固定资产投资的42%，较"十五"期间提高了2个百分点。

表7.1 "十一五"期间技术改造投资占城镇固定资产投资比重（%）

		2006	2007	2008	2009	2010
全社会	改建	11.86	12.03	12.87	15.63	13.82
	扩建	17.95	16.78	16.39	14.01	13.96
制造业	改建	17.3	17.6	18.8	21.7	21.22
	扩建	23.8	23.0	22.4	20	20.15
电气水供应业	改建	11.63	12.11	12.9	13	13.36
	扩建	25.6	23.38	21.57	20	17.82
交通运输业	改建	14.17	12.61	12.45	11	11.02
	扩建	17.12	14.29	13.24	13	11.29
信息传输、计算机和软件服务	改建	21.4	21.74	20.97	23	24.26
	扩建	49.11	45.97	44.77	36	29.14

资料来源：根据《中国统计年鉴》数据计算。

2. 企业技术改造上台阶，呈现功能多样化趋势

技术改造已经不再是简单的设备更新，而是与技术创新、节能减排降耗和转型升级更紧密结合，形成功能多样化的趋势。一是与创新和发展新兴技术产业相结合。企业利用技术改造建立研发中心，开展产业化示范项目实现科研成果产业化，发展新兴产业。二是与节能减排降耗相结合。高耗能行业投资节能、节水、环保、清洁生产和安全生产项目，淘汰落后产能。三是用高新技术改造传统产业，实现产业升级。企业通过技术改造提升产品档次、发展战略性新兴产业和多元化经营等。四是与优化产业组织相结合。一些有实力的企业以资产、技术和品牌为纽带，跨地区跨行业兼并重组，或实行加工外包，整合产业链。五是与优化区域产业布局相结合，支持产业集群发展。一些地方鼓励企业"退城进园"集聚发展，异地迁移改造。六是从支持单个企业的改造项目发展到支持共性技术平台建设，为广大中小企业提供技术服务。

3. 地方政府持续支持技术改造

出于发展地方经济的需要，各级地方政府一直没有间断对技术改造的支持。全国大部分省级和直辖市政府根据发展需要，出台和调整支持技术改造的政策。特别是为应对全球金融危机，各级地方政府加大了扶持力度。全国 37 个省区市及计划单列市、新疆生产建设兵团中，有 24 个地区每年编制发布重点技术改造项目导向计划，引导技术改造资金投向。据不完全统计，几年来各地出台的财税、金融、土地等技术改造配套政策近百项。2010 年全国省级（含计划单列市）财政安排的技术改造专项资金规模超过 100 亿元。例如，2009～2010 年，山东省共抵扣设备投资进项税额 342 亿元，大幅降低企业改造成本。江苏省财政"十一五"期间安排技改专项资金6.5 亿元，对878 个重点技术改造项目进行设备补助、贷款贴息或奖励。

4. 应对金融危机，中央政府加大对技术改造的支持

2008 年以来，为应对国际金融危机，国家出台了十大重点产业调整和振兴规划，进一步突出了企业技术改造对加快工业结构调整的作用。发展改革委与工业和信息化部联合制定了《重点产业振兴和技术改造专项投资管理办法》，发布了技术改造投资指南，组织实施了一批重点技术改造项目。2009 年、2010 年中央投资共安排技术改造专项资金约400 亿元，安排项目 8966 项，共带动总投资 10210 亿元。全社会改建投资占城镇固定资产投资的比例从 2008 年的12.87%增加到 2009 年和 2010 年的 15.6%和 13.8%；制造业的改建投资占其固定资产投资额的比例从 2008 年的 18.8%提高到 2009 年和 2010 年的21.7%和21.22%。

5. 技术改造加速企业技术进步，带动传统产业转型升级

近年来，随着各种要素成本上升，市场倒逼企业技术改造，促进产业转型升级。一些典型行业的技术改造案例表明，尽管各行业的技术改造动力和模式不同，但都对传统产业转型升级，提高劳动生产率、资源利用效率和市场竞争力发挥了重要作用。如服装鞋帽行业企业为了应对要素成本全面上升导致的行业利润下降，通过设备更新和价值链升级，提高要素利用效率；建材行业应用节能减排技术和设备，实现节能减排的标准；显示器行业通过引进技术消化吸收和自主研发产业化，适应技术快速变化等。

6. 适应新形势，改进技术改造管理

随着技术改造主体多元化，民营企业成为技术改造的主力，为适应新形势，各级政府在技术改造管理上进行探索和创新。在全球金融危机中，中央财政设立专项资金支持企业技术改造，实行细化目录指导，减少项目审批，充分

发挥地方政府的积极性，增加其责任。根据调查了解，一些地方政府将国家产业政策与地方实际情况相结合，编制技术改造和结构调整规划，建立配套专项资金，积极支持和引导企业改造升级。主要经验和做法是，根据国家产业政策确定优先顺序，优先支持国家鼓励类的技术改造项目投资；支持有限制类项目的企业进行梯度转移和改造升级；对淘汰、关闭和转产的企业给予资产损失、人员安置方面的补偿；简化审批程序，对技改项目实行备案制，重点支持设备投资，实行事后补助；加强服务，提供要素保障，帮助企业解决技改中遇到的困难，土地、电力等生产要素优先保障重点技术改造项目等。

二、要素成本上升和竞争压力推动传统产业改造升级

传统产业转型升级不是一蹴而就的事情，需要一个较长期的过程。我们对传统产业技术改造进行了调查，调查结果表明，传统行业企业不断根据市场变化和国家产业政策导向，进行结构调整和改造升级。近年来，随着要素价格上升、资源和环境压力加大，市场倒逼机制推动传统产业新一轮结构调整和产业升级。下面以服装、建材、显示器、数控机床、纺织机械等行业为案例，研究传统产业改造升级的动力、模式与政策环境。各行业的改造升级动力和模式因竞争环境和技术经济特征不同而异。

1. 服装鞋帽行业：要素成本上升推动企业改造升级

服装鞋帽行业是典型的劳动密集型和出口密集行业。在劳动力价格、原材料价格、水电气价格、融资成本、物流成本上涨，人民币持续升值等诸多因素影响下，服装鞋帽行业的低成本优势明显减弱，企业利润大幅降低。以出口业务为主的企业受影响更大，部分出口订单流失，一些外国知名品牌的代工业务开始迁往周边低成本地区和国家。

一些有实力的企业顺应市场变化，进行结构性调整和技术改造。根据对江苏省服装企业的调研情况，企业改造升级有以下几种模式。

一是进行设备更新改造，提高劳动生产率、产品质量与档次。如，江苏波司登集团和淄博的鲁泰集团等服装企业，通过设备更新换代，增加了花色品种和产品附加值，大幅提高了效率；山东如意集团自主研发了"高效短流程嵌

入式复合纺纱技术"，实现了对传统纺纱技术的突破，既节约原料，又大大提高了产品附加值。

二是从低端加工制造环节向产业价值链的高端发展，提高产品附加值。如，加大研发和设计投入，培育自主品牌和销售渠道；一些品牌企业为了避免商业成本，发展电子商务和直销店等。

三是以品牌企业为龙头，整合国内外企业和生产要素，实现产业重组。一方面，一些品牌企业改进生产组织和创新商业模式，如发展加工外包，兼并重组中小企业，或将加工车间转移到低成本地区等。另一方面，推进自主品牌商品出口。波司登集团增加了自主品牌的出口份额。

四是调整行业布局，发展战略性新兴产业。例如，进入生物技术领域、新能源领域等，如无锡的红豆集团和太仓市的香塘集团。但也有一些企业进入房地产业，以非主营业务盈利支持服装鞋帽发展。

2. 建材行业：节能环保规制和资源价格双驱动企业改造升级

建材行业是高耗能行业，其规模效益比较明显。随着环境和节能减排压力增加，国家提高环境保护和节能减排的标准，加强执法力度，迫使企业进行节能减排技术改造。同时，因原料和能源价格大幅攀升，企业主动加快降低生产消耗和成本的改造升级。

除了提高产品档次、开发新产品和延伸产业链以外，建材企业的技术改造主要以节能、降耗、减排为目标，改造现有工艺，更新换代设备。如，安徽海螺集团通过发展与改革委的节能减排国际合作项目，与日本川崎重工合作开发余热发电设备，不仅为企业集团内部节能减排和循环利用的技术改造提供装备，还成立了合资企业——海螺川崎公司，专门从事余热发电设备制造和提供余热发电交钥匙工程服务①。又如，江苏的华尔润集团是一家大型民营玻璃生产企业，通过与国内大专院校和科研院所、环保设备生产企业联合进行技术攻关，先后投入 1.12 亿元对 9 条生产线进行余热发电和脱硫除尘治理，提高了能源利用率，降低了废气污染物排放。

3. 显示行业：新技术应用推动全行业制造技术换代升级

我国的彩色电视制造业是最早实行较充分市场竞争的行业之一。从 20 世

① 戴建军："依靠技术创新推动水泥行业转变发展方式"，国务院发展研究中心《调查研究报告》，2010 年第 123 号，2010 年 7 月 27 日。

纪80年代至90年代中期，通过技术引进消化吸收，建立了"彩电整机—彩管—玻壳"的完整产业链，成为世界电视生产和出口大国。21世纪初，随着液晶显示技术的出现，我国彩色电视行业受到严重冲击，若不追赶，将面临被淘汰的危险。

我国显示器行业技术升级的基本特点是，大部分企业通过大规模引进新技术生产线替代老生产线，少数靠自主研发。主要有三种模式：一是通过合资方式，直接引进日、韩生产线，快速形成生产能力。如与三星、LG、友达、奇美、夏普等公司合资。二是通过收购、兼并方式获得技术，经过消化吸收再创新，形成自主技术。如，北京的京东方科技集团股份有限公司，通过收购韩国现代集团下属HYDIS公司，获得液晶显示屏制造技术，建设了第一条5代线。在此基础上不断消化吸收和自主研发，实现了8.5代线的量产，形成TFT－LCD产品和工艺开发能力及建线能力。三是自主研发，掌握核心技术，形成生产能力。如，北京的维信诺公司与清华大学紧密合作，系统掌握了OLED材料、器件和工艺的关键技术，成功开发了单色、多色和彩色PMOLED显示屏和彩色AMOLED显示器件，并在苏州昆山建立了PMOLED显示屏生产线。

4. 数控机床行业：需求引导与政府推动促进技术升级和创新

数控机床行业是技术密集型的装备制造业，属跨机械和电子等多行业的交叉领域。长期以来，我国数控机床行业缺少核心技术，产业配套能力薄弱，产品结构是低端过剩、高端短缺，不能满足国内市场需求。大型、精密、高速数控机床，以及关键功能部件大部分依靠进口，而一些发达国家限制部分精密数控机床及部件对我国的出口。因此，多年来，数控机床行业是我国集中力量实现技术追赶的重点领域，《国家中长期科学和技术发展规划纲要》将高档数控机床与基础制造技术列入重大科技专项，给予重点支持。

随着传统产业技术改造和战略新兴产业突起，装备制造业快速发展，国内对低端数控机床的需求减少，对中高端产品的需求大幅度增加，市场需求结构的加速升级与行业供给能力不相适应的矛盾突出日益突出，推动数控机床行业结构调整和产品升级。

近些年来，我国数控机床企业正在从低端制造向中高端制造转变。一是通过海外并购获得技术、研发团队、品牌和销售渠道，提高产品档次和创新能力。2000～2006年，我国6家国有企业或国有股份制机床企业收购了9家外国专业化企业①。二是通过国内企业并购扩大生产规模。一些行业排头兵在收购海外企业后，整合国内相关企业，扩大生产能力。三是民营中小企业成为数控机床行业创新的重要力量。虽然民营数控机床企业生产规模小，但专业化程度较高。如，大连光洋科技工程有限公司是一家科技人员创业企业，已能承担国家重大科技专项——数控机床专项的研究任务。

三、传统产业转型升级面临的主要问题

目前，传统产业企业改造升级面临的问题不仅是技术问题，更重要的是体制机制和政策环境问题。

1. 企业积累能力不足，缺乏改造资金

在一些低成本竞争的行业，企业积累能力较弱，缺少技术改造和创新投入的能力。一类是以中小企业为主的劳动密集型行业。如，服装鞋帽行业中小企业融资难，技术力量薄弱，除少数规模较大的品牌企业外，大部分中小企业无能力进行技术改造。另一类是长期低价竞争的行业，企业积累能力弱。如，彩色电视行业因长期低价竞争，企业利润率较低，而技术升级换代所需资金量大，一条液晶显示器生产线就需要投资几十亿，甚至几百亿元人民币。大部分企业无力进行改造升级，大都靠地方政府给予优惠政策。

2. 共性技术供应不足，企业改造升级和创新缺少技术支撑

目前，因大部分企业自身研发能力薄弱，加上行业共性技术平台缺失，许多企业技术改造主要靠购买设备和引进生产能力。

一方面，在中小企业集中的行业，企业研发能力不足，又缺乏相应的技术服务。如，在服装鞋帽行业，除少数具有研发能力的品牌企业外，相当一部分企业靠贴牌生产和来料加工；而国内纺织机械行业提供中高端产品的能力薄弱，许多企业的产品升级只能靠引进生产线和设备。

另一方面，国内的工艺技术研发及其工程化相对滞后。如建材行业技术改

---

① 程广宇："从技术资源获取到创新能力提升——我国数控机床企业海外并购经验的分析与启示"，科技部中国科学技术战略研究院调研报告，2007 年第 44 期，2007 年 9 月 24 日。

造缺乏符合国家节能减排标准的设备，企业往往无法直接从市场上获得适用的技术装备，只能靠自己研制。我们在调查中发现，江苏华尔润集团在进行节能减排技术改造时，不得不自己寻找研究机构合作研制设备，投入了大量的前期费用。

3. 体制原因导致产业组织不合理

我国许多行业处于分散竞争状态，缺少具有自主品牌的大企业。主要有两类情况。

一是长期计划经济体制遗留下的产业组织问题。如数控机床和纺织机械行业，国有企业和事业单位性质的研究机构多，设计院与研究院分离、设备制造与设计和研发相分离。一方面，现行国有企业的管理体制不利于创新，企业大而全、小而全，研发和设计能力薄弱，难以形成专业化分工。另一方面，国家科技攻关项目中，单项技术项目多，技术集成项目少；大学和科研院所牵头的项目多，企业牵头的项目少。尽管国家对数控机床领域的技术攻关投入较多，但资金分散，不能形成合力，成效不明显。

二是转轨时期，市场经济体制和机制不健全，难以形成优势企业。如我国的服装行业和电视行业都是竞争比较充分的行业，但产业组织仍然不合理。服装行业主要是民营中小企业，因融资难和知识产权保护不足等原因，具有自主品牌和国际竞争力的优势企业少；彩电行业则主要是因为地方保护和投资等原因，导致低水平重复和产能过剩。

4. 产业发展环境有待进一步改善

一是行政干预和审批形成许多"政策机会"，导致企业靠寻租而不是靠技术进步和创新获利。如，各地对节能环保和产品质量标准执行力度差别较大，企业在节能环保和质量方面不能公平竞争，往往是节能环保企业的财务成本高于污染企业。

二是部分重要资源价格仍然是行政定价，不能反映资源的稀缺性和外部性，导致低水平重复建设。很难激励企业创新。如，目前循环利用的政策不到位，企业自用的余热发电还要缴纳容量费，上网不仅没有收入还要付费等。

三是现行政策大都是支持技术供应方，缺少鼓励创新的需求政策，对创新产品和服务的市场培育明显不足。

四是国有企业和民营企业面临不同的问题。一些大型国有企业的基础好、资源多，但其管理和考核机制不利于创新。民营企业机制灵活，但获得资源的机会少，特别是难以获得市场资源。如，大连光洋有限公司原来是研制数控装置的企业，但其生产的数控装置只能安装在自己的机床上，卖整机。

五是企业税收负担较重。如服装鞋帽行业，与成本上升幅度相比，劳动生产率提高较慢，企业自我发展能力减弱。据调查，近些年来江苏的服装企业平均工资年均增长 10% 以上，大部分企业处于微利或不盈利的状况。同时，企业普遍反映税费负担较重，缺少对企业转型的直接支持。

5. 劳动力供给结构不能适应传统产业转型升级的需要

随着产业改造升级和创新加快，企业生产一线的劳动力需求结构发生变化，从一般的操作工转向高素质的技术工人和管理人员。技能型和管理型人才短缺制约企业转型升级，如沿海服装鞋帽企业普遍面临招工难的问题，特别是技术工人短缺。我们调查的数控机床企业也面临高端人才匮乏，特别是企业急需的高端工程和生产管理人员、技术工人供应严重不足，有的企业花上百万的年薪从国外聘请有实践经验的高级工程管理人员。

6. 知识产权保护不足影响优势企业创新

随着我国企业的创新能力提高，专利、商标等知识产权数量快速增加，保护知识产权成为维护创新企业权益的重要途径。一些知名品牌和创新企业反映，假冒侵权行为对他们的发展影响较大。如，目前服装鞋帽行业中自主品牌少，而少数知名品牌产品却经常遭受假冒侵权的危害，企业打假维权成本较高。

四、从提高动力和能力入手，促进传统产业改造升级

随着要素成本的上升，尽管我国的低成本竞争优势减弱，但仍有长期积累的其他优势。总体来看，与发达国家相比，我们具有人力资本优势，工程技术人员数量多、成本较低，在技能密集型产业有优势；与发展中国家相比，我国具有技术积累和资本累积能力，在技术密集和具有完整供应链的行业有优势。我国制造业的竞争优势将从低成本转向技能密集和供应链配套能力。因此，要找准和充分利用已有优势，改进制度安排，加强政策引导，把相对低的成本优

势与技术进步和提高创新能力结合起来，提高要素生产率，重塑产业竞争优势。

1. 减轻负担，增强企业技术改造和创新的能力

清除各种门槛，切实落实研究开发和设计支出的所得税加计扣除政策，鼓励企业增加研究开发投入。

有针对性地实行结构性减税，提高企业技术改造和创新投资能力。一是扩大消费型增值税实施范围，一方面切实落实设备投资的增值税进项税抵扣政策，另一方面允许拆迁异地改造中的车间厂房投资部分抵扣进项税。二是实施加速折旧政策，缩短固定资产最低折旧年限，提高综合折旧水平。三是对直接消费的生活必需品实施差别增值税政策，既可减少中小企业负担，又可以降低消费品价格，促进消费。如，目前进入医保目录的药品价格较低，减免增值税既可以增加企业收入，提高其改造和研发投入的能力；又可以降低药价，减少人民群众的医疗费用。四是适当降低先进技术装备国产化所需关键零部件的进口环节税，提高国产设备的竞争力。

2. 各种要素向企业技术改造倾斜

加强部门统筹，建立技术研发、中试和产业化示范项目三位一体的支撑体系，为创新技术产业化给予支持。如，对自主研发的 OLED 技术产业化应给予持续支持。政府资助的产业化项目应有明确的目标，采取竞争招标的方式配置资源。如，美国能源部的太阳能光伏资助计划提出将发电成本降至每度电 6 美分的目标，在此基础上进行竞争招标。

加强创新产品的市场开拓，完善首台套和首批次的采购政策。如，对数控机床行业，不仅要制定整机的首台套政策，还应制定数控系统的首批次政策，通过数控专业企业与机床生产企业联合开发，促进国产数控系统的推广和应用。

建立多层次的资本市场，发挥各类金融工具的作用，扩大企业技术改造的融资渠道。引导商业金融机构加大对技术改造项目的支持，鼓励银行为企业技术改造提供购买设备的买方信贷和卖方信贷；引导投资基金和风险投资参与技术改造项目；支持企业为技术改造发行债券等。完善融资租赁的政策，鼓励为技术改造设备提供融资租赁，降低企业技术改造的一次性投资成本，特别要鼓励为中小企业技术改造提供融资租赁。

技术改造专项要向符合节能减排、环境和质量标准的企业倾斜。严格执行节能减排环境保护和产品质量标准，加强监督检查，建立问责制，缩小地区间执行环境和节能减排标准的差距。加快资源和能源价格改革，建立反映资源稀缺和环境外部性的价格体系和税收政策，建立有利于节能减排的利益导向机制，提高企业节能减排的效益，增加污染企业的成本，充分利用经济手段提高企业节能减排的动力。

土地供应优先向资源和能源效率高、就业带动大的技改项目倾斜。出台鼓励异地改造的政策，促进企业从环境容量低的地区转移到环境容量较宽松的地区，进行节能减排的异地改造。

3. 加强共性技术供应布局，建立共性技术平台

一是加强论证和统筹规划，加强行业关键共性技术布局。编制关键共性技术目录，建立行业关键共性技术项目计划，加大行业共性技术的研发投入。

二是加强共性技术研究开发的组织。如，支持建材装备制造企业与用户合作的"产学研用"联盟，加快研制适用的节能减排技术装备，降低企业改造的前期成本。同时，加强节能减排技术领域的国际合作，提高技术的供应能力。

三是在中小企业比较集中的行业，针对地区产业群的特点，搭建区域技术服务平台，发展生产性服务业，提高产业群的整体效率。特别要加强公益性较强的产业共性技术平台建设，提供质量检测、设计服务和市场信息服务等。

4. 根据行业竞争态势，分类优化产业组织

目前，我国大部分制造业处于生产能力过剩的状态，除了进行技术改造升级外，还要加强产业组织调整，鼓励企业兼并重组，完善企业退出机制。

根据行业的技术经济特点和竞争态势，分类进行产业组织调整。在规模效益比较明显的行业，应支持品牌和优势企业通过兼并重组，整合资源，优化产业组织。如在服装鞋帽行业，鼓励有实力的品牌企业兼并非品牌企业，委托加工外包等。通常优势企业在兼并重组和外包加工时，要进行一些技术改造和管理提升，需要进行较大投入和磨合期。因此，应为兼并重组和发展国内加工外包的改造项目融资创造条件，在过渡期内给予所得税减免，以带动产业群升级。在需求多样化、小批量生产的行业，应鼓励企业根据市场需求调整结构，走"高精尖专"的路子。如，随着下游装备工业需求多样化、高端化，数控机床和纺织机械行业应突破规模扩张的传统路径，发展一批专业化的"隐形冠军"企业。而对一些低水平过剩、长期亏损的企业，应启动破产程序，使其能够顺利推出市场。

5. 加强知识产权保护，培育品牌和创新企业

总体上，要加大对假冒侵权的打击力度，提高侵权成本，降低维权成本。同时，应根据各行业特点加强知识产权保护。如，服装鞋帽要重点加强品牌和设计等知识产权保护，培育和壮大国内知名品牌企业。

6. 优化教育结构，培养适应转型升级的劳动和管理人才队伍

美国苹果公司的前总裁乔布斯曾对奥巴马总统称，苹果在中国办厂，不仅是因为那里有70万工人，而且是因为可以找到3万名工程师在现场为工人提供支持。由此可见，充足的技能型人才和生产管理型人才将是我国制造业的重要竞争优势之一。因此，要大力发展职业教育和应用型大学，提高教育质量，培养大量适应生产一线需要的技能型劳动者和高素质管理者。同时，鼓励企业职工带薪培训，提高企业培训资金进入成本的比例，使企业职工在职培训成为一项制度性政策。

吕　薇　执笔

第八章

白色家电产业：初具全球竞争力

　　白色家电指可以替代家务劳动或改善生活环境的电器，主要产品包括洗衣机、电冰箱、空调器等大家电，以及微波炉等小家电。白色家电属于市场用语，国民经济行业分类中没有此类别。

　　我国是白色家电大国，市场格局趋于稳定，技术能力基本与国际同步，初步具备了全球竞争力。但我国还不是白色家电强国，中高端产品市场份额小、缺乏国际知名品牌、没有重大的原创性技术等问题仍存在。国际金融危机爆发以来，我国白色家电产品的竞争力受到了一定影响，需要通过创新实现产业转型升级，化危机为机遇，争取能够跻身白色家电强国行列。

一、国际白色家电产业发展情况

　　60年来，国际白色家电产业发展的总体趋势是，发达国家经营品牌和技术研发，制造产能转向发展中国家；在扩大生产过程中，发展中国家逐步积累实力，与发达国家展开了激烈竞争。目前，白色家电的生产主要集中在亚洲、北美和欧洲，亚洲的产能主要集中在中国、韩国、日本，北美的产能主要集中在美国以及美墨边境，欧洲则集中在意大利和东欧国家。

（一）国际白色家电产业发展历程

白色家电产品起源于欧美，形成了惠而浦、伊莱克斯、西门子等大型跨国企业。随着消费市场变迁和相对成本优势变化，大约从 20 世纪 50 年代开始，欧美白色家电制造技术和产能逐步向以日本、韩国、中国为代表的亚洲国家转移。20 世纪五六十年代是欧美白色家电强势的时候，八九十年代日本白色家电产业崛起，2000 年以后韩国和中国的白色家电产业迅速发展。

1. 日本白色家电产业发展

1953～1974 年，欧美白色家电制造技术和产能向亚洲转移，日本白色家电产业经历了大约 20 年的高速成长期。1975 年前后是一个重要的转折点，当时日本白色家电普及率已超过 80%，白色家电产业逐渐进入成熟期，市场竞争日益激烈，利润率下降。松下、日立等家电巨头在生产、研发、营销等方面有绝对优势，兼并收购频繁发生，市场集中度逐步提高。1975 年以后，虽然发展速度有所下降，但仍处于上升发展阶段。

20 世纪 90 年代开始，随着日本经济社会发展，研发成本、原材料成本以及人工成本不断上升，昔日的相对成本优势逐渐削弱。日本白色家电企业学习欧美前辈，开始对外输出技术和资本，通过委托生产（OEM）方式转移其制造环节，转移对象主要是中国及东南亚国家。日本国内的制造产能逐步下降，以返销为主的进口增加，如表 8.1 所示。

表 8.1　　　　　2000～2003 年日本白色家电产销额及进口变化　　单位：亿日元，%

年度（4 月～下年 3 月）	2000		2001		2002		2003（4～9 月）	
	金额	同比	金额	同比	金额	同比	金额	同比
产值	24121	105.2	22124	91.7	19595	88.6	9825	92.5
国内销售	22948	105.8	21273	92.7	20553	96.6	9984	90.5
进口	2587	101.7	2212	85.5	2313	104.6	1233	110.6
出口	2262	125.9	2945	130.2	3458	117.4	1891	106.7

资料来源：经济产业省，财务省。

日本白色家电产业的优势在于技术研发、制造工艺、精细化管理等方面。由于白色家电技术更新换代慢，革命性的技术突破较少，随着核心技术被竞争对手掌握，市场竞争重点逐渐转向对市场需求的回应和对市场发展节奏的掌控上，日本白色家电企业没有及时调整策略，产业发展势头趋缓，甚至有所下降。1990 年前后是另一个重要的转折点，日本白色家电企业产能开始下降，盈利收窄直至出现亏损。

2. 韩国白色家电产业发展

韩国白色家电产业从代工起步，在代工过程中培育自己的品牌，直到2000年前后才有知名的自主品牌。经过激烈竞争，三星、LG控制了韩国白色家电市场中最大的份额。2003年，韩国白色家电市场销售额为24246亿韩元，大部分产品已呈现市场饱和迹象，三星和LG两大巨头的市场份额合计为63.5%。在三星和LG的垄断之下，市场上仍存活着一批中小制造商，它们主要面向低收入消费者销售低端产品。

韩国第一台洗衣机是由金星公司（现LG公司）在1969年生产的波轮洗衣机。1974年，三星开始涉足洗衣机事业。发展初期，双缸洗衣机是市场的主流，单缸全自动洗衣机问世后很快取代了双缸洗衣机。2000年以后，滚筒洗衣机的生产迈入白热化阶段，普及到了新住宅和公寓之中。

空调产品有LG和三星两个世界顶级的制造商，还有大宇、WiniaMando、开利、Century等一批相当活跃的制冷空调公司。LG连续多年保持着空调产量世界第一的位置，三星则坚持走高端路线，WiniaMando首推高品质和时尚性并附有空气净化功能的空调，但产品还缺乏全球知名度，大宇的产品注重健康，Century公司在制冷系统和冷凝器产品方面很知名。

韩国跨国公司的发展道路与日本基本相同，首先承接欧美转移过来的技术和产能，逐步扩大国内市场规模，逐步发展自主技术，达到一定规模和实力后进行跨国投资，韩国家电企业的国际化阶段如表8.2所示。

表8.2　　　　　　　　　　韩国家电企业的国际化

时期	阶段		特点
创立~1979	满足国内市场，以及对外出口时期		生产能力扩大，国内市场需求相对较少；低廉价格和政府积极扶助
1980~1993	海外直接投资时期	对发达国家	开始在欧美进行投资；克服发达国家的贸易保护主义障碍
		对发展中国家	一部分销售及生产在当地市场进行；生产高附加值的新产品返销国内
1994至今	本地化及国际化时期		创立适合当地的研发中心、市场营销组织；在市场营销、生产、研发等领域实现本地化；在经营等领域推进国际化

资料来源：根据格力电器提供资料整理。

3. 发达国家白色家电产业不断衰退

美国的惠而浦，欧洲的西门子、伊莱克斯，日本的松下、三菱，韩国的三星、LG，中国的海尔，是目前白色家电领域最为著名的制造商。根据欧睿国际（Euromonitor）发布的调查报告，2001年以来，惠而浦连续多年居全球白色家电市场占有率第一位。2009年，海尔在大型白色家电市场（冰箱、洗衣机、微波炉、吸油烟机、电磁炉、消毒柜、燃气灶等）占有率为5.1%，夺得全球第一，原来排名第一的惠而浦和排名第二的LG公司分别位列第二位和第三位。2011年，海尔白色家电产品（冰箱、洗衣机、空调）在全球市场的占有率由2010年的6.8%提升至7.8%，连续第三年蝉联全球第一，LG集团、惠而浦、美的、三星、伊莱克斯和GE分别以4.9%、4.5%、3.4%、3.4%、2.9%和2.9%的全球市场份额位列其后。

与惠而浦类似，发达国家白色家电企业的市场份额不断减少，业绩缓慢增长甚至是负增长，白色家电业务成为了母公司的一大拖累。2000年前后，伊莱克斯冰箱一度达到整个中国冰箱市场的10%，占所有外资冰箱品牌的1/3。到2011年，伊莱克斯将在华所有家电品牌的独家销售权授予国美，彻底退出了中国市场。2012财年度（2011.4～2012.3），日本8大家电企业业绩大幅下挫，松下、夏普、索尼、NEC等4家企业亏损，东芝、富士通、三菱电机、日立等4家企业虽实现盈利，但盈利大幅收窄。面对亏损，以松下、东芝、日立为代表的日本传统家电巨头正在剥离利润低且竞争激烈的家电业务。欧洲、日本、北美三个高成本区内的传统白色家电品牌已经难以维持竞争力，预计不断会有企业出售自己的白色家电业务。

（二）日韩白色家电产业发展差异化的原因探讨

日本韩国的白色家电产业发展历程与我国最为接近，它们仅先走一步，其发展经验和教训值得我们借鉴。

1. 日本白色家电产业过于专注技术和质量，忽视市场需求

日本引以为傲的是技术、工艺和精细化管理，这在市场短缺时期无疑是极为适用的，日本白色家电产业也正是凭借此优势得到了快速发展。20世纪90年代以后，市场逐渐饱和，更新换代需求成为主流，日本家电产业对技术和质量过于自信，对市场需求有所忽视，在竞争激烈、迅速变化的市场中反应迟

钝、调整慢，跟不上市场需求变化。例如，消费者希望面板形状、花纹更丰富一些，日本企业很少予以理会。随着韩国、中国的白色家电制造商崛起，日本白色家电企业虽然在技术和产品质量上实力雄厚，但产量却不断下降。

近年来，日本白色家电产品以节约能源和资源、减少使用污染环境的材料以及便于使用为原则，向着绿色、节能、舒适、便捷等方向发展。

2000年以前，日本洗衣机产品主要围绕洗净、桶/筒清洁、节水和静音等性能展开研发，1999年，离心力和超声波等技术的诞生将洗净性能提高到了一个新的阶段。2000年后，行业技术潮流集中在烘干、清洁、节能三个关键点上。热泵烘干技术已有成熟的应用，表现出了良好的节能效果，松下和东芝拥有最新的热泵技术。松下将最新的滚筒冲洗技术称为"喷流舞蹈"，它通过喷射水流和翻滚技术，实现洗涤剂的快速渗透，并能对衣物进行揉搓和拍打。松下的波轮全自动洗衣机使用了"循环喷水淋浴"技术，它是一种用水量较少的高效清洗技术。很多日本家庭习惯在夜晚洗衣服，所以消费者对低噪声性能非常重视，夏普新推出了"无声滚筒系统"，东芝也推出了一种配备"新型静振滚筒构造"的洗衣机。松下的"纳米佳"技术拥有除菌和消臭功能，它利用带电微细离子和纳米佳物质，抑制霉菌和臭味。2008年度，日本国内共生产销售洗衣机454万台（包括日本本土生产并在日本销售的产品，以及国外工厂返销日本的产品），约为2007年的97.6%。

日本冰箱的发展方向是大容量冰箱。2006年度，有7%的冰箱厂商开始生产容量451L以上大冰箱，2007年度甚至有厂商投资生产570L以上的机型。2006年，451L以上的大容量冰箱的销售量占到了整个冰箱销售市场的12%，2007年度这个数字达到了15%以上。2008年度，日本电冰箱产量为409.9万台，数量较2007年略有下降。

受铜、铝等原材料价格上涨的影响，日本空调产品向着高端、环保和节能方向发展。富士通推出了"nocria"系列高端机型，2006财年该公司70%的销量都是这种大功率空调实现的。三菱公司推出"SI"和"ZI"系列产品，增加了"喷射式气流"功能，能有效加快室内空气循环。松下推出了一款采用"ACRobot"机器人自动清洁滤网技术的"national"系列新型智能空调，可以自动保持清洁10年之久。日立推出了"Stainless CleanWhite Bear"系列产品，其自动清洗功能能够彻底除菌除锈，还有三维立体的气流模式和节能功效。日本空调基本都搭载了变频装置，具有冷暖两用功能。2008 年度，日本国内出厂空调418.8 万台，是 2007 年的 98.5%。

2. 韩国白色家电企业重视新技术应用和市场需求

韩国企业在核心技术研发方面投入很大，经济困难时期的技术投入更大，具有反周期研发投资的特点，虽然短期内蒙受了一定的财务损失，但在技术获得提升后，最终在经济上获得了可观的回报。韩国白色家电企业也不例外，如三星拥有的专利数量在 2001 年便超过了松下、索尼等日系家电企业，成为世界第五名。

韩国白色家电企业通过各种有效的功能整合，将电子感应和控制、网络接入等新技术融入白色家电产品中，如触控式 LED 显示屏、空气质量监测窗等，形成了对外国产品的竞争优势。韩国白色家电企业亦非常注重健康元素，如除臭、杀毒、除菌等功能。除此之外，外观和细节上也反映了韩国白色家电企业对于产品细致入微的设计理念，如隐蔽式遥控器搁架。

韩国白色家电企业虽然在原创技术上逊于日本，但对市场需求的重视则胜过日本，努力满足不同客户的要求，在市场竞争中逐渐赶上了日本。三星将近期市场对冰箱的需求（包括政府）归纳为四个方面：新鲜如初、空间效率、节约能源和精湛设计，有针对性地提出保鲜技术、空间最大化设计、智能变频压缩机和门体设计新工艺，将上述技术和设计理念组合应用，设计了多个系列的产品，用以满足不同客户需求。近年来，普通冰箱因市场处于饱和状态而需求下降，但泡菜冰箱的需求量则不断上升，而置于冰箱里的泡菜坛子是有专利标准的，专利掌握在韩国冰箱企业手中。所有外国企业想要染指韩国泡菜冰箱市场，都不得不先向韩国冰箱企业申请专利许可，这是本国文化在市场竞争中有利于本土企业的典型例子。

对于洗衣机，三星总结的需求是省时省空间、洁净、节能、美观，对应快洗、泡泡净技术、超薄机身设计（小机身，大容量）、智能变频技术（智能变频电机）和时尚外观设计（LCD 彩屏，豪华钛晶银外观），产品包括洗干一体机、滚筒洗衣机、全自动波轮洗衣机等系列产品。同样，三星空调也是系列众多，共有四五十种产品。三星已经是中国冰箱、洗衣机高端市场上的外资第一品牌。

韩国企业在开拓新市场时，初期不惜亏损大量投入，直到盈利出现。至少提前两年投入巨额广告费用；然后销售网络迅速跟进，提高销量，通常在 3～5 年进入该国该产品的销售前三位，随着一线市场稳定，销售网络一般会下沉至三四级城市；紧跟着销售网络建设的是铺开本地制造。目前，韩国白色家电制造产能大部分位于市场所在地，本国内则很少。开拓印度市场、巴西市场都用了这种策略，取得了很好的效果。另外，韩国企业在全球打造高端品牌时，最具特征的营销手段是推销韩国文化，以及体育营销。

对质量的严格要求也是韩国白色家电能够脱颖而出，在市场竞争中获得良好成绩的重要原因，从而打败了许多老牌日系家电企业，在世界各地的市场份额不断扩大。例如基于对自己产品质量的信心，2008 年 7 月，LG 宣布对洗衣机马达保修 10 年；2009 年 2 月，三星也宣布对滚筒洗衣机和全自动洗衣机的马达保修 10 年。

3. 既重视技术，又重视市场，才有可能长期保持竞争力

从产业发展历程看，欧美与日韩白色家电企业大都是在产品短缺时代发展起来的，这个时期的创新主要体现在制造技术上，关注硬件质量，注重的是性能和寿命。进入产品过剩时代后，由于白色家电领域原创性技术突破很困难，适应性创新成为主流，用户需求成为了设计产品的最主要因素，创新重点从硬件转移到了软件、系统和解决方案等领域，仍然沿用短缺时代下的发展模式，不及时根据市场需求调整企业生产经营策略，将难以适应市场变化。

20 世纪 90 年代以前，日本凭借技术、工艺和管理，还有有竞争力的日元汇率，对美国和欧洲家电制造商取得了优势。20 世纪 90 年代以后，日本仍然对技术、工艺和管理非常自信，但对市场需求过于轻视而跟不上市场发展的节奏，当市场机会来临时抓不住机会。日系家电巨头亏损的原因一方面在于欧美还未从经济危机中恢复，另一方面正是日本家电企业在适应市场需求方面的创新不足。例如，空调产品近期大的技术突破仅有变频技术一项，虽然日本公司最早掌握此项技术，并长期控制该技术，但由于其不重视市场需求，在外观等方面创新不够，生产制造能力跟不上，好技术并没有转化成高效益。日本白色家电虽然有技术、有品牌，但在中国市场占有率不到 1%。反而是韩国和中国，虽然初期需要为使用变频技术而向日本企业付费，但能主动适应市场变化，获得了不俗的市场业绩，同时也在多年攻关努力下，逐步掌握了变频技术。日本目前在印度改变了策略，反应更为灵活，产品设计贴近用户，产品系

列多、调整快，与韩国、中国 20 世纪 90 年代的做法类似，取得了不错的业绩。

另外，除了以上产业内部的原因外，日本经济社会发展导致比较优势发生变化，大环境变化也是白色家电产业萎缩的重要原因，资本流向新能源、交通等利润更高，进入资金和技术门槛更高的领域，部分成本高而利润低的制造业无法再生存下去。

（三）政策措施对白色家电产业发展产生了重要作用

日本和韩国政府都对工业产品，包括白色家电，提出了明确的能源消耗最低要求，通风、杀菌等保护公众健康的要求，必须安装儿童锁等安全要求，而且不断提高标准，迫使企业不断加强研究开发，达到更高的标准。

在执行上，要求企业符合最低的强制性标准，否则将受到惩罚，对所有企业来说是公平公正的。为了激励企业开发更高性能的产品，政府采取各种鼓励措施，促进企业创新和消费者购买。不断提高的强制性标准，加上对高性能的鼓励政策，不重视创新的企业将无法生存。

市场经济条件下，政府不宜直接干涉市场运作，但应在保护环境、公众健康、公共安全等方面提出恰当的强制性要求，并监督落实。

1. 日本节能法和领跑者制度

随着日常生活能源消费增加以及日本国内消费者节能意识增强，日本出台了一系列促进高性能节能产品普及的政策，节能白色家电产品在日本受到了广泛的关注。

1979 年，日本制定了《有关能源使用合理化法》（即《节能法》），对汽车、电冰箱、空调等产品规定了能效标准。继 1992 年和 1997 年进行了两次修订后，2002 年 6 月，《节能法》及相关条例又进行了大幅修订，修订后的《节能法》扩大了管理范围，制定了更高的要求和目标，提出了"向冠军看齐"的节能原则。

1999 年，日本开始实施领跑者制度，这是日本首创的一种鞭笞落后的制度，实施领跑者制度的对象大多是被大量使用、能耗较大的设备和能效有望改善的产品，如电冰箱、空调、汽车。具体的做法是，按照市场上销售的产品中效率最高的产品性能，设定该类产品目标年度后的能效目标，敦促企业为实现这一目标而努力。目标年度是在考虑具体设备的产品周期后制定的，大致为基准年度（设定领跑者标准时的年度）后的 3～10 年。领跑者制度一般只明确目标，而不干预具体实现过程，最大限度地引发企业创新。生产制造企业以及进口企业有义务按出货量对产品的能效进行加权平均，并在目标年度前达到该标准值。在目标年度的下个年度，经济产业大臣会要求所有相关制造企业和进口企业汇报目标年度出货产品的能效和出货数量等数据，未达标企业将受到劝告、命令、公示、罚款（100 万日元以下）等措施。同时，将抽查正在市场上销售的产品，测量其能效值，确认企业所标识的能效值是否恰当；为实施该任务，每年大约列支 1000 万日元预算。受经济产业省委托，日本节能中心（Energy Conservation Center，财团法人）负责有关领跑者制度的数据库建设。节能性能目录提供给各零售店，并在网站上公示，包括产品的节能性能、全面评测等信息。到 2009 年，已有 23 种设备制定了领跑者标准。

与领跑者制度相配套，《节能法》要求在设备上张贴能效标识，标识该产品的品名、型号、能效以及制造企业名称等，为消费者提供更明确的信息。2003 年，日本开始实施"节能型产品普及推广优良店铺制度"，对那些标示统一节能标识、提供正确节能信息、积极销售节能产品的家电销售店铺进行评价和公示。特别优秀的家电销售店铺，还可以受到来自经济产业大臣、环境大臣、资源能源厅长官的表彰。

2009 年 5 月，日本开始实施环保积分制度，购买绿色家电可以得到环保积分，用以换取各种各样的商品/服务。此项制度的实施对象为相当于统一节能标识 4 星以上的家电产品，包括电视机、冰箱、空调 3 类。环保积分制度实施截止日期原定 2010 年 3 月，后来延长至 2011 年 3 月。该制度实施期间，电视机、空调、冰箱产品的出货量大幅增长，3 类家电产品合计销量增长幅度 2009 年为 24%，2010 年同比增幅高达 43%。至 2011 年 5 月底，日本政府对纳入该制度中的 4500 万件家电发放了积分补贴，补贴金额达到 6400 亿日元。环保积分制度退出后，空调和冰箱出货量减少，2012 年 4 月 25 日，日本电机工业协会发布 2011 年度日本国内白色家电全年报告，出货额为 22054.43 亿万日圆，同比上一年减少 1.7%。

以施行《修改产业活力再生特别措施法》为基础，经经济产业大臣批准，到 2012 年 3 月 31 日为止，生产节能家电所需的设备，可按购买价值 30%（建筑物为15%）进行特别折旧。该制度的对象必须是用以生产已参加领跑者制度的产品的设备，且该产品的能效排名需在前20%以内。

2. 韩国扶持大企业及安全节能管理

韩国政府对大企业的扶持力度很大，三星、LG等大型韩国企业均在发展过程中受到了政府部门的各种支持，包括制定专项产业政策（如汽车工业保护法），对产业发展进行强有力的干预（如为了形成规模经济而强制性合并十几家企业），提供贸易行政支援、财政金融支援、情报支援，保护民族工业、严格限制外国直接投资，有关韩国政府扶持大企业集团的研究很多，本文不再赘述。白色家电产业在扶持大企业的政策中受益匪浅，从而能够迅速发展壮大。在韩国政府的大力扶植下，三星、LG等大型企业集团一涉足白色家电业务，就能够大刀阔斧地进行技术引进和创新。进军海外市场时，大企业在融资方面享受的优惠待遇助力极大，如开具信用证、无限制低息贷款等。2008年危机中，LG、三星的白色家电业务与其他国家一样出现了萎缩，但走出低谷是所有国家中最快的。

由于1997年以来一批大企业集团陷入危机，韩国政府对扶持大企业政策进行了反思，开始关注中小企业发展。

韩国政府对白色家电的政策主要体现在对安全、健康和节能方面的要求。

2003年，韩国"空气质量管理法案"开始实施，该法案要求学校等室内公共场所应具备良好的"户外新风"，从而对空调的换气功能提出了要求。

2011年1月，韩国知识经济部技术标准院以近年来发生的滚筒洗衣机安全事故为契机，修订了洗衣机安全标准（K60335-2-7），标准高于国际一般水平。例如，国际标准没有对打开滚筒洗衣机门的结构提出要求，但统计分析95%的儿童双手打开机门的力量为93N（9.5kgf），韩国以此为依据增加了要求，防止发生安全事故。

随着电器产品使用期限拉长，为减少老化引起的问题，韩国知识经济部技术标准院2011年着手开展电器产品建议安全使用期限标识制度的引进工作。建议安全使用期限标识制度是，制造商自律标注安全使用产品的期限（如洗衣机为7年），使消费者认识使用老化产品存在的危险。

2011年1月1日开始，韩国主要家电产品的能源利用率调整为5个等级，标注在产品上，帮助消费者选择购买。这次调整还整体上调了能源效率等级标准，对末达到最低能源利用率的产品，禁止其生产和销售，违章将处以 2 千万韩元以下罚款。

二、我国白色家电产业发展情况与存在问题

目前，我国白色家电企业拥有世界上最大的制造产能，主要优势是产业链齐全、产品性价比高，主要劣势是高端市场份额小、核心技术上没有本质性突破、国际品牌少。

白色家电是我国家电产业中最具竞争力的子行业，也是制造业中最具竞争力的行业之一。我国白色家电产业整体实力与日本、韩国等白色家电强国相比还有一定差距，但相对其他制造业来说，差距较小。

（一）我国白色家电产业发展现状

我国白色家电在引进技术基础上起步，经过 20 多年高度发展，目前已经成为世界上最大的生产国和消费国，形成了相对稳定的市场格局，基本掌握了已有核心技术，初步具备了全球竞争力。

1. 我国白色家电产业发展历程

改革开放初期，生产冰箱、洗衣机、空调等白色家电需要国家颁发的定点生产许可证，消费者凭票购买，整体处于短缺状态。1985 年前后，全国共有 70 多个冰箱定点生产厂家，80 多个洗衣机定点生产厂家，空调生产则被严格控制。

20 世纪 90 年代初，定点生产制度被废除，白色家电产业进入全面快速增长期，品牌数量急剧增加，到 1995 年达到高峰，仅空调注册品牌就达到 400 多个，还不算未注册品牌。与此同时，国外企业也由先前的技术输入转向资本输入，开始在国内建厂，或购买中国企业和品牌，如惠而浦收购北京雪花，通用电器收购天津可耐，三星吞并苏州香雪海，西门子兼并扬子，伊来克斯收购长沙中意，松下、夏普、美泰克分别在上海、江苏、安徽等地合资建厂。

1995 年以后，白色家电产销量不断扩大，但利润率开始下降。整个产业逐渐告别混乱时期，进入理性竞争时期，行业竞争力在国际市场上亦表现得越

来越强。2004 年，国家信息中心监测的空调品牌从 2003 年的 150 多个锐减到 96 个。各种行业标准相继建立，并日趋完善。

2005 年以来，受原材料、能源、人工价格上涨的影响，白色家电产业虽然保持了较高的销量增速，但经济效益增长呈下滑态势。白色家电企业再次加快了产业调整步伐，市场格局日趋稳定。以空调行业为例，国家信息中心发布的《中国空调市场白皮书》显示，2006 冷年（上年 8 月 1 日至当年 7 月 31 日）有能力参与市场竞争的空调品牌由 69 个缩减到 52 个，2007 冷年由 52 个缩减到 33 个，2008 冷年前 5 大品牌的市场占有率达到 62%；目前主要的空调品牌有格力、美的、海尔、志高、海信科龙、奥克斯、春兰、格兰仕、长虹等。

美的通过收购荣事达、华凌和小天鹅组成了美的白色家电系，海信通过收购科龙、容声形成海信科龙系，再加上海尔、格力、格兰仕，白色家电形成了几大集团对垒格局。2010 年，上述 5 家企业集团的家电销售收入均超过 100 亿元，合计超过 3700 亿元，占到全行业 40%，有 2 家企业销售收入超过 1000 亿元。

2008 年国际金融危机爆发后，白色家电产业受到较大冲击，但很快恢复了增长。如空调销售收入增长率在 2009 年上半年跌至谷底，2009 年下半年开始高速增长；冰箱行业各大公司收入同比增长率均在 2008 年下半年跌至谷底，于 2009 年上半年开始回升。

2011 年上市公司年报显示：空调方面，格力、美的的营业规模遥遥领先，格力实现空调收入 748 亿元，美的实现空调收入 638 亿元，格力变频空调国内市场占有率为 37.7%、中央空调 11.4%；冰箱方面，海尔实现销售收入 250.5 亿元，遥遥领先于美的、美菱、海信科龙，海尔冰箱国内市场占有率为 26.7%；洗衣机行业竞争激烈，海尔营业收入 122.2 亿元位居第一，美的 97.6 亿元紧随其后。

2. 我国白色家电产业的技术能力

我国白色家电产业起步阶段几乎完全依赖国外技术，包括引进生产技术，引进生产设备和生产线，甚至零部件也要从国外进口。第一个洗衣机厂（友谊洗衣机）就是引进日本的双缸技术，第一个冰箱厂也是引进新加坡的二手设备和生产线。

我国白色家电产业快速发展的背后，是白色家电企业坚持创新，在引进技术基础上，消化技术并实现了再创新，使得我国制造的白色家电产品质量迅速赶上了国外同类产品。如海尔研发投入占销售收入的比例长期超过6%，格力研发投入约占营业收入的5%左右，与国际同行基本相当。在技术水平逐步提高的基础上，零部件、关键零部件到整机制造的产业链逐步建立，压缩机、变频器、直流电机等零部件技术，以及外观设计、系统优化等整机技术相继掌握，我国白色家电的整体水平发生了根本改变。

洗衣机产品从单缸到双缸到全自动，再到近期出现的不用洗衣粉的洗衣机，冰箱产品从单门到双门到三门再到对开门，从机械控温到电脑控温再到模糊控温，中国白色家电企业均及时推出了相关技术的产品形成批量生产。空调产品从定频到变频，从单纯制冷到兼顾环保、健康、舒适，我国企业基本与国外同步开发和生产，长期由日本垄断的变频技术于近期基本掌握，燃气空调、太阳能空调方面也有企业积极跟进。

"十一五"时期，白色家电技术水平得到了进一步提高，以企业为主体的自主创新研发队伍已能够自行开发设计系列新产品，风冷式、多门电冰箱设计制造技术，大容量滚筒式洗衣机设计制造技术，高效空调器技术等有了较大进步，产品工业设计水平也有显著提高。多个关键领域取得了重大突破，如自主研发的小型高效冰箱压缩机达到国际先进水平，并批量出口海外。

2011年，"变频空调关键技术研究及应用"项目被评为2011年度国家科技进步奖二等奖。该项目提出了一套自动转矩控制数学模型及实施方法，解决了电机转矩的辨识及参数自整定控制等技术难题，在变频空调高效可靠运行方面取得重点突破；提出了针对变频空调的单周期功率因数校正技术，与国际上同类产品相比，功率因数与总谐波畸变率取得显著改进；开发了针对变频空调的专用单芯片集成模块，并研制出与变频控制技术相适应的变频压缩机。

2011年7月14日，全球首条碳氢制冷剂R290（俗称丙烷）分体式空调示范生产线在珠海格力电器正式竣工，并顺利通过中德两国联合专家组的现场验收，达到国际领先水平。该空调能效比达到3.6W/W，高于国家一级能效标准及欧盟A级最高标准，是中国企业在新冷媒技术的研究和应用上首次走在国际前列。

3. 我国白色家电在全球市场中的竞争力

我国白色家电产业是在20世纪70年代末从国外引进生产线基础上发展起

来的。经过 30 多年迅猛发展，已经形成了完备的产业链，成为了世界上最大的白色家电制造国，一批具有自主开发能力的企业集团脱颖而出，初步具备了全球竞争力。以海尔冰箱、海尔洗衣机、格力空调为代表的中国白色家电产品开始争夺全球高端市场。就制造环节的实力而言，目前还没有哪个国家可以与我国相比。总体上看，白色家电是我国家电行业中最具竞争力的子行业，也是我国所有制造业中最具竞争力的行业之一。

20 世纪 90 年代初，白色家电制造产能迅速扩张，进入了世界前列。到 2001 年，电冰箱产量已达到 1014 万台，洗衣机和空调产量分别为 1207 万台、850 万台，占世界总产量的 16%、24% 和 30%，生产能力仅次于美国和日本。

目前，我国已成为世界上最大的冰箱、洗衣机、空调生产国，中国制造的白色家电产品已超过全球市场的 60%，冰箱（含冰柜）、洗衣机产量均占世界总产量的 4 成以上，空调产量占世界总产量的 7 成以上。2010 年，空调器在全球出口市场的比重达到了 57%，压缩式冰箱的比重达 30%，全自动洗衣机的比重为 23%。

在国际市场上，中国制造的白色家电产品虽然占比最大，但大多数是贴牌，自主品牌产品较少，只有海尔一枝独秀。欧睿国际（Euromonitor）公布的 2011 年全球家电市场调查结果表明，海尔在全球大型白色家电市场的品牌占有率蝉联全球第一，并同时拥有"全球大型白色家电第一品牌、全球冰箱第一品牌、全球冰箱第一制造商、全球洗衣机第一品牌、全球酒柜第一品牌与第一制造商、全球冷柜第一品牌与第一制造商"共 8 项全球第一。截至 2012 年底，海尔在全球共建立了 21 个工业园、24 个海外工厂、10 个综合研发中心、19 个海外贸易公司、143330 个销售网络。

以海尔冰箱、海尔洗衣机、格力空调为代表的中国白色家电产品已经参与争夺全球市场。海尔 2011 年收购了三洋在东南亚及日本地区的白色家电业务，2012 年开始运作收购新西兰家电龙头"斐雪派克"。2011 年，美的斥资 2.233 亿美元收购美国联合技术公司（UTC）下属开利拉美空调业务公司 51% 权益，全面进军拉美市场。欧睿国际（Euromonitor）公布的调查结果表明，截至 2011 年 12 月，海尔连续三年成为全球冰箱、洗衣机等大型白色家电产品销量冠军。

（二）我国白色家电产业发展存在的主要问题

白色家电产业自身还存在高端产品少、国际品牌少、没有重大的原创性技术等问题，政策上还存在执行不严、责任区分不清、未形成市场化的要素价格形成机制等问题，阻碍着白色家电产业进一步做强做大。

1. 产业自身存在的问题

我国已经是白色家电制造大国，但国内市场中高端产品的市场份额小，国际市场上缺乏知名品牌、出口产品以贴牌加工为主，基本掌握了核心技术，但由我国主导的原创技术很少，产品质量参差不齐。

中国白色家电企业与跨国公司在国内市场竞争中，表现出了较强的竞争能力，一直保持着较高的市场份额，但高端产品的市场份额小，与国际一流企业相比竞争力较差。受上游技术掌握程度、品牌影响力、生产效率、企业管理等因素影响，以西门子、松下、LG、三星为代表的"洋"品牌始终牢牢占据高端市场。在中低端产品利润逐步下降的情况下，高端市场成为盈利重点，高端产品少，将影响企业的盈利能力和创新能力。

国际市场上，我国白色家电产品有影响力的自有品牌不多，大部分是贴牌产品。"十一五"时期，在国家质检总局组织的中国名牌评审中，海尔冰箱、海尔洗衣机、格力空调器被评为中国的世界名牌。但即便是上述世界名牌，自主品牌出口比例并不高。例如，格力空调出口120多个国家，自主品牌只占1/4~1/3，其余部分是为大金、约克等国际品牌的代工产品；2011年实现了新产品销售收入527.46亿元（占产品销售收入的65.78%），其中自有品牌产品与技术出口创汇额仅2.31亿美元。自主品牌难以做强的主要原因是，以自主品牌出口需要投入较高的广告、渠道建设等前期费用，且需要大量人才，成本很高。贴牌虽然利润低一些，但投入成本小，管理上相对简单。而且，我国白色家电企业在国际标准制定时没有话语权，不利于自主品牌培育。贴牌出口需要与品牌所有人共享利润，不仅受制于人，而且发展自己的同时也壮大了竞争对手。

核心技术取得本质突破不多，没有真正由我国主导研发的原创技术。虽然我国白色家电企业基本掌握了现有技术，但都是在国外原创技术基础上，跟随学习后掌握的，没有真正自己原创的技术。例如变频技术由日本公司原创并长期垄断，我国企业在多年攻关后，于近期掌握了部分技术，虽然有些细节上达到了国际先进水平，但本质原理并没有突破。大多数企业在自主创新方面投入仍然不足，创新能力与跨国企业有着不小的差距。相对而言，我国白色家电企业的整机创新能力要好一些，重要零部件的创新能力更弱。

虽然我国白色家电企业基本掌握了现有技术，但都是在国外原创技术基础上跟随学习后掌握的，没有重大的原创性技术。如变频技术由日本公司原创并长期垄断，我国企业在多年攻关后，于近期掌握了部分技术，虽然某些细节上达到了国际先进水平，但本质原理并没有突破。大多数企业在自主创新方面投入仍然不足，创新能力与跨国企业有着不小的差距。没有重大原创技术的企业不可能引领技术更新换代，虽然可以做大，但不可能真正成为行业的领跑者。

白色家电产品总体质量可靠，质量问题主要表现为产品质量参差不齐，问题主要集中在小厂家和小家电产品上。产品质量参差不齐的显在原因是行业竞争激烈，原材料等成本价格上涨，一些企业为了生存，不得不偷工减料；潜在原因则是政府质量监管工作存在漏洞，强制性标准执行不严，行业缺乏自律，给予了企业偷工减料的空间。

2. 白色家电产业相关政策存在的问题

除了研发投入加计扣除、高新技术企业所得税减免等普惠政策外，近五年来，专门针对白色家电产业的政策主要集中在鼓励需求和制定标准两方面。

（1）需求鼓励政策导致的不公平竞争

2008 年国际金融危机席卷全球，为了刺激国内需求，我国接连出台"家电下乡"、"以旧换新"、"节能惠民"三大政策，刺激消费，释放被压制的市场需求，给白色家电企业带来了机会。白色家电产业 2009～2011 年连续三年实现高速增长，市场规模继续扩张，发展势头良好。国务院总理温家宝 2012 年 5 月 16 日主持召开国务院常务会议，讨论通过《国家基本公共服务体系"十二五"规划》，研究确定促进节能家电等产品消费的政策措施。会议决定安排财政补贴 265 亿元，启动推广符合节能标准的空调、平板电视、电冰箱、洗衣机和热水器，推广期限暂定一年。

补贴政策在操作中存在不公平问题。部分不符合条件的产品，通过不正当途径获取资格，甚至办理虚假证明，钻政策空子套取补贴，一些濒临倒闭的企业维持了下来。当地执行机构容易偏袒当地企业，存在一定的地方保护。

补贴政策一旦退出，对市场的影响很大。2011 年，家电下乡、以旧换新、节能补贴三大政策相继退出，对我国白色家电产业影响明显。根据北京中怡康时代市场研究有限公司统计，2012 年五一前后三周（4 月 16 日~5 月 6 日），国内冰箱销量同比下降 6.4%，洗衣机销量下降 4.7%，空调销量同样有所下降。

（2）强制性标准执行不严导致的不公平竞争

"十一五"时期，我国家电行业制定和修订了一批产品能效标准，截至"十一五"期末，我国家电产品能效标准共有 13 个，涉及主要家电产品类别。2005 年 3 月，我国开始实施家电产品能效标识制度，目前共有 12 种家电产品实施了能效标识制度。能效标准和标识制度的实施，促进了家电产品能效水平持续提升，部分家电产品的能效水平已经达到了国际先进水平，如 200 升左右的电冰箱能耗水平从 2005 年平均日耗电 0.7kWh 左右降低到 2010 年的 0.5kWh 左右，2010 年能效 1 级电冰箱销售量已占到国内总销售量的 88%。

我国制定的强制性标准很多，但执行不严格，守法的大企业能严格执行标准，一些小企业在面临生存考验时，往往不严格按照标准生产，以次充好，扰乱市场秩序，造成不公平竞争。竞争环境不公平，将导致劣币驱逐良币。

（3）安全使用年限未制定，安全事故责任不明确

我国《产品质量法》第 15 条规定，限期使用的产品应当标明生产日期和安全使用期或者失效期，但针对不同产品的细则迟迟未能推出。2008 年实施的《家用和类似用途电器的安全使用年限和再生利用通则》仅提出家电安全使用年限的标注原则和框架。

目前，白色家电产品的安全使用年限未制定，发生安全事故后责任不明确，既不利于保护消费者利益，又不利于及时淘汰老旧电器、促进更新换代需求。

（4）要素价格偏低，促进节能的政策事倍功半

目前，水、电等资源价格仍然采取行政定价，不能反映资源的稀缺性和外部性，导致节能家电纵使能够得到节能补贴，但全寿期使用成本无法低于普通家电，对成本相对敏感的消费者难以接受，使得节能产品优惠的政策效果大打折扣。

三、促进白色家电产业转型升级的创新战略与政策

随着劳动力、原材料等要素的价格上涨，我国白色家电产业的竞争优势被削弱，比较优势开始发生变化，急需加强创新，重塑竞争力，实现产业升级。

（一）我国白色家电产业面临转型升级的压力

我国白色家电产业以大规模低成本制造获得竞争优势，大量的廉价资源投入支撑了产业高速增长，但这种发展方式在要素成本不断上升的情况下不可持续。

1. 低成本制造优势受到挑战

2008年以来，原材料价格、融资成本、劳动力价格、商务成本、物流成本均明显上涨。如常用的铜，2008年国际铜价最低点约为2800美元/吨，到2010年底已经突破9000美元/吨。我国货币政策由适度宽松转向稳健，从商业银行贷款很困难，中小企业贷款更难，不得不通过民间借贷渠道融资，成本很高。新《劳动合同法》实施以来，工资福利不断攀升，大大提高了劳动力成本，近年来出现的用工荒成为困扰包括白色家电在内的制造业发展的最关键问题之一。商业地租涨价、运输价格上调提高了商务成本和物流成本，水电气等能源资源供给紧张干扰了正常的生产经营活动。人民币持续升值，从2008年初的7.3一路升至2012年9月底的6.3，削薄了出口型白色家电企业的利润，以出口业务为主的企业受影响较大。"十二五"时期，随着我国工业化和城镇化推进，改善环境和提高社会福利压力增大，人口红利终结，土地、原材料、劳动力等要素成本还将进一步上升。

我国白色家电产业以大规模低成本制造获得竞争优势，大量资源投入和高度外贸依存有效地支撑了整个产业的高速增长，但这种发展方式在要素成本不断上升的情况下，已经不可持续，白色家电产品的低成本竞争优势受到了严峻挑战。相对而言，越南、印度、泰国、墨西哥、土耳其等资源丰富且人力成本低廉国家的竞争力在提高，为国际巨头提供了另外的产业选择地，一些低价位产品已经转移到了越南、印度等国家，一些中高端产品则转移到临近发达国家

的墨西哥、土耳其、东欧等地。

虽然我国白色家电产业仍然有竞争力，但竞争力在削弱。已经显露的向境外转移迹象警示，白色家电产业必须加强创新，提高核心竞争力。

2. 白色家电产业已经开始通过创新进行转型升级

相对其他行业来说，白色家电产品技术相对稳定，短期内在技术上实现突破性进展的可能性小。因此，对于白色家电来说，技术创新主要体现在组织管理、市场营销、品牌建设、适应市场需求的研究开发、产业转移等方面，创新的主要目的是降低成本、适应市场需求。目前我国白色家电在研究开发、产业转移、管理和营销方面有着不俗的表现，品牌建设是最薄弱的环节。

（1）适应市场需求的研究开发

日常研究开发以适应市场需求为主要目标。我国白色家电市场基本饱和，更新需求成为市场主流，用户对产品更加挑剔。2010 年[①]，我国城镇家庭冰箱、洗衣机和空调器的百户拥有量分别为 96.6 台、96.9 台和 112.1 台，已基本普及。2009 年，我国农村家庭冰箱、洗衣机和空调器三类产品的每百户平均拥有量分别为 37.11 台、53.14 台和 12.23 台；商务部家电下乡数据估计，2010 年冰箱、洗衣机、空调器的农村家庭的百户拥有量分别约为 49.8 台、59.6 台和 15.3 台，也即将实现普及。根据中国家电协会公布的资料，"十二五"时期预计将有约 5050 万台冰箱、6200 万台洗衣机和 12000 万台空调器超过使用寿命，平均每年更新量为电冰箱 1000 万、洗衣机 1250 万台、空调器 2300 万台。高效节能、大容量、多温区电冰箱，滚筒洗衣机，定频高效空调器、变频空调器等成为消费升级的主要选择，总的技术发展方向是智能化、系统化，朝着安全、健康、便利、经济等方向发展。改良性研究开发为主的创新模式，容易忽视原始创新。白色家电技术更新换代慢的特点使得跟随型企业有足够的存活空间，有足够的时间来追赶世界先进技术，并在一定时期内达到与国际先进水平基本相当的水平。但是，没有原始创新能力的企业，不可能引领技术更新换代，这样的企业虽然可以做大，但不可能做强，真正成为行业的领跑者。

（2）向中西部转移产能

在东部沿海地区综合成本持续上涨的情况下，产能转移成为一大特色。

---

① 资料来源：中国家电协会网站。

"十一五"时期，随着国内家电市场需求增长，以及东部沿海地区土地、劳动力资源紧张等因素，中国家电制造基地已从长江三角洲、珠江三角洲和环渤海地区逐步向中西部延伸，安徽、重庆、湖北等中西部地区正在成为新兴的家电生产基地。此外，中西部地区白色家电消费需求提升，企业对未来中西部地区就业和消费的预期比较乐观，提前进行市场布局，带动了中西部地区白色家电产业快速发展。目前，白色家电主要产区包括广东、江苏、浙江、山东、上海、天津、安徽、湖北、江西。但在本轮成本上涨潮中，中西部地区的人力成本、原材料等价格也有一定幅度上升，周边国家是我国中西部的竞争对手，是跨国白色家电企业，以及我国白色家电企业转移产能的另一个选择。长远看，转移到成本较低的中西部只能是权宜之计，当地成本紧跟着上升后，依然要迁徙，最终解决办法是发展高端产品，高端产品对成本相对不敏感。

（3）提高管理效率，开拓新的商业模式

利用电子信息、流程再造等新技术，白色家电企业大幅提高管理效率，降低管理成本，缓解要素成本不断上涨的压力。白色家电企业长期与连锁家电卖场、超市、百货等传统家电终端合作销售产品，近年来根据产品特点、市场特点以及消费者购物习惯变化，一些白色家电企业开始探索自建或加盟专卖店，以及网上购物等新型营销模式。充分利用"家电下乡"政策，不少白色家电企业加强了三、四级市场甚至农村市场的销售渠道建设。

（二）促进白色家电产业转型升级的战略思路与政策

我国已经是白色家电大国，要建成白色家电强国，就要加强原始创新，形成自己的原创技术，提高产品档次；要培育几家跨国公司，培育几个国际知名品牌，能够与国际巨头同台竞争。

1. 白色家电产业升级的战略思路

我国白色家电产业目前的发展阶段与日本、韩国 1990 年前后类似，已经走完了引进技术起步和发展、众多品牌激烈竞争、形成相对稳定的市场格局等阶段，仍处于上升发展期。白色家电企业目前处在类似于三星 1990 年代初的位置，全球扩张初具规模，但品牌形象低廉，产品竞争力主要体现在低成本上，产品质量有待提高。邻国之后的发展情况是，日本白色家电产业增速放缓，在向外转移资本和技术的过程中逐步被韩国和中国赶上并超越；韩国白色家电产业努力适应市场变化，目前仍未见衰退。

我国白色家电企业已经开始注重创新、培育自主品牌，但创新还停留在跟随阶段，有国际影响力的自主品牌稀少，高端产品比重低，仍未从根本上摆脱依靠低成本制造优势树立起来的竞争力。国际金融危机使我国白色家电产业长期存在的问题更加突出。

根据我国白色家电产业发展现状，借鉴日本、韩国的经验，为长远计，应注重原创性技术开发、自主品牌培育；为解决眼前的问题，应注重技术和资本的战略转移，注重形成低中高端产品齐全的产品格局。

加强原创性技术开发，目标是取得可能带来产品更新换代的根本性技术突破，在技术上达到引领行业发展的水平。引进技术消化吸收再创新，是处于追赶地位国家普遍采用的发展战略。日本和韩国都经历了引进技术的过程，在引进技术基础上开发自己的技术，并且获得了成功。在能够引进技术的情况下，坚持自己开发，无论是经济上还是时间上都是不划算的。但引进技术存在明显的缺陷，即不可能引进最先进的技术，只能是次一代技术。因此，在引进技术基础上还要重视技术积累，不断攻克难关，真正掌握核心技术，追上甚至超过国际先进水平，才能由白色家电制造大国向白色家电强国转变，才有资格在比较优势发展转变时通过对外输出技术和资本维持产业发展。如果一直依靠引进技术制造产品，规模再大，在比较优势发生转变时，也难逃消亡的结局。

品牌影响力是一种综合能力，只有研发、制造、管理各方面取得进展的情况下，进行长期投入，品牌价值才会不断提高。以自主品牌为载体，可以把技术、工艺、营销、服务等各方面工作的成果转化为竞争力。

产业转移是比较优势发生变化时必然出现的结果。主动将产能转移到综合成本（人力、物流、政策环境、市场、配套等）更低的地方，可以提高产品竞争力。比较优势是一个综合概念，包括人工成本、资源环境、政策环境、市场环境、消费能力等多方面因素。欧美的技术和资本向日本、韩国转移时，日本和韩国拥有比较优势，而当时人工成本更低的中国反而没有比较优势。随着中国经济社会的发展，虽然人工成本有所上升，但其他各方面环境改善，比较优势逐渐上升，日本和韩国的技术和资本不得不向中国转移。目前，我国各地之间的比较优势正在发生变化，从而发生产业转移是必然的。中国地域宽广，地区差别较大，继东部地区之后，中部地区、西部地区获得比较优势是有可能的，从而有条件在较长时期内将白色家电产业留在中国。珠三角、长三角和环渤海等传统产区的家电企业要利用在国内的领先优势，成为创新中心和营运中心，致力于开发质量可靠、品牌自主、高效节能、环保低碳的高端产品，引领家电产业转型升级，中低端制造产能向中西部有序转移与延伸，以更好地适应国内市场格局变化。

低成本优势削弱的情况下，一方面需要提高产品质量，另一方面要增加对成本相对不太敏感的高端产品份额，形成低中高端产品齐全的产品格局，减轻成本上升带来的压力。全球家电市场早已进入产品过剩时代，谁能快速满足市场需求，谁就将取得市场竞争的主导权，这就要求企业不断创新，快速捕捉、快速反应，满足消费者需求。

2. 促进白色家电产业转型升级的政策建议

在固有的低成本竞争优势开始削弱的情况下，要实现白色家电强国的目标，既要解决近忧，又要对长远发展有明确的思路。白色家电产业已经非常成熟，不再需要补贴、资助等优惠政策，但对公平竞争的市场环境更加渴求。建议在以下几方面加强工作，支持有能力的企业脱颖而出。

（1）加强强制性标准实施，营造公平公正的市场竞争环境

应加强强制性标准执行力度，标准面前一律平等，限制不达标产品流入市场，不能为了地方发展、就业等其他目标迁就落后企业。

鼓励行业和企业建立严于强制性标准的行业标准和企业标准，但企业宣传其产品标准高于国家强制性标准时，应提供检测检验数据。加强对质量检测机构的监管，保证检测结果准确，防止弄虚作假。

强制性标准要在技术水平提高的基础上不断提高，迫使企业提高产品质量，淘汰落后企业。经济下滑时，更要有决心淘汰落后企业，才能真正实现结构调整和产业升级。

（2）制定最低安全使用年限标准，明确各方责任

通过补贴来刺激需求，不仅需要投入大量资金，而且在操作中容易出现不公平问题。在发展比较成熟的行业，应慎用补贴政策来刺激需求。

建议制定白色家电产品最低安全使用年限标准，并鼓励企业提出比最低安全使用年限更长的安全使用年限。同时应明确规定，企业标注的安全使用年限内（必须大于等于最低安全使用年限）、正常使用情况下发生的事故由厂家负

责，超过安全使用年限后发生的事故由用户负责。明确各方责任，既有利于保护消费者利益，又有利于及时淘汰老旧电器、促进更新换代需求。

正在制定中的《家用电器安全使用年限细则》拟明确，厂家须标明彩电、冰箱、空调等家用电器的安全使用年限，并给出了各种家用电器安全使用年限的最低行业标准：彩电 8 年到 10 年，空调 8 年到 10 年，洗衣机 8 年，电冰箱 12 年到 16 年，其他小家电各不相同，多在 10 年左右，建议尽快颁布实施。同时，应鼓励企业提出比最低安全使用年限更长的安全使用年限，并明确规定，企业提出的安全使用年限内（必须大于等于最低安全使用年限）、正常使用情况下出现的事故由厂家负责，超过安全使用年限后的事故由用户负责。

（3）设置目标导向的基础性应用研究项目，为企业原始性创新提供支持

基础性应用研究属于"竞争前研究开发"，应用面广、共用性强，通常由政府全部或部分投入，不违反 WTO 规则。我国现有基础性应用研究计划以及各部门主管的应用研究项目，其管理方式与纯基础研究大体相同，即发布指南、接受申报、专家评审、择优立项。对基础性应用研究来说，这种管理方式选题过于分散，缺乏延续性，不可能针对某个专题持续投入，形成重大成果。

建议对基础性应用研究采取目标导向的专项式管理，规定明确的目标和完成时间，同时要提高企业的参与程度。

（4）鼓励企业培育自主品牌

鼓励企业培育自主品牌，可以从加强知识产权保护、提高对自主品牌产品出口的退税率、增加政府采购自主品牌产品入手。

适当加大知识产权保护力度，提高企业培育品牌的动力。我国知识产权法律体系已经较为完备，但体制机制还需要优化，实施力度还需要适当加强。

目前国家对自主品牌出口和贴牌产品出口的退税税率相同，没有明确的政策倾向。直接提高自主品牌出口退税税率不符合国际惯例，建议允许国外营销渠道建设费用、广告费用列入企业总部成本，事实上降低自主品牌产品的税负，鼓励企业使用自主品牌参与国际竞争。

我国《政府采购法》明确规定优先采购国货，但在实际采购中，自主品牌产品并没有得到优待。《WTO 政府采购协议》谈判还将有一段时间，加入该协议前，政府优先采购自主品牌产品并不违反 WTO 规定。另外，政府采购招标不能仅看价格，评标标准要综合考虑价格、质量和知识产权。

（5）中西部地区要加强综合环境建设，承接产能转移

在本轮成本上涨潮中，中西部地区的人力成本、原材料等价格也有一定幅度的上升，对周边国家的优势也被削弱。周边竞争国的主要问题是配套条件差，政策实施效率不高，物流、交通、原材料供应并不完善，工人需要培训。只要改善内地综合经营环境，是可以维持比较优势的，从而吸引产能转移。

提高中西部地区的行政效率，简化办事程序。规划产业区，吸引上下游企业和配套服务企业入驻，形成产业集聚效应。完善生产与服务配套体系，充分发挥产业集群在规模效应、上下游配套和人才集聚上的优势，加强特色区域的建设。减少企业物流成本是吸引产能转移到中西部的关键，否则从内陆到海港的物流成本比减少的其他成本还高，企业就不会向内地发展，将把订单推向周边国家。

（6）制定普惠的鼓励节能的政策，加快资源价格形成机制改革

单纯鼓励需求的政策，容易透支市场需求，虽然能在一段时期内提高销售量，但一旦政策结束，市场需求将大幅下降，造成市场波动。鼓励需求的政策应和节能减排结合起来，制定不限于白色家电、覆盖范围更广的普惠节能政策，对于能效达到一定程度的产品，给予购买补贴。补贴标准应根据行业技术发展而适时提高。

建立反映资源稀缺和环境影响的资源能源价格和税收体系，充分发挥市场配置资源作用，通过市场机制来调整水电等资源能源价格，倒逼白色家电企业开发节能绿色产品。

沈恒超　执笔

第九章

建材行业：向绿色、高端转型

建材行业属于资源能源密集型行业，主要建材产品包括水泥、平板玻璃、建筑卫生陶瓷、石材和墙体材料等。我国建材行业尚处于依靠规模扩张和能源资源要素投入驱动为主的发展阶段，总体上处于产业价值链低端，长期面临着同质化竞争、总量产能过剩的压力。推动建材行业这一传统产业的改造升级，是现阶段提升行业节能减排水平，提高企业经济效益和竞争力的根本出路。本章选择建材行业中产值较大的水泥、平板玻璃行业进行重点研究，探索我国建材行业改造升级的方向、重点，以及促进行业转型升级的政策和措施。

一、我国建材行业发展现状及改造升级的必要性和方向

（一）建材行业发展现状

2012 年，我国建材工业规模以上企业完成主营业务收入 5.3 万亿元，同比增长 13.4%，行业利润 3750 亿元，同比增长 3.5%，增加值同比增长 11.5%，占全国工业增加值的 6.6%。建材行业特点如下。

1. 国有资本仍旧占据一席之地，水泥制造业国有资产占比最大

建材工业从公有制经济逐渐向多种经济形式转变，目前国有资本仍占一定比例。从建材工业经济成分变化来看，改革开放前，建材工业与其他经济部门一样，都是公有制经济——全民所有制和集体所有制，其中全民所有制企业工业总产值比重约占一半。2008 年，国有控股企业在建材工业资产总额中占

21%，主营业务收入中占11%，利税总额占12%。国有资本主要集中在水泥、建筑技术玻璃、水泥制品、玻璃纤维制品和增强塑料、轻质建材、砖瓦及建筑砌块等行业，其中水泥制造业国有控股企业资产总额占整个建材工业国有控股企业资产总额的60%。

水泥行业中，国有企业仍占较大比重。以上市公司数量为例，在2005年至2008年4年间，我国沪深交易所共有21家水泥行业的上市公司，其中，国有控股上市公司16家，占76%；民营控股上市公司5家，占24%[①]。

平板玻璃制造业中，股份制、民营和外资企业已成为行业主体。平板玻璃制造业因建线成本较高，早些年民营资本很少进入该行业，除少量合资企业外，大多为国有企业。当我国平板玻璃行业经过多年发展进入成熟期后，工艺技术、专业人才队伍建设等取得了较大进步，一些民营企业、外资企业纷纷涉足，尤其是1998年之后，纯国有经济逐渐退出，股份制经济、民营经济逐渐进入。进入21世纪以来，特别是"十一五"期间平板玻璃制造业发生了很大变化。从2007年平板玻璃制造业经济构成统计数据看，纯国有经济已经很少，而股份制企业、民营企业和外资（合资）企业发展迅速，已成为行业主体（见表9.1）。

表9.1　　　　平板玻璃制造业经济构成比例（2007年，%）

企业类型	资产总计	主营业务收入	利润总额
国有企业	0.6	0.6	1.1
集体企业	0.2	0.4	0.2
私营企业	16.8	23.1	28.8
股份合作和联合企业	7.8	6.3	7.4
有限责任公司	29.1	29.3	15.0
股份制公司	9.1	8.3	2.4
港澳台和外资企业	36.3	31.9	45.1

资料来源：刘志海："我国平板玻璃的行业特点分析"，《中国建材》，2009年第8期。

2. 水泥和平板玻璃产量多年居世界首位，目前均占世界产量一半以上

2012年，我国水泥产量21.8亿吨，同比增长7.4%，产量占世界水泥总

---

① 顾斌，尹自鑫："水泥行业上市民企与国企3年经营指标比较"，凤凰网财经，2010年1月12日。

产量比重达 63%，自 1985 年起连续 20 多年保持世界产量第一。2012 年，规模以上水泥企业销售收入 8833 亿元，同比增长 0.06%，行业利润为 657.4 亿元，同比下降 32.8%。

2012 年，我国平板玻璃产量 7.14 亿重量箱，同比下降 3.2%，占世界平板玻璃产量一半以上，自 1989 年起我国成为世界平板玻璃第一生产大国。我国是全球最大的玻璃消费市场，2009 年约占全球浮法玻璃需求量的 50%，同年浮法玻璃出口量超过全球总出口量的 50%。2010 年，我国建筑、装饰、汽车、家电、能源等五大行业消费（用于加工和初加工及原片）的平板玻璃需求总量约为 6.185 亿重量箱，占平板玻璃总产量的 98%。

3. 产业集中度处于上升过程中

水泥产业集中度处于不断上升过程中，目前集中度仍较低。我国水泥产业集中度不断提高，2001～2009 年，前 10 家水泥企业产业集中度从 5.8% 提高到 22.6%（见图 9.1）。2010 年，我国有水泥企业 4000 家以上，前 10 家企业产量 4.7 亿吨，占全国水泥产量的 25%。2008 年金融危机爆发之后，许多民营水泥企业撤离了这个传统的行业，水泥行业开始大规模兼并重组。在三年时间内，中国建材集团下属南方水泥有限公司在没有大的行政干预下，重组了 146 家水泥公司，产能超过 1 亿吨。

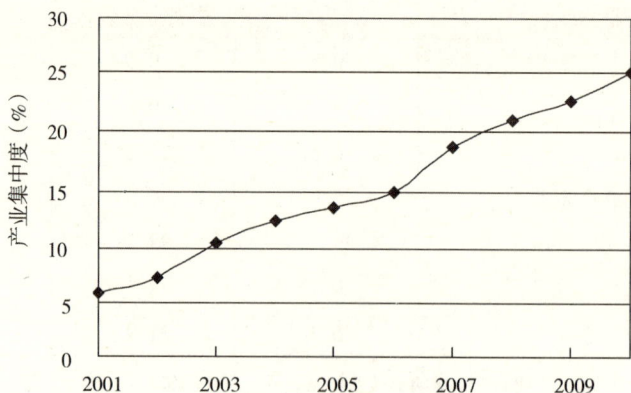

图 9.1　前 10 家水泥企业产业集中度

资料来源：高智："水泥工业'十二五'发展思路"，中国建筑材料工业规划研究院，2010 年 6 月 14 日。

近年来随着大型平板玻璃企业集团生产能力的扩张，平板玻璃行业成为建材工业中产业集中度较高的行业。平板玻璃制造业集中度比水泥行业稍高。

2010 年，我国浮法玻璃企业总量 59 家，共拥有生产线 238 条，日产能规模 12.4 万吨。前 10 家平板玻璃企业的产量达 31066 万重量箱，占总产量的 49.3%，产能占 57%。

4. 产业出现向中西部转移的趋势，生产向消费市场靠近

建材产品属于大宗商品，为降低运输成本，大型建材企业大都布局在河流、铁路等运输通道周边。水泥厂建设特点之一是厂区建在石灰石矿山附近，采用各种运输方式将产品与市场衔接。由于水运价格比铁路便宜，水路运输较陆路运输有较大优势，水泥铁路运输的合理半径为 500 公里左右，水路运输在 1000 公里以上，公路一般在 200～300 公里。因此，我国水泥企业主要在长江、西江等沿岸有丰富的石灰石资源同时下游又有巨大的水泥市场建设水泥厂，通过廉价水运输送产品到市场。另外，为扩大销售半径，一些企业在靠近石灰石矿山地区建设熟料基地，出售商品熟料，在市场附近建设水泥粉磨站，利用当地混合材制成水泥就近销售。

随着经济发展的加速，中西部地区对建材产品需求相应增长，建材产业出现向中西部转移的趋势，尤以水泥行业更加明显。改革开放初期，建材工业生产按地区生产力发展水平均衡布局。进入 21 世纪以来，随着中西部地区经济的快速发展，水泥工业已显现向中西部地区转移趋势，2007 年东部地区水泥产量比重比 2004 年降低了 7%。2010 年，分地区水泥产量增速呈现出西高东低、中部居中的发展态势。增速排序依次为：西南地区 35.31%、西北地区 25.23%、东北地区 15.31%、华南地区 13.90%、华北地区 12.41%、华东地区 7.41%。1978 年，东中西部各占全国平板玻璃总产量的 64.12%、27.91% 和 7.97%；2007 年，西部地区平板玻璃产量比重上升到 13.04%，中部和东部各占 18.89%、68.07%。

近年来，由于资源（特别是燃料）市场的制约因素不断增强，为了降低成本和提高总体竞争力，一些企业贴近消费市场，靠近原燃材料供应地建线，特别是珠三角、长三角、环渤海及西南地区新建生产线较多。近年来在西部地区新投产的浮法玻璃生产线贴近销售市场，占据了地域优势。

5. 受下游产业发展影响明显，需求呈现向高端升级趋势

建材行业是国民经济建设的基础材料工业，与全社会固定资产投资规模、国家基础设施建设和房地产行业等紧密相关，受经济波动影响明显。建材行业

上游产业包括矿产资源和能源产业，下游产业主要包括建筑、交通等。水泥行业下游需求主要是：新农村及城镇化建设、基础设施建设、工业及房地产投资，基本比例为3∶3∶4。平板玻璃行业的下游市场大致有建筑业、家居产品业（包括建筑装饰、家电、灯具、家具、厨具以及餐具等）、汽车及其他车辆业、电子业、新型能源业等。在经济高速增长期，下游产业带动作用明显，建材产品需求上升。

近年来，建材产品消费呈现向高端升级的趋势。以平板玻璃为例，2004～2008年，建筑业平板玻璃消费量占比呈下降趋势，而家居和汽车产业平板玻璃消费量占比保持上升趋势（见表9.2）。在国家四万亿投资的拉动下，建筑业平板玻璃消费量占比出现大幅上升。2010年，我国平板玻璃消费量为58945万重量箱，其中建筑业使用平板玻璃43200万重量箱，约占平板玻璃总消费量的73.29%，如果再加上与建筑业相关的家居产品等，大约占总消费量的86.14%；汽车及其他车辆使用平板玻璃4672.02万重量箱，约占总消费量的7.93%；其他行业（包括电子行业等）使用平板玻璃3446.79万重量箱，约占总消费量的5.85%。

表9.2　　　　　　　我国平板玻璃消费情况（2004～2010年,%）

年份	建筑业	家居产业	汽车及其他车辆	其他	中间库存
2004	72.3	14.7	6.9	2.8	3.3
2005	74.9	15.4	6.9	2.8	0
2006	71.9	15.6	7.3	4.2	1.0
2007	65.9	15.8	8.4	4.2	5.7
2008	61.7	15.9	8.4	4.3	9.7
2010	73.3	12.8	7.9	5.8	0.2

资料来源：刘志海："我国平板玻璃的行业特点分析"，《中国建材》，2009年第8期；刘志海，吴楠："'十一五'我国平板玻璃工业成绩斐然"，中国玻璃网，2011年5月20日。

（二）行业竞争优势

我国建材行业快速发展，主要具有以下竞争优势。

1. 生产技术和装备水平接近或达到世界先进水平

我国水泥生产技术水平已接近或达到世界先进水平，新型干法已成为水泥生产方式的主体。新型干法水泥在预分解窑节能煅烧工艺、大型原料均化、节能粉磨、自动控制和环境保护等方面，从设计、装备制造到工程建设整体都接近或达到了世界先进水平，并实现了大型成套技术装备的出口。水泥行业余热利用技术得到普遍认可和推广应用，到2010年底，全国累计约有700条水泥生产线建成余热发电站，总装机容量达到4800兆瓦。水泥行业已基本掌握了利用水泥窑无害化处置工业废弃物的关键技术。利用水泥窑协同处置工业废弃物、危险废弃物、城市生活垃圾、污泥等综合利用工程陆续启动。

采用中国浮法玻璃技术建设的生产线，技术装备已达到国际先进水平。通过一系列科技攻关，以及对各关键技术进行系统集成和工程转化，我国形成了具有自主知识产权并全面达到国际先进水平的新一代中国浮法玻璃技术。拥有自主知识产权的中国洛阳浮法玻璃技术在生产线的建设周期、投资规模、技术经济指标等各方面都有较强的竞争力。目前全国208条浮法玻璃生产线中，接近90%都采用了自己的技术，而且比原有技术有极大的提升。超白压延和超白浮法玻璃、薄膜电池用TCO导电膜玻璃、TFT－LCD玻璃基板、高硼硅板玻璃等新产品生产技术装备已经或正在投入产业化；节能减排技术创新及推广有突破性进展，特别是玻璃窑余热发电技术已进入工业化应用阶段，已运营和在建的发电站10座，全氧燃烧技术正在准备投入工业化应用。

2. 国内市场需求量大，且需求量稳步增长

我国目前处于工业化中后期阶段，经济发展速度快，正处于基本建设的高峰期，建材产品的需求量仍将保持不断增长。水泥、平板玻璃等建材产品的需求量一直处于增长状态，为建材行业的快速发展奠定了坚实基础。未来10～15年我国经济仍将持续快速增长，城镇化将持续快速推进，带动房地产及基础设施建设，进而带动建材产品需求。

3. 生产成本较低

我国建材工业劳动力成本低，环保要求低，从而产品生产成本较低。

我国企业承包海外水泥厂工程，与外国企业相比，其造价降低25%～35%，工期缩短20%～30%，具有很强竞争力。目前，我国水泥工程建设企业已经在世界水泥工程建设市场占领先地位。2009年，我国水泥工程服务业的龙头企业中材国际公司国际市场份额达36%（不包括中国市场），居世界首位。

2007年之前，我国平板玻璃出口大幅增长，2008年之后，受国际金融危

机影响，出口有所下降。但是多年来，我国在世界玻璃市场上已建立了一定基础，产品已覆盖100多个国家和地区，我国平板玻璃整体平均价格只有发达国家市场价格的1/2左右，有明显的价格优势，为此我国仍会保持出口大国的地位。

（三）改造升级的必要性和动力

我国建材行业尚处于依靠规模扩张和能源资源要素投入驱动为主的发展阶段，使我国建材行业以巨大的资源能源消耗和环境破坏为代价，却没有创造出应有的价值，总体处于全球产业链分工低端。随着我国能源资源和环境容量制约的加大，要素成本不断上升，以及低碳经济、绿色复苏成为世界经济发展新主题等内外部双重压力下，建材产业现行发展模式不可持续，加快产业转型升级的需求非常迫切。

1. 行业资源能源消耗高，温室气体和污染物排放量大

水泥是高能耗产业，还消耗大量的石灰石、黏土、石膏等矿产资源。2009年，我国水泥生产总能耗总计1.8亿吨标准煤，占全国能源消耗总量30.66亿吨标准煤的5.9%；排放二氧化碳总量约10亿吨，约占全国排放总量的13%，粉（烟）尘等颗粒物排放量约占全国工业排放总量的30%左右，另还排放数百万吨二氧化硫和氮氧化物，对环境产生了严重影响和损害。而2010年，我国水泥工业产值仅占GDP的1.86%。

平板玻璃总体上产品能耗和污染物排放水平与国际先进水平相比仍有很大差距，大多数企业未采取或未系统化采取污染物治理措施。2009年，我国平板玻璃单位产品综合能耗为17.64千克标准煤/重量箱，比国际先进水平浮法玻璃单耗14.70kg标准煤/重量箱高20%，单位产品二氧化碳排放量45.3千克/重量箱[①]，行业总计能耗为1020万吨标准煤，二氧化碳排放量2618万吨。据中国建筑玻璃与工业玻璃协会2010年调查，只有10余家浮法玻璃生产企业安装了脱硫除尘等窑炉烟气治理设施，绝大部分企业未对大气污染物排放进行有效治理。

---

① 郝梅平："平板玻璃工业'十二五'发展思路"，《21世纪建筑材料》，2010年第2卷第4期。

2. 面临资源获取成本、劳动力成本上升的双重压力

我国建材产品的价格竞争优势，相当一部分是建立在我国电力等能源实行政府管制价格、环境治理成本也未完全计入生产成本的基础上，这种竞争优势不具有可持续性。矿产资源、能源、人力资源等资源要素成本上升已是大势所趋，主要依靠低成本、低价格的竞争模式已失去优势，同时这也是调整产业结构、提高创新能力的机遇。

水泥、平板玻璃行业属于典型的资源、能源消耗型产业，原燃材料价格不断上涨，致使生产成本上升，利润空间下降。水泥生产成本主要由煤炭、电力、原料、折旧等构成。一般而言，1 吨熟料需消耗石灰石 1.1 吨，1 吨熟料生产 1.3 吨水泥。整个生产过程中，吨水泥综合能耗为 115～160 公斤标准煤，电耗为 90～120 千瓦时左右。煤、电成本在整个成本中占比较大，一般在 60% 以上。2009 年煤炭成本达 35%，电力成本达 27%，原料成本（石灰石、石膏、矿渣、黏土、铁粉）占 15% 左右，人工和折旧成本在 23% 左右[1]，能源和资源成本占到 77%。平板玻璃行业中，燃料（重油）、纯碱在生产成本中占较大比例，且占比呈上升趋势。2003 年，重油约占平板玻璃生产成本的 35.97%，纯碱约占 25.27%，两项合计占生产成本的 61.24%；到了 2007 年，重油已占总成本的 44.65%，纯碱约占 26.97%，两项合计占生产成本的 71.62%（见表 9.3）。因此，原燃材料价格的变化，将直接影响到企业利润空间的大小。

表 9.3　　　　重油、纯碱价格及在平板玻璃生产成本中的比例

原、燃材料		2003	2004	2005	2006	2007
重油	单价（元/吨）	1683	1820	2147	2921	3126
	占成本比例（%）	36.0	37.5	40.2	42.0	44.6
纯碱	单价（元/吨）	1174	1277	1614	1591	1670
	占成本比例（%）	25.3	25.6	26.8	26.7	27.0
两项合计占成本比例（%）		61.3	63.1	67.0	68.7	71.6

资料来源：刘志海："我国平板玻璃的行业特点分析"，中国建材，2009 年第 8 期。

---

[1]　栾庆帅："水泥行业研究报告"，国民财经研究中心，2011 年 01 月 27 日。

3. 原材料制品等初级产品产能过剩，高端产品市场需求尚未得到满足

我国建材行业初级产品产能过剩，而高端产品仍需依赖进口，属于结构性产能过剩，产业结构调整任务仍较艰巨。建材行业技术和产品发展一直以模仿、追赶发达国家为主。虽然我国水泥产量占全球的一半以上，但我国每年仍需从国外进口部分水泥，约占国内水泥总产量的1%左右。进口的水泥以高标号硅酸盐水泥为主，其中2008年硅酸盐水泥占比达97%，主要是由于国外进口的高标号水泥质量好，价格低。在平板玻璃行业，普通浮法玻璃、功能单一的加工玻璃供大于求，而TCO导电玻璃、高代平板显示器基板玻璃等高技术含量的玻璃仍大量依赖进口。

4. 国际经济环境向低碳经济方向调整，绿色发展成为新趋势

"十二五"期间，国际经济将在调整中恢复增长，全球化大趋势不会变化，低碳经济、绿色复苏成为世界经济发展新主题。节能环保等绿色产业将保持快速发展趋势，这些既是对产业发展提出的更高要求，也是我国企业利用国际资金、技术、人才、市场等资源的机遇，预示我国产品在发展中国家等新兴市场、绿色产品市场有新的发展空间。

（四）行业转型升级方向

作为处于经济社会快速发展中的大国，基础建材产品仍需依靠我国自己生产为主。为适应经济发展形势和环境要求，建材产业需转变粗放发展方式，通过实施节能减排降耗措施，给社会提供节能环保安全的建材产品。

1. 由资源、能源高消耗型向资源、能源节约型转型

推进和实现清洁化生产，提高资源和能源利用率，大力发展节能型建材，绿色产品在市场中得到广泛应用。水泥行业要加快利用工业废弃物、城市垃圾替代原料和燃料生产水泥，节约资源能源，保护环境。虽然我国水泥产业已经成为利废大户，但在利废种类、范围和方式上还有很大的提升余地。在推进平板玻璃行业生产节能减排方面，应调整产业结构、采用先进的综合节能技术和装备，推进原料尾矿的综合利用及矿山的合理化开发，研究复合材料的回收技术，实现节能减排有突破性进展。

2. 由原材料制造向制品业及加工制造业转型

我国居民消费进入快速转型和结构升级期，对"住、行、娱乐"等的要

求提高。这些将为建材产业发展提供广阔的市场空间，也提出更高的要求，在保持大规模供给同时，提高生产工艺和技术装备水平，对产品结构进行升级，发展多功能、高品质产品。

发展加工制品业，主要是指以市场需求为导向，以技术创新和产品设计为支撑，生产具有高附加值并满足多功能要求的精、深加工产品。我国建材产业应由原材料制造业为主向加工制造业为主转型，扭转以低成本、低价格为主的竞争模式。对于水泥行业而言，应该大力发展适合现代建筑业需要的、高品质的水泥深加工产品，提高混凝土在我国的应用比例。平板玻璃行业需延伸产业链，发展材料复合、功能复合的玻璃产品，玻璃产品向高品质、绿色化、多功能、高附加值、高技术含量的加工制品化方向发展，玻璃原片由最终消费品为主向中间产品为主转化，以满足国民经济建设和居民消费升级需求，适应相关产业转型发展的要求。

3. 为建筑业节能提供支撑

作为世界最大的建筑市场，目前我国建筑能耗约占全国总能耗的 30%，是今后节能减排的重点领域之一。我国既有建筑近 400 亿平方米，95% 以上是高能耗建筑；每年新增建筑面积近 20 亿平方米，其中 80% 以上为高能耗建筑；单位建筑面积能耗是发达国家的 2～3 倍以上。建筑节能对于实现我国节能减排的总体目标意义重大。

建材产品的性能直接决定建筑节能的效果，应积极开发满足建筑业发展的建筑节能、绿色建筑和生态城市建设所需的材料和制品。大力发展高强、高性能水泥混凝土及其制品，通过延长建筑物寿命的途径从整体上实现节能、节约资源和保护生态环境，从根本上实现减量化发展。我国平板玻璃产品 80% 左右用于建筑上，与下游领域协同实现绿色发展，最重要的是与建筑行业的协同发展。应大力推进 LOW－E（Low emissivity，低辐射）中空玻璃等节能玻璃的应用，并将玻璃产品节能技术水平提高到新的高度，向主动和智能控制发展，同时推进太阳能利用产品在建筑上的广泛应用。

我国部分领先建材企业已经围绕以上转型升级方向做了大量探索，并取得了成功（见专栏 1、专栏 2）。

| 专栏1 | 水泥企业转型升级的案例 |

作为我国最大的水泥生产企业，安徽海螺集团有限责任公司（以下简称海螺集团）依靠技术创新，在节能环保方面已经有很多成功实践。其主要做法如下。

其一，依靠技术创新，降低产品单位能耗。海螺集团不断发展水泥先进生产技术新型干法，对装备进行持续的技术改造，降低了产品能耗。海螺集团与设计、科研和建设等单位合作，2000年到2002年先后攻克了日产2500吨熟料和日产5000吨熟料新型干法生产线建设低投资难关，使新型干法能大规模推广。之后建成国内第一条日产5000吨新型干法熟料国产化示范线、第一条日产10000吨新型干法熟料线。2008年，海螺集团各水泥企业吨水泥综合能耗比行业平均水平低24%，达到了世界水泥行业的先进水平。

其二，推行余热发电技术，节约能源。1995年，海螺集团开始与日本川崎重工集团合资合作，引进水泥生产线余热发电装置，在消化引进关键技术的基础上，通过自主设计、自行成套、自主研发控制系统，实现了余热发电设备国产化，并推广应用。截至2009年底，推广了104套余热发电装置（海螺集团内部建成31套），规模达到1410兆瓦，年发电量约107亿千瓦时，按照火力发电同口径计算，年节约375万吨标准煤，减排928万吨二氧化碳。

其三，综合利用废弃物，节约资源。海螺集团通过不断研究工业废弃物作为原、辅料生产水泥的技术，除粉煤灰等一般性固体废弃物外，还开发出包括柠檬酸渣、磷石膏、铁矿尾渣、脱硫石膏等工业废弃物系列综合利用技术。2008年，海螺集团各水泥企业消纳粉煤灰、脱硫石膏、铁、铜矿尾渣等工业废渣1100多万吨。海螺集团还研究利用垃圾中的可燃物来替代部分燃料，不可燃成分作为水泥配料，最终成为产品。目前，集团所有水泥熟料基地工厂的生活垃圾均实现了水泥窑焚烧处理。

专栏2	平板玻璃企业转型升级的案例

在建材行业面临转型升级的压力下，随着我国经济发展阶段变化，江苏华尔润集团采取相应的改造措施，升级过程反映了行业的发展趋势。该集团建于1980年，从一个乡镇小企业成长到目前总资产90多亿元的大型企业集团，玻璃产销总量连续12年位于国内同行业之首，其改造升级过程大致可分为四个阶段。

第一阶段：引进先进生产技术和工艺，通过技术改造扩大生产规模

20世纪90年代，我国建材市场处于快速增长阶段，华尔润集团不断应用先进生产技术和工艺来扩大生产规模，降低生产成本，占据了市场领先地位。华尔润集团最初采用国内普遍使用的较为落后的"垂直引上法"生产技术和工艺，产品生产成本高，缺乏市场竞争力。1994年，企业采用世界先进的浮法玻璃生产技术和工艺，在国内同行业中较早地建成了浮法玻璃生产线。1995年，该企业建设第二条浮法玻璃生产线，玻璃生产总量达到600万重量箱，居华东地区之首。1996年，该企业采用进口材料和设备建设第三条浮法玻璃生产线，实现计算机生产全过程控制，彻底淘汰了落后生产工艺，企业的工艺装备水平和产品质量达到国内先进水平，成为国内三大玻璃生产基地之一。华尔润集团三年连续建设三条浮法玻璃生产线，通过以当时国内最快的建设速度、最低的投资成本，在生产规模上占据了领先地位，从而占据了较大的市场份额。在随后的发展过程中，华尔润集团一直重视采用新技术和工艺，在规模、装备和技术上保持领先地位，从而保持市场竞争优势。

第二阶段：调整优化产品结构，提高产品档次和附加值

在平板玻璃生产达到一定规模后，华尔润集团开始探索发展产品深加工，调整优化产品结构，提高产品附加值。从1997年开始，华尔润集团改变了过去仅生产和销售平板玻璃的状况，着手发展玻璃深加工项目。华尔润集团先后开发出了防弹、中空、钢化、镀膜等多个玻璃深加工品种，提高了产品的附加值，拓展了企业的利润空间。1997年玻璃行业市场滑坡，1998年玻璃行业出现全面亏损，市场形势非常严峻，华尔润集团成为行业中少数几个盈利的企业之一。

　　随着玻璃市场竞争的加剧，产品利润逐渐降低，华尔润集团开始提高产品档次，通过生产高附加值产品来提高企业盈利能力。为降低能源消耗，提高企业效益水平，2007 年，集团子公司江门华尔润玻璃有限责任公司当众集中销毁 80 多架符合国家标准的建筑级玻璃①（总价值约 70 多万元），停止生产销售中低档产品，全面进入国内外高端市场，走"高档次、高质量、高深加工比例、高效益"之路。目前，华尔润集团运行的全部生产线都只生产高档优质产品，企业在超白高透产品等领域走在行业前沿。

第三阶段：向产业链上游延伸，提高企业综合竞争力

　　在我国经济不断发展壮大的形势下，资源能源消耗日益增多，原材料和燃料价格开始上涨。面对新的宏观经济形势，华尔润集团在发展玻璃主业的基础上，通过新建、控股、收购等多种方式向制造玻璃最主要的原材料石英砂、纯碱和燃料重油等上游产业延伸，以抵御产品原材料价格上涨的市场风险。2002 年，华尔润集团在浙江长兴建立了年产 100 万吨石英砂的生产基地；2004~2007 年，在江苏淮安、镇江建设了纯碱生产、煤焦油燃料开发、渣油综合利用等玻璃生产配套项目。企业逐渐形成了一个以平板玻璃为主业的产业链和相关产品配套的集团型企业，成功抵御了玻璃生产原材料和燃料价格不断上涨的风险。

第四阶段：加大研发投入力度，实现节能环保

　　随着我国建材行业的发展和技术进步，新阶段很难依靠引进方式获得所需技术，需要企业开展自主研发，提高创新能力。华尔润集团在引进先进技术和装备达到较高技术水平和生产能力后，逐渐加大研发投入力度。企业在新工艺升级、新产品开发、新能源利用、节能减排、循环经济等方面取得了重大突破，其中"大型窑炉逐级澄清技术"获国家科技进步二等奖，"浮法玻璃窑炉烟气余热发电技术的开发与应用"获国家建材行业科技进步二等奖。作为行业领先企业，其开发的大部分技术在行业得到应用，带动了行业的发展。

---

　　① 原国家浮法玻璃标准将玻璃产品分为三个等级：制镜级、汽车级、建筑级。制镜玻璃，主要用于高档深加工单位作制镜、扫描仪等；汽车玻璃，主要为汽车挡风玻璃；建筑玻璃，即建筑用的玻璃，如常用的门窗、建筑使用等。新标准改为按外观质量分为优等品、一等品、合格品 3 个等级。

近年来，节能环保成为行业新的发展方向，华尔润集团开始开发节能环保技术，走可持续发展之路。2006 年以前，我国玻璃行业尚无脱硫设备，华尔润集团通过与国内大专院校和科研院所、环保设备生产企业联合进行技术攻关，先后投入 1. 12 亿元对 9 条生产线进行余热回收发电和脱硫除尘治理，提高了能源利用率，进一步降低废气污染物排放。据统计，改造后的 9 条生产线年余热发电能力共计达到 5000 万千瓦时以上，占到华尔润集团自用电量的 40%，每年产生经济效益 1500 多万元，脱硫系统出口的二氧化硫浓度远远低于国家标准，实现全国玻璃行业中首家全脱硫。在"十一五"期间，华尔润集团作为全国 1008 家重点能耗监控企业，完成了 6 万吨标煤的节能任务，也为环境保护作出了贡献。

二、建材行业转型升级经验和启示
——以水泥、平板玻璃为例

（一）世界水泥、平板玻璃行业转型升级方向

2012 年，世界水泥产量 35 亿吨，中国、印度、美国、日本和俄罗斯居水泥生产量前 5 位。世界平板玻璃的产销量已近 6300 万吨，欧洲、中国和北美对玻璃的需求超过全球的 75%。世界平板玻璃市场中 70% 左右用在建筑上，10% 左右用于汽车玻璃，20% 左右用于家居、家装及其他用途。

世界水泥、平板玻璃行业具有如下发展特点。

1. 水泥、平板玻璃产品差异性较小，产业集中度高

建材产品差异性较小，生产具有规模经济，企业集中度相对较高。例如，水泥产品差异性很小，行业的核心竞争力为成本控制能力和成本转嫁能力。成本控制能力主要体现在生产线规模大小、新工艺占比和余热发电冲减电力成本的比例等三个方面，成本转嫁能力主要体现在区域优势（产品市场占有率和定价能力）上。

当今市场经济比较发达的国家，水泥、平板玻璃行业一般由几家大公司控

制，集中度较高。世界市场前 5 家水泥企业集中度达到 50%，扣除中国后达到 55%，其中在欧洲以及美国这一比例分别为 48% 和 55%，在亚洲菲律宾和泰国高达近 80%。而我国截至 2009 年 10 月前 5 家水泥企业产量占比仅为 17.03%[①]。2011 年 8 月，世界公认的三大水泥评议机构——欧洲水泥统计局、国际水泥评论杂志社（ICR）和世界水泥杂志社（WorldCement）分别发布了 2010 年度世界水泥 6 强的名单，三者的排名完全一致。这三家世界水泥评议机构认为，称得上世界水泥顶尖级的企业集团与 2009 年度相同，2010 年度也只有 6 家，分别为瑞士的 Holcim、法国的 Lafarge、德国的 Heidelberg、墨西哥的 Cemex、意大利的 Italcementi 和 BuzziUnicem。

世界几大玻璃公司生产了世界 66% 的优质浮法玻璃，并供应全球汽车原装备玻璃总量的 3/4。目前，世界 4 家主要玻璃制造公司生产的高品质浮法玻璃占据了全球大部分的市场份额。日本的 NSG 集团和 AGC 集团分别占 16% 和 17%，法国的圣戈班集团占 16%，美国的加迪安工业公司（或称加迪安集团）占 16%，其他玻璃公司为 35%。

2. 单位产品生产能耗低，能源利用效率高

由于水泥行业能耗在建材行业中占比最大，以水泥行业为例进行说明。目前，国际上水泥生产技术指标最高的国家是印度和日本。在能耗方面，2005 年，印度吨水泥综合电耗达到了 82kWh，熟料烧成热耗为 723kCal/kg。1998 ~ 2003 年，日本吨水泥综合电耗一直在 98kWh ~ 100kWh，2004 ~ 2006 年在 100kWh ~ 103kWh；自上世纪 80 年代中后期以来，日本水泥熟料烧成热耗一直低于 770kCal/kg，1998 年之后降至 735kCal/kg 以下。

相比之下，目前我国新型干法水泥能耗水平仍较高。根据我国 177 条新型干法水泥生产线统计结果，平均熟料烧成热耗为 828kCal/kg，比印度高 14.5%，比日本高 12.7%。吨水泥综合电耗平均为 98.31kWh，比印度高 19.9%[②]。

3. 高端产品所占比重较高

发达国家，高标号水泥使用比例相对较高。为提高建筑物品质，日本广泛

---

① 北京首证："海螺水泥：提升行业集中度，改变盈利模式"，《腾讯财经》，2010 年 1 月 19 日。
② 栾庆帅："水泥行业研究报告"，国民财经研究中心，2011 年 1 月 27 日。

应用了高强度混凝土。日本在上世纪90年代以来开始较多地使用C50以上标号的混凝土；2000年以后开始使用C100以上标号的高强度混凝土。目前，发达国家水泥熟料的强度一般在70MPa以上，国内水泥熟料的强度一般在55～60MPa之间，而大量立窑水泥熟料的强度在50～55MPa之间。通过探索新的水泥配料方案，增加水泥的强度，可减少资源使用。

发达国家玻璃深加工比例高，且增长速度快。全球深加工玻璃的比例约为55%，美国达到了80%。全球每年深加工玻璃的市场规模超过500亿欧元，加工玻璃的年增长率快于原片玻璃。但我国2008年玻璃深加工比例仅达到30%左右，其年增长率更是远远低于平板玻璃。随着能源日益紧张，应用量越来越大，在发达国家，中空玻璃已成为深加工玻璃中占比例最大的品种。2001年，美国中空玻璃占建筑玻璃用量的50%～55%，2007年则占到80%。在过去5年里，Low－E镀膜中空玻璃已成为西欧和北美的主流产品，西欧约80%的中空玻璃使用Low－E镀膜玻璃，美国有近75%的住宅和1/3的公共建筑使用Low－E镀膜中空玻璃。与这些国家和地区比较，我国中空玻璃的平均使用率还很低，仅在新建城市公共建筑上达到了80%的比例。

4. 增加替代燃料、材料的使用，降低对能源资源的依赖

水泥工业利用工业废弃物、垃圾生产水泥，节约能源资源。从20世纪90年代中期到2006年，水泥产业替代燃料供热占熟料总热耗的比例，西欧、北欧国家从约15%上升到40%～50%（荷兰达80%，居首位），美国从5%上升到15%，2010年西欧诸国达70%～90%，美国达30%。2007年，日本水泥产业替代燃料按熟料平均热耗计的燃煤替代率约30%。

（二）促进产业转型升级的做法

在发达的市场经济国家，淘汰落后产能、促进产业转型升级的主要做法如下。

1. 市场机制是淘汰落后产能的基本做法

发达国家淘汰落后产能主要依靠市场机制，而市场机制有效发挥作用的前提是正确的价格信号。发达国家的市场经济体制比较完善，能够及时将不具有竞争力的落后产能淘汰出局。以美国为代表的发达国家实行的是政府干预程度低、经济活动自由度比较大的自由市场经济模式。这些国家的市场经

济比较发达、制度比较完善，存在较少的价格扭曲，能源成本、环境成本、社会成本能够充分反映到企业的生产成本中，因此落后产能就基本等同于成本高或质量差，技术水平落后的企业缺乏竞争力，在市场竞争中自然难以生存。

2. 采用标准、节能减排管制、税收等市场手段加快产业升级速度

由于市场失灵的存在，发达国家在发挥市场作用的同时，也并不排斥采取管制、税收等政府干预手段对落后产能加以改造和淘汰，特别是在应对全球气候变暖和提高能源效率方面，政府更是发挥着积极的作用。虽然对产业发展有较多的直接干预，但是政府主要是通过市场手段解决产能过剩与落后产能问题，产业政策的应用限定在市场失败的领域。

发达国家提高工业领域能效的政策采取了强制与激励相结合的做法，措施主要包括：管制和标准、财政政策、协议和目标等。其中：①管制和标准是提高能效的强制性政策，规定了相关产品、设备、系统等的最低能效强制性标准。美国1980年开始实施强制性能效标识制度，1992年开始实施自愿性节能认证"能源之星"，美国采购法以及几个总统令都规定政府必须采购"能源之星"认证产品；欧盟也为广泛产品建立了最低能源效率和环境标准。由于市场本身不能实现最有效率产品的销售，因此只有采用标准这一强制性措施才能确保至少效率最低的产品从市场上消失，管制和标准也因此成为世界各国提高能效的首选工具。②财政政策，包括强制性的税收、税收减免、投资赋税优惠以及为促进能效提高建立的投资银行放贷标准，这些税收优惠政策有利于激励企业实现对最低标准的超越。美国《2005年能源法案》对安装特定节能技术产品实施20亿美元税收激励；日本对使用列入目录的111种节能设备实行特别折旧和税收减免优惠，减免的税收约占设备购置成本的7%；法国对工业领域能源效率技术投资第一年实施加速折旧制度，并少征商业税，对节能进行投资的公司在节能设备使用和租赁中的盈利免税。为了鼓励企业改善能效水平、降低温室气体排放，气候变化税、碳基金、排放交易计划等政策也被越来越多地采用。此外，为达到特定能效目标的节能自愿协议也广泛地应用于工业领域。

三、我国建材行业改造升级政策及存在问题

（一）改造升级的政策和做法

我国相关政府主管部门在推动建材行业改造升级方面出台了大量的产业政策，主要做法如下。

1. 设立行业准入条件，采取行政审批措施控制新（扩）建产能

为了控制水泥、玻璃等建材产品产能过快增长，相关部门出台了严格的行业准入条件和管制规定。2007年，发展改革委出台了《平板玻璃行业准入条件》，从规模、地区布局、工艺和技术装备参数、产品品种和质量、能耗等方面严格控制新建和改扩建平板玻璃项目。2010年11月，工业和信息化部发布《水泥行业准入条件》，从2011年1月1日起实施，从区域、生产线规模、行业从业经历、能耗、环保、资源保证等方面控制水泥行业准入。2011年5月3日，工业和信息化部印发了《关于抑制平板玻璃产能过快增长引导产业健康发展》的通知，新上平板玻璃建设项目必须经国家主管部门核准。

2. 下达淘汰落后产能、兼并重组的行政任务

国发〔2009〕38号文和国发〔2010〕7号文件关于淘汰落后产能工作要求，三年内彻底淘汰不符合产业政策和环保、能耗、质量、安全要求的落后产能，并购重组落后企业，做大做强，推进结构调整、提高产业集中度。重点是水泥、平板玻璃行业。中央政府与地方政府就淘汰落后产能的具体指标签订责任书，并公布淘汰企业生产线名单。

3. 鼓励支持节能减排技术改造

根据节能减排和结构调整形势需求，2009年国家技术改造专项资金中安排了一批重点支持的技改项目。2010年，国家技术改造专项资金安排支持建材行业上大压小、余热发电和处理利用废弃物、垃圾等，以及发展深加工、开发新材料新品种等有利于技术进步、产业升级、结构调整的技术改造项目。利用玻璃熔窑的废气余热建设余热发电项目，可以获得国家财政的节能减排专项资金支持，东部地区节能技术改造项目根据节能量按200元/吨标煤奖励，中

西部地区按 250 元/吨标煤奖励。

4. 推进标准和质量管理工作

"十一五"期间，我国修订和出台了一批促进水泥、平板玻璃工业健康、持续发展的国家标准和行业标准，主要包括工厂设计标准、生产标准、产品标准及产品应用标准等。

2010 年 3 月 1 日开始实施平板玻璃国家新标准，2011 年 1 月 1 日实施新的《水泥企业质量管理规程》。《水泥单位产品能源消耗限额》（GB16780 – 2007）修订后，将水泥单位产品能耗限额标准规定了 3 类能耗限额指标，包括现有企业单位产品能耗限额限定值，新建企业单位产品能耗限额准入值和企业单位产品能耗限额先进值。其中，现有企业能耗限额限定值指标和新建企业能耗限额准入值指标是强制性要求，单位产品能耗限额先进值指标是推荐性要求。《平板玻璃单位产品能源消耗限额》（GB21340 – 2008）对现有生产企业能耗限额限定值规定的最低标准是：熔窑类别≤300t/d，单位产品综合能耗≤20.5kgce/重量箱，熔窑热耗≤8200kJ/kg；新建企业能耗限额准入值是：熔窑类别≥500t/d，单位产品综合能耗≤16.5kgce/重量箱，熔窑热耗≤6500kJ/kg。2011 年 4 月，环保部发布了《平板玻璃工业大气污染物排放标准》，于 2011 年 10 月 1 日起实施，平板玻璃制造企业大气污染物排放控制按该标准规定执行。

（二）存在的主要问题

我国建材行业转型升级过程中，主要面临着如下问题。

1. 受要素价格扭曲和财政体制制约，市场淘汰落后产能的能力较弱

我国相对较低的劳动力价格、土地价格、资源价格、资金价格不能完全反映其真正的价值和社会成本，在没有支付资源和环境等社会成本的情况下，落后产能仍有较大的利润空间，落后产能企业也没有动力和压力改造技术和更新设备，更不会主动退出市场。

我国中央与地方财政分权的财政体制虽然能够调动地方发展经济的积极性，但是也成为阻碍淘汰落后产能的重要制约因素。企业数量的多少、产值的大小是地方政府财政收入的保证，淘汰落后产能对地方政府而言减少了 GDP 和财政收入，并且对就业、居民收入等方面都会产生不利影响。作为落后产能

的既得利益者，地方政府存在着默许甚至支持落后产能企业的倾向。因此，淘汰落后产能还需要对当前的财政体制和官员的考核机制进行改革，理顺中央和地方的财权和事权，改变地方经济发展中的唯 GDP 论。

2. 行政计划手段推动较多，市场化手段引导较少

目前，我国引导产业转型升级的产业政策主要通过行政手段推动，力图通过严格的项目审批来防止盲目投资和重复建设，效果并不明显。由于我国存在市场失灵，在农村地区和欠发达地区廉价产品反而具有更强的竞争力，这就使得落后产能仍然有较大的市场空间，甚至其竞争力要超过先进的产能。在这种情况下，政府必须采取强制性手段迫使落后产能淘汰出局。但是，强制性淘汰落后的标准要避免"唯规模论"，因为规模大并不意味着技术水平高，反之，规模小也并不意味着技术水平落后。应将能耗、水耗、污染物排放、安全性等作为淘汰落后产能的主要指标，而设备规模应结合各具体产业、具体工艺的特点加以确定。

3. 市场监管和环境监管执行不到位

公平竞争的市场环境和严格的环境监管对于引导企业通过创新实现转型升级非常重要。然而，水泥、平板玻璃行业均存在各地产业政策、法规标准执行不到位的现象。例如平板玻璃行业，尽管有关部门严格控制新建项目，以缓解行业产能过剩的压力，但各地对新建项目的准入执行力度不同。近几年新投产的部分项目中，存在着不少不符合产业政策的低水平重复建设项目。据企业反映，2010 年，工业和信息化部仅核准了 3 条平板玻璃生产线，但实际上各地共新建了 30 多条生产线。在污染排放控制程度、产品标准等方面，受地方保护主义影响，各地执行国家标准的程度也不一致，导致不正当的市场竞争。

4. 促进企业节能减排的税收体系、激励机制尚不完善

我国尚无专门的环境税，资源税征收范围小、税率低，不能完全发挥促进环境保护和资源能源节约利用的作用。现有的资源税着眼于调节级差收入，税额高低主要取决于资源的开采条件，与对资源开采地的环境影响并无直接联系，更没有全面考虑对资源开发地区环境的植被恢复、环境保护成本。

从企业所得税来看，与节能减排相关的税收优惠面较窄，规定不合理，对节能减排的作用十分有限。2009 年 12 月，财政部、税务总局、发展改革委发布了《关于公布环境保护节能节水项目企业所得税优惠目录（试行）的通

知》，目录中与建材行业有关的节能减排技术改造项目，要求"经省级节能节水主管部门验收，工业锅炉、工业窑炉技术改造和电机系统节能、能量系统优化技术改造项目年节能量折算后不小于1000吨标准煤"。该规定要求较高，且未将新建项目列入支持范围。

财政激励政策关于环境保护、节能减排的相关规定还处于初期的探索阶段，同样存在规定范围较窄、内容不够全面的情况。例如财政部、发展改革委2007年8月10日财建〔2007〕371号出台的《节能技术改造财政奖励资金管理暂行办法》规定，节能量达到1万吨标准煤以上的节能改造项目才可获得中央财政的奖励，每节约1吨标准煤将获200~250元奖励。此项政策虽然鼓励了企业投资改造老生产线，而对新线建设同时上余热发电项目并没有支持和奖励，不能体现对余热发电的整体技术支持。

5. 与节能环保标准相应的工艺技术开发和装备研制滞后

在国家节能环保标准的引导下，企业积极采用相关技术，引进环保设备。但是，国内相应的工艺技术和配套设备难以达到环保标准的要求，企业只得自行或委托其他机构研制，给企业执行环保标准带来了困难。例如，为了提高生产环保水平，平板玻璃生产企业华尔润集团曾经委托广东某研究所开发电除尘设备，按650万元/套的价格订购了4套，安装2套后，除尘效果达不到国家标准的要求，只好再投入100多万元拆除装置重新开发。

四、促进建材行业改造升级的建议

我国建材行业已经进入转型升级的重要时期，推动产业转型升级，必须为企业改造升级建立相应的动力机制。根据新阶段产业发展的特点推动企业改造升级，对于促进我国建材行业转型升级具有重要意义。

1. 深化要素市场改革

我国市场经济体系不完善导致市场机制在促进产业转型升级中发挥的作用受限，仍需推进市场化改革。促进建材行业转型升级最重要的方面是深化要素市场的改革，特别是要理顺资源、环境等要素的价格，使资源、环境等外部性成本能够进入企业的成本函数，使落后产能无利可图。通过要素市场化改革，建立起淘汰落后产能的最基本、最有力和最长效的机制。

2. 取消规模控制，加强环保、能耗、质量等标准控制

我国淘汰落后产能的政策措施过于强调行政手段的作用，较少采用市场经济手段优化配置资源。为更好的优化配置资源，我国应逐步转向通过市场化手段推进产业升级。一方面应取消以规模、地区布局、技术装备参数等作为市场准入条件的控制方式，以环保、能耗、产品质量等标准对生产过程进行考核，推动企业在市场竞争中通过创新实现升级，另一方面以税收、补贴等激励政策鼓励企业不断提高节能环保水平。

3. 严格市场监管和环境监管，引导企业通过创新向产业价值链高端升级

为实现我国产业的转型升级，需要创造公平竞争的市场环境，通过市场引导使企业通过创新向产业价值链高端升级。

在推进建材产业发展过程中，须严格市场监管和环境监管。除了在行业准入方面严格监管外，更应注重生产过程监管。环保法规、产品技术标准、安全卫生法规、能耗标准等都是政府推进技术进步的有效措施。目前，国家出台的一些政策法规和标准在地方执行不到位，一些企业不顾环境、产品技术标准进行"低成本生产"，占领市场，造成对认真执行政策法规企业的打击，延缓了产业转型升级的步伐。相关部门需加大市场监管和环境监管力度，采取必要政策措施规范企业行为，推动政策法规和标准执行到位。

4. 建立合作创新机制，组织行业节能环保等共性、关键技术研发和扩散

在国家的大力推动下，建材企业开始认识到节能环保的重要性，并积极提高节能环保水平。由于节能环保技术通常是涉及跨行业、跨学科的共性技术，研发投入大，单一企业开发难度大，周期长，目前相关技术和装备仍难以满足需求，使得节能减排的效果不明显。例如，能够提高玻璃行业节能环保水平的低温脱氮技术目前仍有待攻克。建议相关部门对节能环保等一些关系行业发展的共性、关键技术问题组织行业联合攻关，建立合作研究机制，完善分工协作体系，通过建立公共技术开发平台等形式，由相关企业共同投入资金和研究力量集中开发，开发成功后在行业内推广应用，加快产业共性、关键技术的开发和产业化。

戴建军　执笔

参考文献

［1］张人为. 我国建材行业 30 年的巨大变化. 建材发展导向，2009（1）

［2］徐美君. 世界平板玻璃市场发展望. 中国建材报，2011 – 05 – 09

［3］郝梅平. 平板玻璃工业"十二五"发展思路. 21 世纪建筑材料，2010（4）

［4］吕铁，李晓华，贺俊. 发达国家淘汰落后产能的做法与启示. 水泥商情网，2010 – 01 – 20

［5］刘志海，吴楠. "十一五"我国平板玻璃工业成绩斐然. 中国玻璃网，2011 – 05 – 20

第十章

纺织工业：创新集中在制造环节

    纺织业是我国国民经济的传统支柱产业，又是重要的民生产业，在吸纳就业、增加农民收入方面发挥着重要作用。国际金融危机爆发后，纺织业出口增长率大幅下滑，许多企业陷入亏损。但也有不少企业在危机中仍有所发展壮大，它们有一个共同点：持续不断地创新。本报告通过对行业情况和典型企业的研究，提出如何依靠创新促进纺织工业转变增长方式，需要哪些政策支持。

    纺织工业是指将自然纤维和人造纤维原料加工成各种纱、丝、绳、织物及其染整制品的工业部门。本报告的研究以"纺"和"织"为重点，原料生产、印染、纺机制造等相关行业不作详细分析。从产业链看，本报告主要研究纺织工业的生产环节，上流原料、下流销售和再加工会涉及，但不深究。

一、国际纺织工业发展趋势

    国际纺织工业的发展趋势是，发达国家和地区逐步退出中低端产品生产领域，它们通过创意设计、品牌经营、高技术产品开发、纺织技术和设备研发等创新活动，努力扩大中高端产品市场份额；中低端产品产能向发展中国家转移，尤其是亚洲国家。

（一）发达国家和地区逐步退出中低端市场，扩大中高端市场份额

    在过去的十年里，欧、美、日等发达国家和地区逐步退出了常规纺织品的

初加工领域，它们利用资金和技术优势，专攻技术含量高、附加值高的中高端产品，并凭借品牌经营和营销渠道，继续占领国际纺织品中高端市场。2000年以来，发达国家和地区生产的高科技纺织品的市场份额增长了一倍多。

美国纺织工业面对亚洲产品的冲击，规模在不断萎缩，但仍具有非凡的实力。2006年从业人员约为35.7万，出口超过165亿美元。纺织企业正越来越多地依靠创新生存，停止生产传统产品，转而生产利润较高的中高档产品，所开发的新产品都具有一个共同点，即改进了性能，如更好的防皱性、弹性、舒适性、可洗涤性、吸湿透气性、防虫、防沾污、抗菌防臭等。另一方面，纺织企业通过不断降低生产成本来提高产品的市场竞争力，主要方式是采用更高效的设备、改进生产工艺，降低劳动力成本，借此提高生产效率。2001～2006年，全国新厂房设备投资超过90亿美元。联邦政府支持纺织产品开发和新生产技术研发，例如据美国商务部估计，美国国家纺织中心2005年投入上亿美元，支持8所纺织大学合作开发新产品和新工艺。

西欧一直是一个相对封闭的市场，内部纺织品贸易的比重高达70%。目前，西欧纺织产品的世界市场占有率逾8.3%，拥有12万家纺织服装企业、200万纺织大军，在毛纺和转杯纺方面保留了较大的生产能力，还拥有大量纺织品研究机构，如纺织研究院、纺织大学。在过去15年中，面对来自第三世界国家的激烈竞争，西欧纺织工业对自身的产品布局作过多次调整，调整方向是强调技术创新，通过技术开发进行合理化战略布局，提高竞争力，拓展新的市场领域。西欧纺织工业的关注重点是如何促进产品的升级换代而不是提高规模，同时也将中等发达国家作为纺织品目标市场，向发展中国家输出技术和资金。

德国约有1100家纺织企业，大多数是中小企业，从业人员约10万，年营业额约230亿欧元。主要产品为丝、棉、化纤、毛料、工业用无纺布、家纺产品和最新发展的多功能纺织品。尽管在诸如家纺产品等大规模商品领域的市场份额在萎缩，但在高科技织物领域，德国纺织企业拥有较强的市场竞争力，是防火服材料、飞机和轮船制造业所需的材料、运动服材料、防辐射材料等高科技纺织品领域的领头羊。产业用纺织品占纺织品总量的比重已超过40%，在环境和医疗纺织品领域保持着领先地位。科技投入占销售收入的比例，部分纺织企业能达到5%～7%，而且还有不断加大的趋势。通过产品结构调整和技术创新，德国纺织工业不仅没有受到亚洲纺织品的冲击，相反，亚洲国家已经成为德国高科技纺织品的重要消费者。

法国的纺织品生产在欧盟国家中排名第三，位列意大利和德国之后。法国纺织工业约有1000余家企业（2005年1010家），其中97%为20人以上的中小企业，从业人员约9万。主要产品有服装面料、家具面料、家用纺织品和高科技纺织品，产品档次较高。纺织工业规模正在萎缩，表现在营业额逐年下降，2000年为160亿欧元，2005年为138亿欧元。

日本曾经是纺织品出口大国，1980年仍然是世界上最大的纺织品出口国（占世界纺织品出口的9.3%）。1985年日元大幅升值严重打击了纺织品出口，再加上我国纺织业兴起，日本1986年转变为纺织品净进口国。纺织品进口数量占市场比例1997年为55%，2002年达到70%。自亚洲进口的纺织品总体上为廉价产品，而较高质量的产品则来自欧洲。近10年来，日本纺织企业数量与从业人员数量减少了40%~50%。面对中低档产品无法与进口产品竞争的形势，日本纺织工业及时调整发展方向，主攻本土品牌和高端产品，如高难燃性防火纤维、纵向纤维无纺布、传感器功能面料、丝绸风格的超细纤维织物等，在高端纺织品领域占据越来越重要的位置。

（二）发达国家和地区纺织工业的创新活动主要集中在高技术产品开发、纺织技术及设备研发、创意设计和品牌培育等方面

发展中高端产品市场，要求企业具有灵活性和快速响应能力，对企业创新有较高的要求。发达国家和地区的纺织企业注重开发高技术产品，创造新的商机，如新型光滑超细纤维内衣面料、可增加肌肉力量并提高灵活性的运动服装面料，都实现了开辟新市场的目标。特别需要注意的是，发达国家和地区的纺织产品中，产业用产品的比例正在提升，目前已占1/3左右。

纺织技术及设备的发展方向是过程计算机化、纺织机械机电一体化、织造技术复合化、染整技术绿色化。从采集市场信息到产品花型设计、颜色/结构设计，从纺纱、织布、印染等生产领域到管理领域，整个纺织工业都在增加应用计算机，依靠计算机提高生产效率。纺织机械普遍应用电子技术，而且应用范围不断扩大，水平不断提高，以此来达到高速高产、优质高效的目标，例如国外几乎所有提花机和大圆机都安装了电子提花装置，采用纹版CAD系统来

试制卡盘。近年来，化学纤维的复合技术和加工技术、天然纤维之间以及与化学纤维相互混纺交织交并技术、多层织物复合技术层出不穷，如结构复合、黏合复合、涂层等。生态染整技术发展也很快，染化料已具备短流程、无污染等特点，印染已广泛采用无水加工技术、无制版印花技术、低温等离子处理等先进技术。

时尚创意设计和品牌经营是另一种类型的创新，能够显著提高产品附加价值和利润。如 Levi Strauss 公司开发的显瘦型牛仔裤面料，因其高弹性可以使裤型显得平直，使腿形显得瘦长，而且对腹部的赘肉有掩饰作用，同时保持穿着舒适，尽管售价不菲仍获得热销。纺织品国际名牌基本被西欧、美国、日本等国家和地区垄断。品牌培育并非一朝一夕之事，而是需要一个长期积累的过程，知名品牌格局短时间内不会有大的变化。

（三）纺织业中低档产品产能逐步向亚洲转移

在过去的十年里，主要纺织设备投资发生在亚洲，这说明了纺织产能逐步向亚洲转移的趋势。产能转移已经不再局限于传统意义上的代工和贴牌生产，而是扩展到了产品设计、生产、营销等整个产业链。截至 2006 年，仅中国、印度、巴基斯坦、印度尼西亚和孟加拉 5 国的棉纺锭数就占到了世界总量的 70%。2006 年，亚洲地区的纺织品出口占世界的比重为 47.7%，而 2000 年该数据为 43.3%。

相对而言，纺织工业进入壁垒较低，不少发展中国家具备发展的条件。印度、巴基斯坦为代表的亚洲国家凭借劳动力资源丰富且成本低、原料资源丰富、国内市场发展快且潜力巨大、纺织产业基础雄厚等有利条件，正在努力扩大在国际纺织品市场上的份额。其中，印度和巴基斯坦的原料资源和劳动力价格比我国更低，对我国的纺织品国际竞争力有较大的影响，是我国低端纺织产品的重要竞争对手。

印度是世界第二大纺织品生产国，凭借充足廉价的劳动力和丰富的原料资源，发展潜力巨大，国际舆论普遍认为是中国的主要竞争对手。纺织工业是印度的支柱产业，产值占全国工业总产值的比重约为 14%，纺织品出口占出口总值的比重约为 37%，从业人员约为 1500 万。纺织工业门类较齐全，包括棉纺织、化纤、黄麻、丝绸、毛纺等，既有属于农业经济时代的手工纺纱和织造，也有资金和技术密集程度较高的现代化纺织企业。现代化纺织企业方面，截至2007年1月共有1818家纺织工厂，3537万纱锭，6.9万台织机；分散经营的小型纺织企业方面，截至2006年8月共有织机195.44万台，雇佣员工486万人，其面料产量占全国总产量的62%。纺织工业中的优强企业的国际化经营能力、产品创新和开发能力、融入高端国际产业链的能力均较强，例如Vardhman集团有55万纱锭的生产能力，主要生产中高端产品并向欧洲市场出口，与中国同类纺织企业相比，由于其定位国际高端客户，产品售价和利润率都较高。

二、我国纺织工业发展

（一）发展情况

我国是纺织品生产大国，纺织工业是国际竞争优势明显的行业。近年来，纺织业生产能力及产量不断提高，2008年的纱产量和布产量均为2001年的两倍以上，如表10.1所示。2008年受国际金融危机影响，产能扩张速度有所放缓。

表10.1　　　　　　　　　纺织业生产能力及产量

年　度	新增棉纺锭（锭）	新增毛纺锭（锭）	纱产量（万吨）	布产量（亿米）
2001	467720	17201	760.68	290.00
2002	1692153	4580	850.00	322.39
2003	4480113	38014	983.58	353.52
2004	6741370	165788	1291.34	482.10
2005	13786477	163844	1450.54	484.39
2006	17565145	278309	1742.96	598.55
2007	20419912	175120	2068.17	675.26
2008	9816359	352621	2123.33	710.00

资料来源：《中国统计年鉴》。

纺织工业是充分竞争行业，也是劳动密集型行业。2008年纺织企业数量达到33133个，平均每个县（区）超过10个；从业人员652万，是吸纳劳动力最多的行业，如表10.2所示。与此同时，纺织企业产品结构趋同，竞争非常激烈，利润率较低。

表 10.2　　　　　规模以上纺织工业企业数量及从业人数

年　度	企业数（个）	全部从业人员年平均数（万人）
1995	25686	637
2000	10968	327
2001	12069	301
2002	13248	280
2003	14863	499.16
2004	17144	519.16
2005	22569	590.96
2006	25345	615.43
2007	27914	626.26
2008	33133	652.06

说明：2002 年（含）之前，从业人员数为"职工人数"。

资料来源：《中国统计年鉴》。

尽管纺织工业整体利润率较低，但由于其规模巨大，仍创造了大量的产值和利润，如表 10.3 所示。2007 年，纺织工业增加值在所有工业行业中排名比较靠前，仅次于石油和天然气开采业、化学原料及化学制品制造业、交通运输设备制造业、电气机械及器材制造业、电子设备制造业、电力/热力的生产和供应业。进入新世纪以来，工业成本费用利润率尽管仍然很低，但在原来的基础上有较大幅度提高，2008 年达到 4.74%，是 2000 年的 1.6 倍。

表 10.3　　　　　　　　纺织业效益指标　　　　　　单位：亿元

年　度	工业总产值	工业增加值	利润总额	城镇固定资产投资额	工业成本费用利润率（%）	产品销售率（%）
1995	4604.00	898.45	-41.30			
2000	5149.30	1272.84	136.88		2.92	97.21
2001	5621.56	1387.52	176.80		2.58	96.08
2002	6370.79	1569.10	184.71		3.14	97.66
2003	7725.20	1906.70	248.20		3.42	97.86
2004			279.84	763.0	3.09	
2005	12671.65	3240.19	437.13	1059.2	3.68	97.92

续表

年　度	工业 总产值	工业 增加值	利润 总额	城镇固定 资产投资额	工业成本费用 利润率（％）	产品销售 率（％）
2006	15315.50	3962.99	563.93	1266.3	3.95	98.02
2007	18733.31	4913.92	765.87	1514.6	4.46	97.81
2008	21393.12		927.42	1540.1	4.74	97.73

资料来源：《中国统计年鉴》。

纺织原料及纺织制品是我国主要的出口产品之一，出口量远大于进口量，如表10.4所示。1980年以来，我国在世界纺织品贸易中所占比重一直呈上升趋势，2006年为22.3%。截至2007年，纺织品国际市场占有率连续十年位居全球首位。目前，纺织产品约30%销往国际市场。

表10.4　　　　　　　　纺织产品进出口

年　度	纺织原料及 纺织制品进口 （亿美元）	纺织原料及 纺织制品出口 （亿美元）	棉纱线出口		棉机织物出口	
			（万吨）	（亿美元）	（万米）	（万美元）
2000	165.64	493.79	21.1	6.3	32.1	30.9
2001	162.59	498.36	24.6	7.2	33.4	32.1
2002	169.93	578.49	38.8	10.1	45.8	42.6
2003	192.92	733.46	50.4	13.8	55.9	54.6
2004	230.07	887.67	43.1	13.3	53.0	60.4
2005	234.45	1076.61	47.0	14.0	61.0	70.0
2006	256.77	1380.94	57.7	18.3	68.5	79.1
2007	253.72	1658.02	58.4	19.3	72.2	85.3
2008	249.98	1797.34	54.7	19.7	80.8	102.2

说明：2001年（含）之前，棉机织物出口为"棉布"。

资料来源：《中国统计年鉴》。

我国纺织工业的竞争力主要体现在成本上，具有竞争优势的产品主要是中低层级、劳动密集型产品。纺织工业的研发投入偏低，年申请专利项较少，尤其是发明专利少，2008年大中型纺织工业企业仅拥有发明专利829项，如表10.5所示。不过，行业内一些发展较好的企业已经认识到创新对于发展的重要性，加大了创新投入，已开始涉足中高端产品市场，正在努力打破发达国家和地区的垄断。2008年纺织工业共开发新产品4523项，新产品销售收入1019.0亿元。

表 10.5　　　　　　　　　　纺织业研究开发投入产出

年度	大中型工业企业 R&D 经费（亿）	申请专利（项）	专利授权（项）	大中型工业企业申请发明专利（项）	大中型工业企业拥有发明专利（项）
2000		1704	1100		
2001		2257	1274		
2002		7300	1368		
2003		3354	1633		
2004		4143	1968		
2005		4740	2083		
2006	34.3	5808	2835	397	574
2007	43.4	6475	3812	394	560
2008	53.3	8424	4280	661	829

说明：申请专利数和专利授权数，是按国际标准分类的 D 部（纺织、造纸）发明、实用新型专利数减去"造纸，纤维素的生产"领域的专利数。

来源：《中国统计年鉴》。

（二）我国纺织工业及其创新的特点

我国纺织工业是竞争充分的劳动密集型行业，产业链完整，外向型经济特征明显。绝大多数纺织企业仍处于引进技术消化吸收再创新阶段，主要从事简单新产品开发、工艺改进、装备更新等创新活动，能影响国际纺织市场的高端创意设计非常少，知名自主品牌少。

1. 我国纺织工业的特点

（1）市场集中度低，竞争充分

纺织行业绝大多数是中小企业，大型企业所占比例不足 1%。在激烈的市场竞争中，市场结构正在调整，尤其是由于科技政策、知识产权政策的扶持，纺织企业小、散、乱的局面正在改变，优势企业的市场份额不断提高。

（2）产业链完整

我国拥有原料、纺织、印染、成品的完整产业链，纺织原料丰富多样，主要加工产业区内可以供应机械设备零配件、服饰配件等原料，整体配套能力强。

（3）总体上属于劳动密集型行业

纺织业是《中国统计年鉴》所有工业细分行业中从业人员数量最多的行业。一些生产中高端产品的企业，由于大量使用新技术、新工艺和先进设备，已经出现了资本、技术密集型行业的特点。

（4）外向型经济特征明显

部分原料需要进口，尤其是棉花的进口依存度较高。产品数量的 1/3 出口，产值则超过 1/2。

2. 我国纺织企业创新的特点

纺织业创新主要有五种类型。一是创意设计，依靠想象和艺术，与技术相关但相关度较低。二是纺织工艺开发，重点是研究开发，技术含量高。三是设备更新，重点是资金投入，通过采购先进设备提高产品质量和生产效率。四是提高管理效率，尤其是通过信息技术改造管理流程，降低生产成本。五是品牌开发和经营，重点是品牌培育和营销，依靠长期不断的积累，提高产品附加值。

我国绝大多数纺织企业自主创新能力薄弱，处于引进技术消化吸收再创新阶段，通过购买先进设备和管理创新提高生产效率，高端的创意设计能力较低，只能从事简单新产品开发如花色和式样创新，知名自主品牌少。

（三）存在的问题

纺织工业在快速发展的过程中，长期积累的矛盾和问题也日渐凸显，主要表现在以下几个方面。

①产能扩张过快，低端竞争激烈。纺织工业技术成熟、行业进入门槛低，爆发国际金融危机前市场情况比较好，导致了大量资本进入，产能规模盲目扩张，部分子行业产能过剩，产品同质化，企业抗风险能力弱。

②行业整体自主创新能力薄弱。纺织工业研发投入强度低，仅为 0.44%，低于制造业平均水平，远低于发达国家的 2%。粗加工多、深度精加工少，技术含量低，附加值低，难以适应国际纺织品市场小批量、多品种、高质量、快速应变的竞争需要。

③技术水平和装备落后。虽然有少数企业拥有世界先进的纺织设备，但大多数企业装备落后。除化学纤维生产技术和服装骨干企业的缝纫设备接近国际先进水平以外，纺纱、织造、染整等传统工艺及装备与世界先进水平有较大差

距。与国际纺织工业技术进步相比，我国虽奋力追赶，但仍有不小差距。

④产品以中低档家用产品为主。绝大多数企业生产中低档产品，高附加值的高技术、功能性纤维和复合材料开发滞后。产业用纺织品比例低，发达国家一般占到1/3，我国目前约为15%。

⑤知名自主品牌少，大量贴牌生产。高档市场被国际品牌占领，自主品牌还处于起步阶段，外贸出口以加工贸易为主，只能赚取低廉的加工费。

⑥产业布局不尽合理。纺织工业产能的80%集中在沿海地区，出口市场50%左右集中在欧盟、美国和日本，尚未形成均衡发展格局。

⑦节能减排任务艰巨。目前，纺织工业能耗、水耗、废水排放量分别占全国工业总耗能、总水耗、总废水排放量的4.3%、8.5%、10%，多数企业缺乏资金，节能减排投入不足，绿色工艺和技术装备采用率低。

⑧受原料制约，尤其是棉花。2006年棉花产量和生产消费量分别为6.7百万吨、10.9百万吨，占世界总量的25.2%和40.5%，进口量超过自有产量的60%；2008年进口棉花211.1万吨，棉价低于国内棉价。2008年进口羊毛30.49万吨；2009年上半年进口羊毛16.64万吨，比上年同期相比增加1.32%。

（四）国际金融危机发生以来出现的新情况

2008年下半年以来，受国际金融危机影响，一贯表现强势的我国纺织工业出现了较为明显的衰退。市场供求失衡，企业经营困难、亏损增加，陷入了多年未见的困境。连续多年保持在20%左右的出口增长率，2008年大幅下降至8%左右。

外需萎缩严重是我国纺织工业陷入困境的直接原因。国际金融危机造成发达国家失业人口增加，居民收入增长减缓，消费信心下降，导致衣着类消费增长乏力，对纺织品需求减少。我国纺织品出口市场高度集中在欧盟、美国和日本，正好是这次金融危机的重灾区，外需严重萎缩，直接造成我国纺织工业产能过剩，带来了严重的影响。2008年底，美国、英国、加拿大等国衣着类零售额全部同比负增长。

我国纺织工业自身长期积累的问题是纺织工业陷入危机的内在原因。爆发国际金融危机前，纺织市场已经供过于求，而且一拥而上的纺织企业自主创新能力薄弱，大多从事中低端加工，代工贴牌生产比重较高，利润率低，市场应变能力差，很难抵御严重的市场波动。金融危机导致的需求急剧下降，纺织工业自身的问题一下子显现出来，再加上人民币升值、原材料和劳动力价格上涨等因素影响，大量纺织企业亏损。

三、典型企业分析

企业是产业的基本单元，只有企业转变了增长方式，实现了转型升级，产业才有可能实现产业升级和增长方式转变。山东是纺织大省，也是中国纺织服装重点生产基地，在全国同行业中居领先地位，山东纺织企业具有代表性。为研究如何依靠创新促进纺织业转变增长方式，我们到山东对如意集团、鲁泰集团、魏桥集团、即发集团作了调研。通过分析典型企业的情况，由点到面，来分析纺织工业的发展情况和遇到的问题。

（一）企业创新的基本情况和经验

1. 如意集团：自主研发纺织技术，突破了现有技术纺高支纱的极限

如意集团的前身是始建于 1972 年的山东济宁毛纺织厂。经过三十多年的发展，特别是经过近十年的高速发展，目前主营业务涉及毛条制造、毛精纺、兔毛纺纱、棉纺织、棉印染、针织、纤维、牛仔布、服装等产业，精心打造了完整的毛纺服装产业链、棉纺印染产业链，2007 年涉足终端营销。

如意集团 2008 年被评定为国家级高新技术企业，被国家纺织业协会列为毛纺行业国家级新产品开发基地。在国家级企业技术中心的体系下，设有博士后科研工作站、山东省泰山学者岗位、山东省新型纺织面料工程技术研究中心、如意技术研究院、集团级技术中心、公司级技术中心，分别承担着技术储备、技术研发及项目实施的职能。

如意集团已经获得鉴定的主要科研项目 60 余项，均达到国内领先水平；获得国家级科技进步奖 4 项，省部级、市级科技进步奖 40 余项，其中省级一等奖 3 项、二等奖 7 项，部级一等奖 2 项。已授权专利 22 项，受理专利近 30 项（其中 PCT 发明专利 1 项，美国发明专利 1 项，中国发明专利 7 项）。

如意集团连续 6 年代表国家纺织信息中心/国家纺织产品开发中心向世界发布面料流行趋势。2009 年,如意首度参加顶级面料世界博览会法国 PV 展会,表明企业具备了开发顶级纺织面料和发布面料流行趋势的实力。PV 展会即法国第一视觉博览会,创建于 1973 年,是以 1100 家欧洲纺织实体作为强大后盾的顶级纺织面料博览会,也是欧洲乃至全世界公认的最具权威的面料流行趋势发布平台。

2009 年 2 月,由如意集团、武汉科技学院、西安工程大学共同开发的"如意纺高效短流程复合纺纱技术(如意纺)"突破了现有环锭纺纱技术纺高支纱的极限,创造了毛纺、棉纺两个 500 支的世界纪录,是世界纺织领域一项革命性技术突破,达到国际领先水平。如意纺技术实现了低等级纤维原料及下脚料(落毛、落棉)纺高支纱;突破了传统纺纱技术的极限,将一些原来很难在纺纱领域使用的纤维原料(如羽绒纤维、木棉纤维)实现了纺纱应用,极大扩展了纤维资源的应用领域;可实现多种原料纺制出具有不同特色与功能的各种复合结构纱线,为不同原料优化组合与花色品种多元化纺纱提供了新途径。经中国纺织工业协会及中国工程院院士鉴定,"该技术实现了对传统纺纱技术及理论的革命性突破,填补国内空白,达到国际领先,是一项对增强中国纺织工业国际竞争力意义重大的原创技术"。

如意集团还开发了赛络菲尔纺纱专利技术、国产超细羊毛加工技术、单纱可织造技术、清洁生产技术、生物酶处理技术、无甲醛防缩抗皱技术、多组合交化技术、废水预热回收利用技术、敏捷环保染色技术、连续弹性整理技术等纺织技术。

在纺织技术支持下,如意集团开发了塞洛菲尔、超高支特轻薄、环保生态、形状记忆、可机洗、极品羊绒、莱卡弹性、防水防油防污等系列产品,主导产品精纺呢绒有 1000 多个品种、近万种花色。2002 年,"赛络菲尔纺纱技术及系列产品"获国家科技进步二等奖,该奖为国内毛纺行业 1949 年以来的最高科技奖。如意毛纺 300 支超薄高支面料达到世界顶级技术水平,囊括两项中国纺织业协会科技进步一等奖,成为国内毛纺厂家首家获得一等奖的企业。

如意集团大力推进技术、管理、生产创新,产学研合作研制并应用了纺织品设计与预测软件系统、服装企业协同生产管理与知识管理系统、环思 ERP 管理系统、Yarnspec 纺纱预测系统。纺织新产品试加工造成的浪费减少了

1/3～1/2，制成率提高了1.5%～2.0%，生产成本降低5%～8%，新产品工艺设计时间减少了1/3～1/2。

2. 鲁泰集团：重视研发，与国外客户合作开发新产品

鲁泰集团是以A、B股上市公司鲁泰纺织股份有限公司为母公司，下设八家控股子公司的纺织企业集团，是世界上最大的高档衬衣色织面料生产商，在国际上与日清纺（日本）、阿比尼（意大利）、蒙替（意大利）等最高端色织面料生产企业比肩，拥有棉花种植、纺纱、漂染、织布、整理、制衣完整生产链的生产和研发能力，现有员工2万余人。主营业务收入、利税总额、出口交货值等连续多年在国内色织行业排名第一，并连续3年跻身国内纺织企业竞争力前20强排名前列。

2008年生产衬衫色织面料1.33亿米，匹染面料4000万米，衬衫1572万件；实现营业收入50.65亿元、利润6.55亿元、出口创汇4.59亿美元，同比分别增长13.7%、17.8%、18.9%。金融危机对出口有影响但影响不大，2009年第一季度出口同比下降8.62%。

鲁泰集团于2008年被再次认定为高新技术企业，获得了全国纺织技术创新企业称号。鲁泰非常重视创新，认为要想获得更好的生存条件，必须依靠创新。创新动力主要来自两个方面。一是形成了企业创新文化，成为企业持续创新的推动力。近几年来，鲁泰每年用于研发的经费占销售收入的比例达5%以上，共申报发明专利21项、实用新型专利36项，已授权26项。二是市场和高端客户的需求，促使企业认识到要想在日趋激烈的市场竞争中站稳脚跟，就必须不断优化产品结构，提升企业技术水平，推出新产品。

在发展过程中，鲁泰集团逐步形成了以企业技术中心为主体、由各事业部技术研发科和下属工厂车间攻关小组组成的三级研发体系。2007年，鲁泰技术中心被国家五部委认定为国家企业技术中心，其实验室通过了国家合格评定国家认可委员会（CNAS）认证，设立了博士后科研工作站和国家色织面料研发基地，以及山东省高档色织面料与服装工程技术研究中心。企业技术中心下设办公室、培训中心、纺/织/染/整/制衣中试基地、品质检测中心、技术开发推广部、博士后科研工作站、东华大学鲁泰技术研究中心、鲁泰克莱恩纺织染整技术研究中心、意大利产品开发设计中心、专业技术委员会。8个专业委员会分布于各事业部内，下设研发科，研发科由多个课题攻关小组组成。截至2009年5月，技

术中心共有工作人员 720 人，具有高级职称 113 人，国外专家 17 人。

　　近年来，鲁泰集团共完成新产品开发、课题攻关 200 多项，其中"超高支纯棉面料加工关键技术及产业化"等 2 项目获得国家科技进步二等奖，纯棉超高支面料等 4 个新产品、新技术居国际领先水平；全棉液氨＋潮交联＋纳米三防整理面料等 11 项新技术居国际先进水平；棉/羊绒混纺高支机洗免烫面料等 3 个新产品居国内领先水平。2008 年，鲁泰完成技术革新项目 341 项、课题攻关项目 56 项、新产品开发 8 项。

　　鲁泰集团与国际著名品牌紧密合作，与终端客户形成了良好的互利发展关系。客户对产品品质及性能不断提出要求和建议，促使鲁泰不断进行技术改造和开发新产品，经过十几年的发展，从纺纱到制衣各道工序都装备了具有世界领先水平的设备和技术。1990 年淄博第七棉纺厂与泰国泰伦公司合资创立了鲁泰纺织有限公司时，就淘汰了原有落后设备，引进了当时日本丰田、村田的先进设备，开始生产 45 支以上的混纺纱，纱线品质达到了乌斯特 25% 以上。1997 年 B 股融资、2000 年 A 股融资所得资金，全部用于引进国际先进设备和现代化生产线。如先后投资 2.5 亿元引进了当前世界上最先进的瑞士卡摩纺纱设备 24.7 万锭、从 2001 年至 2009 年 5 月先后投资 1.6 亿元引进了具有国际先进水平的日本液氨加工设备 5 套、为降低员工的劳动强度从 2004 年至今先后投资 4000 多万元引进了国际领先水平的全自动穿经设备 16 台套，并成功升级改造了卡摩赛络积聚纺纱设备和技术，推动了鲁泰面料后整理技术的提升，形成了具有自主知识产权的一系列天然纤维超级免烫技术和标准，并大大缩短了产品的工艺时间。

　　鲁泰集团以天然纤维面料开发为主线，以多组分功能纤维面料为引领，以洗可穿超级免烫技术为核心，已形成 82 个系列、十几万个花色的产品体系。2007 年，鲁泰开发的超高支纯棉 300S 纱线和色织面料，引领了整个纺纱技术及超高支面料的发展。2008 年，新产品订单占总订单的 50% 以上，新产品销售收入占公司总销售额的 65% 以上。

　　鲁泰集团强调清洁生产为主、末端治理为辅，长期以来形成了液氨回用、色碱回用、中水回用、PVA 回收的节能减排模式。鲁泰累计投资 1.16 亿元，建成污水处理能力 8 万吨/天的污水站，出水水质达到一级 B 标准，不但满足公司废水处理，还承担着全区的污水处理。经过不断攻关，鲁泰研究成功了具有国际领先水平的"半缸染色"技术，既可节省原料，又能减轻污染，获得全国印染行业节能减排优秀技术创新成果一等奖。与上年相比，2008年节水86万立方米，总节能折合标准煤1.2万吨，单位产品综合能耗下降8.3%，节约资金3700万元。

为应对金融危机，在稳固美国、欧盟等市场份额的同时，积极开拓东盟等新兴市场，积极调整内外销比例。2008年与东盟10国的贸易金额较2007年增长了38.55%。国内市场存在中长期发展的机会，鲁泰将最新研发的"萨维尔"、"高支纯棉免烫"、"银丝抗菌防辐射免烫"、"香味免烫"、"100%纯棉弹力免烫"、"珀尔纤维"等面料新品，运用在品牌衬衫上，进行"鲁泰格蕾芬"品牌的市场运作和开发。

3. 魏桥集团：依靠技术改造提高产品竞争力，通过管理创新提高效益

魏桥集团是世界上最大的棉纺织企业，是一家拥有16万员工的特大型企业，集纺织、染整、服装、家纺、热电、盐化工、氧化铝、电解铝、铝精深加工于一体，纺织家纺业务占业务总量的40%左右，是我国五百强企业纺织印染业第1位，我国棉化纤纺织加工业最具竞争力企业。魏桥的纺织规模达到700万纱锭、5万台织机，年纺织产能为80万吨棉纱线、20亿米布、1万吨染色纱、1亿米染色布。

2008年，魏桥集团在国际金融危机中保持了健康平稳较快发展，实现销售收入756.7亿元、利润54.1亿元，纳税32.6亿元，自营进出口额21亿美元，连续11年位居全国棉纺织行业首位。下属骨干企业魏桥纺织股份有限公司实现销售收入177亿元、利润7亿元，自营出口6.5亿元。取得这样的成绩，魏桥认为主要得益于持续不断的创新，把创新放在企业发展的主导地位，而企业创新的最大动力是提高产品的市场竞争力，满足市场需求，提高经济效益。2008年，集团共有研发人员1358人，投入研发经费15.03亿元，约占销售收入的2%。

自进入棉纺织领域以来，魏桥集团不断向先进技术装备和信息化技术投入资金，把扩大企业规模建立在技术结构不断优化、技术水平不断提高的基础上。魏桥的棉纺织设备达到20世纪90年代以后的国际先进水平。在纺纱工序上，引进了清梳联合机、精梳机、紧密纺细纱机、自动络筒机等先进设备，成为全国最大无结纱、精梳纱生产基地。在织造工序上，投资6000余万美元引

进了具有国际先进水平的喷气织机、剑杆织机等先进设备，形成了全国最大的无梭织造生产基地。

结合技术改造，魏桥集团不断开发高技术含量、高质量、高档次、高附加值的产品，实现以高档产品引导市场、占领市场的目标。魏桥每年开发新品种上千个，相继开发并批量生产了莫代尔、有机棉、凉爽纤维、超爽纤维、大豆蛋白纤维、牛奶纤维、竹纤维、蚕丝、天丝等新型功能性纤维，高支特细纱和高支高密坯布品种，产品涵盖两纱两布、高支高密、弹力面料、牛仔布、化纤布等十大门类，最高纱支达到 200 支，坯布最高密度达到 1600 根。魏桥自主设计开发的产品，多次在中国棉纺织行业协会、中国色织行业协会组织的产品评比中获得优秀设计奖、优秀创意奖和优秀新产品奖。2008 年，自行设计开发的新品种数量达到 1352 个。

魏桥集团高度重视节能减排。为节约用水，对生活用水进行二次利用，年可节水 223 万立方；对浆纱机湿分绞、整经喷雾水池进行改造，年可节约 150 万立方。累计投资 1.5 亿元建设了 4 座污水处理厂，设计日处理无水 56000 立方米，24 小时连续运转，处理后的水质好于国家排放标准。2008 年，魏桥采用新工艺，40 支以下纯棉品种全部执行无 PVA 上浆工艺，40 支以上纯棉品种逐步减少 PVA 用量，既降低了生产成本，又有利于环境保护。以 2005 年为基期，截止到 2008 年年底，魏桥按照单位产品能耗计算共实现节能 12.38 万吨标准煤，比与省政府签订的节能目标 10.2 万吨标准煤多节约 2.18 万吨标准煤。工业产值综合能耗由 2007 年的 0.3706 吨标准煤/万元下降为 2008 年的 0.3424 吨标准煤/万元，环比下降 7.61%。

魏桥集团在各部门全面实现信息化，日常管理迈上了信息高速公路。生产管理、人力资源管理等系统主要依靠自身研发力量开发和维护，财务管理、供应链管理方面和用友公司保持良好的合作关系。通过严抓内部管理和信息化建设，大大提高了产品研发试制的效率，吨纱耗棉控制在 1035 公斤，在同行业中处于较低水平；企业非生产人员占 2.5%，管理人员仅占 0.6%，万锭用工为 88 人，年人均劳效为 16.75 万元，在全国同行业中处于领先水平。

面对金融危机后严峻的出口形势，魏桥集团及时调整市场结构，出口和内销的比例由 6∶4 调为 3∶7，保持产销平衡。目前，由于国家收储高等级棉、进口棉花需要配额并征收滑准税、新疆棉运输困难等原因，国际棉价比国内每吨低 2000 元以上，同时人民币升值使得国内纺织品出口价格不断上升，企业的成本压力很大。

4. 即发集团：利用海洋生物材料开发新型功能面料

即发集团创建于 1955 年，截至 2009 年 5 月，已有 30 多家子公司和分厂，拥有员工 1.5 万名，是我国实力最强的针织服装出口生产企业。2008 年实现销售收入 53.78 亿元、增长 7.17%，出口创汇 4.66 亿美元、增长 18.75%，利税超过 4 亿。

即发集团多年来的发展，特别是能够经受住金融危机的考验，关键得益于持续创新。企业发展初期是一个贴牌加工（OEM）出口型企业，之后逐步转变为自主设计（ODM）型企业，目前正在向品牌创造（OBM）转型。2008 年投入的研发经费占销售收入的比重达到 3.6%，新产品产值率达到 46%

即发集团技术中心成立于 1996 年，2004 年被认定为国家级企业技术中心，是国内针织行业第一个国家级企业技术中心，拥有青岛市甲壳素材料工程技术研究中心以及由 CNAS 认证的国家级实验室，纺织材料检测实验中心达到国际先进水平，先后获得授权发明专利和实用新型专利 13 项。即发目前共有研发人员 871 人，其中技术中心有 240 人。

即发集团着力在新材料、新技术、新工艺开发方面寻求突破，不断提升功能化、差异化、个性化产品比例，提高产品的科技含量和附加值。即发相继开发了海洋生物贝壳质保健针织品、微孔聚四氟乙烯膜及防风透湿功能型面料等产品。甲壳素是从海洋生物中提取的脱乙酰壳聚糖，用于纺织产品后具有手感柔软、无刺激、高保湿、保温、抑菌除臭等功能，对皮肤有很好的养护作用，海洋生物贝壳质保健针织品项目获得国家科技进步二等奖。微孔聚四氟乙烯膜及防风透湿功能型面料技术水平达到国际先进，具有防水、防风、透湿、透气和阻隔微粒等功能，可广泛用于医用防护、国防军事、高效过滤、电子等领域，各项指标均处于国内领先水平。

即发集团把提高管理水平作为一项重要工作来抓，努力推进管理模式创新。通过严控采购环节和严管生产环节，有效控制了生产成本；通过推进精益生产，加强生产环节的精细化管理，减少浪费，增加了效益；通过推行环保、节能、清洁型生产技术，实现了节能降耗。

（二）企业创新模式、特点与问题

上述 4 家企业创新活跃且各具特色，对于分析如何依靠创新促进纺织业转变增长方式很有代表性。根据 4 家企业创新的基本情况和经验，归纳其创新模式、特点与问题如下。

1. 纺织企业主要从事两种创新

目前，我国纺织业有两种主要的创新形式，一种是更新装备、改善管理和改进工艺，一种是开发新产品。

从调研情况看，设备更新以引进为主，管理创新以购买服务为主，自主创新主要集中在改进生产工艺上，其中不乏重大的原创性技术，如如意集团的高效短流程复合纺纱技术、鲁泰集团的半缸染色技术。设备、工艺和管理创新是通过降低成本、提高产品质量来争取市场份额。

新产品开发通常是颜色、式样的小修改，或者是跟随国际流行趋势、根据国外客户的详细要求来设计，绝大多数企业没有能力自主开发流行面料。开发新产品是通过开辟新市场来争取市场份额，高档面料利润高但市场空间小，中低档产品利润薄但市场份额高，通过创新不断提高中低档产品的质量、降低成本，同样是非常有意义的。

2. 创新主要集中在生产环节，高端创意设计和自主品牌少

从调研企业看，即使是各细分行业内发展最好的企业，其创新活动也主要集中在生产环节，以装备更新、工艺改进和简单新产品开发为主，仍处于引进技术消化吸收再创新阶段。利润最为丰厚的位于"微笑曲线"两端的创新活动不多，能影响国际纺织市场的创意设计和具有一定市场影响力的自主品牌均非常少。少数企业已经涉足高端市场，具备了一定的研发设计高档产品的能力，但产品的主要出路还是贴牌代工。

随着人民收入水平的提高，对纺织品牌的需求日益增大，国际品牌的本土化进程很快，但国内品牌国际化的进程相对较慢。国内纺织企业的品牌知名度难以与国际品牌相比。

3. 纺织业成本优势正在削弱，需要依靠创新提高竞争力

我国纺织业的竞争力主要体现在成本上，具有竞争优势的产品主要是中低层级、劳动密集型产品。近年来受诸多因素影响，纺织业成本优势正在削弱，

一些中低档产品订单开始流入印度、巴基斯坦、越南等国家。2005 年我国启动人民币汇率形成机制改革，人民币至今升值已超过 20%，纺织品出口价格不断上升，利润空间缩小。劳动力成本随着我国经济发展而提高，属于劳动密集型产业的纺织业生产成本逐步上升。为保护棉农利益，我国实施棉花进口配额制并征收滑准税，维持国内棉价高于国际棉价约 2000 元/吨。纺织产品的增值税率为 17%，但销项税率为 13%，存在 4% 的差额，实际税负较高。

我国纺织业整体创新能力薄弱，受到国际金融危机冲击，依靠成本低廉取得的竞争优势正在减弱，而技术优势尚未形成，我国纺织工业的竞争力正在削弱。纺织企业要想获得生存发展，必须不断降低成本、提高质量保住中低端市场份额，通过开发高技术产品扩大高端市场份额，这都需要依靠创新促进纺织工业增长方式转变。

4. 知识产权保护需要加强

投入巨资取得的技术成果必须得到应用，才能获得经济效益。特别是可以用于全行业的工艺技术，如果能够顺利出售给其他企业，不仅会给开发技术的企业带来更大的收益，而且将提高全行业的技术水平。知识产权得到有效保护，是技术成果扩散的前提。培育自主品牌，首先也必须确保商标不被仿冒侵权，企业才能不断积累，逐步提高商标价值。

我国信用体系尚不完善，知识产权得不到有效保护，创新成果易被仿冒，这是存在多年的问题，阻碍了技术成果扩散和培育自主品牌。当前，知识产权保护形势发生了很大的变化，侵权的受害者主要是国内企业，加强知识产权保护，已是我国企业发展的需要。

四、鼓励纺织工业创新的政策建议

为鼓励纺织业创新，达到转变增长方式、提高行业竞争力的目的，制定针对纺织业创新特点和问题的政策显得很必要和迫切。

1. 支持纺织企业技术改造和开发新产品

尽快落实《纺织业调整和振兴规划》，加快技术研发和产业化步伐，推动棉纺、针织等行业技术改造，加快淘汰落后工艺和产能。

建议以事后奖励方式按一定比例补助企业的技改投入和新产品开发费用。对于一些可供全行业使用的技术成果，如提高纺织工艺水平的技术、节约原料染料的技术、减少污染物排放的技术，建议有关部门组织推广应用，使技术成果能在行业内扩散。引进国内还不能生产的纺织设备免征进口环节增值税。

2009年4月24日，国务院全文发布《纺织业调整和振兴规划》，执行时间为3年。由于制定可操作性的实施办法还需要一段时间，真正落实规划的时间很短。建议延长至5年或更长。

2. 鼓励创意设计

目前我国企业还没有实力参与能够引领世界时尚流行动向的创意设计，很难和国际知名企业同台竞争。拥有这种高端创意设计能力，并非一朝一夕之功，需要大量企业不断努力才有希望获得这方面的话语权。

建议有关部门整合发布平台，提高发布档次和质量，组织不同规格的面料创意设计大赛、加大奖励力度，营造鼓励创意设计的氛围。

3. 加强知识产权保护，鼓励企业培育自主品牌、推广专利技术

知识产权制度是鼓励创新的重要制度，知识产权制度完善，企业才能通过转让专利技术获得经济效益，才有动力培育自主品牌。目前，我国知识产权法律体系已经较为完备，但管理和执法保护方面需要加强。

为引导和支持企业创新，应着力提高知识产权管理能力，加强行政执法和司法保护，提高知识产权确权、制止侵权、解决纠纷的效率，使知识产权能够有效行使。

4. 支持企业技术中心

在目前金融危机影响下，纺织业利润很薄，仍有余力投入研究开发的企业都是纺织业内的骨干企业，这些企业如果能够逆势成长，将在行业内起到示范带动作用。支持企业技术中心，引导和支持骨干企业创新，是促进纺织业结构优化与升级的可行途径。

建议对企业技术中心的重大研究开发项目给予一定比例补贴，尤其是能够提升整个行业技术水平、降低能耗和污染的项目。

沈恒超　执笔

第十一章

纺织机械工业：以技术改造
促进转型升级

纺织机械工业是纺织工业的重要组成部分，为纺织工业发展提供重要技术装备基础。加快技术改造步伐，促进纺织机械行业转型升级，提升整体水平，增强自主创新能力，对于增强纺织工业国际竞争力，优化纺织行业和产品结构，加快实现纺织强国步伐具有重要意义。

本章分析研究我国纺织机械行业发展现状和存在的主要问题，分析发展中面临的机遇和挑战；就加快技术改造步伐，促进纺织机械行业转型升级，提出相应的发展思路、重点任务和政策建议。

一、纺织机械行业发展状况及存在的主要问题

（一）发展状况

我国是世界上纺织机械产品最大的消费国，也是纺织机械产品最大的生产国。我国纺织机械行业已经形成产品门类完整、品种齐全、配套便捷的产业体系，产品涵盖了 2300 多种整机及上万种专件、配套件，是国际纺织机械行业中生产产品种类最多的国家。我国纺织机械产值占全球的 1/3，消费占全球的近 50%。

通过多年技术引进、消化吸收和自主创新，新型纺织机械开发能力逐步提

高。大容量、高效率、低投入的成套聚酯、涤纶装置，涤纶短纤、粘胶短纤、氨纶成套设备及工程化的国产化应用等领域居世界先进行列；高速剑杆织机、电脑横机、高速经编机等产品实现了产业化，非织造布机械在技术应用和新产品开发上取得了积极成果。我国纺织机械工业已形成较为完善的整机制造和零部件生产配套体系，为纺织工业的发展作出了重要贡献。特别是经过 1998～2000 年以压锭为主要标志的大规模调整以后，我国纺织机械行业已经进入技术进步和产业升级的新阶段。全行业整体工艺技术和装备水平快速提升，先进技术装备投资不断增加，落后工艺、技术和装备则在市场机制作用下加速退出，行业技术素质和生产效率稳步提高。

进入 21 世纪以来，我国纺织机械行业得到了快速发展。"十一五"以来，尽管受到全球经济危机的冲击，但纺织机械行业的行业规模、产业结构、销售收入、工艺技术水平与装备水平、产品竞争能力、国内市场占有率以及产品出口等方面仍然取得了重要成就。根据《国务院关于加快振兴装备制造业的若干意见》（国发〔2006〕8 号）和《纺织工业"十一五"发展纲要》中确定的新型纺织机械技术装备国产化重点任务，围绕纺织机械产业升级、建设纺织强国的宏伟目标，编制了《重大技术装备自主创新指导目录》（以下简称《指导目录》）新型纺机部分，通过重点项目的研发，实现关键技术和装备的重大突破，促进纺织机械工业可持续发展，加快了纺织机械技术进步的步伐，形成了一批有研发能力企业，提升纺织机械企业创新能力和竞争能力。主要表现在以下几个方面。

1. 纺织机械行业快速发展，结构日趋合理

"十一五"期间，主营业务收入年平均增长率为 17.08%，比"十五"期间年增加了 3.40 个百分点；纺织机械行业资产总额比"十五"期末翻了近一番。规模以上生产企业由"十五"末期的 789 户，增加到"十一五"末期的 1071 户；到 2010 年底，我国纺织机械行业规模以上企业 1071 户，从业人员平均人数 14.98 万人。国产纺织机械产品市场份额由"十五"期末的 61.72% 增长到"十一五"期末的 78.07%，增长了 16.35 个百分点。近十年，是我国纺织机械行业结构调整发展最快的时期，也是企业改组改制、外商及港澳台商投资以及企业股份制改造等最为活跃的历史时期。"十一五"期间，纺织机械行业规模以上企业实收资本总额比"十五"期间增长了 50.36%，其中：外商资

本和个人资本分别增长 138.87% 和 77.20%。全行业实收资本结构情况为：法人资本占全部资本的 32%，个人资本占 26%，外商资本占 21%，港澳台资本占 13%，国际资本占 6% 以及集体资本占 2%。

2. 技术进步和创新能力不断提高，产品技术水平得到提升

"十一五"期间，纺织机械行业技术进步和自主创新能力获得前所未有的发展。国家"纺织工业结构调整增长方式专项"、"新型纺织机械重大技术装备专项"等共支持了纺织机械行业 108 个技术改造项目，国家支持的固定资产投资占全部固定资产总投资的 33.6%；国家科技支撑安排了 9 个课题，21 项研究内容的"新一代纺织设备"重点项目；行业已建成两个国家级技术中心和一大批省市级技术中心，许多产品填补了国内空白。一些纺机项目已达到或接近国际先进水平，替代了进口。通过产品的自主创新，在引进技术、消化吸收的基础上，培养专家队伍，使企业的科研能力、制造水平得到提高。一批企业具备了自主研发的能力。比如：①全自动络筒机，过去只能进口，两机项目时，国家投巨资引进技术，但是到"十五"末期，也只是完成了消化吸收工作，产品及技术没有脱离样机。通过国家对纺织机械装备制造业的大力支持，青岛宏大纺织机械有限公司、上海二纺机股份有限公司、广东丰凯机械股份有限公司等研发信心增强，加大了资金投入，并获得国家和地方资金支持。企业经过技术升级改造，技术水平大幅提高，完成了自动络筒机多电机分部传动技术的自主研发，在消化吸收基础上实现技术自主创新，形成自主品牌，实现产业化生产。2010 年产量达到 1200 台，市场占有率达到 30% ~ 40%。国内的销售份额有望超过国外竞争对手。由于全自动络筒机的研发成功，使得国产化的细络联在理论基础上由试验机向产业化迈出实质的步伐。②国产机电一体化喷气织机在消化日本津田驹和日本丰田喷气织机技术的基础上，自主创新开发出了运转速度超过 1000 转/分的新机型，缩小了与世界先进水平的差距。在新技术的带动下，广东丰凯机械制造有限公司的超越型数字化控制高速剑杆织机、浙江泰坦股份有限公司的 TT828 数码高速剑杆织机速度达到 630 转/分，实现产业化，市场份额不断提升，市场占有率为 30%，达到了国际同类产品的先进水平。③棉纺成套生产线制造，经纬纺织机械股份有限公司在技术上已成为行业的龙头企业，不断自主创新，产品装备的技术水平、自动化程度大大提高。其清梳联合机已形成品牌，年销售比例已超过 70%。在他们的带动下，

国内纺纱机械企业纷纷苦练内功，提供产品水平，棉纺机械的国产化率达到85%以上。新研发的粗细络联合系统具有国际先进水平。

3. 产品竞争能力显著提升，产品性价比优越。

"十一五"期间，纺织机械行业以《纺织工业科技进步发展纲要》确定的"10项新型纺织成套关键装备"为重点，通过多种形式的攻关取得了成效。2010年，国产纺织机械的市场占有率达到78.07%，主要产品中，棉纺细纱机、粗纱机等产品的国内市场占有率超过90%，中、高档剑杆织机国内市场占有率超过60%，自动络筒机超过25%。国产纺织机械出口规模也持续扩大，"十一五"期间纺织机械出口额年均增速超过10%，在印度、孟加拉、巴基斯坦等市场的份额不断提升。通过《指导目录》的实施，采用国产纺织设备而获得的投资性价比优势渐显。如，棉纺清梳联成套设备在1992年引进时为1800多万元人民币/套，现国产约500万元人民币/套，随着国产棉纺清梳联成套设备技术水平的提升，进口设备也降到800万～1200万元；国产自动络筒机一般在110万元左右，由于该国产设备质量稳定，迫使自动络筒机进口价格由180万元人民币/台，降到130万元，最低时达到99万元/台；国内喷气织机的批量生产，也同样使国外的竞争厂商降低产品销售价格。纺机产品的技术进步，大大降低了纺织工业的固定资产投资，提高了企业的竞争力。在非织造布装备方面，随着我国非织造布工业的发展而飞速发展，非织造布产品的成套生产线基本上实现了国产化。如，干法开清梳理、针刺、水刺、浆粕气流成网、纺粘、熔喷及部分后整理设备。非织造布装备我国已能够生产3.2米幅宽的熔喷生产线、整幅双狭缝涤纶细旦纺粘生产线、3.2米幅宽的SMS纺熔复合生产线、3.2米幅宽的双组分纺粘生产线等，极大地促进了我国非织造布行业的发展。国产单机和生产线还出口到东南亚、日本、欧洲、美国等外国一些公司。非织造布装备与印染设备的研发在提高设备质量的同时，向着节能、环保、可持续性的方向发展。通过全行业的努力和国家政策的支持，纺织机械行业综合实力、企业管理水平和核心竞争力都有明显的提高，国产纺织机械产品市场份额由"十五"末期的61.72%增长到"十一五"末期的78.07%，增长了16.35个百分点。

4. 一批节能减排的新技术实现研发突破并在行业中推广应用

低效率、高能耗、高污染的低水平初加工能力得到有效限制和淘汰，节能降耗、环境保护和绿色生产取得实质性进展。棉纺行业推广采用节能电机、蒸汽余热回用、空调自动控制等节能新装备、新技术，其中空调自动控制技术可实现降低空调能耗30%。化纤行业通过推广差别化直纺技术、新型纺丝冷却技术等实用节能技术，实现了单位产品综合能耗的整体下降，如新型熔体直纺热媒加热系统可减少燃料消耗近1/3。印染清洁生产技术取得显著进步，其中高效短流程前处理技术已经广泛应用于各类棉及其混纺织物，推广面目前达到行业的20%；生物酶在退浆、酶洗、抛光和羊毛的防毡缩处理中得到广泛应用，推广比例达10%；少水节能的冷轧堆染整可实现节能约40%、固着率提高约30%，已在中厚型织物上应用，推广比例已达20%。国产新型节能环保纺织专用装备制造能力明显提高，研发了高效印染前处理设备、连续和间歇式染色机、精密印花机、印染在线资源回收及环保等设备，为纺织行业加快推进节能减排提供条件。一批污染物控制及资源综合利用技术取得进展。冷凝水、冷却水回用技术的应用比例已达80%，有效节约了水资源。印染高温排水余热回收、丝光淡碱回收等新技术实现了对资源的有效回收利用，大大减少了废水排放对环境的污染，目前在印染行业中的推广应用比例均已超过50%。

5. 产品质量的提升，加快了品牌建设的步伐

通过《指导目录》的实施，一批纺机骨干企业在提升产品质量上狠下功夫，增强了品牌意识，加快了创品牌的步伐。过去在纺机企业中，重销售，轻质量的现象较为严重，产品出厂后，运转不稳定，故障发生率居高小下，设备维修量大始终是困扰生产厂正常运行的难题，因此很多生产企业不愿使用国产设备，更愿意买进口机器。现在情况大大改变，纺机企业在紧跟国际纺机先进技术的发展趋势，自主创新的基础上，企业注重先做精、后做强的发展道理。注意产品的品牌建设。经纬股份的宜昌纺织机械分公司是生产加捻类设备专业企业，在承担直捻机等产业用加捻机设备的研发过程中，将品牌建设融入其中，硬件上，加大技术改造投入，引进先进数控加工和检测设备，建设现代化的钣金加工、表面处理、装配生产线；下软件上，推行精益生产、"6S"精益管理等手段，提高企业管理水平，并对制造工艺、质量控制、现场管理狠下功夫，全力提高产品质量，向国际一流水准靠近。企业生产的产业用加捻机已成为品牌产品，目前在国内已累计销售300多台机器，替代了进口，同时还有数十台产品出口到美国、巴西、韩国等地。为企业打来很好的经济效益。

6. 产品技术得到突破，促进产业集群兴起

通过《指导目录》的实施，纺织机械的研发起点提高，制造水平和电气控制档次都大有提升，缩短了与国外先进水平的差距。特别是民营企业参与到项目中，他们适应潮流，扬长避短，走出一条性价比有竞争力的创新之路，已成为纺机行业的主力军。以产业为集群的地方经济正在兴起，非织造布装备则以江苏常熟、福建晋江、广东等地形成；以山西晋中地区为中心的纺纱机械产业集群也在当地政府的扶植下蓬勃开展；浙江日发纺织机械有限公司研制的无缝内衣机、福建红旗股份有限公司开发的经济型小电脑针织横机、常德纺织机械有限公司研制的新一代系列高速经编机等，使国产针织机械制造技术获得突破，同时也使针织设备的质量、运行稳定性得到提高，有效地提高了针织产品质量的档次，增大了产品附加值，带动针织机械整体飞速发展。在"十一五"期间针织机械的快速发展，并以独特的高效生产速度，改变了人们对针织物的认知，针织织物多样化、外衣化的趋势，使针面料市场繁荣发展。以针织机械产业的集群正在福建、浙江等地兴起，促进了地方的经济快速发展。产业集群的兴起，改变了过去企业大而全、多元化经营的生产模式，使纺织机械形成专业化生产与经营方式，既促进了当地的经济发展，也为纺机产品质量提高和稳定提供了可靠保证。

7. 形成了一批专家队伍，企业具备了自主研发能力

通过《指导目录》的实施，促进了企业发展，企业与研究机构相结合的意识增强。通过与大学的合作，大学等科学院所形成了既有理论，又有实践经验的教师队伍，企业培养了科研技术带头人，建立具有创新能力的科技队伍，提升了企业的科技研发能力。近年来，产业用多轴向经编机发展很快，常州市第八纺织机械有限公司和常州市润源经编机械有限公司在国家的支持下，在加大自身科技研发的力度同时，加强与大学、研究机构的合作力度，与江南大学合作完成了多轴向经编机的研制任务，取得了共赢。企业正在向产业化生产迈进。项目完成后，两家公司形成年产80台的生产能力。目前常州市第八纺织机械有限公司与北京航空航天大学合作，成立了以加工复合材料装备为主的研究中心，发挥各自的特长，研究开发生产复合材料的装备，以填补国家在这一领域中的空白。由上海太平洋机电（集团）有限公司所属的上海一纺机研发的具有原始创新技术的分离罗拉直接驱动精梳机，采取与东华大学合作共同开

发的方式，由大学完成基础理论研究，双方共同承担小样机实验与生产样机的研发试制。在较短的时间内获得样机试运转成功，扩大了精梳工艺调整范围提高了产品质量，简化设备结构，这项技术属世界首创。

（二）存在的主要问题

必须清醒地看到，虽然我国纺织机械工业取得了较大成绩，但与国际先进水平相比仍存在较大差距，还不能完全适应纺织工业发展的需要。

1. 创新体系不完整

我国纺织机械行业的技术创新体系还没有完全建立，企业、院校和科研院所各自为战的现象还比较普遍，各机构间的协作关系没有理顺，国家科技投入分散，没有充分发挥作用，很多企业对国外的新产品、新技术往往采用模仿跟踪，对高端产品的进口依赖度高。

2. 创新能力薄弱

长期以来，纺织机械行业在基础研究和高技术研究领域取得独有的发现或发明很少，在产品开发和工艺研究等方面始终是追随者。据抽样调查显示，纺织机械行业拥有专利的生产企业占全部企业的86.14%。但从专利的构成看，发明专利所占比例偏低，不足总数的20%。原始创新能力薄弱导致产品同质化严重，高端纺织机械产品所占比例小，我国每年仍需要进口大量高端纺织机械产品及其关键零部件。传统的棉、毛、麻、丝等纤维加工设备比重较大，差异化、节能降耗等新型、高端产品仍主要依靠进口。纺织机械行业的中低档产品同质化问题严重，是纺织机械行业产业集中度低的必然结果。低水平重复和过度竞争，导致企业经济效益低下，很难在科研开发等方面持续投入。

3. 装备制造研发与生产工艺创新结合不够紧密

我国高端装备自主研发仍需加快突破，碳纤维、芳纶等高性能纤维成套生产线在国内尚属空白，高频高速针刺、高速热轧、湿法成网、双组份纺粘和熔喷等非织造布设备仍依赖进口，粗细联合、细络联合系统尚未进入大规模产业化阶段。自主研发和生产的纺机在自动化、连续化、信息化和智能化水平以及整机可靠性方面仍有不足，无梭织机运转速度低于进口装备约10%，电脑自动化针织设备在运转速度、织物品质、编织控制系统等方面仍需提高。先进工艺技术在全行业的推广力度不足，覆盖面仍然偏小。信息化技术的普及应用水平仍然不高。专用件和配套件生产水平不高，整机产品稳定性较差。

4. 技术改造政策连续性不够

过去国家有支持技术改造的政策，后来没有延续下去。公共服务体系尚不完善，为纺织机械行业提供信息咨询、技术开发、人才培训等方面的服务体系不能满足行业发展的需求。

二、纺织机械行业发展面临的机遇与挑战

"十二五"期间是我国纺织工业发展由大到强的关键时期。纺织机械行业在全面提升纺织工业整体水平，培育战略性新型产业和发展现代产业体系，以及为纺织工业拓展新的应用领域等方面都面临重大的机遇和挑战。

（一）国际市场机遇

1. 经济全球化继续深入发展为行业继续承接产业转移提供机遇

经济全球化为我国纺织工业发挥比较优势参与国际分工、承接产业转移提供了良好的外部条件，使行业步入快速发展轨道。金融危机虽然使经济全球化暂时受到一定程度的阻碍，但世界经济已经形成了国际分工越来越细化、国家和地区间产业与市场相互融合的发展格局。近年来，通过大力推进产业结构调整和产业升级，我国纺织工业的综合竞争实力明显提升，为国际纺织产业链高端进入我国提供了良好的基础条件。在对产业链配套水平有较高要求的高档纺织品服装加工生产、纺织专用装备加工生产等领域，我国仍是发达国家用纺织品织产业资本流入的重要目的地。在全球化进一步深化的条件下，世界纺织产业转移将继续推进。国际先进的技术装备和高素质、高水平的研发、设计、管理人才等都将伴随国际产业转移的步伐进入我国，纺织工业的综合实力也将在承接国际纺织产业转移的过程中得到进一步的提升。

2. 新的国际市场需求环境为行业的竞争优势发挥提供空间

在新的需求环境下，国际市场供需格局将在竞争中不断调整，市场优胜劣汰将进一步加剧，尽管我国纺织行业将面临更加激烈的市场竞争，但我国纺织工业在国际市场上的竞争优势仍然突出，能够在国际市场中占据更有利的位

置，掌握更优质的市场资源：一方面，尽管我国各项生产要素价格都将继续上升，但以产业链综合竞争能力为基础，伴随着行业技术、管理水平的不断提高，我国纺织行业在大众产品物美价廉方面的比较优势仍将得以延续；另一方面，随着我国纺织行业创新能力继续提升，行业将具备更完备的能力来满足世界各国市场上不断发展和升级的多元化消费需求，在国际市场上的竞争优势也将更加具有可持续性。

3. 新科技革命为产业加快调整升级提供契机。

为了摆脱金融危机的负面影响，社会对于科技创新的需求将更加迫切，创新投入将显著增加，从而催生新的科技革命。以能源、材料、信息与生物为核心的新科技革命将引领人类社会进入绿色、智能和可持续发展的新时代，也将为纺织产业的发展打开新的生产力空间。经过多年的调整升级，我国纺织行业的整体技术装备水平和劳动力素质都有了显著的提高，不论是与"十五"、"十一五"期间纵向比较，还是与印度、越南等主要发展中国家竞争对手横向比较，我国纺织行业目前在吸收新技术成果、加强创新发展方面具备了更好的基础和更强的能力，新科技革命的兴起必将为行业加快科技进步、加速产业升级提供条件。与此同时，一批新兴纺织高端技术将在全球范围起步发展，我国纺织行业如充分发挥自主创新能力，完全有机会赶上新一轮产业技术革新的步伐，抢占产业发展的战略制高点，新科技革命的兴起将为我国纺织行业缩短与纺织强国之间的差距提供机遇。另外，新科技革命将开创新的消费领域，而我国纺织行业具备了相当的技术、人力等基础资源条件和自主创新能力，也必将迎来新市场机遇。

（二）国内市场机遇

国内需求仍将是纺织工业发展的最大动力。经济和人口数量的增长必将拉动内需消费增长，城镇化率不断提高从数量和档次两方面提高需求。

1. 家用纺织品消费市场的空间巨大

经济的繁荣，消费水平的提高，城市化进程加快，生活方式的改变，都给家用纺织品产业带来了新的发展空间。城市化率每提高一个百分点，新增加的城市人口大约为1500万，生活方式的变化将带动对家用纺织品的消费理念的更新，美化居室、舒适健康、追求时尚，家用纺织品成为新的消费热点。住房户数的增加和面积的扩大及旅游宾馆业的发展，将直接增加家用纺织品产品的消费量。功能化进一步拓宽了家用纺织品产品的应用领域。随着新材料、新技术的应用，具有保健功能、安全功能、智能化功能、人性化功能、卫生功能等新功能的家用纺织品在市场上不断推出，进一步拓宽了家用纺织品产品的应用领域，发挥了引导消费和扩大消费的作用。纺织工业结构调整将促使纺织机械行业创新向价值链高端延伸，高端纺织技术装备产品市场需求将进一步增长。随着新农村建设和城镇的发展，人们生活水平不断提高，未来城乡服装消费市场都将呈现巨大的发展空间。

2. 产业用纺织品消费增长的趋势和因素

我国纺织工业的增长点及对社会的贡献将主要体现在产业用纺织品上。产业用纺织品市场规模将急剧扩张，覆盖交通、铁路、水利、机械、医药卫生、军工等领域。城市化进程和新农村建设也将充分释放装饰用纺织品、床上用品等家用纺织品市场需求。纺织工业的发展趋势将为纺织机械行业的发展提供更多的市场空间。纺织机械行业将围绕纺织工业的发展趋势，积极调整产品结构，为纺织工业的结构调整提供技术装备。纺织新材料的开发和应用将对产业用纺织品的生产与消费产生重大影响；运用非织造、多层复合、多轴向和纳米等技术发展差别化、功能化产业用纺织品，将更广泛地应用于农业、医疗、建筑、航空航天、国防等领域。产业用纺织品的竞争也将由价格和质量的竞争转向以高新技术为主导、以品牌竞争为焦点的综合经济实力竞争。产业用纺织品高技术化、信息化发展趋势将进一步加快。首先是内需拉动趋势的影响，为缓解金融危机对我国经济的冲击，国家出台了扩大内需的系列政策和措施，大部分投资在基础设施的建设上。产业用纺织品涵盖的面广，具有巨大的消费需求潜力，未来国内产业用纺织品产业将重点在土工布、医用纺织品、过滤用纺织品、农业用纺织品、复合材料等方向上大力发展。在医用纺织品领域预计需求将会有10%以上的增长率，土工合成材料受益于国家基础设施建设的巨大投入，预计未来需求将会有10%以上的增长率，此外，车用装饰材料、过滤用纺织品等也将会保持10%以上增长的需求量。其次是技术创新趋势的影响，新技术纺织品的产量虽仅占纤维加工总量的10%～15%，但产生的经济效益却高达30%以上。通过技术创新和技术进步，衔接产品上下游产业链与市场、技术供需方之间全新的连接方式，将有效提高产业用纺织品产业的新型工业化水平。第三是高新原料驱动效应，随着我国在高强聚乙烯、芳纶等的高性能纤维和差别化纤维品种的产业化上的突破，将进一步带动在产业链后道上的应用，扩大产业用纺织品的消费领域。

3. 战略性新兴产业发展为纺织工业升级发展创造了良好的机遇

高新技术、信息化技术改造和提升传统产业，战略性新兴产业发展及对纺织工业发展提出了更高要求，也为纺织工业升级发展创造了良好的机遇，在新时期进一步发挥纺织工业支柱产业、民生产业和国际竞争优势产业的重要作用，是纺织工业实现由大变强的客观需要。

4. 循环经济和绿色制造为纺织机械行业的发展提供更多的创新机会

面对纺织资源环境制约加剧的形势，纺织机械行业必须加快节能减排和清洁生产技术的创新和提高，为纺织工业加快改造和淘汰落后产能，优化存量结构提供优良的技术装备。注重能源废水回收利用和纤维再生循环，发展低碳、环保型纺织工业。

（三）面临的主要挑战

从国际看，一是国际市场需求增长减速将加剧市场竞争，特别是来自周边国家低附加值产品的竞争将更加激烈；二是发达国家仍掌握技术、品牌等重要资源，对高端核心技术环节、品牌和营销渠道等资源的控制将更加严格，我国纺织工业在价值链高端将面临更激烈的竞争；三是贸易保护主义的影响难以避免。

从国内看，行业长期粗放发展积累的深层次矛盾依然突出，转变经济发展方式，调整优化产业结构的任务依然艰巨；生产与生活方式的变化对纺织工业提出更高的要求；同时，行业发展的外部环境依然面临诸多问题，如制度环境有待进一步改善，中小企业的公共服务体系薄弱，以及二元经济影响、市场秩序、质量问题、知识产权保护、企业诚信、节能减排等方面都面临着较大的压力。

（四）根本出路在于转型升级

当前，我国纺织机械行业发展外有国际金融危机带来的严重冲击，内有转型升级的紧迫压力。要加快技术改造步伐，以比较优势和逐步增强的创新实力为基础，加快推进结构调整和发展方式转变，着力推动纺织工业进入创新驱动、内生增长的发展轨道，在提高科技含量、降低资源消耗、减少环境污染、提高劳动生产率等方面加快产业提升，走向全球价值链高端，实现纺织大国向纺织强国转变。

技术改造具有投资省、技术新、消耗低、工期短、见效快、效益好的特点；技术改造属于内涵式发展路子，有利于治理长期以来纺织机械行业存在的质量品种、节能降耗、环境保护、装备更新、安全生产等方面的痼疾；技术改造投资乘数效应大，杠杆作用显著，快速形成新的经济增长点，促进经济增长。

在当前形势下，推进纺织机械行业技术改造，重要性十分明显。

首先，有利于扩大投资促进纺织机械行业和国民经济发展。从各地实践看，采用财政贴息的办法，推进企业技术改造，往往能够带动十几倍的企业和社会投入，发挥"四两拨千斤"的作用，是实现扩大投资、促进增长的一个抓手。

其次，有利于推动纺织机械行业结构调整和转变发展方式。技术改造资金作为一种投资，可以引导各类要素向重点领域、重点地区和重点企业、重点产品聚集，促进区域结构、产业结构、产品结构和企业组织结构的调整，提升工业发展素质。通过引导技术改造投资流向，可以支持企业提高存量技术装备水平，加快淘汰落后产能，加快工业发展方式转变。

第三，有利于提高纺织机械企业核心竞争力。通过实施技术改造，在不增人、不增地、少投入的情况下，能够大幅度提高企业生产效率、制造能力和经济效益，推动企业做大做强。

第四，有利于增强纺织机械行业创新能力。实践表明，体制创新、技术创新、产品创新和管理创新等创新活动，能够强化企业的自主创新能力、自主知识产权、自主品牌，能够打造本行业骨干企业，创造行业发展的不竭动力。技术改造的良性互动，日渐成为企业技术改造的新趋势。通过引导企业技术改造工作和自主创新工作相结合，把技术改造作为提高自主创新能力的重要实践途径，能够增强企业核心竞争力。

第五，有利于纺织机械行业节能减排降耗。节能减排降耗是转变发展方式、实现可持续发展的内在要求，必须将其作为技术改造工作的重点之一。通过技术改造，广泛采用新技术、新工艺、新设备，加快各类高耗能、高污染生产工艺装备的淘汰步伐，推广应用清洁生产等项目的建设，能够有效减少资源能源消耗和工业污染物排放，在节能减排降耗方面发挥推动力作用和示范作用。

促进纺织机械行业转型升级，加快提升纺织机械工业的整体水平，增强纺织机械行业自主创新能力，储备和增强发展后劲都具有重要作用，对于增强纺织工业国际竞争力，优化纺织行业和产品结构，加快实现纺织强国步伐，具有十分重要的意义。

三、纺织机械行业转型升级的基本思路和重点任务

（一）基本思路与原则

我国纺织机械行业转型升级的基本思路是：要抓住我国由纺织大国向强国转变的历史机遇，着力攻克一批重大关键技术、共性技术、基础工艺技术和重大装备核心技术，促进行业整体技术进步；着力改造传统纺织机械产业，为重要产业发展服务，实现高端纺织技术装备自主化；着力推进创新体系建设，推动产业技术创新战略联盟的构建，增强自主创新能力；着力提高制造工艺水平和产品可靠性，提高质量管理、标准服务水平和品牌建设力度，提升产品形象与竞争力。推动纺织机械行业走创新驱动、内生增长的经济发展方式，为建设纺织强国奠定技术装备支撑。要提高纺织机械行业的创新能力，实现协调和可持续发展，突破研发、设计、营销、品牌培育、技术服务、专门化分工等制约行业结构优化升级的关键环节和生产性服务也。推进企业之间的兼并重组和规模化能力，提高产业集中度。培育和壮大一批具有总体设计、成套能力和系统服务功能的大型企业集团（总承包商），促成一大批专业分工明确、特色突出、配套制造能力强的中小型企业发展壮大。

在纺织机械行业转型升级的过程中，应坚持以下原则。

第一，以市场需求为导向。加强市场环境的分析，预测国内、国际技术经济发展趋势，根据市场需求和科技引导的作用，确定行业发展和结构调整的重

点方向。

第二，以结构调整为主线。注重发挥行业整体优势，提高重大装备自主化生产的比重，满足纺织行业降低投资成本、提高技术水平的要求；加大技术攻关和改造力度，消除产业链中影响整体竞争力的"瓶颈"约束；培育产业集群的整体优势，引导行业良性发展。

第三，以技术改造为动力。开展技术创新，产品创新，管理创新；优化产品和技术结构，提高企业经营管理水平，提高劳动生产率，提高工艺和技术装备水平，增强企业快速反应能力，增强市场竞争力。

（二）重点任务

要重点发展高端纺织机械产品，做好产品结构的调整，摆脱产品同治化的困扰，使纺织机械逐步向高端化、智能化、绿色环保。加快纺织机械产品差异化、模块化，研制高性能产业用纺织机械和节能减排型纺织机械，提高纺织机械专用件和配套件的技术水平，加强纺织机械企业的技术改造，提高信息化与工业化融合水平，促进纺织机械企业的工艺技术进步和机床数控化率。大力推广已经研发成功并已实现大规模产业化的国产化新型生产装备、节能减排装备和关键配套件，推广具备高精化、柔性化、多功能复合、节能环保等特点的纺织机械先进制造技术。

1. 推广自动化控制、信息化技术，实现纺织生产全流程智能化

随着我国工业自控技术的发展，纺机行业工控技术的应用呈上升趋势，应用的方面主要是在变频器控制技术方面，人机界面和全流程的自动化信息化技术应用比例很少，机器人技术的应用比例少之甚少。随着人们工作理念的变化，自动化操作代替手工的变化在纺织工业日渐突起，纺织生产企业对智能化纺织生产线的需求在不断增加；同时纺织工业结构调整，产业升级，产品由地端走向高端，对装备的要求越来越高。要重点在纺织机械装备中推广应用自动化、在线检测技术、智能化技术，提高纺机装备的稳定性，提高纺织生产的生产效率，降低能耗，提高企业的管理水平，从而增强纺机和纺织企业的市场竞争力，为纺织产业升级换代打下坚实可靠的基础。

2. 加快高新纤维、产业用纺织机械开发步伐，完成纺机产品结构调整

我国的纺织工业有着悠久的历史，一直专注于衣着家用等纺织品的研究开

发和生产，对于高新纤维和产业用纺织品机器装备的研究较少，没有建立良好的基础平台，造成纺织机械与纺织工业在产品的比重方面不均衡。在中国经济飞速发展的今天，对高新纤维、产业用纺织品的需求日益高涨，发展其装备的要求越来越迫切。要重点研发聚苯硫醚、聚亚酰胺、碳纤维、高模高强聚乙烯等高性能纤维和环保的再生纤维、生物纤维的纤维制取装备及工艺技术，在"十一五"成绩的基础上，提高产品性能，实现产业化生产，满足国家经济发展的需求；重点研发复合材料的成型装备与技术，解决高性能纤维织造成型装备严重滞后的局面，同时扩大高新纤维材料织造装备的应用领域；重点开发产业用纺织品加工设备，产业用纺织品包含：医疗与卫生用、过滤与分离用、土工布用、交通工具用、农业用、隔离与绝缘用以及航天工业、高档汽车的骨架材料等10多个领域，增加设备品种，提升装备技术水平，使产业用纺织品成为纺织工业最具有潜力和高附加值的技术性产品产业。

3. 大力研究新工艺、新技术，节能降耗，打造高端纺织机械产品

目前国内纺织机械与国外纺织机械除了在外形轻巧、操作简单、设备运行稳定等方面存在一定差距外，在装备技术含量、工艺先进性上存在的差距较高。特别是在传统纺纱高端装备领域中，国外设备具有绝对的优势。例如在无梭织机、气流纺、集聚纺等工艺技术装备上的优势更加明显，处于垄断地位。国产设备的落后主要表现，设备产品的工艺性，设备制造技术性等方面。在纺织机械中，传统的棉、毛、麻、丝等纤维及织物的加工设备比重很大，其中有些工艺技术和设备已经落后，但仍在使用，这样的装备生产的产品不但质量差，效率低，而且能耗高。在纺机的制造业中，先进的自动生产线占比很小，除个别国企在"九五"期间引进自动钣金和柔性加工生产线外，近年来这方面设备更新几乎没有，在热处理、表面处理等方面新技术的应用就更少了，这种现象致使机械加工水平在制造业中处于偏低状态，影响了纺织机械的发展。要实现纺织机械产业升级，就必须研究新的纺织工艺技术、应用先进制造技术，低能耗技术，清洁生产的技术，开发出高端、先进的纺织机械装备，提高生产效率，继而淘汰落后产品，使纺织工业处于良性发展之中。要采取与纺织工艺技术紧密结合的方式，利用高校的研发优势，做好基础理论研究工作，实现自主创新。在研发新技术的同时，加大技术改造力度，提高企业的制造水平，促进传统纺织机械产品的升级换代，实现纺织机械工业发展模式由量的扩

张向质的提高转变。

4. 深入推广精细加工的理念，全面提升纺机装备质量

由于纺织机械是从手工业发展起来，给人一种错觉，行业的技术门槛很低，往往觉得纺机设备很简单，要求不高。这种思想长期困扰着行业的发展，特别是当纺织机械成为世界主要生产国时，产品精细化、智能化的理念必须深入人心。只有这样才能提升产品质量，打造高端纺机产品。精细加工的关键的就是如何实现产品制造水平的一致性，保证产品质量，是生产企业给予客户的承诺，也是维系企业发展的关键。精细化加工不仅体现在产品制作上，更体现在对员工的培训，每道工序操作流程的把控，供应商的选择等方面。要树立质量是企业信誉和生存延续的理念，提高设备的质量、性能和人性化设计，减少停车率和维修率，确保产品的可靠性和稳定性，使用户买得放心，用得省心，缩小与进口设备的差距。

四、有关政策建议

1. 从战略高度认识纺织机械行业技术改造重要性

要把对纺织机械行业技术改造工作的认识统一到中央对国内外经济形势的分析判断和决策部署上来，统一到贯彻落实科学发展观上来，统一到走中国特色新型工业化道路上来，坚持以市场为导向，以企业为主体，以结构调整为主线，以技术改造为动力，以提高投资效益为中心，推进信息化与工业化融合，加快转型升级的步伐，发挥纺织机械行业的重要作用。

2. 加强技术改造重点项目和资金的统筹规划

扩大纺织机械行业技术改造专项资金规模。围绕产业关联度高、能有效带动经济增长的大企业、大集团和龙头企业，有基础、有市场、目前面临困难的企业，具有"专、精、特、新"特点的中小企业，给予技术改造资金支持，引导社会资本流向。按照"改造一批、投产一批、储备一批"的思路，抓住技术改造投资的"牛鼻子"，搞好技术改造项目的策划、储备，建立健全重点项目库。主要采用贷款贴息的办法，支持重点企业、重点项目的技术改造。

3. 实施鼓励纺织机械行业技术改造的政策措施

坚持淘汰落后与技术改造相结合，制定实施有利于技术改造的产业政策。继续推动实施有利于技术改造的国产设备投资抵免企业所得税、金融信贷、首台首套采购、进口免税与出口退税以及相关土地、环保等政策。对纺织用户订购和使用国产首台（套）高端纺织技术装备予以技术改造支持；对符合重点自主技术创新项目的纺织机械企业，在进口部分关键零部件时予以税收优惠政策支持。根据行业特点制定科学的能耗与减排的技术标准，依法行政，避免"一刀切"、"强行拉闸"等非理性行为。增强政策协调性，共同使用，发挥政策的最大效力。

4. 发挥企业在技术改造中的主体作用

要发挥市场在资金等资源配置中的基础性作用，改革技术改造投资管理体制，推进技术改造投资主体多元化。按照"谁投资、谁决策、谁受益、谁承担风险"的原则，除按规定需要核准的投资项目外，推进技术改造项目备案制，落实企业在技术改造中的主体地位。推进银企合作，引导和鼓励金融机构对符合国家产业政策的技术改造项目予以信贷支持，同时加强利用资本市场、外资、民间投资、风险投资，增加技术改造投入，提高技术改造投资在全社会固定资产投资中的比重。

5. 赋予新时期技术改造工作以新的内涵

要深入贯彻落实科学发展观，坚持以人为本，有所为有所不为，统筹兼顾纺织机械行业技术改造工作的区域布局和项目投资力度，推进技术改造工作全面协调可持续发展，把技术改造工作转到科学发展的轨道上来。要顺应信息化发展的时代要求，把技术改造工作同推进信息化与工业化融合结合起来，注重利用信息技术改造提升传统产业，把信息技术融入研发设计、生产、流通、管理、人力资源开发各环节，把技术改造工作作为走中国特色新型工业化道路的重要切入点。

6. 尽快建立健全纺织机械行业技术改造工作体系

要加快建设有关部门配合、部门与地方联动的技术改造协同工作机制，推行政务公开，简化办事流程，提高行政效率，提高为企业技术改造服务的水平。加快建设重点技术改造项目申报、核准、备案、评估工作机制，建立一大批项目储备，完善技术改造投资效益评价体系和技术改造项目后评估制度，确保重点技术改造项目取得实效。加快建设更加科学的技术改造工作统计指标体系，为政府决策和行业发展提供科学依据。加快建设技术改造服务体系，发挥行业协会和各类中介机构在技术改造信息服务、评估咨询、招投标、融资担保中的作用。充分发挥行业协会在制定行业规划和技术标准、节能减排、环境保护等方面的作用，开展技术指导和培训，为推进纺织机械技术进步和产业结构调整做好服务。

7. 加强共性技术研发和推广应用，推进各类载体和平台建设

要加快自主创新体系建设，引导企业走创新发展之路，培育行业持续创新能力。结合行业振兴和战略性发展构架，创新产学研用结合模式，推动科研院所、高校和企业建立长期稳定的合作关系，构建产业技术创新战略联盟，增强企业自主创新能力和核心竞争力。加强创新资源的整合共享，发挥国家工程中心、企业技术中心、国家工程实验室等科研基地的引领和辐射作用，加快纺织机械行业技术创新服务平台建设。加强共性技术研发和推广应用，特别是关系行业发展的重大关键技术、共性技术、基础工艺技术、重大装备和新技术的研发等。加强知识产权保护，积极引导和支持纺织机械企业创建自主品牌。

李志军　执笔

第十二章

服装鞋帽业：培育品牌成为关键

我国是服装鞋帽生产大国，服装鞋帽行业①是我国重要的民生产业和劳动密集型产业。2008年以来，各项成本不断上升，人民币持续升值，加上国际金融危机影响，我国服装鞋帽行业的低成本竞争优势受到了严峻挑战，已经处于转型升级的关键时期。本报告在总结服装鞋帽行业发展现状、改造升级模式和存在问题的基础上，借鉴国外经验，提出促进服装鞋帽行业改造升级的政策建议。

一、服装鞋帽行业发展现状与新形势

（一）发展现状

改革开放以来，我国服装鞋帽行业发展形成了从原料到配饰辅料，从设计研发到生产制造、商贸销售的完整产业链，逐步发展成为了世界上最大的服装鞋帽产品生产国、消费国和出口国。

服装鞋帽行业是劳动密集型行业，也是充分竞争行业。2003年以来我国服装鞋帽企业数量及从业人员数如表12.1所示，2010年，我国规模以上服装

---

① 本报告的研究口径为国家统计局网站公布的国民经济行业分类中的C18"纺织服装、鞋、帽制造业"。

鞋帽企业数量达到 18547 个，平均每个县级区域 6.5 个；从业人员 447 万，是继煤炭开采和洗选业、纺织业、化学原料及化学制品制造业、非金属矿物制品业、通用设备制造业、交通运输设备制造业、电气机械及器材制造业、电子设备制造业之后，吸纳劳动力最多的行业，如果加上纺织业，则在所有行业中吸纳劳动力最多。大中型企业约占 1/10 弱，但大中型企业的从业人员数超过总数的 1/3。2009 年在北京人民大会堂举行的第十三届全国市场销量领先品牌信息发布会资料显示，在参会的所有行业中，服装鞋帽类市场的集中度最低。2010 年服装行业规模以上企业投资中，私营企业占 47.04%。

表 12.1　　　　　　　　　　服装鞋帽行业企业数量及从业人数

年度	规模以上企业数（个）	全部从业人员年平均数（万人）	大中型企业数（个）	全部从业人员年平均数（万人）
2003	9717	289.19	770	92.27
2004	10901	320.26	757	94.71
2005	11865	346.06	982	112.27
2006	13072	377.57	1211	133.37
2007	14770	414.19	1405	154.90
2008	18237	458.70	1565	167.92
2009	18265	449.31	1659	171.69
2010	18547	447.00	1735	179.64

资料来源：《中国统计年鉴》；2003～2006 年的"规模以上企业"数为"全部国有企业及规模以上非国有企业"。

　　尽管服装鞋帽行业整体利润率较低，但由于其规模巨大，仍创造了大量的产值和利润，如表 12.2 所示。2010 年，服装鞋帽行业规模以上企业工业总产值在所有工业行业中排名比较靠前，约为纺织业的 1/2，与食品制造业、医药制造业、塑料制品业接近。进入新世纪以来，工业成本费用利润率（一定时期内实现的利润与成本费用之比）有较大幅度提高，2010 年达到 7.66%，是 2003 年的 1.8 倍，这可能是有一批发展较好的服装鞋帽企业率先加大了改造升级力度，并取得了很好的效果。

表12.2　　　　　　　　　　　服装鞋帽行业效益指标

年度	规模以上企业工业总产值（亿元）	规模以上企业利润总额（亿元）	城镇固定资产投资额（亿元）	规模以上企业工业成本费用利润率（%）	规模以上企业产品销售率（%）
2003				4.28	97.20
2004		152.52	259.0	4.14	
2005	4974.63	206.16	384.3	4.54	97.48
2006	6159.40	273.38	553.4	4.90	97.19
2007	7600.38	357.13	753.2	5.20	97.42
2008	9435.76	487.34	898.5	5.74	97.10
2009	10444.80	611.20	1050.6	6.46	97.31
2010	12331.24	851.94	1409.2	7.66	97.25

资料来源：《中国统计年鉴》；2003~2006年的"规模以上企业"数为"全部国有企业及规模以上非国有企业"。

　　服装鞋帽产品是我国主要的出口产品之一，如表12.3所示，出口量远大于进口量，这说明我国服装鞋帽产品具有很强的市场竞争力。从2003年到2007年，我国服装鞋帽类产品出口快速增长，2008年受国际金融危机影响，出口增长放缓，2009年出口减少，2010年已经恢复增长。出口主要集中在美欧日，如2010年对上述三地的服装出口占总出口的60%以上，其余市场的份额较小，而这些国家正是金融危机重灾区。我国出口的服装鞋帽产品，绝大多数是内资企业生产的，外商正在退出这个领域。2010年服装行业规模以上企业投资中，内资占87.45%。

表12.3　　　　　　　　　　服装鞋帽产品进出口　　　　　　　　单位：亿美元

年度	针织或钩编的服装及衣着附件		非针织或非钩编的服装及衣着附件		鞋靴、护腿和类似品及其零件		帽类及其零件	
	出口	进口	出口	进口	出口	进口	出口	进口
2003	206.78	5.57	250.79	7.84	129.55	3.74	9.39	0.07
2004	258.03	6.42	289.81	7.93	152.03	4.75	11.80	0.11
2005	308.71	6.95	350.31	8.15	190.52	5.42	14.43	0.13
2006	449.00	7.17	437.20	8.68	218.13	6.08	17.50	0.14
2007	613.26	7.90	473.16	10.22	253.06	7.26	19.61	0.17
2008	608.77	8.54	524.90	12.22	297.20	10.15	23.86	0.24
2009	538.14	6.33	467.30	10.20	280.34	8.80	22.27	0.21
2010	667.10	8.18	543.61	14.20	356.36	11.17	27.98	0.29

资料来源：《中国统计年鉴2011，2010，2008，2006，2005》。

　　我国服装鞋帽行业的竞争力主要体现在成本上，具有竞争优势的产品主要是中低层级、劳动密集型产品。服装鞋帽行业的研发投入偏低，年申请专利数量不多，尤其是发明专利少，2010 年大中型服装鞋帽企业仅拥有发明专利 228项，如表 12.4 所示。2010 年服装鞋帽行业大中型企业共开发新产品 920 项，新产品销售收入 483 亿元。

表 12.4　　　　　　　　服装鞋帽行业研究开发投入产出

年度	申请专利（项）	专利授权（项）	大中型工业企业R&D经费（万元）	大中型工业企业申请发明专利（项）	大中型工业企业有效发明专利（项）	大中型工业企业新产品项目（个）	大中型工业企业新产品销售收入（万元）
2003	2354	1226					
2004	2920	1422					
2005	3019	1369					
2006	4011	1868	88208	48	89		
2007	4353	2585	96603	56	252		
2008	5568	3103	123017	620	189	938	2578006
2009	6093	3465	149512	169	284	846	4278844
2010	8239	5572	165556	197	228	920	4833870

资料来源：《中国统计年鉴》。

　　我国服装鞋帽制造产能集中在东部和中部。如表 12.5 所示，2010 年我国服装行业规模以上企业投资中，中西部地区增长显著，增速分别达到58.13%和46.49%，明显高于东部地区投资增速；中部地区投资绝对值超过东部地区。东部地区投资主要用于渠道再造、信息化改造和技术改造，而中西部地区则主要用于基础设施建设、现代化厂房建设与改扩建。

表 12.5　　　　2010 年中东西部地区规模以上服装企业实际完成投资

地区	投资（万元）	同比增（%）	占全国比重（%）	比重增（%）
东部（10 省市）	6408426	13.31	46.75	-8.11
中部（8 省市）	6482824	58.13	47.29	7.53
西部（12 省市）	817782	46.49	5.97	0.55

资料来源：中国服装行业协会。

（二）竞争力国际比较

我国的服装鞋帽行业基础雄厚，产业链完整，各种配套产业齐全，服装出口总额约占全球服装出口贸易总额的1/4，生产的鞋类产量超过世界总产量的50%。我国最具竞争力的环节是产品制造，主要竞争优势是成本低，目前还没有哪个国家在制造实力上可以与我国相比。

在我国服装鞋帽行业承接制造环节的同时，法国、意大利、美国、英国、日本等服装鞋帽强国完成了战略调整，把制造环节转移到了成本更低的地方，重点转向了品牌培育与运营、研究开发等方面，综合实力并未削弱。我国服装鞋帽行业在品牌、研发、营销及高端产品制造方面目前还无法与服装鞋帽强国竞争，仍存在巨大差距。

国际市场上，维持多年扩张趋势后，我国服装鞋帽行业的低成本竞争优势目前出现了丧失的迹象，但优势仍存在。2008年以来，出口额出现了增速放缓、甚至同比下降的情况，但我国的服装鞋帽产品在国际市场中的份额并没有明显下降。2010年，生产、出口、投资基本恢复到了2009年前的规模。根据国家统计局统计数据，2010年1~11月，服装行业规模以上企业亏损面为15.72%，比2009年同期缩小4.54个百分点。2010年服装企业累计完成服装436亿件，同比提高18.9%，出口295亿件，出口比例高达68%；皮鞋产量约120亿双，占世界总产量的50%以上，其中30%左右出口。

国内市场上，我国服装鞋帽产品仍有绝对优势，但国外品牌产品的份额在扩大，尤其是中高端产品。2009年第十三届全国市场销量领先品牌信息发布会结果显示，在消费品销量前十位品牌的市场份额构成中，2008年国产名优品牌占64.39%，比2007年下降3.35个百分点，表明外资品牌进一步加大了对国内市场的渗透力度。国际品牌加紧向国内二、三线市场延伸，加强了对中国市场布局的调整。

（三）低成本竞争难以为继，服装鞋帽行业已处于升级改造的关键时期

2008年爆发国际金融危机以来，我国经济政策不断调整，各项成本不断上涨，服装鞋帽行业的低成本竞争优势已出现丧失的迹象。

2008年以来，原材料价格、融资成本、劳动力价格、商务成本、物流成

本均明显上涨。棉花等上游原料价格上涨带动纱线、面料等服装原料价格波动上升，羊毛、羽绒、蚕丝等其他原料价格均有不同程度上涨。融资成本在我国由适度宽松转向稳健的货币政策过程中不断提高，服装鞋帽企业从商业银行贷款很困难，中小企业贷款更难，不得不通过民间借贷渠道融资，成本很高。新《劳动合同法》实施以来，工资福利不断攀升，大大提高了劳动力成本，而用工荒更是成为困扰服装鞋帽行业发展最关键的问题之一。经中国服装网调查，广东、浙江、江苏、山东、福建等5个服装大省普遍缺工20%～30%，该5省平均开机率仅80%；内陆服装产业发展较快的江西、安徽、河南、河北、湖南、湖北、四川等省也都不同程度地出现招工难现象。商业地租涨价、运输价格上调提高了商务成本和物流成本，水电气等能源供给紧张干扰了正常的生产经营活动，2010年末服装主产区出现限电、限水等措施使得部分订单无法如期完成。而人民币持续升值，从2008年初的7.3一路升至2011年9月底的6.4，降低了出口型服装鞋帽企业的利润，以出口业务为主的企业受影响较大。

在上述因素共同作用下，我国服装鞋帽行业的低成本竞争优势受到了严峻挑战。相对而言，越南、印度、泰国、巴基斯坦、墨西哥、土耳其等资源丰富且人力成本低廉的竞争国家的竞争力在提高，为国际巨头提供了另外的产业选择地，部分订单已经外流。如2011年越南耐克代工厂数量已经超过了我国，而越南工人月工资约为700元，远低于我国。

低附加值、低成本的竞争模式已现颓势，我国服装鞋帽行业已经处于改造升级的关键时期，亟待从以代工为主转向自主品牌，提高研发、品牌等高端竞争力，提高产品档次。而转移到成本更低的中西部只能是权宜之计，当地成本紧跟着上升后，依然要面临改造升级的压力。对服装鞋帽企业的调研发现，变革实际上已经开始了。

目前，服装鞋帽生产能力正在向我国中西部地区和周边国家转移，但还没有出现稳定的流向，为中西部地区提供了发展机遇，也倒逼沿海地区企业升级改造。周边的竞争国有自己的问题，如越南，虽然劳动力成本比广东低，但配套条件差，物流、交通、原材料供应等并不完善，工人也需要培训，综合成本并不明显比中国低；印度在政策实施上效率不高，劳动力成本也不比中国明显低。我国中西部加工成本远低于沿海地区，近年来不少代工厂已迁移到内陆如重庆等。

部分产能转移是由国外品牌主导的，它们是流向我国中西部地区，还是流向其他竞争国，我们无法控制，只能创造条件，尽量把这个重要的民生产业留在国内。部分产能转移是国内品牌主导的，这些产能流向何处，是企业权衡利弊的结果，与发达国家服装鞋帽产业发展的过程类似，是行业改造升级的希望所在。发展得好，我国服装鞋帽产业有可能完成改造升级，逐渐发展成为服装鞋帽强国；发展得不好，有可能像当年的新兴工业化国家一样，成为服装鞋帽产能在全球范围内不断转移的中继站。

尽量把国外制造需求留住，就要改善经营环境，降低国内物流成本，同时还要吸引住它的上下游企业，形成产业积聚效应以及扩大中西部消费能力。从成本竞争走向价值竞争，重塑竞争力是我国服装鞋帽业发展的唯一道路，也是服装鞋帽产业发达国家的发展经验。

二、国外服装鞋帽行业产业改造升级的经验

受原材料供应、劳动力成本、销售市场等多方面因素影响，以及全球主要消费市场的制造商、批发商和零售商对利润的追求，全球服装鞋帽加工中心不断转移。从 20 世纪中开始，法国、美国、意大利等国将服装鞋帽制造行业转移到了日本，紧接着转到韩国和我国港台地区，再到我国内地、印度、巴基斯坦以及东南亚国家，路线十分清晰。

一些国家通过承接、消化吸收、转型升级，服装鞋帽产业由弱变强，不断发展壮大，在这个过程中政府发挥了重要的作用。一些国家则满足于承接转移过来的产能，待竞争优势丧失后，发展到一定规模和能力的服装鞋帽业最终消亡。

（一）韩国服装鞋帽业发展的经验与教训

1. 服装业

20 世纪 90 年代以前，韩国服装业主要依靠低劳动力成本优势生存。90 年代中期，韩国服装业面临来自亚洲其他国家的竞争，国际市场占有率不断减

少，企业纷纷向低生产成本国家和地区转移生产基地，曾一度被称为"夕阳"产业。

面对来自以中国为代表的竞争对手，韩国服装业调整发展模式，转向依靠创新、生产高附加值及自主品牌产品，以质量、技术及价格取胜，服装业并没有萎缩消亡，至今仍在韩国有着重要地位。

韩国服装行业改造升级的重点集中在三个方向：加大科技投入，提高技术水平；在本国生产高品质产品，中低档产品制造大举转移到国外；实行培育知名品牌战略。

在产业升级改造过程中，韩国政府主要从两方面给予支持，一是支持研究开发，如大邱市政府为了促进纺织服装产业升级，与企业共同组织、推动"米兰项目"，将工作重点放在纳米纤维、超细纤维及智能纤维和数码染色工程、新型服装设计、尖端纺织机械等项目的研发上，从而推动大邱纺织服装的技术和质量向世界先进水平迈进。2008 年动工的韩国服装产业研究院大楼，其总项目费为 115 亿韩元，其中 50 亿韩元为国家预算。二是推动文化攻势，愈演愈烈的韩流风潮，对于韩国服饰打开国际市场产生了极其重要的积极作用。韩国设有国家品牌委员会，韩流支援政策在国务会议上讨论并决策，韩国政府在"韩流全球化"中扮演了重要的角色，日本媒体甚至认为"所谓的韩流热潮其实是韩国政府一手策划的"。韩国文化产业振兴院是专司推动文化产品出口的重要政府机构，在北京、东京、伦敦、洛杉矶等地设立了事务所，2010 年预算为 2000 亿韩元。

2. 制鞋业

1970 年以前，韩国制鞋业技术水平和产量都很有限，虽然 1962 年已首批出口美国，但限于产品质量和市场开拓能力，产品仍以供应内需市场为主。到 1970 年，制鞋业不过是个出口不足 5000 万美元、共拥有 2 万余名工人的行业。70 年代初，依靠低成本竞争优势承接了日本转移出来的订单和投资，韩国制鞋业开始快速成长，并逐步在韩国所有出口产业中占据重要地位。1973 年出口翻一番达到 1 亿美元，到 1975 年制鞋业基本转变成了以出口为主、拥有 6 万多名工人的产业，80 年代成为继电气电子产品、纺织品之后的第三大出口产业。1990 年创下出口 43 亿美元的纪录。制鞋业在韩国占据重要地位，占企业总数的 2.7%（占韩国企业数量的第 4 位），从业人员的 6%（第 4 位），产值的 2.42%（第 5 位），附加值的 2.51%（第 5 位），出口的 6.6%。

与世界著名品牌的合作是韩国制鞋业兴起的关键一步。1974 年起，美国耐克、锐步、阿迪达斯等世界著名品牌先后在韩国生产运动鞋，促进了韩国制鞋业的发展，产品质量得到较快提高，使韩国制鞋业逐渐兴起并走向成熟，同时也奠定了韩国作为该时期运动鞋主要供应国的地位。其间，韩国制鞋业也积累了生产技术，原料的国产化率进一步提高。

但由于在发展过程中忽视了自主品牌培育和市场开拓，在 80 年代末开始的国内劳动力成本快速上涨过程中，韩国制鞋业迅速失去了价格竞争优势，出口逐年递减，每况愈下。1986 年起，韩国鞋制品先后受到了澳大利亚、日本、加拿大、美国、法国、意大利、芬兰、菲律宾、瑞典、新西兰等主要出口市场的配额限制，恰逢韩币兑美元的大幅升值、原材料价格的上涨，特别是 1987 年民主化运动导致的劳资纠纷增加及劳动力成本的大幅上涨，导致制鞋业对外竞争力急剧减弱，从此韩国制鞋业进入萧条期，并逐渐衰落。在制鞋业快速发展过程中，许多企业涉足制鞋业，争夺客户的竞争日趋激烈，最终导致大批企业的倒闭。从 1990 年到 2002 年，出口额由 43 亿美元下降至 5.77 亿美元，年均下降 7.3%；制鞋业企业由 1860 家减至 1685 家，从业人员由 17.96 万名减至 3 万名，减少 83.3%，13 万名制鞋业工人失去工作岗位；生产额下降 40%。2003 年 5 月份在韩国鞋制品贸易史上首次出现逆差，宣告了韩国制鞋业作为主要出口产业时代的彻底结束。

韩国制鞋业衰落的原因是多方面的，直接原因是劳动力成本快速上涨导致国际竞争力下降乃至丧失，但根本原因是从 70 年代开始过分依赖订单生产方式（OEM）进行生产和出口，长期忽视自我品牌创立、海外促销能力以及专业人才培养。

（二）耐克鞋发展之路

1964 年，费尔·奈特（Phil Knight）与他的教练包尔门（Bowerman）各出资 500 美元，成立了一家运动鞋公司，取名为蓝带体育用品公司。1972 年，奈特和鲍尔发明出一种鞋，并与日本方面签订第一张合约，正式生产完全美国设计的运动鞋，蓝带公司改名为耐克（Nike）。

随后的几年，日元持续升值，人力成本高涨，使得在日本生产鞋子的代价愈来愈高。此时，耐克已累积了基础稳定的海外生产经验，便将触角伸至其他更多国家的生产厂商。为了降低生产成本，1975 年耐克将生产线从日本转移至人力成本相对较低的韩国与我国台湾，从而使得耐克有更多的资源从事研发与营销。耐克在低人力成本国家广辟代工厂商，在当时堪称是业界革命性的创举。1980 年，又因为同样的原因，耐克将主要生产线搬到了中国。

1980 年耐克在北京设立了第一个耐克生产联络代表处。之后，耐克不仅将先进技术引入中国，而且致力于本地人才、生产技术、销售观念的培养，取之本地，用之本地，在中国取得了飞速发展。至今，中国已经是耐克公司最大的订单生产国，继美国之后的全球第二大耐克产品消费市场，也是发展最为迅速的耐克产品市场。

随着我国低成本竞争优势逐渐受到挑战，耐克开始布局再次转移制造基地。虽然耐克不是自己生产，但其代工厂的生产线转移不能不说是出自耐克的"授意"。从 2005 年开始，掌握着耐克 5.5% 生产的丰泰集团就把许多中国订单下到了越南，同时大规模扩充在越南 4 个代工厂的生产线，还投资 1600 多万美元在越南新建了一家工厂。丰泰的新闻发言人曾公开表示："（人民币兑美元）升值 2% 企业还可以调整过来。假如继续升值，中国一些长期的订单将被其他地区如越南、印尼所取代，这将成为一种趋势。"而就在当年，耐克全球第一大贴牌生产厂（OEM）宝成集团在越南的产能也在迅速提高。在随后的几年里，丰泰和宝成纷纷加大对越南投资。2010 财年，越南生产了 37% 的耐克运动鞋，份额跃居第一，中国生产了 34%，结束了 10 年老大位置退至第二，如表 12.6 所示。

表 12.6   耐克鞋主要产能分布（%）

年度	越南	中国	印尼	泰国
2001	13	40	31	13
2005	26	36	22	15
2009	36	36	22	6
2010	37	34	23	2

数据来源：财新网 www.caing.com。

耐克历年年报显示，2001 年时，中国生产了其 40% 的鞋，在各国排名第一，而越南只占到 13% 的份额；到了 2005 年，中国的份额降至 36%，还是排第一，越南升到 26%，排第二；在 2009 年，中国和越南并列第一，都是 36%。2010 年发布的耐克《2007～2009 财年企业社会责任报告》显示，截至 2009 年 6 月，中国有 136 家合同工厂为耐克代工，占有全球 618 家代工企业的 22%，但已经少于越南、泰国、印尼三国总和 138 家。

耐克除了紧抓品牌，还非常重视研发。1981 年，由创办人兼 CEO 保罗·菲尔蒙（Paul Fireman）领军，锐步（Reebok）以黑马姿态窜出，推出了设计新颖、势头强劲的运动鞋，成功地席卷了部分市场。1985 年前后，锐步在激烈的竞争中，已能与耐克分庭抗礼。1987 年，锐步更上一层楼，以 9.91 亿美元的销售额、30% 的占有率，一举登上运动鞋市场盟主的宝座，耐克则以 5.97 亿美元及 18% 的占有率殿后。为了反击锐步的挑衅，耐克痛下决心投注了巨额经费在新产品的研发设计之上，最脍炙人口的经典产品则是 80 年代末的"气体鞋"（The Nike Air Shoe），获得了空前的成功，重新抢回了失去的市场。

（三）经验总结

国外服装鞋帽业发展的经验和教训，对我国具有启发意义。

①为了降低成本，不断将制造产能转移到综合成本较低的地区。发达国家和地区的先发企业的发展过程，是一个不断寻找合适的制造基地并不断转移的过程，最终在本国只保留极少量的高端制造产能。

②研发、品牌、市场环节始终掌握在服装鞋帽强国手中。制造产能转移的同时，发达国家和地区的先发企业把资源更集中地使用在研发、品牌培育与运作环节，在技术、品牌、市场方面形成核心竞争力。

③仅仅依靠承接转移产业，不积极推动产业升级，即便能取得一时辉煌，最后仍难逃消亡的结局。在服装鞋帽产业全球转移过程中，曾经依靠低成本竞争优势获得发展的国家中，部分因为完成了产业升级，形成了自己的品牌、技术和市场优势，当低成本竞争优势丧失时，成功保留了服装鞋帽业，成为新的服装鞋帽强国；部分一直依靠低成本竞争优势，当更强的竞争对手出现后，服装鞋帽业也就萎缩消亡了。

④政府可以在政策引导、支持研究开发、品牌文化宣传等方面发挥作用。市场经济国家的政府一般不直接干预服装鞋帽业这种完全竞争的民用行业，但

在行业发展的关键时期，往往会制订发展规划和扶持政策，通过引导企业明确发展方向，支持企业研究开发，帮助企业树立品牌文化等措施，促进行业转型升级。

⑤文化研究和宣传造势对于服装鞋帽业来说非常重要。服装鞋帽产业是制造业，同时也是文化创意产业。服装鞋帽强国拥有的世界品牌均有着该国文化的烙印，并通过引领时尚取得丰厚的利润。

三、服装鞋帽企业改造升级的模式与存在的问题

部分服装鞋帽企业在形势迅速变化的情况下，已经率先作出了反应，它们改造升级的模式，以及暴露出来的企业自身、政策环境问题，对于制定针对性政策具有重要的参考意义。

（一）服装鞋帽企业改造升级的模式

先发服装鞋帽企业改造升级的目标是提高产品质量和档次，由代工转向培育自主品牌。具体来说，服装鞋帽企业改造升级的模式主要有四种，用适用技术和设备改造企业、研发新产品，目的是提高生产、管理的效率，扩大市场；产能和产品的战略调整，目的是降低企业生产和商业成本，提高产品质量；培育和运营品牌，则是为了提高产品附加值和扩大市场；而进入新的生产领域，目的是寻求更高的利润率。

1. 用适用技术和设备改造企业，研发新产品

用适用技术和设备改造企业运行的各个环节，主要包括生产设备更新，生产和管理的信息化改造，开展电子商务。从调研情况看，设备更新仍以引进为主，生产和管理信息化以购买服务为主。

如波司登集团花巨资从德国、意大利、日本、瑞典等国引进的电脑裁割系统、检测系统、羽绒处理设备、特种缝制设备、吊挂系统，大幅提高了工作效率和产品附加值；管理方面采用 EPR（企业资源计划）系统，努力实现短平快地接触客户，2010 年开始推广 JIT（准时生产）管理模式，平衡每一条生产线，最大限度地提高生产效率；电子商务方面，2009 年开始涉足网络销售，

建立以官方网站和淘宝旗舰店为主的销售平台，同时吸收信誉良好的专业电子营销人员和电子商务网站成为授权加盟商，搭建了包含开发、企划、推广、物流、售后服务等一整套网络营销框架，全面进军网络营销。

企业开始重视投入研发资金，提高自身研发能力，一方面加强人才队伍建设，另一方面与科研院所开展合作。如红豆集团为了提高研发能力，制定了优厚的待遇政策，实施"百才工程"，同时又与江南大学整体合作，签订了产学研合作协议，还与中科院、复旦大学、上海交大、西安交大、东华大学、河海大学、苏州大学建立了合作机制；截至 2011 年 7 月，累计申请 1300 多项专利，其中发明专利 88 项，创造效益 30 多亿元。波司登与中科院、东华大学、江南大学、天津工业大学、常熟理工学院合作，设立了教研实习基地和企业工程中心；在科研力量和大量资金投入的支持下，每年推出近 400 款羽绒服，开始研发满足军需保障、抢险救灾、体育竞技等专用防寒服。

2. 产能和产品的战略调整

产能战略转移包括国际转移、国内转移（东部向中西部转移，大城市向二、三线城市转移），目前主要体现在国内转移上。如波司登集团综合考虑原材料配套、劳动力资源、运输物流条件等因素，在江苏常熟、高邮、泗洪和山东德州建成了 6 家直属工业园和 1 家休闲服生产基地，将产能合理布局在不同地区。红豆集团 2007 年响应国家"走出去"政策，在柬埔寨西哈努克港创办了占地 11.13 平方公里的经济合作开发区，该地区人工成本比国内低，而且更靠近消费市场，可以降低运输成本，同时规避了国外的贸易壁垒。

"十一五"期间，聚集了我国大部分服装鞋帽制造产能的东南沿海地区的劳动力供需矛盾不断加剧，已经难以通过加薪、改善福利和劳动条件等手段予以解决。沿海服装鞋帽企业向苏北、鲁西南、河南、江西、安徽、湖南、广西等交通较便利地区的产能投资快速扩大，中部有产业基础的地区迎来了大批主动转移的东部省份企业。

此外，内陆地区服装消费需求提升，企业对未来中西部地区就业和消费的预期比较乐观，直接引导产业转移到中西部，提前进行市场布局，带动了中西部地区服装鞋帽产业快速发展。中西部部分中心城市市场环境、物流服务的不断改善，也极大促进了中西部服装产业快速发展。西部地区产量上升速度较快，但基数低，目前尚不足以影响全国生产和格局变化，如表 12.7 所示。

表 12.7　　　　　　2010 年中东西部地区规模以上企业服装产量

地区	产量（万件）	同比增（%）	比重（%）	比重增（%）
东部	2476079	17.13	86.81	-1.09
中部	331388	26.98	11.62	0.77
西部	44801	49.08	1.57	0.32

资料来源：中国服装行业协会。

　　随着二、三线城市，乃至农村地区的经济发展，衣着类需求不断提升，如表 12.8 所示。一些知名品牌敏锐地感觉到了近几年来的变化，开始加强了二、三线城市的布局。

表 12.8　　　　　　　　居民消费衣着类支出和购买量

年度	农村居民支出（亿元）	城镇居民支出（亿元）	城镇居民每年人均购买服装/鞋类
2003			7.22 件/2.58 双
2004	916.6	3741.9	6.98 件/2.48 双
2005	1038.0	4400.4	7.34 件/2.58 双
2006	1206.2	5136.4	7.52 件/2.63 双
2007	1392.6	6100.1	7.82 件/2.74 双
2008	1534.3	6998.1	7.70 件/2.76 双
2009	1667.3	7785.8	8.19 件/2.95 双
2010			8.43 件/2.89 双

资料来源：《中国统计年鉴 2011～2004》，不同年份年鉴的数据若不同，以近年度的年鉴为准。

　　产品调整，包括不同档次之间的产品调整，以及同档次产品不断提高质量，后者正在受到重视。产能转移的方式，既有工厂搬迁和异地新建，也有寻求代工合作。

　　3. 培育和运营自主品牌

　　培育品牌是一项系统工程，需要长期坚持，不断投入。为了让市场接受自己的品牌，需要不断进行技术改造和新产品研发，需要完善售后服务，诚信经营，努力扩大品牌的知名度。

　　随着我国服装鞋帽企业商标意识不断加强，服装鞋帽企业服装鞋帽类注册商标大幅增长，如表 12.9 所示，国内商标申请量 2010 年比 2002 年翻了一番。

表 12.9　　　　　　　　　　　　服装鞋帽类注册商标

年度	国内商标申请	国内商标注册	外国商标申请	外国商标注册
2002	54795	21199	3400	2046
2003	61632			
2004	76116	33941	5449	2607
2005	76996	19594	5930	2160
2006				
2007				
2008	56868	41905	7408	4072
2009	76214	88756	5793	7040
2010	107766	126422	7429	9227

说明：我国从 2002 年开始采用第八版国际分类，由 42 类调整为 45 类，服装鞋帽为第 25 类；外国商标申请包括国际申请和马德里延伸申请。

　　发展较好的服装鞋帽企业普遍重视品牌培育和运营，认为随着经济发展和城镇化进程，国内服装鞋帽零售将保持高速增长，而品牌将左右市场格局。我国已经发展形成了以中国驰名商标、著名商标、中国名牌为代表的一批国内品牌，如杉杉、波司登、红豆、罗蒙、报喜鸟、雅戈尔、鄂尔多斯、庄吉、李宁、安踏、奥康、康奈、红蜻蜓、森达、百丽等服装鞋帽品牌。一些中国服装品牌出现在了世界服装舞台之上，但还没有形成较大的影响。

　　如红豆集团不断加大外包比重，2/3 的产品已由集团认定的外协加工单位完成，集团内部只保留样板工厂和示范工厂。集团的工作重点转向品牌运营，通过积极转变营销模式，大力加强品牌连锁专卖体系建设，红豆形象男装、红豆居家、依迪菲、轩帝尼、红豆家纺在全国广开品牌连锁店。经过调整，红豆集团逐步从制造为主，转变为品牌运营为主。波司登集团实施多品牌战略，形成了不同市场定位的品牌体系，同样大力加强直销体系，在全国各地组建了上百家营销分公司，网点近万家。羽绒服核心品牌有波司登、雪中飞、康博、冰洁、双羽、上羽，非羽绒服品牌有波司登男装、BOSIDENGVOGUE、洛卡薇尔。

　　企业在培育自创品牌价值的同时，也采取了购买国外知名品牌、与国外经销商合作等办法。如波司登 2008 年与英国大型连锁专卖店格林伍兹合作，波司登男装专卖店已登陆英国，计划开设百家专卖店，以自主品牌进军欧洲市场；2009 年收购了美国品牌"洛卡薇尔"在大中华区的独家销售代理权。2007 年 11 月，雅戈尔宣布收购新马（Smart）100% 股权，这笔交易花费了雅戈尔 1.2 亿美元，是当时中国服饰界有史以来最大的海外并购案例。2009 年 2 月，杉杉与日本伊藤忠商事株式会社签署全面战略合作协议，与伊藤忠合作有助于杉杉进入国际市场。

4. 进入新的产业领域

发展较好的服装鞋帽企业普遍存在进入其他生产领域的现象，如生物医药、光伏发电等高新技术产业，纺织原材料、终端销售等产业链相关行业。还有一些企业进入小额信贷、房地产等利润率较高行业。进入新产业领域的方式，既有重新建设，更多的是企业兼并重组。

由于行业整体用工缺口扩大、原材料价格上涨等因素导致中小企业发展乏力，产业资源加速向大企业流动，加速了中小企业的淘汰更迭。大型服装鞋帽企业已经涉足面料生产等上游环节，产品销售等下游环节。

发展过程中，一些企业仍然以服装鞋帽为主业，如红豆集团发展橡胶轮胎、生物制药、房地产等多元化经营的同时，坚持把服装作为主业。一些企业则转向了其他产业，服装鞋帽业务逐渐萎缩，如香塘集团是一家生产工艺拖鞋起家的民营企业，2003 年引进了当时一流的生产设备和工艺技术组建振辉化纤，2002 年又通过风险投资进军生物医药产业，2008 年开始建设生物医药产业园，目前已发展成为从事制鞋、化纤、生物制药、金融地产的多元化经营的企业集团，走出了一条跨行业转型升级的道路，制鞋业占比已不足 5%。也有一些企业盲目开拓新领域，超出了企业的能力范围，最终导致企业经营困难，应当引以为戒。

服装鞋帽企业进入新的产业领域，能够发挥后发优势，往往一开始就采用行业内最新的技术和设备，发展势头均不错。

（二）存在的问题

改革开放 30 多年来，我国服装鞋帽行业发展情况总体来说非常好，但这并不能说明问题不存在，而是被快速发展所掩盖。大部分企业的研发能力和品牌培育仍是短板，而且在生产成本大幅上涨、市场需求增幅放缓的情况下，企业利润下降，转型升级资金不足。面对即将到来的服装鞋帽企业转型升级潮，政策支持不足，知识产权保护还有待加强。

1. 自主品牌少

近年来，我国服装鞋帽企业的品牌意识虽然不断加强，但目前还只有有限几个中国驰名商标，缺乏真正意义上的国际服装品牌。大部分服装鞋帽企业缺少品牌，或品牌没有知名度。少数拥有国内名牌、在行业内发展较好的企业，品牌运作局限在国内，距离国际品牌还有明显差距。国际市场还是依靠贴牌代工，在产业链中处于低端位置。

培育自主品牌是一个长期的过程，必须确保产品不被仿冒侵权，企业才能不断积累，逐步提高品牌价值。企业反映，国内服装鞋帽行业的假冒侵权行为很严重，需要从两方面加强知识产权保护，一是加强对企业自主品牌的保护，遏制假冒侵权行为，二是严厉打击虚假宣传，如虚构的国外名牌，它们严重干扰市场。

2. 研发能力弱

大部分服装鞋帽企业研发能力弱，转型升级主要集中在生产环节，主要办法是不断进口高档设备，产品设计、工艺创新相对较弱。国外服装鞋帽制造模式正面临全面变化，柔性制造、大规模定制等前沿的生产理念已经开始应用，制造流程再造、流程管理信息化已经在企业中逐步推行。仅凭强大的制造能力，而没有较强的研发能力，与强国之间的差距只会越拉越大。

我国服装鞋帽企业研发能力弱，主要体现在设计水平低。大多数服装鞋帽企业是典型的加工型企业，其生产能力相对较强。设计方面存在的问题主要是模仿、抄袭，国内一般品牌抄袭国内大品牌，国内大品牌抄袭国外品牌，没有自己的设计能力。

另一方面，基础研究不够，企业创新成为无源之水。如中国人体型研究、服装鞋帽材料研究、文化研究投入力度小，一些领域多年没有投入。

3. 利润不断下降，转型升级资金不足

中国服装行业协会估计，在用工荒、通胀、房租上涨等因素共同作用下，2010年服装鞋帽行业成本普遍上涨20%以上。

与成本上升幅度相比，终端销售价格涨幅要小得多，税负没有明显减轻，服装鞋帽企业的利润不断下降。而人民币升值导致出口行业换汇损失，降低了出口企业的利润。

企业能盈利才能积累资金，才有余力进行改造升级。2008 年以来，不少服装鞋帽企业因为不能扭亏为盈而倒闭，如在深圳罗湖，原本数千家服装企业，目前只剩下数百家在苦苦支撑，恶化的经营状况根本无法支持企业改造升级。

4. 政策支持不足

政策对产业升级的影响，除了针对改造升级的补贴（包括直接补贴和间接补贴）直接影响企业升级改造的意愿，以及知识产权政策影响企业创新和培育品牌的意愿外，都是通过影响企业的利润，间接影响企业升级改造的能力。汇率改革、税率和出口退税调整、《劳动合同法》修订等政策直接影响企业的利润，也就是影响企业积累能力，决定了企业能够拿出来发展的资金规模，企业改造升级的模式和程度。兼并重组政策，资本市场的发展，决定了企业能否筹到资金，决定了产业组织调整。

目前，对服装鞋帽行业改造升级的政策支持不足主要体现在税负高、融资难、民营企业获得政府支持少、知识产权保护需要加强。而人民币升值、进出口环节税率调整、《劳动合同法》修订等政策措施并非针对服装鞋帽企业，是全局性政策，是权衡整体利弊后作出的决策，不可能因为个别行业受到冲击而改变。

2000 年以来，中国稳坐福布斯全球税务负担指数三甲的位置。由中国民主建国会中央委员会企业委员会、妇女委员会与中国企业家调查系统联合发布的《2011 年千户民营企业跟踪调查报告》表明，超过八成的民营企业家认为税收负担"很重"或"较重"，仅 0.5% 认为"较轻"。与其他行业一样，服装鞋帽企业需要负担 17% 的增值税和 25% 的企业所得税，还有城建税、教育费附加、印花税、个人所得税等税项。

与发达国家相比，我国多层次证券市场不完善，发行债券和股票的门槛高，风险投资规模小，融资租赁很不发达，企业融资渠道狭窄。大中型服装鞋帽企业还可以寻求上市和商业银行贷款，但大部分中小企业只能依靠成本较高的民间借贷。

现行技改政策支持力度不大，普遍采用的办法是贴息和奖励，而且主要给了国有企业（包括地方国资），民营企业中的大型企业也有部分受益，但中小企业很难获得支持。

培育自主品牌是一个长期的过程，必须确保商标不被仿冒侵权，企业才能不断积累，逐步提高商标价值。企业反映，国内服装鞋帽行业的假冒侵权行为很严重，需要在两方面加强知识产权保护，一是加强对企业自主品牌的保护，遏制假冒侵权行为，二是严厉打击商标虚假宣传，如虚构的国外名牌。

四、政策建议

服装鞋帽业及其上游行业纺织业、种植业解决了大量就业人口，在就业压力不断增加的情况下，服装鞋帽业不能轻易放弃。除了部分企业需要加强研发，培育品牌，增强高端竞争力外，大量依靠低成本竞争优势生存的企业有必要重塑竞争力，至少是延缓竞争优势丧失速度，以免制造产能大规模外移，造成大量失业。基于这样的目标，既需要支持部分发展较好的服装鞋帽企业通过更新设备、开展研发活动来提高技术水平，通过培育与运作品牌提高产品附加值和开拓市场，也需要支持服装鞋帽企业通过兼并重组、异地搬迁等方式在国内调整产能布局，降低综合成本，维持低成本竞争优势。

根据我国服装鞋帽行业发展现状，借鉴国外经验，针对服装鞋帽行业改造升级的问题和政策障碍，建议增加财政对共性技术研究和基础研究的投入，加强自主品牌保护并支持企业培育与运营商标，改善中内地经营环境引导企业转移产能，提高企业资金积累能力和改善筹资环境，支持服装鞋帽行业改造升级。

1. 增加财政对共性技术研究和基础研究的投入

仅靠进口设备是无法从本质上提高服装鞋帽行业技术水平的，必须加大研究开发力度，形成自己的技术能力。直接面对产品的技术一般由企业投资，共性技术研发需要政府支持，而基础研究一般由政府投入。

由于投入大、成果不能直接应用等原因，共性技术通常由行业性研究机构，或组建各种类型的开发平台来组织开发，它们需要政府给予支持。目前，服装鞋帽行业出现了一些新的技术发展动向，有可能带来生产方式变革，如敏捷生产、柔性制造、大规模定制等，以便快速对市场需求做出应对，提高服装鞋帽产品加工的适应性，应给予重点关注。一些有可能整体提升产品质量的工艺技术，可以采取设立合资企业的方式进行攻关。

投入大、见效慢的基础研究一般由政府投入，国家基础研究资金（基金）应兼顾各行各业。服装鞋帽行业的基础研究虽然不是尖端技术、热点技术，也应给予支持，如人体数据采集和研究、服饰文化等。

2. 加强自主品牌保护，支持企业培育与运营商标

目前，我国知识产权法律体系已经较为完备，但管理和执法保护方面，以及引导企业运营知识产权方面需要加强。对于服装鞋帽行业来说，品牌保护是重点。应着力加强行政执法和司法保护，妥善解决商号保护问题，提高品牌价值。规范商标特许经营、商标转让与商标质押贷款，支持企业提高商标运营能力。

对于洋品牌，建议开展一次专项行动，组织专项调查。一些仅在国外注册，并没有相应的生产和销售的洋品牌，如果在国内宣传其为国外知名品牌，就属于扰乱市场秩序及误导消费者行为，应予以严厉打击。

韩国经验表明，把商品所蕴含的文化传播到消费市场，是产品竞争力的重要保障。中国文化历史悠久、内涵博大精深，特色鲜明，加强中国文化宣传，将使服装鞋帽业等与文化概念联系紧密的产业受益。

3. 改善内地经营环境，引导企业向内地转移产能

在东部沿海地区综合成本持续上涨的情况下，产能转移已不可避免。我国中西部作为转移目的地之一，竞争对手是周边国家。在本轮成本上涨潮中，中西部地区的人力成本、原材料等价格也有一定幅度的上升，对周边国家已经没有压倒性的优势。因此，必须综合改善内地经营环境，才能吸引产能转移。

建议制定服装鞋帽产业发展规划，支持企业兼并重组、产能搬迁，引导企业向内地转移产能。加强中西部地区综合环境建设，提高行政效率，简化办事程序。规划产业区，吸引上下游企业和配套服务企业入驻，形成产业集聚效应。降低交通收费，减少企业物流成本，这是产能战略转移到中西部的关键，否则从内陆到海港的物流成本比减少的人工成本还高，企业就不会向内地发展，将把订单逼到周边国家。

4. 提高企业资金积累能力，改善筹资环境

在成本不断上升的情况下，应考虑通过减征税费来支持企业转型升级。特别是针对企业转型升级的税收减免，例如对兼并重组贷款给予贴息，免除被兼

并企业 2~3 年所得税。

　　服装鞋帽企业从商业银行贷款很困难，中小企业贷款更难。建议扩大技改支持资金规模，以信用担保、贴息等方式鼓励商业银行加大对服装鞋帽企业的兼并重组、产能搬迁、设备改造等贷款。

　　加快多层次证券市场建设，尤其是适合私募公司债和私募股票的低层次场外交易市场，降低企业私募证券的门槛，促进企业直接融资。研究制定《融资租赁法》，鼓励银行、厂商和独立的投资人开展租赁业务。

沈恒超　执笔

第十三章

自主品牌轿车：改造升级需要理顺体制

一、我国自主品牌轿车企业的市场地位

　　自主品牌轿车企业是相对于合资品牌轿车企业而言的，例如，上海大众、一汽大众、上海通用都是合资品牌轿车企业，但上汽集团和一汽集团都建立了自主品牌轿车事业，因此，上汽集团和一汽集团都是自主品牌轿车企业。

　　我国自主品牌轿车企业可以大致分为两种类型：一种是完全自主品牌轿车企业，其轿车产品全部或绝大部分都是自主品牌轿车，典型代表是奇瑞、吉利、比亚迪等；一种是部分自主品牌轿车企业，其轿车产品大部分是合资品牌轿车，自主品牌只占少部分，典型代表是一汽集团、东风汽车、北汽集团、广汽集团。无论完全自主品牌还是部分自主品牌，区别只在于自主品牌事业规模有大有小，但只要建立了自主品牌轿车事业，都可以称之为自主品牌轿车企业。

　　长期以来，中国轿车市场一直是合资品牌轿车占据绝对主导地位，但在过去10年当中这一局面已被打破，我国自主品牌轿车企业不仅取得了较好的销售业绩，企业规模也随之上了一个台阶。可以从单一品牌轿车销量和轿车企业产量两个方面看。

　　从单一品牌轿车的销量看，自主品牌轿车在单一品牌轿车的生产和销售商

取得了重大突破，例如，2010年国内销量排名前10位的轿车品牌中，自主品牌占据3席，分别是：比亚迪F3销售26.39万辆，居第1位，一汽夏利销售19.87万辆，居第7位，奇瑞旗云销售17.35万辆，居第9位。因此，我国自主品牌轿车企业通过个别品牌的出众表现，从局部缩小了自主品牌轿车与合资品牌轿车的差距。

轿车企业所有品牌的产量可以用来衡量轿车企业的整体实力，自主品牌轿车企业尽管个别品牌轿车有不错的市场表现，但所有品牌的轿车产量仍与合资品牌轿车企业有明显差距，例如，2011年1月至10月，国内销量处在前10位的轿车生产企业中，有7家是合资品牌轿车企业，并且，前5位均为合资品牌轿车企业，依次为上海通用（93.79万辆）、上海大众（82.14万辆）、一汽大众（80.70万辆）、东风日产（54.18万辆）、北京现代（48.55万辆）。自主品牌轿车企业只有奇瑞、吉利和比亚迪入围前10位，其中奇瑞居第6位，产量为37.91万辆，吉利居第7位，产量为34.23万辆，比亚迪居第10位，产量为32.29万辆。

二、我国自主品牌轿车企业发展路径与取得的成绩

我国轿车企业走自主品牌道路不尽相同，但殊途同归，最终都是要在财力、技术和人力资源都具备的情况下，才能开展自主品牌轿车事业。我国自主品牌轿车企业发展路径多样化，主要有以下五种。

路径一：先合资，然后从合资伙伴那里获取核心技术，建立自主品牌。典型代表是一汽集团和广汽集团。一汽集团先后与德国大众和奥迪、日本丰田和马自达建立起合资合作关系，其中，与大众、奥迪、丰田都是生产领域，唯独与马自达是在销售领域。通过买断马自达6平台，一汽集团利用马自达6平台，打造出自主品牌轿车奔腾B70和B50。由于采取的是较为先进的平台技术，加之采用了国外核心零部件，并且是与马自达6共线生产，一汽自主品牌奔腾在B级车市场取得不错的业绩。广汽集团打造自主品牌是通过与意大利菲亚特汽车公司合资的机会，从菲亚特那里获取一款停产的车型阿尔法罗密欧166的平台，通过技术转让，2010年推出自主品牌中级轿车广汽传祺。这种路径

的特点是快捷获取外方成熟技术，不足之处是需要同时具备两个条件：一是中方施加足够的影响力，二是外方有技术转让的意愿。因而出现的可能性较小。

路径二：先合资，然后通过国际收购取得核心技术，建立自主品牌。中外汽车企业的合资合作，绝大部分情况是外方将成熟车型或新车型提供给合资企业，生产合资品牌，而不会将核心技术转让给中方生产自主品牌，因此，由于外方没有技术转让的意愿，中方无法从外方那里获取核心技术。这种技术转让之路被堵死的情况迫使一些汽车企业走出国门，到国外收购濒临倒闭和宣布破产的汽车企业的核心技术。典型例子有两个，一是上汽集团，上汽集团在与通用汽车和大众汽车的合资过程中积累了巨额资金，但从合资伙伴通用汽车和大众汽车那里得不到核心技术的转让，于是 2004 年上汽集团以 6700 万美元收购英国 MG ROVER 汽车的 ROVER 75 车型。在此基础上，利用全球资源进行各项技术改进，推出自主品牌 B 级车荣威 750。二是北汽集团。北汽集团先后与韩国现代汽车和德国戴姆勒集团合资，积累了资金，但从合资伙伴无法获取核心技术的转让，于是，2009 年北汽集团斥资 1.97 亿美元收购瑞典萨博汽车部分知识产权，包括 3 个整车平台、2 个发动机和 2 个变速箱技术。北汽集团正是基于萨博平台，加入自己研发的技术，推出了一系列北汽自主品牌中高级轿车 C70、C71 等。这种路径的特点是拥有完全知识产权，不足之处是得到的是已经过时的车型和核心技术，需要在此基础上进一步研发。

路径三：先合资，然后消化吸收，利用全球资源打造自主品牌。典型例子是东风汽车、长安汽车、华晨汽车和海马集团。东风汽车在我国汽车行业最早建立合资企业，通过与裕隆汽车公司、法国标致雪铁龙公司、日本日产公司、本田公司合资，东风汽车不仅积累了丰富的合资经验，还通过各种途径吸收合资伙伴的技术，在此基础上于 2007 年全资组建东风汽车乘用车公司，负责自主品牌风神轿车的研发和生产，2009 年推出风神 S30 和 H90。长安汽车也是在与日本铃木汽车、美国福特汽车多年合资的基础上，消化吸收国外技术，同时利用全球资源进行开放式创新，2006 年推出自主品牌 A00 级车奔奔，之后又推出 A0 级车悦翔。这种路径的特点是先对外方技术进行消化和吸收，然后推出自有技术。不足之处是：企业对合资品牌依赖心重，企业推出自有品牌的时间较晚。东风汽车直到 2009 年才推出首款自主品牌轿车 S30，长安汽车 2006 年才推出首款自主品牌轿车奔奔，海马集团 2006 年才确立海马为自主品牌，而华晨汽车2002年才推出首款自主品牌轿车中华。

路径四：利用全球资源打造核心技术，直接建立自主品牌轿车事业。这方面的突出代表是奇瑞。奇瑞1997年成立，1999年第一辆自主品牌轿车下线，一方面通过自主开发，另一方面，通过委托外国企业开发，或与外国企业联合开发，奇瑞掌握了轿车的核心技术，奇瑞汽车的自主品牌的道路越走越顺，2008年第100万辆下线，2010年第200万辆下线，2011年第300万辆下线。这种路径的特点是：一开始难度大，自主品牌的市场压力大，迫使企业自主研发从反向研发转为正向研发，不过，汽车销量到达一定规模后，技术自主的优势会显现出来。不足之处是：企业将全部资源用于发展自主品牌，排斥与全球汽车巨头的合资合作，企业只能与国外中立的第三方进行联合研发。

路径五：先在摩托车、商用车领域建立优势，然后进军自主品牌轿车事业。这大多出现在民营企业，国有企业较少采用。典型代表是民营汽车企业吉利、比亚迪、长城汽车、力帆，国有企业的代表是江淮汽车。其中，吉利和力帆从摩托车转型为自主品牌轿车企业，比亚迪从锂电池企业转型为自主品牌轿车企业，长城汽车和江淮汽车虽然都是汽车企业，但一开始并未从事轿车业务，长城汽车从皮卡和SUV业务进入轿车领域，江淮汽车则从商用车业务进入轿车领域。由于之前从事的是相近的产业和业务，资金有保证，技术存在相似性，这些企业转型为自主品牌轿车企业的过程都较为顺利，而且发展势头迅猛，吉利和比亚迪是自主品牌轿车产业的佼佼者，长城汽车、江淮汽车和力帆的自主品牌轿车事业发展势头很好。这种路径的特点是：企业没有合资品牌的束缚，进入自主品牌轿车领域之前有充足的资金积累和技术积累，因此技术研发基本上都是自主进行的，而且市场驱动和民营机制相结合，使技术研发充满激情，企业视自主研发为生命，研发动力很强。不足之处在于：企业进入轿车产业较晚，对轿车产业了解不深。

迄今为止，我国自主品牌轿车企业无论技术改造还是产业升级都取得了一定成绩，主要表现为：

一是自主品牌轿车企业获得多元化资金来源，可以自主安排技术改造和产业升级。财力长期以来是制约我国自主品牌轿车产业技术改造和产业升级的重要因素，而汽车企业技术改造和产业升级少则数亿元，多则数十亿元，甚至有上百亿元的大项目，目前我国自主品牌轿车企业已实现资金来源多元化，国家下拨的技改资金在其中只占其中很少的部分，并且是专项用于贴息，大部分技改资金来自汽车企业充足的现金流。此外，由于我国金融业的发展和壮大，尤其是资本市场的长足发展，汽车企业在动用自有资金的同时，往往采取银行贷款、发行公司债、股市募集的方式，从外部得到技术改造和产业升级所需的资金。在财力得到保证的情况下，我国自主品牌轿车企业就有条件根据市场需要，自行安排技术改造和产业升级。

二是自主品牌轿车企业通过多种途径获取技术，建立技术储备，技术自主能力有所增强，产品档次有所提升。我国自主品牌轿车企业的技术改造和产业升级主要沿两个方向进行的：一方面靠自己研发，另一方面通过跨国并购，获取国外成熟的整车平台技术和核心零部件技术。例如吉利收购世界第二大变速箱企业澳大利亚的 DSI，北汽集团收购萨博汽车的部分整车平台和发动机，全资收购汽车天窗系统供应商荷兰英纳法，上汽集团收购英国 MG ROVER 汽车的部分整车平台和发动机，比亚迪收购日本大型模具生产企业获原公司旗下的一家工厂。通过跨国兼并收购，我国自主品牌轿车企业将获得的国外技术直接运用到产品设计和生产中，或是与自有技术融合在一起，形成新的自有技术。在此基础上，我国自有品牌轿车企业的产品市场定位不再局限于低端的 A00 级车、A0 级车和 A 级车，产品线扩展至 B 级车。

三是普遍成立中央研究院，研发和创新能力有所提高。缺乏汽车技术人才是我国发展自主品牌轿车产业最大的障碍，发展自主品牌轿车事业，需要各方面的人才，包括营销人才、经营管理人才、技术人才等。与全球汽车巨头建立合资企业，在培育本土的汽车营销人才和经营管理人才方面拥有很大优势，他们可以将自己在合资企业积累的丰富经验运用到自主品牌轿车事业中，但技术人才则难以在合资企业中产生，因为合资品牌轿车企业的技术人员所做的仅仅是对从国外引进的车型的本土化做一些改进，这种改进难以培养出技术人才的创新精神。不过，与全球汽车巨头合资的自主品牌轿车企业都在合资品牌轿车企业之外建立了自己的中央研究院，规模都在数千人，有的还积极利用国外人力资源，在国外建立研发中心，实现全球同步研发。完全自主品牌轿车企业一开始就建立起自己的研发小组，不如此无法推出自主品牌轿车，因而像奇瑞、吉利、比亚迪这样的完全自主品牌轿车企业非常重视自主创新，都建立了中央研究院。

三、企业技术改造和产业升级：动力和主要问题

我国自主品牌轿车企业技术改造和产业升级的动力主要有以下三个方面。

一是中国汽车市场需求量和需求档次的上升，吸引全球汽车巨头将更多新车型投放到中国市场，未来庞大的汽车需求和国内竞争加剧使得自主品牌轿车企业加大技术改造和产业升级力度。我国2009年超越美国市场成为世界上最大的汽车销售市场，也是在2009年我国汽车产量超越日本，成为世界上最大的汽车生产地。作为一个新兴经济体，我国人均汽车保有量和汽车消费档次上与欧美日还有很大差距，未来随着中国经济的持续增长，我国凭借人口的优势，汽车需求将远远把美国、欧洲和日本抛在后面。中国市场在全球汽车巨头眼中的分量越来越重，目前，全球汽车巨头并没有尽全力在中国拓展市场，例如，全球汽车巨头丰田一直以来都把市场的重心放在欧美日，对于中国市场仅仅是小规模进入，并且是将全球已经畅销多年的成熟车型拿到中国市场销售。再例如，奥迪是愿意将旗下全系列车型拿到中国制造和销售的全球汽车巨头，但毕竟是个例，通常全球汽车巨头将美欧日作为一线市场，而将中国作为二线市场。不过，目前全球汽车巨头都看好中国市场，今后会将更多的车型投放到中国市场，市场需求和竞争压力将推动自主品牌轿车企业加大技术改造和产业升级的力度。

二是全球汽车产业都在加大投入，开发节能汽车和新能源汽车，发展节能和新能源汽车成为我国自主品牌轿车企业技术改造和产业升级的重要抓手。目前，全球汽车巨头针对节能减排都推出了节能汽车和新能源汽车，各国也都已经制定了节能汽车和新能源汽车发展规划。我国自主品牌轿车企业大部分都进入了节能汽车和新能源汽车领域，节能汽车和新能源汽车成为我国自主品牌轿车企业研发的重点，节能汽车和新能源汽车也被国家列入战略性新兴产业，由于我国在传统能源汽车领域落后世界太多，相比之下，节能汽车和新能源汽车是一个新兴产业，一些领域甚至处于商业化阶段，技术还很不成熟，即便是全球汽车巨头在新能源汽车领域也都是初学者，在这种情况下，我国自主品牌轿车企业在节能汽车和新能源汽车领域的技术研发与国际差距不大，有的甚至领

先于国际。由于节能汽车和新能源汽车成为全球汽车产业一个新的制高点，因此，我国自主品牌轿车纷纷将节能汽车和新能源汽车作为当前技术改造和产业升级的一个重点。

三是我国鼓励自主创新的政策推动了自主品牌轿车企业的技术改造和产业升级。长期以来，全球汽车巨头拿到中国市场的车型都是成熟车型甚至是过时的车型，几十年都不变样，使得中国汽车产业技术水平明显落后于欧美日汽车产业，与全球汽车巨头合资的国有汽车企业深刻体会到没有自主品牌轿车车型之苦，合资品牌车型国产化虽然取得了进展，但自主造车的能力却总得不到提升。自主创新政策的提出迫使这些国有汽车企业下定决心自主造车，而对于没有参与合资的自主品牌轿车企业而言，它们一般开始并没有轿车生产资质，而是通过各种办法挤入轿车生产阵营，自主造车的动力与国家实行的自主创新政策不谋而合，因而事业发展极为迅猛，这些企业一直以来都领跑自主品牌轿车阵营。

自主品牌轿车企业技术改造和产业升级尽管有较强的动力，并取得了一定的成绩，但仍存在很多问题，主要体现为以下四个方面。

一是整车生产线依赖进口。我国自主品牌轿车企业技术改造首当其冲的并不是零部件，而是整车生产线。这是因为，汽车零部件数量达数万个，整车企业不用全部自产，而是外购大部分零部件，但整车生产线则必须在整车企业，整车生产线分为四道工艺生产线：冲压、焊接、涂装和总装。目前我国汽车企业的四道工艺生产线都依赖进口，从而使得技术改造投资巨大，动辄数亿元，企业不得不在动用自有资金的同时，到资本市场募集技术改造所需的巨额资金。如果能够实现整车生产线的国产化，也就是解决汽车工业的装备国产化，那么，我国汽车产业的国际竞争力将得到很大增强，因为汽车产业的固定成本降低了，自有品牌轿车的售价也相应会大幅度下降。

二是发动机技术难以得到提高。发动机是汽车的心脏，是衡量汽车企业技术水平高低的核心零部件，是汽车产业技术进步的标志性零部件，是汽车产业技术的一个制高点。由于发动机技术是汽车企业的立身之本，全球汽车巨头无一不在发动机领域握有自己独特的尖端技术。但发动机技术作为敏感技术和高技术，欧美日不仅限制对中国市场的汽车产品出口，甚至提供给中外合资企业的全球成熟车型都更换了发动机，降低了配置，从而使得发动机的国产化一直停留在较低的技术水平，与国际水平相距甚远。而通过跨国并购得到的发动机技术也都已过时，这说明，欧美日不会放弃自己在发动机技术领域的绝对领先优势，发动机技术是买不来的，只能通过自主研发。如果我国汽车企业技术改造能攻克最为核心的发动机技术，将拥有核心竞争力，参与全球汽车产业竞争，从而彻底改变国际汽车产业欧美日三强鼎立的格局。

三是整车平台技术缺乏。如果说发动机是汽车的心脏，那么整车平台就是汽车的孵化器，二者缺一不可，我国汽车产业不仅发动机技术较低，对整车平台技术的掌握还极为欠缺。整车平台技术是一种汽车架构技术，在相同整车平台研发设计和生产出的轿车，则可以共享很多设计和零部件，因而可以实现模块化设计和生产，大幅度降低整车研发和生产成本。并且，由于整车平台技术体现了汽车企业对造车的整体理解，全球汽车巨头无一不拥有数目较多的先进的整车技术平台，因而能够连续推出新车型。我国自主品牌轿车的整车平台技术来源有三种：一是我国汽车企业通过国际收购得到国外部分整车平台，二是从合资伙伴那里买断换代的整车平台，三是复制和模仿全球汽车巨头的整车平台。缺乏自主研发的整车平台技术，使得我国自主品牌轿车企业在推出新车型上与全球汽车巨头存在很大差距。

四是汽车电子严重缺失。汽车是一个机械产品，动力系统属于机械动力系统，随着半导体产业的发展，半导体的应用已经渗透到各行各业，汽车行业也不例外，汽车电子化已经成为一个趋势，汽车已经不再是一个机械产品，还是一个电子产品。汽车电子包括汽车电子控制装置（例如制动防抱死系统 ABS）和车载电子装置（例如音响、导航设备）。在欧美日汽车市场，汽车电子占的比重较大，而在我国汽车市场，汽车电子占的比重较小，这其中深层次的原因在于我国半导体产业不发达，而欧美日均有发达的半导体产业。汽车电子目前已经形成产业链，处于上游的是汽车半导体供应商，处于中游的是汽车电子供应商，处于下游的是整车生产商。汽车电子供应商就是汽车零部件企业，例如博世、伟世通，它们向整车企业提供汽车电子产品。汽车半导体供应商则向汽车电子供应商提供芯片和系统解决方案。真正体现汽车电子产业实力的是半导体供应商，它们提供的芯片主要是 ECU（电子控制单元）和 MCU（微控制器）。汽车半导体供应商属于综合性半导体供应商，有别于专门生产存储器和通用微处理器的专门性半导体供应商，目前在汽车半导体市场称雄的是美国的飞思卡尔和欧洲的意法半导体。由于我国半导体产业还不发达，与欧美日有较大差距，我国在汽车半导体领域仍严重依赖进口。汽车电子是汽车产业的发展趋势，随着我国汽车市场规模的不断扩大和汽车消费水平的升级，汽车电子市场将十分广阔，如果我国能组建自己的汽车半导体供应商，那么就能占据汽车电子产业链的高端，降低汽车电子产品的价格，实际上降低了汽车零部件的价格，从而进一步降低整车价格。

四、企业技术改造和产业升级需要制度保障

阻碍我国自主品牌轿车企业技术改造和产业升级的因素是多方面的，其中，体制是重要因素，主要有以下三个方面的体制需要理顺。

（一）汽车产业体制需要理顺

目前的汽车产业体制经历了两次大调整：一次是1994年出台的汽车产业发展政策，另一次是2004年出台的汽车产业发展政策，其中，2004年汽车产业发展政策在2009年修订过一次，2011年将再次进行修订。

汽车产业体制是汽车产业发展政策的核心，我国汽车产业体制的特点概括起来有两个方面：一是合资，二是限制性准入。这反映了我国经济发展仍处于较低阶段，汽车产业仍处于发展的初期，需要国家政策予以保护。合资是为了防止全球汽车巨头独享中国市场，这种合资政策在我国其他行业是极为罕见的，很多新兴战略性产业都没有实行合资政策，外资可以在华任意设立独资企业，自行攻占中国市场，为什么汽车产业尤其是轿车产业必须实行合资政策呢？这与我国自主品牌轿车产业还没有起步有关，合资政策的好处是可以让我国汽车企业从合资品牌轿车的国产化中积累资金、技术和人力资源，企业做大做强之后，才有余力进入自主品牌轿车领域。应该说，合资政策极为成功，中方从中获益巨大，例如，上汽集团、长安汽车、一汽集团、东风汽车、广汽集团和北汽集团都是当地的支柱企业和利税大户。用心经营中国市场的全球汽车巨头也从中尝到了甜头，例如，对通用汽车而言，中国市场已经是其全球最大的一个市场，占到30%以上，上汽通用成为中国市

场排名第一的轿车厂商。

规定全球汽车巨头在华合资对象不能超过两家也是从适度竞争的角度设计的，从而形成现在的南北大众（一汽大众和上海大众）、南北本田（广汽本田和东风本田）、南北丰田（一汽丰田和广汽丰田），当然像日产和通用汽车在华只有一家主要合作伙伴，日产是与东风汽车，通用汽车是与上汽集团。这种政策设计的结果是：全球汽车巨头在华专注于和一家或两家中国汽车企业合资，而中国汽车企业则可以与多家全球汽车巨头同时合资。这种多个全球汽车巨头和一个中国汽车企业之间反复合作性博弈的结果是有利于中方的。中方可以在两个以上的全球汽车巨头中斡旋，如果合资对象只有一家，则中方将严重受制于全球汽车巨头。而可以同时选择两家合资对象对于全球汽车巨头而言，也提供了选择。像上汽集团之所以能做大做强，得益于与通用汽车和大众集团的长期深度合作。东风汽车之所以能走出十堰这样的小地方，而成长为财富五百强中排名最靠前的中国汽车企业，得益于他同时与日产、本田、标致雪铁龙、裕隆汽车的合资。

合资企业中的股比被限定为不低于 50% 也是为了让中方获得控制权，外方的股权比例则视情况而定，最高不能超过 50%。应该说，这种政策实际上限制了全球汽车巨头在华并购中国汽车企业，以及通过并购在华单独设厂生产轿车。

从发展自主品牌轿车事业的角度看，合资政策并不是一个障碍，国内企业可以选择合资，也可以选择不合资。无论是否合资，政策都是允许的，合资也是中外双方自愿达成的。如果说合资政策对于我国汽车产业体制并不构成障碍，那么，限制性准入对我国汽车产业发展构成了障碍。汽车产业既是一个规模经济显著的产业，同时也是一个高度竞争的产业。目前的限制性准入不合理，也没有必要。只会保护落后，限制竞争。汽车产业尤其是自主品牌轿车产业在我国是一个年轻的行业，近 10 年来才有飞速发展，新的汽车产业发展政策鼓励新企业进入自主品牌轿车产业。

（二）汽车企业体制需要理顺

全球汽车巨头并不都是上市公司，例如克莱斯勒现在是一家有限责任公司（LLC），沃尔沃汽车公司也不是一家上市公司，但都是有原因的，克莱斯勒原来是上市公司，1998 年被戴姆勒合并后，成为戴姆勒—克莱斯勒集团的组成部分，不再是上市公司，戴姆勒出售克莱斯勒后，克莱斯勒成为一家有限责任公司，即便菲亚特控股克莱斯勒以后，克莱斯勒仍是一家有限责任公司。不过，克莱斯勒重新上市的可能性很大，目前它在向美国证监会披露信息。沃尔沃汽车则从来不是一家上市公司，因为最早的母公司沃尔沃集团就是一家上市公司，经营范围横跨航空、商用车、乘用车、工程机械等领域，沃尔沃集团在斯德哥尔摩证券交易所上市，1999 年沃尔沃集团将旗下的乘用车业务也就是沃尔沃汽车公司出售给美国福特汽车，2010 年福特汽车又将沃尔沃汽车公司出售给吉利。一般情况下，全球汽车巨头的企业体制有两个特征值得注意：一是整车企业通常是上市公司，二是一些全球汽车巨头将零部件业务分立出来，成为独立的汽车零部件供应商。

目前，我国汽车企业都在努力完善企业体制，并取得一定的进展，我国汽车行业的上市公司已经较多，绝大部分汽车企业都拥有上市公司，有的汽车企业还拥有多家上市公司，例如，一汽集团拥有一汽轿车、一汽夏利、启明信息、一汽富维四家上市公司，华晨汽车集团拥有华晨中国控股、金杯汽车、上海申华三家上市公司。上汽集团拥有上海汽车和华域汽车两家上市公司。长安汽车集团拥有长安汽车和江铃两家上市公司。海马集团、江淮汽车和北汽集团只拥有一家上市公司。在港上市的汽车企业有 4 家：吉利、长城汽车、东风汽车、广汽集团和比亚迪。其中比亚迪在港拥有比亚迪国际和比亚迪电子两家上市公司。

问题是随着我国汽车企业规模的增大，上市公司数目多反而成了拖累。最初我国汽车企业都是将一部分优质资产拿去上市，母公司不是上市公司，母公司与全球汽车巨头的合资企业的股权也没有上市。而在欧美日，全球汽车巨头都是母公司整体上市，上市次序的颠倒使得我国汽车企业融资规模小，随着母公司事业的壮大，自主品牌轿车技术改造和产业升级对资金的渴求，母公司未能上市带来的弊端越来越明显。

因此，目前我国汽车企业普遍面临股改问题，即实现整体上市。已经拥有数家上市公司的汽车企业要整合为一家，拥有合资品牌的汽车企业要将中方股权纳入整体上市计划，只有整体上市成功，无论自主品牌轿车这样的新事业，还是合资品牌这样的老事业，才能以整体上市的母公司名义，在股市募集到巨额资金。这是因为，自主品牌轿车事业通常都处于高投入期，需要母公司持续投入资金，合资品牌轿车事业也处于扩张期，全球汽车巨头可以轻松做到数亿美元的增资扩股，中方也应及时跟上，数十亿元的资金可以来自母公司的股市募集。目前，北汽、一汽、上汽、广汽都在谋篇布局，争取早日完成整体上市，东风汽车和长安汽车的整体上市还没有完成，完全自主品牌轿车企业中，只有吉利完成整体上市，奇瑞还没有上市，比亚迪则需要将两家上市公司融合为一家。

已经完成整体上市的吉利2010年并购沃尔沃汽车时，支出多达18亿美元，其中，银行贷款超过10亿美元，来自股市发可转换债券和认股权证超过25亿港元。可以想象，如果吉利没有在港整体上市，这么大的融资规模是不可能实现的。

（三）研发体制需要理顺

我国汽车企业普遍建立了中央研究院，在研发投入上也不遗余力，但是落后的研发体制阻碍了我国汽车企业的开发活动的有效进行，主要体现为以下方面。

一是我国汽车企业研发团队自身存在问题。主要是人数虽然多，但水平不高。全球汽车巨头也都设有研发中心，研发团队不仅人数多，而且水平很高，这种高水平是如何体现的呢？在西方发达国家，各国的机械工程师都有自己的专业组织，代表业界最高水平，这一组织在英国是 INSTITUTION OF MECHANICAL ENGINEERS，在美国是 SOCIETY OF AUTOMATIVE ENGINEERS（SAE），当选为 SAE 的会士就有不少是全球汽车巨头的研发人员。但是我国目前仅有中国汽车技术研究中心副主任张建伟一人当选 SAE 会士，而张建伟当选也是因为推动汽车产业标准的建立，而不是因为科研能力。我国汽车企业的中央研究院无一人入选 SAE 会士，说明我国汽车企业研发团队的科研水平与国际水平有较大差距。

二是我国汽车企业研发团队将重心全部放在下游的产品开发上，而对上游的科学研究却不涉足。全球汽车巨头不仅有遍布世界的工厂，在总部还有庞大的产品开发团队；不仅有产品开发人员，还有科研人员。也就是说，全球汽车巨头不仅仅做下游的产品开发，还做上游的科学研究，这使得全球汽车巨头不仅是令人生畏的制造业巨头，还是令人生畏的科学巨人。例如，福特汽车公司早在 1951 年就设立了福特科学研究实验室（FORD SCIENTIFIC RESEARCH LABORATORY，简称 FORD SCI），迄今已有 60 年历史，诞生了很多科研成果。福特科学研究实验室的一些杰出科研人员同时还是 SAE 会士。例如，CHARLES W. WU 担任福特科学研究实验室的主任长达 13 年，2010 年当选为 SAE 会士。目前，福特汽车公司由一位副总裁担任首席技术官，专门负责福特汽车公司在全球范围的科学研究活动。另有一位副总裁负责福特汽车的全球产品开发，一位副总裁负责福特汽车的动力总成，一位副总裁负责福特汽车的工程，明显将产品开发和科学研究区分开来。我国汽车企业要实现技术的赶超，不能只做产品开发，还要做科学研究，技术往往是从科学研究中产生的。福特科学研究实验室的科研人员不仅在外部发表论文，还在公司内部发表论文，还拥有发明专利。科学研究做得深入、扎实，产品和技术开发才能顺利开展。在日本本田公司，公司很早就成了基础技术研究所，其性质也是科学研究实验室。可见，我国汽车企业应该及早反思自己的研发体制，不能急功近利搞开发，研发团队不仅要有工程师和技工，还要有科学家加入。

三是我国大学与汽车产业相关的工程学科水平普遍不高。汽车行业的工程师可以分为两大类：一类是电气和电子工程师，一类是机械工程师，前者的国际组织是 IEEE，后者的国际组织是 SAE，IEEE 是代表全球电气和电子工程界的最高水平的专业组织，迄今为止中国大陆只有少数大学和企业界人士入选。相比于 IEEE，SAE 显然更贴近汽车产业，但是迄今为止，我国还没有一位大学教授当选 SAE 会士，而国外大学教授当选 SAE 会士则极为普遍，这一方面说明机械工程学科是学以致用的，大学和产业界联系极为紧密，大学教授其实也是工程师，全球汽车巨头的工程师也搞科学研究，二者的界限不是那么严格的；另一方面说明我国大学机械工程学科的科研水平较低，使得我国汽车企业不可能通过产学研合作获取最新的科研成果。因此，我国大学机械工程学科的水平如果不能提高，则培养出的毕业生进入汽车企业后，也不能发挥应有的作用。

四是研发投入和产出不成比例。这些年来，为了发展自主品牌轿车，我国汽车企业都进行了数十亿元的研发投入，但是研发投入全部急功近利用于产品开发，却不用于基础科学研究，就投入产出而言，基础科学研究投入少，产出大，反过来讲，产品开发如果没有基础科学研究作为支撑，将耗资巨大而且没有技术上的突破。例如，上汽集团为了改善桑塔纳汽车的一个门把手，竟然耗资1亿元。门把手的研发尚且如此，核心零部件和整车研发更是如此，以至于我国汽车企业不得不通过国际并购来实现补充尚处于空白的产品线。

罗　涛　执笔

工程塑料业：降成本、提性能是升级重点

工程塑料是一种应用广泛的材料，其性能不逊于金属、木材，生产能耗远低于金属，产量和生产周期相对木材有明显优势。工程塑料在许多领域成为了金属、木材等传统材料的重要替代品。随着使用范围的扩大和用量的提升，工程塑料业很可能成为重要的基础工业。而目前我国的工程塑料业处于同国外厂商的竞争劣势并面临严重的成本压力，迫切需要转型升级。

一、工程塑料业的特点

工程塑料是指可被用做工业零件或外壳材料的工业用塑料，是强度、耐冲击性、耐热性、硬度及抗老化性优秀的塑料。本章中的工程塑料业包括基础树脂合成与改性两个部分，即利用单体小分子原料合成各种树脂原料，以及通过改性、填充将树脂原料制成工程塑料。

（一）工程塑料业产业链

工程塑料业的上游为石油裂解产生的单体合成基础树脂以制备工程塑料，然后为下游产业提供合格的零部件材料，按生产过程顺序其上下游产业如下。

工程塑料业的上游产业为其提供来源于石油、天然气的原料。如石油裂解气中的乙烯经过水化和氧化等过程生产出的醋酸是尼龙生产原料；而天然气加

工成的甲醛是生产聚甲醛的原料。应用最广、产量最大的五大工程塑料产品生产原料及来源见表14.1。

表 14.1　　　　　　　　　五大工程塑料原料及来源

工程塑料名称	聚合原料	来源
聚酰胺（PA）	己二酸、醋酸	石油（少量煤、植物）
聚甲醛（POM）	甲醛	天然气
聚碳酸酯（PC）	双酚A、碳酸二苯酯	石油、天然气
对苯二甲酸丁二醇酯（PBT）	丁二醇与对苯二甲酸（或对苯二甲酸酯）	石油、天然气
聚苯醚（PPO）	二甲基苯酚、乙醇（或二苯基苯酚）	石油

基础树脂的生产是利用石油、天然气裂解获得的各种单体进行化合，从而制备高分子的聚合体树脂。不同工程塑料使用的基础树脂也不相同，如聚酰胺基础树脂是由己二酸和醋酸聚合而成的结晶，而聚碳酸酯基础树脂则是由双酚A和碳酸二苯酯聚合成的粒状体。

基础树脂中加入填充剂和添加剂等可以有效地增强工程塑料的性能，如在聚酯中加入玻璃纤维添加剂可以生产出拉伸强度高、导电性好且耐热的塑料，而在尼龙中加入聚烯烃则可以很好地增强其韧性。

工程塑料具有良好的可塑性，加工过程中流动性强，成型后形状稳定；经过注塑、吹塑等成型工艺，可以生成供电子电气行业、汽车业、建材业和机械制造等多个行业使用的产品。

电子电气行业是工程塑料业最大的下游产业，在全球范围内其需求量约占工程塑料总需求的25%。工程塑料在电子电气行业主要有两种应用，一种是利用其优异的绝缘性、耐湿性和耐热性作为电线电缆包覆等绝缘材料应用，另一种是利用其成型性作为变压器骨架等电器设备结构件。汽车业是工程塑料的另一重要下游市场，约占总需求量的23%。工程塑料在汽车工业中主要用于制造保险杠、燃油箱、仪表板、车身外板、操纵杆、固定支架等。在建材行业中，工程塑料已经成为混凝土、钢材和木材之后用量第四大的材料，广泛用作水管、电气护套管、塑料门窗、发泡型材和卫生洁具；在西欧和美国，工程塑料还被用于制造屋顶瓦、隔热材料、包装型材和管材等。机械工业中主要使用工程塑料来制造轴承、齿轮、丝杠螺母、密封件、接头、盖板和壳体等。

（二）工程塑料业特点

工程塑料业为多个下游产业提供重要的可回收材料，同时具备节能优势，是一个很有特点和发展前景的产业。

1. 为重要工业提供原材料

工程塑料应用范围广泛，尤其是作为金属等材料的替代品，为多个重要工业提供零部件原材料。工程塑料业的下游产业包括电子电气、汽车、机械、办公用品和建筑材料等，这些产业不光本身具有较大的经济当量，而且都在国民经济中具有较大的带动作用，如汽车产业会带动钢铁、石油等产业，而建筑材料则关系到房地产业的发展。工程塑料业为这些行业提供重要材料，在国民经济中占有越来越重要的地位。

2. 提供节能的替代材料

能耗包括生产能耗和使用能耗两个方面。虽然生产能耗较高，但同其主要替代品金属相比，工程塑料能耗明显要低。此外，工程塑料业还能提供节能产品。

以生产能耗计算，工程塑料给水管比金属管降低达50%左右，工程塑料建材分别为钢材和铝材生产能耗的1/7和1/8。以使用能耗计算，汽车质量每降低10%，油耗就能下降8%，工程塑料的密度一般低于车用合金的1/4，以汽车中塑料用量为20%计算，可以降低耗油量12%；建筑物中保温最关键的是门窗，工程塑料的导热性是铝的1/250、钢的1/360，使用工程塑料门窗可以有效提高建筑物的保温效果、提高降低建筑物能耗。

3. 技术和产品更新速度都很快

近年来工程塑料应用领域正在迅速扩大，不断出现的新领域对其性能提出了新要求，推动工程塑料业不断加快技术进步，推出新产品。

下游产业的发展对工程塑料的性能提出新的要求包括产品的功能化、专用化，以及高环保安全性等，特别是高性能与低成本化。如电子电气行业产品燃烧回收时会产生卤素污染，因此对工程塑料提出了不含卤阻燃剂的要求，促使供应商提供不含卤阻燃材料的产品；而航天用工程塑料则要求尼龙具极高的强度、韧性、耐低温性，甚至要求在零下 40℃ 使用环境下保持优良的机械性能。政策要求、成本压力等其他因素则要求在环保、低成本等领域进行技术创新。市场需求的变化，会倒逼工程塑料企业加快技术进步和产品更新的速度，不断提高工程塑料的相应性能。

4. 市场集中度高

工程塑料业市场集中度很高，少数几家大企业占有极高的市场份额，如世界上最大的供应商通用电气（GE）工程塑料在全球市场上份额超过 20%。多数工程塑料子行业中排名前五或前十的大企业都占据了过半数的市场份额。以五大工程塑料为例，全球聚酰胺市场上排名前四位的企业占据的市场份额 C_4[①]为 59.8%；聚甲醛市场上排名前两位的企业市场份额超过 45%；而在聚碳酸酯市场上，排名前三位的企业的市场份额则高达 84%。

（三）工程塑料业的发展趋势

工程塑料业的发展趋势主要在工程塑料高性能化和低成本化两个方面。

1. 高性能化

由于市场需求的变化，高性能化成为工程塑料的一个重要发展方向。随着工程塑料市场范围逐渐扩大，市场对性能的要求也越来越高，如近几年工程塑料开始在航天和军工领域应用，作为结构件外壳材料和防弹衣填充材料等，这对工程塑料的耐高温性、抗冲击性等提出了非常高的要求。随着基础研究的进展，工程塑料性能也越来越高端化。过去十年中，通过不断的改性试验，工程塑料已经在硬度、耐磨度、耐热度等多项性能上实现了较大突破，而基础研究中实现的高性能也在越来越多地运用到生产中。

2. 低成本化

低成本既可以提高企业利润，又能促进生产节能。原料成本降低和生产过程成本降低是低成本化的两个主要方式。

生产原料的低成本化是通过改进原料生产工艺和使用新原料实现的，并以后者为主。目前多家世界领先的工程塑料供应商都持续进行新原料的研发，2000 年以来美国多家公司开始使用页岩气等非常规天然气进行生产，而帝斯

---

① C_4 为市场份额最大的四家企业份额之和。

曼工程塑料则研究利用可持续原料进行生产，采用一些环保型生物原料替代基于石油的原料。

生产过程的低成本化主要依靠改进工艺流程，提高原料利用率、节能等。如减排改进，将苯乙烯储罐的保温系统由冷却水喷淋改为铝保温，可实现每年节水5%；对废水和废气焚烧设施进行改进，也可以提高焚烧炉运行效率，降低油耗。

二、我国工程塑料业发展现状与主要问题

（一）发展现状

经过20多年的快速发展，我国工程塑料业已经具备了基本完备的产业链和一定的生产规模。但同国外厂商相比，市场份额依然较小，缺少大型龙头企业。

1. 形成了基本完整的产业链

我国工程塑料业已经具有基本完备的生产能力，可以合成多种基础树脂和进行塑料改性；上游的石油裂解和下游塑机模具制造、加工应用等配套能力也基本完整。

基础树脂合成在广东已经形成了较大的产业群；过去发展极为落后的特种工程塑料树脂也具备了生产能力，并少量出口；工程塑料合成方面有中蓝集团、云天化集团、神马集团和德阳科技等上规模的企业。

但在我国基本完整的产业链中，尚有部分空缺，如聚碳酸酯基础树脂合成能力非常差，几乎全部依靠进口。

2. 产、销量迅速增长

20世纪90年代初，我国工程塑料业开始起步。当时生产能力与需求相比严重滞后，原料树脂85%以上依靠进口，50%以上的改性树脂材料使用国外产品。此后产量开始迅速增长，2000年到2010年，我国工程塑料产值年均增长超过20%。2005年，我国五大工程塑料产量达到23.7万吨，工程塑料总产量达近150万吨，其中聚酰胺、对苯二甲酸丁二醇酯两种工程塑料年产量分别达到9.5

万吨和 3.2 万吨。2011 年，我国的工程塑料基础树脂基本都能在国内生产，聚合能力已经达到 60 万吨/年左右，改性树脂材料年产量超过 200 万吨。

同产量的迅速增长相比，我国工程塑料销售量的增长更为迅速。1997 年我国工程塑料市场销量超过 200 万吨，成为仅次于美国的第二大工程塑料消费国。由表 14.2 可以发现，我国五大工程塑料的消费量 2008 年比 2000 年增加了 425%，年均增幅达到 23%，是全球消费增长最快的国家。据 Frost&Sullivan 咨询公司预计，2013 年中国工程塑料总体市场的年增长速度将达到 10.2%，年需求量将接近 300 万吨。

表 14.2　　　　2000～2005 年我国五大工程塑料销售量情况　　　　单位：万吨

品种＼年份	2000	2001	2002	2003	2004	2005
聚酰胺	8.32	12	13.8	16.1	19.2	21.7
聚碳酸酯	16.4	21.3	36	48.3	62.4	70
聚甲醛	9.6	10.7	13	15.8	18.7	19.2
对苯二甲酸丁二醇酯	4.1	4.4	5.6	7.27	9.4	11
聚苯醚	0.98	1.5	1.8	2.4	3.3	4
以上合计	39.4	50	70.2	89.9	113	125

资料来源：工程塑料协会。

在我国工程塑料市场中，电子电气行业约占 33%，汽车制造业约占 12%，机械工业占 9%，建材业也占较大比重。市场需求的快速增长，一方面是由于我国电子电气、汽车和建材等行业均处在高速发展的时期，且工程塑料在这几个主要下游产业中的使用比例在逐渐升高；另一方面，工程塑料的下游产业开始扩展到医疗器械、办公用品等多个行业。得益于快速增长的需求，我国工程塑料企业的利润率近 10%，部分企业和产品的毛利润率甚至可以高达 700%。2009 年我国规模以上工业企业的平均利润率为 6.91%，其中塑料制品业的利润率为 6.1%。相对于整个工业和塑料制品业，工程塑料企业处在一个较高的利润水平。

虽然我国的工程塑料市场需求持续稳定地增长，但工程塑料的使用率同发达国家相比还有巨大差距。以改性塑料为例，目前国内改性塑料市场占塑料树脂消费总量的比重约 10%，远低于发达国家的 20%，可见，我国工程塑料市场仍有很大的上升空间，在较长的一段时间内可保持较为快速的增长。

3. 缺少大型龙头企业

我国工程塑料企业目前已有 1000 家左右，但除外资、合资企业外，绝大多数规模较小，树脂合成企业产能基本都在千吨以下，超过万吨的企业数量很少；改性企业也几乎都在万吨产能以下。

虽然近年我国工程塑料树脂合成和改性方面都出现了一些较大规模的企业，但相对于我国整个工程塑料市场，以及相比外资和合资企业，我国龙头企业的规模仍然偏小。例如，巴斯夫重庆公司聚酯生产能力达到了 40 万吨/年，帝斯曼与中石化合资的己内酰胺生产能力则将在 2013 年达到 40 万吨/年，成为全球产能最高的己内酰胺生产线。与外资、合资企业相比，我国龙头企业的产能小了一个数量级，难以在市场上形成足够的竞争力。

4. 国外厂商市场份额大

我国工程塑料市场上，国外厂商，包括外资与合资企业占有巨大份额，国有及民营企业市场份额较小；在高档工程塑料和基础树脂市场更是如此。

1997 年我国成为世界上最大的工程塑料进口国，每年进口量占到全世界工程塑料贸易总量的 30% 以上，基础树脂自给率仅 15%，改性工程塑料也有相当比例需进口。据海关统计，2009 年 1 ~ 6 月我国累计进口合成树脂 1378.55 万吨，同比增长 16.4%，占同期国内消费量的 46.9%。

而在我国国内产量中，外资企业也占很大比重。据工程塑料协会统计，基础树脂国有企业、外资及合资企业、民营企业产量比例为 20%、60%、20%；而在工程塑料改性产品中该比例为 3%、65%、32%。

表 14.3　　　　　　　　2000 ~ 2005 年我国工程塑料进口量　　　　　　单位：万吨

品种＼年份	2000	2001	2002	2003	2004	2005
聚酰胺	19.36	13.37	18.3	22.1	21.4	22.5
聚甲醛	23.64	26.57	41.5	53.47	72.9	73.1
聚甲醛	10.82	10.9	13.6	15.15	19.8	17.2
对苯二甲酸丁二醇酯	2.2	2.3	3.3	2.12	4.6	6.3
聚苯醚	0.96	1.3	1.7	2.1	3.0	3.6
合计	56.98	54.44	78.4	96	122.4	122.7

数据来源：工程塑料业协会。

合成树脂生产和改性市场上，国内企业不仅市场份额小，而且以中低端市场为主，高端市场几乎都被进口产品和外资、合资企业占据。以尼龙 6 为例，虽然产品的性能差别很小，但国内企业产品的价格比杜邦等国际巨头的同型号产品要低 30% ~ 50%。

5. 产业振兴规划提供政策支持

2009 年 5 月，国务院出台了石化产业调整振兴规划，加强信贷政策支持、加大技术改造投入、推进企业兼并重组、完善产业发展政策、依法做好反倾销和反走私等，推动包括工程塑料业在内的石化产业发展。

产业调整振兴规划通过金融、税收、反倾销、反走私和简化审批等手段支持一批符合条件的企业发展壮大，同时又通过提高门槛、差别电价和污染管理等手段淘汰一部分落后的企业，利于工程塑料业实现清洁、低碳生产并催生一批具有国际竞争力的企业。

（二）主要问题

目前我国工程塑料业的主要问题有两个。一个是资源和政策限制导致的原料高成本，另一个是市场信息严重缺失和企业争相压价制约了行业的转型升级。

1. 资源限制导致了原料高成本

工程塑料生产的原料主要是石油和天然气产品，而原料是制约低成本化的最重要因素。在石油、天然气两种原料中，天然气制工程塑料具有十分明显的成本优势，天然气制乙烯和石油制乙烯的成本之比约为 1：1.4 到 1：1.5 之间。作为基础树脂的生产材料，全球的乙烯约有 42% 由天然气制造，在美国该比例则超过 75%，在沙特阿拉伯甚至高达 85%。工程塑料业中通常采用乙烯当量作为生产成本的核算标准，美国采用页岩气等进行乙烯生产的成本约为 250 美元/吨；中东地区采用石油伴生气生产乙烯的成本约为 100 美元/吨，澳大利亚采用天然气生产乙烯的成本不高于 220 美元/吨，而我国采用石脑油路线生产乙烯的平均成本达 530 美元/吨，远高于美国和中东等地区。

之所以在天然气路线有明显成本优势的情况下，仍然采用的石脑油路线，是因为我国天然气供应不足，以及因天然气短缺而产生的政策限制。

一方面我国天然气供应相对不足，难以为化学工业，尤其是工程塑料业提供充足的原料。在全球范围内用于化工的天然气消耗量接近于10%；在我国这个比例是30%左右，但其中绝大多数用于化学肥料的生产。供暖、发电和汽车燃料需求占我国天然气消费量的近一半，尤其是城市供暖用气，每年冬季需求迅速增长，在异常天气情况下，需求量可达平时的4到8倍。供应不足限制了我国工程塑料业走天然气路线的可能性。

另一方面受我国然气使用政策的制约，石化工业难以最大限度的使用天然气。受制于我国相对不足的天然气供应尤其是几乎年年都会出现的"气荒"现象，2007年发展改革委发布《天然气利用政策》对天然气的使用做出规定。按照该政策，化工用天然气优先级低于城市燃气、工业燃料和天然气发电，处于不优先发展的地位；而在天然气化工中，为农业化肥生产提供重要原料的天然气制氢被列为允许类项目，对工程塑料生产极为重要的天然气制甲醇则被列为禁止类项目。天然气使用政策的制约，断绝了我国工程塑料业走天然气路线的可能性，除非获得绝对充足的天然气供应，否则天然气不可能为其提供充足、稳定的原料。

这两方面的限制，使我国工程塑料业难以通过采取天然气路线获得较低的生产成本。原料成本上的劣势，导致了在与国外产品的竞争中，我国产品在同等价格上质量水平偏差、同等质量水平上成本偏高。前面提到我国政府通过反倾销手段保护了本国工程塑料企业的利益，就是因为原料价格在工程塑料生产中占有重要作用，原料价格高导致了我国企业在国际竞争中的劣势。

2. 市场信息严重缺失制约转型升级

工程塑料业内缺乏严格和详细的行业标准，同时国内企业普遍采取以降低价格为主的竞争方式，导致市场上出现了"逆向选择"，即客户普遍选择低价格、低质量产品，高质量产品丧失市场竞争优势。这种"逆向选择"限制了产业向高端发展，严重制约了转型升级。

国内市场上，由于国内企业普遍技术水平落后，产品质量低，客户对国产工程塑料严重缺乏认同，认为国内产品质量差。多数国内企业不具备生产高附加值、高价格产品的能力，因此普遍将价格作为主要的竞争手段，依靠低价格争夺市场。也有少数国内企业具有先进的生产技术，能够提供质量和附加值较高的产品。如果市场上后者价格高于前者，由于市场信息不完全性，客户难以区分产品质量的高低，在普遍质量较差的情况下倾向于选择价格更低的产品。

如果市场上后者的价格不高于前者，则由于其生产成本较高，其利润会低于前者。也就是说无论高质量产品如何定价，利润都会低于低质量产品，这严重打击企业生产高质量产品的积极性。这种现象属于经济学中的"逆向选择"，即由于市场上交易双方的信息不对称，客户选择劣质产品并最终导致整个市场上产品的质量下降。

逆向选择对我国工程塑料业的转型升级有两方面制约。首先，这样的市场条件下，企业利润压缩后进行转型升级投入的能力会下降。在普遍的低价格竞争中，市场价会被压低至盈亏平衡点，生产低质量产品的企业的利润会被压缩至最小；而生产高质量产品的企业，由于其成本更高，利润则会更低。其次，这样的市场条件下，即使企业实现了转型升级，生产高质量的产品，在同国内厂商竞争中，也会同前面分析一样面临利润下降。而在与国外高质量商品的竞争中，客户倾向于选择他们认为质量更高的国外产品而不是升级之后的国内产品。总之转型升级难以为企业带来更高的竞争力，这必然会降低企业转型升级的积极性。

市场信息不完全导致的"逆向选择"使我国工程塑料业中先进技术水平、高质量产品在竞争中处于劣势地位，不仅制约落后的厂商进行转型升级，反而会迫使先进的企业进行"转型降级"。促进市场信息的完善，创造良好的市场环境是发展我国工程塑料业的迫切需要。

三、促进工程塑料业转型升级的政策建议

由于高成本的限制和国外厂商的激烈竞争，我国工程塑料业必须进行转型升级。原料限制导致我国工程塑料业的生产成本要高于国际水平，而作为工程塑料主要原料的石油和天然气都是不可再生资源，其储量和产量在可以预见的时间内不可能出现较大规模增长，也就是说难以通过提高我国石油和天然气供应量的方式解决高成本问题。"逆向选择"也使我国工程塑料企业在市场竞争中处于不利地位。这种劣势现在主要存在于高端产品市场上，但由于成本劣势和普遍的低价格竞争，生产中低端产品厂商的利润也越来越低，甚至也有可能最终被国外厂商占据。

高原料成本和国外厂商的激烈竞争，使我国工程塑料业的生存空间越来越小。亟须通过转型升级开辟一条发展之路、生存之路。

（一）转型升级的重点

高性能化和低成本化是世界工程塑料业发展的两个方向，也是我国工程塑料业发展和升级的方向。

实现产品高性能化，首先可以增强我国工程塑料业的国际竞争力，其次在信息较完全的市场环境下可以促进整个行业向高端发展。原料高成本是制约我国工程塑料业发展的重要因素，要提高企业的竞争力，就必须降低成本。在资源和政策的双重限制下实现低成本化是工程塑料业生存和发展的必须选择。

实现工程塑料高性能化要求信息完全化程度较高，即客户和生产者都能够了解产品信息。在我国工程塑料市场的现有环境下，市场信息极不完备，生产企业和客户之间的信息非常不对称，阻碍了转型升级和产品高性能化。为实现完全信息，需要以政府的公信力作为保障，提供产品详细、有用和可靠的信息，使客户可以依据政府的信息对工程塑料产品做出判断，防止市场上出现"逆向选择"，促进高性能产品获得竞争优势，推进整个行业的良性发展和转型升级。

要实现低成本化，最重要的是原料的低成本。鉴于我国天然气供应不足和使用政策的限制，应把降低原料成本的途径放在探索新的原料渠道上。一方面在国内利用各种资源，包括通过回收利用废旧塑料，开发利用非常规天然气[①]和研究开发非石油原料等；另一方面广泛利用国外资源，通过进口国外半成品来降低国内的原料成本。

（二）政策建议

根据对我国工程塑料业发展现状和问题的分析，结合天然气供给的约束，给出如下政策建议。

1. 建立并执行严格的行业标准

制定严格的工程塑料标准，同时完善标准的执行监督机制。

---

① 页岩气是我国探明储量较大、且在国外有成功开发先例的非常规天然气，但由于资源管理体制和技术、环保等方面的问题，尚无法确定其开采及使用的可行性。

行业标准包括详细的产品性能指标、生产工艺指标。产品性能指标包括工程塑料的压力、拉伸、耐磨、抗高温等详尽的主要性能指标，并对各种型号的产品按照其性能指数的不同进行严格的质量层次划分。生产工艺指标包括生产的能耗、污染排放指标等，并对不同层次的生产工艺给予不同的政策，对低能耗、低污染的工艺给予税收减免或补贴等支持，对高能耗、高污染的政策则进行限制或直接取缔。通过明显的强制政府认证标志将工程塑料产品的质量层次标明，公开各种层次的划分依据和主要性能指标。配套严格的行业标准监管执行机制，保证行业标准能够得到严格执行，对不同质量层次的产品进行划分和标志，对不执行行业标准或者违反行为按照规定进行严厉打击，通过低收费降低企业的认证成本，最大程度上将标准贯彻实施。

通过详细的行业标准和产品标识强化市场信息建设，使高、中、低档产品之间的界限分明；客户可以用非常低的成本获取产品信息，从而将不同质量的产品放在不同的竞争平台上，推动竞争方式从价格向质量转变，避免出现"逆向选择"。考虑到我国工程塑料业中以中小企业为主，应由政府承担指标分析和区别的主要成本，只向企业收取极低的费用或不收取费用。信息透明有利于先进的产品获得优势，从而促进企业自发地进行转型升级；而生产工艺标准则可以淘汰落后产能，倒逼整个产业生产水平的提高。

2. 坚持并细化产业振兴规划的政策支持

加大技术改造投入。制订《石化产业技术进步与技术改造项目及产品目录》，细化其中的工程塑料细则，设立石化产业振兴和技术改造专项，重点支持工程塑料产品发展。支持己内酰胺等关键技术产业化、大型乙烯等工程技术本地化示范工程建设。

推进企业兼并重组。认真落实和细化企业兼并重组的政策措施，妥善解决企业资产划转、债务核定与处置、财税利益分配等问题。采取资本金注入、融资信贷（银行贷款，发行股票、企业债券、公司债券、中长期票据，吸收私募股权投资）等方式支持有实力的大中型企业实施兼并重组。支持开展兼并重组的骨干企业实施技术改造，调整产品结构。

完善产业发展政策。抓紧制订工程塑料业政策、行业污染物排放标准、能源使用和污染排放管理办法、产业准入目录、鼓励发展和研发高端石化产品和技术目录。综合运用提高准入门槛、加强清洁生产审核、实施差别电价等手段，加快淘汰落后产能。建立产业退出机制，完善和落实配套政策措施。

3. 促进工程塑料原料进口

下调甲醛、醋酸和碳酸二苯酯等工程塑料原料的进口关税，同时由政府建立进口促进基金，为符合行业标准、技术较为先进、产品质量较高但受制于原料成本高的企业提供进口贴息、进口信贷、进口信用保险等多种政策支持；完善工程塑料企业的进口服务体系，提高进口原料的便利化水平。

在天然气制品的进口上，江苏和浙江的部分工程塑料企业已尝试通过进口甲醛等进行生产，并取得了较好的经济效益。通过政策促进对天然气制品的进口是降低我国工程塑料生产成本的有效途径。

4. 建立废旧工程塑料回收制度

建立强制工程塑料回收制度，以废旧工程塑料的回收利用作为开拓低价原料的一个手段。

研究表明，使用 10 年以上的汽车保险杠塑料的抗冲击性、硬度同新产品几乎相同，具有很高的回收价值；而水解法、醇解法等方法更是可以将废旧塑料完全分解重新制成工程塑料。回收利用废旧塑料的成本要低于我国目前的工程塑料生产成本，可以作为降低成本的手段。回收后的原料用于较低层次塑料的生产可以降低其对原料的需求，通过挤出效应增加工程塑料的原料供给。

以法规的方式明确废旧塑料回收的责任人，对汽车、电器等工程塑料用量大、容易明确制造商的产品，由其生产者负责回收其产品中的塑料；对不容易明确制造商或较小的产品，采用补贴的方式，对回收合格工程塑料的企业进行资助；同时制定严格回收标准，执行严格的检查制度，保证回收的废旧塑料确实是合格、可以再利用的；最后鼓励科学、先进的回收方法，对于像水解法、醇解法等从根本上解决回收利用的，给予补贴或者税收减免，对回收成本高、污染大且不彻底的回收方式不予支持。

杨 超 执笔

第四篇

通信设备制造业创新
与产业升级

我国通信设备制造业转型
升级的途径与方向

　　我国通信设备制造业①的发展始于 1980 年代中期，1990 年代后进入快速发展轨道。在短短不到 30 年的时间内，我国通信设备制造业成为全球通信制造基地，并在国内市场占据了主导地位；产生了华为和中兴两家具备国际竞争力、在行业中位居前列的系统设备制造商。在以手机为主的终端设备领域②，我国手机制造业从零起步，逐步成长为全球最大的生产和出口国，产量占全球六成多。通信设备制造业崛起、发展、壮大的经验和特点值得总结，但其未来发展也面临着巨大挑战。通信制造业转型升级的方向、战略重点和政策环境，必须放在全球化的开放格局下和快速变化的技术和市场背景下深入研究③。

一、我国通信设备制造业发展的阶段特征

　　尽管系统设备和终端设备制造业起步时间不尽相同，但具有相近的阶段特征。可以分为三个发展阶段：20 世纪 80 年代中期到 2000 年代初的产业起步阶

---

　　① 通信设备制造业包括了固定和移动通信设备系统设备（如交换机和基站等）和终端设备（如手机）的制造。本报告重点研究了系统设备和终端设备集成商的创新与发展问题，该行业中从事中间产品生产的企业未作重点研究。
　　② 在终端通信设备中，本篇只研究了手机行业。
　　③ 本章吸收了第十六、十七、十八章的部分内容。

段，2000 年代初到中后期的加速发展阶段，以及 2000 年代中后期至今的转型升级阶段。系统设备制造业目前已经处于第三阶段，手机制造业仍处于第二阶段。需要注意的是，虽然行业整体在发展上有共性的阶段特征，但一些企业在同一阶段上已经表现出了差异化的行为和创新特点。这也成为其比竞争对手成长更快的重要原因。

（一）产业起步阶段：20 世纪 80 年代中期到 90 年代末

这一时期也是全球通信业发生快速技术变革的时期。20 世纪 80 年代，数字程控交换机出现，有线通信技术发展到一个新水平。1984 年，摩托罗拉推出了第一代商用手机，将通信带入移动时代。90 年代，欧美公司主导的数字移动电话（GSM/CDMA）问世，无线通信取代了有线通信成为主要通讯方式。1998 年，诺基亚凭借 GSM 手机，超越摩托罗拉成为世界最大的手机制造商。

中国通信业在 80 年代则刚刚起步。1986 年，固定电话安装量只有 350 万部，普及率不及 0.5%。但到了 1998 年，固定电话用户数达到 8742 万户，而发达国家电话普及率已达到 90% 以上。整个 90 年代是中国通信业高速增长期。通信设备正经历从模拟技术向数字技术的快速转换。

1. 产业规模小但成长迅速

（1）系统设备制造业

80 年代初，中国仍不能制造主要的通信设备，进口设备价格高昂。县级以上的城市通信设备市场几乎被"七国八制①"的国外产品控制。80 年代中期，包括中兴、华为、巨龙等大批程控交换机代理和制造企业纷纷成立。这些企业主要集中于珠三角地区。1997 年，中兴通讯在深交所 A 股上市。1993 年，依托邮电部电信科学研究所的大唐电信成立。

（2）终端设备制造业

1997 年，东方通信公司成立了中国第一条手机生产流水线，标志着国产手机生产开始起步，1998 年 10 月，我国第一台国产手机科健的 KGH – 2000 上

---

① 即日本 NEC 和富士通、美国朗讯、加拿大北电、瑞典爱立信、德国西门子、比利时 BTM 和法国阿尔卡特等七个国家、八种制式的程控交换机系统。

市，国产手机正式进入市场。1998～2003年期间，国产手机厂商的销售额从无到有逐年攀升，并用5年的时间迅速占据了55%的市场份额。

2. 从代理、加工组装或代工起步，主要依靠成本优势进行低价竞争

这一时期有众多的从事交换机代理业务的企业。如，华为为一家生产用户交换机（PBX）的香港公司做销售代理。即使从事制造的企业也是作坊式生产模式。这些企业主要针对技术含量较低的小门数用户交换机市场，以模拟空分程控交换机起步。当时，中国企业研发的交换机价格只有西方厂商的1/3到1/2。

1995年以前，中国手机产业还处在以摩托罗拉为首的国外品牌的垄断下，国内的厂商主要为国外品牌加工、组装，或负责其产品销售业务。

3. 无自主品牌或者品牌竞争力弱，外国品牌占绝大部分市场份额

（1）系统设备制造业

90年代初，全球的数字交换机技术已经成熟。此时，虽然总体上国内企业技术能力较低，但中兴和华为等少数企业在成立初期就开始自主开发，其自主研发的产品开始进入市场。1986年中兴组建了深圳研究所，开始自主研发之路。中兴通讯在成立三年后（1987年）仿制成功了一款68门的模拟空分用户交换机，第五年（1989年）研制出国内首款商业化的数字程控交换机。1989年，华为也开始自主研发，但并未放弃代理业务。1992～1993年，巨龙和长虹等企业率先研制出了万门交换机。直到90年代中期，中兴在主要领域仍然落后于巨龙和长虹等依托国有研究院所成立的设备商。华为的第一款自己品牌的产品是从国营单位买来散件自行组装的。1992年前，国内厂商只在一些小型模拟局用和用户交换机尚有一定市场份额。到90年代中期，华为等企业自主研发的具有核心技术的交换机实现了大规模应用，打破了国外企业的市场垄断，使交换机价格大幅下降，极大地推动了固定电话的普及。在众多企业中，最终实现从模拟转向数字程控交换机的只有"巨大中华"四家企业。

（2）终端设备制造业

在初创期，国内手机企业以加工组装和贴牌为主。在巨大的市场潜力吸引下，国内企业纷纷涉足手机领域。在1998年以前，国内企业主要以合资的形式进入手机市场，规模大的主要有北京NOKIA、天津MOTOROLA等，这些合资企业采取组装的形式生产国际品牌产品。1998年以后，国内企业纷纷以

"贴牌"的形式推出自主品牌的手机，如中科健、康佳、TCL、波导等，其合作对象也主要从"移动三巨头"等转向尚未打进中国市场的跨国企业，如韩国的 SAMSUNG 和法国的 SAGEM 等。

（二）加速发展阶段：2000 年代初到中后期

2000 年，我国固定电话普及率达到 50%。通信技术及其市场从有线到无线，从固话向 2G 迅速转变。

1. 产业规模迅速扩张

21 世纪前十年是我国通信制造业高速扩张期。从 2005 年到 2010 年，我国通信设备制造业企业数量增加了近 1/3，工业总产值增长了 65%，利润总额增长了 1.64 倍。同期，就业人员几乎翻了一番，达到 100 万余人，占制造业就业人员 1%。

中国通信设备制造业快速扩张的这段时期，也是美国和欧盟产业规模迅速萎缩的时期。美国通信设备制造业[1]（Communication Equipment）就业规模在 20 世纪 90 年代只下降了 7%，却在 21 世纪的前十年加速下滑。2000 年该行业就业人数为 20 多万人，到 2010 年只有 11.8 万人，仅在 2005 到 2010 年的 5 年间就减少了 17%。目前，该行业占美国制造业[2]从业人员比重的 1%，与中国占比相当[3]。

表 15.1　　　　　欧盟主要国家广播电视和通信制造业就业　　　　　单位：人

	2000	2002	2004	2006	2008
德国	170367	154467	145672	137050	147190
法国	159738	155808	128723	110774	90505
芬兰	38573	36049	35848	35095	32385
瑞典	46144	42789	27376	26878	29330
英国	142850	101083	77734	64353	/

资料来源：欧盟统计局网站。

---

[1]　美国通信设备制造业统计范围大于中国，除了通信设备制造外，还包括广播电视设备制造。因此其从业人员包括了广播电视制造业这部分。

[2]　2010 年，美国制造业从业人员占全部行业比重的 9%（1152 万多人），2000 年占 13%。美国从业人员约 1.3 亿人。20 世纪 90 年代，制造业就业规模仅下降了 2.4%，占全部行业就业的 16%。而在 21 世纪的第一个十年，下降了 1/3，仅占 9%。

[3]　数据引自美国国家统计局网站。

欧盟通信设备制造的主要国家，如德国、英国、瑞典、法国、芬兰的就业规模总体上也是萎缩的，但程度不同。按照美国的产业口径统计（即包括广播电视设备制造的广义通信制造业），德国和芬兰就业规模缩小幅度较低，2008 年比 2000 年分别下降了 14% 和 16%。法国、瑞典和英国下降幅度很大，分别减少了 44%、37% 和 58%。目前，在通信设备制造业占制造业就业比重方面，除芬兰比重很高，占到 7% 外，德国和法国等相对较大的国家就业比重都不到 1%。

表 15.2　　　　　欧盟就业占制造业比重（%）

	2008	2009	2010
德国	0.7	0.5	/
法国	/	/	0.7
芬兰	7.0	7.1	/
英国	1.0	/	/

资料来源：欧盟统计局网站。

2. 部分企业从价值链低端向中端发展，一些自主品牌拥有较强竞争力

在经过初创期的快速发展后，由于国内手机企业缺乏核心技术，最终在与国外手机企业的竞争中渐落下风。虽然，国内品牌手机在 2003 年占领了国内手机市场近 55% 的份额，但随后在与国外品牌的竞争中，市场份额逐渐下降。在这期间，国内大型手机厂商根据自身特点，力图走自主创新之路，向产业中高端升级，但大都未能成功。

在国内大型品牌手机企业向研发、品牌、营销等产业价值链高端攀爬遇阻的同时，国内小微型企业则通过模仿创新快速成长了起来。2003 年，台湾联发科公司将芯片、软件平台和第三方应用软件捆绑在一起的集成芯片开发成功。手机生产的技术壁垒大大降低。市场中涌现了一批手机制造厂商，通过对一些主流产品学习、模仿、借鉴、包括改良，在这个基础上通过进一步技术创新，这些手机产品被称为山寨手机[1]。山寨手机制造厂商建立了更加快速有效

---

[1] 从山寨手机的种类上看，广义上的山寨手机既包括高仿机，也包括那些不侵犯知识产权的，采用台湾联发科技股份有限公司（MTK）的手机芯片，拥有品牌标识（贴牌机和杂牌机）或无商标标识（白牌机），以外观新颖别致、功能强大、价格低廉为卖点吸引消费者的手机。本篇主要指后一种山寨手机。

的产业链，使我国大陆手机行业发生了革命性的变化。2005 年，山寨手机出货量为 0.5 亿部，2006 年则翻了一倍多达 1.1 亿部。一批山寨机厂商在联发科芯片方案的支持下迅速成长为中型企业，比如天宇朗通、金立集团等。这一时期，系统设备制造业的总体技术和制造能力也有了明显提高。

（三）转型升级阶段：2000 年代中后期至今

这一时期，中国固定电话用户数继续高速增长，2007 年达到 3.5 亿。

1. 产业规模跃居全球第一，龙头企业开始实施全球化战略

经过多年的发展，中兴已为全球 140 多个国家和地区的电信运营商提供创新技术与产品解决方案，是中国最大的通信设备上市公司。2011 年，中兴国际市场实现营业收入 467.58 亿元人民币，占整体营收的 54.21%，超过了一半，同比增长 24%。华为的产品和解决方案已经应用于全球 100 多个国家，其客户包括全球电信运营商 50 强中的 45 家，其服务遍及全球 1/3 的人口。华为海外市场收入大概占到总收入的 2/3 以上。海外市场的增长速度大大高于国内市场，实现销售收入人民币 138364 百万元，同比增长 14.9%。

相比之下，手机制造业尚未出现这种局面。中兴和华为虽然在手机出货量上跻身国际行业前列，但主要为运营商定制手机，在国内外品牌知名度、市场占有率、产品利润率等方面都处于较低水平。其他国内手机企业品牌市场占有率仍然很低，部分手机企业有出口，但主要是东南亚和非洲等地区。

2. 领先企业开始具备有国际竞争力的技术和管理水平，从中端向高端发展

一些在局部技术领域有国内市场竞争力的中小企业开始出现。在最为核心的基带处理器芯片方面，我国企业在 2009 年取得了重大突破，如展讯公司成为国内市场位列前三的基带处理器提供商；华为海思推出了智能手机芯片；瑞芯微电子推出了基于谷歌操作系统的第一个手机芯片；联芯向中兴、华为、联想等国内外几十家 3G 终端制造商提供量产的 TD 手机芯片；智多微电子、安凯等企业的多媒体处理器芯片也都开始应用在新一代的国产手机上。

随着通信产业进入到 3G 时代，通信终端相应进入智能手机时代，我国手机企业开始集成创新，向手机产业链高端升级。中国手机市场正逐渐形成完备的产业链，并能够设计出成熟的智能手机解决方案，本土手机品牌开始具备与全球手机巨头竞争的能力。2011 年成立的北京小米科技有限责任公司生产的

智能手机，外观设计全部由小米团队完成，生产由英华达股份有限公司代工，手机操作系统采用小米公司自主研发的 MIUI 操作系统。该手机性能能够与同期国际巨头苹果公司生产的苹果手机相媲美，而价格却不到苹果手机的一半，因而很快占据了较大的市场份额。华为在经过多年的代工后，开始推出自己的品牌，并进入到产业高端环节。2012 年 2 月，华为发布了 Ascend D 系列手机，该系列手机使用华为自主研发的海思 K3V2 四核处理器，以及一款自有知识产权的 16 核心显示芯片，证明了国产厂商也有能力研发高端的移动处理芯片。

二、通信设备制造业的技术经济特征

（一）通信设备制造业在国民经济中所占比重并不大

尽管我国通信设备制造业属于高技术产业，发展迅速且具有较强国际竞争力，但其产业规模并不大，只占制造业增加值的 1% 左右。2010 年，我国通信设备制造业销售收入占电子信息产业①的 15%，利税总额占 21%，出口总额占 17%。从国外来看也是如此。美、德、法、英等发达国家的通信设备制造业在制造业增加值的比重也在 1% 左右且呈下降趋势。只有拥有诺基亚公司的芬兰例外，占到 9%。

表 15.3　　　　　欧盟通信设备制造业增加值占制造业比重（%）

国家	2008	2009	2010
德国	0.9	0.5	/
法国	0.9	0.7	0.6
芬兰	16.8	9.0	/
瑞典	/	/	/
英国	1.0	0.8	0.9

资料来源：欧盟统计局网站。

---

① 根据中国信息产业年鉴，电子信息产业包括通信设备工业、电子计算机工业、电子元件工业、电子器件工业和家用视听设备工业及其他。

(二) 产业链较长，专业分工程度高，产业生态系统复杂

从产品应用领域看，通信系统设备包括移动设备、光通信设备、网络设备、固网设备等 (详细分类见表15.4)。全球主要设备集成商基本覆盖了以上几个领域，提供全面产品和服务。在系统设备制造业中，既有大型系统设备集成商，如中兴、华为等，也有零部件供应商，如烽火科技等。

在终端设备制造业中，既有集成商，又有部件供应商，还有解决方案提供商、软件设计商等。手机产业链的上游为手机元器件生产、操作系统、手机设计和电子制造服务商 (EMS)；产业链下游主要为各类手机经销商。其中，芯片设计和制造厂商处于产业链的最上端。

表 15.4　　　　　　　　我国通信设备主要行业的企业数量

行业	企业数量
光通信设备	19
卫星通信设备	49
微波首发通信机	6
散射通信设备	4
载波通信设备	2
通信导航定向设备	19
数字程控交换机	17
软交换控制	1
基站及基站控制器	8
移动交换机	2
固定通信终端设备	52
移动通信终端设备	123

资料来源：《中国信息产业年鉴2011》。

全球主要的移动通信制造商在业务发展战略上分为两类。一类企业只从事系统设备生产，如思科、诺西和爱立信 (已于2012年剥离了手机业务) 等；另一类企业同时从事系统和手机等终端设备生产，如华为、中兴、诺基亚、西门子。

（三）系统设备和终端设备市场特征、产业结构和竞争行为差异很大

首先，买方市场地位不同。系统设备制造业基本处于买方垄断市场，设备运营商需求同质程度较高，有很强的议价能力。由于设备供应商数量较多，产品技术性能和质量相近，因此价格竞争非常激烈。而手机市场属于消费市场，需求异质性较大，由此导致高、中、低端市场都有很大的需求规模，这种多样化且庞大的需求为中小微企业提供了广阔的生存发展空间。

其次，投资回报差异极大。系统设备属于投资品且一次性投资巨大，动辄数十亿美元以上，系统设备更新周期、建设周期和投资回报周期都较长。这也是导致制造商低价竞争的重要原因。而手机属于消费品，手机价格差异大，不存在投资回收问题。

第三，产品生命周期不同。从固定电话到2G再到3G，尽管技术更新换代的时间大大缩短，但系统设备重大技术的成熟应用总要几年才发生一次。相对缓慢的产品更新速度给新进制造商提供了低成本模仿学习的机会，中国企业即从中受益。手机虽然同样在技术上受制于2G和3G等通信技术的变革，但其外观、功能、品牌等非技术因素，以及芯片和操作系统等关键部件的更新升级导致手机产品更新换代速度非常快，往往以月计算。因此手机行业的企业淘汰率较高。

第四，行业进入壁垒高低不同。系统设备制造业在生产投资、技术能力和客户接受度方面要求很高，中小企业进入困难，特别是系统集成领域。而手机行业资金、技术、销售渠道门槛低。联发科手机集成方案的推出使小微企业仅需投资几十万人民币就可以生产组装。

由于以上原因，两个行业在产业组织上形成较大差异。系统设备制造业已形成相对稳定的产业结构，几家主要跨国集成商拥有主导产业链的市场力量，近年来除了中兴华为以外，基本没有新的企业进入行业前几名。在手机终端产业，从全球来看，近年来主导厂商格局发生了重大变化。固话和2G时代的主导企业（如摩托罗拉、爱立信等）纷纷落后甚至退出手机市场，苹果、三星等新企业在短短几年内迅速成为行业领导者。另一方面，手机行业的市场支配力量并非来自集成商等固定的某个产业链环节。主要由两种模式。一是由集成商主导产业链，如三星和苹果、谷歌、小米。二是由关键部件商主导产业链，

如高通。大量中小微企业在特定市场上赚取微薄利润。另一方面，手机市场的多样化多层次需求、快速技术变化、庞大市场规模等独有因素，大大激发了企业创新，产品创新、商业模式创新、工艺创新层出不穷，手机行业展现出极强的创造力和竞争活力。目前，国内手机行业除了几个大品牌，小的品牌数量最少有 2000 个。

从主要通信设备制造国的国内产业结构看，包括系统设备和终端设备制造业，该行业都呈寡头垄断格局，都是几家甚至一两家跨国公司主导整个产业。如，美国通信设备制造业有 1500 多家企业，年销售收入约 450 亿美元。其中，最大的 50 家公司产生了 80% 的收入。

（四）平台竞争成为大企业间竞争的重要手段

在通信设备制造业中，一些大企业（特别是跨国公司）构建了以自身核心技术和产品为平台，联合上下游企业共同推动行业创新的生态系统。这些大企业成为平台领导者或核心企业，如苹果和思科。平台往往依托于核心企业的关键技术或产品，如苹果公司的手机和 IOS 操作系统、谷歌的安卓操作系统、思科的网络产品等。平台成功的关键是发挥其网络效应，使其客户和供应商从中获利，而不仅仅是平台厂商获利。与传统的企业单独竞争相比，平台的运营对核心厂商在标准制定、供应链管理、市场营销等方面的能力提出了很高要求。苹果公司在手机产品上的巨大成功正是由于平台战略的成功运用。平台战略对于技术更新快的通信设备制造业来说尤其重要，已经成为大企业间竞争的重要手段。

三、形成较强国际竞争力的主要条件和原因

（一）主要条件

1. 政策空间

在改革开放大背景下，中国经济开始了快速发展，也为通信市场向民间开放提供了难得机遇。通信设备制造业主要企业，包括当年的"巨大中华"，都是在 20 世纪 80 年代初成立并逐渐发展起来的。像其他产业一样，改革开放是

通信设备制造业得以发展的基本前提。

2. 市场空间

中国通信设备制造业赶上了中国市场的超常规发展。庞大的市场规模和广大的地域造成了中国通信市场需求多样化和多层次，为中国企业的生存发展留下了足够空间。任何一家企业在发展初期，都可以从本地客户需求中获得生存发展的市场和资金。

3. 技术空间

从中国企业进入通信市场的80年代到90年代早期，通信设备技术进步速度相对缓慢，主要是固定电话系统设备和终端设备。中国企业获得了技术学习和追赶时间，从代理、代工、加工组装起步，逐步积累起生产、研发和管理的知识，主要集中于市场开拓和财富积累。90年代中后期开始，技术进步速度加快，从固话迅速到2G发展到3G。新技术的快速应用开辟了新市场，给还处于中小企业阶段的中国企业带来了在新市场与国外企业竞争的机遇。一些国外大企业在新技术应用普及上反应迟缓，使新进企业有了在局部技术领先的契机。

4. 竞争空间

在80年代中国固话市场需求规模在政策鼓励下启动后，直到90年代，欧美市场正处在2G大规模布局阶段；此后3G开始在欧美发达国家部署。因此，跨国公司主要集中于欧美市场移动通信产品研发、市场开拓和竞争。相比之下，当时正处于有线电话快速发展阶段的中国市场没有成为跨国公司的业务重心。另一方面，跨国公司对中国企业的能力有所轻视，在对中国客户需求的响应等方面未引起足够重视，这给中兴、华为等中国本土企业从有线通信产品起步、积累并快速成长留下了生存发展的空间。固定电话设备为中国企业生存、发展提供了技术和资金基础。互联网泡沫的破灭，大大延迟了3G和4G发展的进程，为正处于从有线向无线技术过渡的中国企业留下了宝贵的追赶时间。

以上条件给中国企业的生存和发展提供了可能，中国企业又抓住了难得的历史机遇，较好利用了成本优势和本土优势，得以快速成长并实现了局部赶超。

（二）主要原因

1. 从低端进入市场，及时进行竞争优势的转换升级

我国手机企业发挥低成本优势，从低端环节进入产业链，待资金和技术积累到一定程度后逐渐向产业链高端升级。早期的手机企业主要从事组装生产，后来开始在手机外形等方面进行创新，再到后来在手机功能等方面进行了大量应用创新。在手机产业发展早期，诺基亚、摩托罗拉等国际知名品牌手机的市场定位还主要在中高端市场。国产手机品牌抓住了中低端价位手机市场的空白，针对中低端市场需求开展创新，很大程度上促成了五年期间市场份额的迅速壮大。只有少量商家尝试了高端切入的策略，但最终没有取得成功。

2. 有效运用成本优势，以价格竞争方式提供较高性价比产品

我国过去至当前阶段最大的比较优势，就是庞大、高质量、低成本的劳动力。中国企业有较强的成本控制能力，为了抢占市场份额，往往会采取低价竞争战略进入一个新的市场领域。2005 年，华为以约 12 亿元人民币的报价中标泰国 CAT 网络项目。同时参加竞标的爱立信报价约 16 亿元人民币，而摩托罗拉的报价约 20 亿元人民币。中兴也一直采取低成本竞争战略，在每次投标竞争中都争取一定的价格优势。

进入智能手机时代，大多数国产手机仍定位于中低端市场需求开展创新。2011 年国产品牌手机市场份额大幅提升，占国内手机销售市场份额的 37.5%，在销量前十位的品牌中，国产品牌占据六位。主要原因是：在智能手机市场，免费手机操作系统安卓（Android）系统的出现使得手机同质化趋势明显，国产手机与国际品牌手机差异化缩小。国际品牌集中定位高端价位，国产品牌则主打中低端细分市场，而这部分市场需求潜力巨大，国产品牌采取低价竞争方式占据一定市场份额。

3. 积极技术创新，抓住技术空间

80 年代以来，通信技术变化非常快，技术创新在竞争中的重要性很高。AT&T、爱立信、西门子等外企到 90 年代末期已经停止了程控交换机技术的更新和研发。而中国企业却根据国内用户需求和国情，不断研发更新换代数字程控交换机技术。这些技术和产品成为企业重要的技术和产品平台，为以后的技术发展和产品开发奠定了坚实基础。

目前，我国部分手机企业已经进入到手机芯片、操作系统等部分核心技术研发领域，并取得初步成果。

（三） 对通信设备制造业竞争优势及其变化的看法

随着经济发展，劳动成本必然上升。虽然我国劳动成本仍然远低于发达国家工资水平，但越南、菲律宾、印度尼西亚等新兴国家正在形成更高的劳动成本优势。劳动成本上升迫使一国必须提高效率，以更低的总成本弥补劳动成本上升的压力；或者提高附加价值，单位成本创造更大收益。

从通信设备制造业整体看，本土企业过去的竞争优势不只有成本优势，而是以成本优势为主的综合优势。在生产经营方式上，中国本土企业从代理贸易起步，逐步转向组装和制造；在技术研发上，本土企业从技术模仿起步，逐步建立自主研发能力，并开始利用外部甚至全球创新资源。总的来看，本土企业的优势在于：

①具有较强的制造能力。包括：供应商素质、产品质量和稳定性、物流网络的优化等。

②面向市场的制造策略。即贴近市场，售后服务，按需定制等。

③低成本的本土技术人员。中国企业的成本优势并不限于原材料和劳动力成本，因为跨国公司在中国也设厂生产，生产成本基本相同。但由于外企没有有效利用中国廉价的研发人员，从而使中国企业形成了研发成本优势。

四、我国通信设备制造企业创新的主要经验

尽管只有短短的30多年，但中国通信设备制造业的产业格局也几经变化，企业发展同样起起伏伏。20世纪90年代，"巨大中华"被誉为中国通信设备制造业崛起的标志。进入21世纪，只有华为和中兴成为国内行业龙头，并跻身国际巨头之列。在相同的市场环境下，同行业中绝大多数企业仍没有成长起来。作为领先企业的华为和中兴除了成本优势，必然具备独特的竞争优势。分析巨龙等企业的衰败，华为和中兴的成功，以及创新企业的大量涌现，可以发现中国企业成长、经营和创新模式的特点和经验。

（一）抓住国内市场需求的特点，形成企业差异化优势

与日本企业执著于技术相比，中国通讯制造企业利用了解和接近本地市场的优势，实现产品和服务差异化，是一个重要的成功因素。企业战略分为成本领先和差异化战略。技术创新和商业模式创新是形成差异化战略的源泉。差异化战略的方式可以有多种，如产品和服务差异化等，包括在应用层进行产品创新。

在与国外企业竞争中，国内企业在技术、性能和质量方面有较大差距。但国外企业劣势在于软件升级、设备备件和维护等服务收费高昂，而且对客户响应不够及时。本地企业的优势在于价格低廉甚至免费，以及快速响应的服务和针对本地客户特殊需求的设计。当国外企业以批量化生产的标准化产品（如90年代的程控交换机）占领中国市场时，中国企业利用贴近市场的优势，为客户提供差异化的产品，满足多样化需求。如，针对用户在计费、话务统计、操作等方面的特殊需求进行开发。华为"与客户共赢"的营销理念就是一例。华为从创业初期推行的"农村包围城市"到发展过程中的客户关系经营，再到国际市场的开拓，其共同点就是尊重客户、理解客户，时时刻刻为客户的发展前景着想，甚至打入客户内部。为了实现这样的目标，华为对营销的重视程度不亚于研发，营销人员的待遇非常之高，人员总量也与研发人员相当。为了了解客户需求，华为与电信运营商一起设立创新中心，共同推动行业的未来发展，同时为客户开拓市场。

（二）兼顾产品、流程和商业模式创新

企业为了提升竞争力，在价值链中占据有利位置，不仅要通过研发进行产品创新，还要进行流程创新和商业模式创新。在制造业中，由于产品创新最贴近市场，因此往往最根本最直接。流程创新可以降低成本，提高生产率；商业模式创新可以促进产品为市场接受。

（三）领先企业长期保持研发高投入

华为和中兴对研发投资巨大，甚至超过营业利润。研究开发在华为的总体

竞争战略中占有重要地位。华为提出"知本论",要求知识财产增长要高于资金增长速度。从公司成立之初开始,华为就一直保持较强的研发投入水平,不停地对未来可能成为主流的新技术进行持续跟踪和研发。按照《华为基本法》,华为每年都拿出超过销售额 10% 的资金用于专门的产品研发。近十年投入的总研发费用累计已经超过人民币 1000 亿元。2011 年,华为研发费用支出为人民币 236.96 亿元,约占总体销售收入的 11.6%。华为总计有进行产品与解决方案的研究开发人员 62000 多名,占公司员工总人数的 44%,接近一半。

中兴也一直保持着 10% 左右的研发投入力度,近三年研发投入超过 200 亿元。2011 年,中兴研发费用支出达 84.926 亿元人民币,比 2010 年上升了 19.7%,约占总体销售收入的 9.8%。中兴在国内外拥有从事研发的员工 3 万多名,在美国、法国、瑞典、印度,以及中国的深圳、上海、北京等各地共设有 15 个研发机构。

(四) 产品创新以应用创新和模仿创新为主

在创业和发展初期,由于企业技术和管理能力有限,做技术领先和引导市场的先行者风险大。中国企业在技术上采取跟随策略,在产品上进行模仿创新和集成创新,而不盲目地超越企业能力和市场需求进行原始创新。北电等国外公司一开始只是把中国企业视为低成本搅局者,认为利用技术创新就可以把中国企业远远甩在身后,中国企业不可能成为行业领导者。但经过长期技术积累,华为和中兴等企业在局部技术上也拥有优势,加上成本优势和客户至上的务实做法,终于跻身行业前列。

在模仿创新的同时,中国企业主要在应用层面根据客户需求进行技术改进。如,在系统设备领域,中兴等企业在接入网产品上的创新实现了大规模商用,打破了西方设备厂商垄断中国固话市场的局面。一些小的手机厂商以极低的成本模仿主流手机品牌产品的外观或功能,并加以创新,最终在外观、功能、价格等方面全面超越这个产品的手机。山寨手机中出现了大量应用创新,如外观创新、工艺创新,通过将很多技术和设计组合起来,实现了各种各样的功能,一定程度上引领了消费者的需求。山寨手机除了模仿之外,还经常有所创新,加入各种各样的设计元素,4 个摄像头、7 个喇叭、关公图案、验钞功能、游戏模拟器等,将应用创新发挥到了极致。

（五）积极利用国内外优势资源进行开放合作创新

通信设备制造业中，领先企业是高度国际化的企业，已经实现了生产、市场和研发的国际化。这些企业谋求利用全球优势资源，进行战略布局。技术创新的开放程度与行业技术进步速度和本国技术资源优势有关。通信设备制造业特点是产品和技术生命周期短，技术进步导致产品更新换代快；产品升级维护成本高。华为和中兴认为，要参与全球竞争，就必须接受全球游戏规则，进行全球化下的创新。华为和中兴大约在企业成立 10 年后就开始利用全球优势资源，提高整体竞争力。如华为在全球设立 23 个研发中心，20 个能力级共享中心，如印度商务中心，意大利微波中心。

（六）创新型企业高度重视知识产权保护

专利交叉许可是通信设备制造业全球竞争的规则，专利数量的多少是竞争策略，并不一定代表企业技术水平高低，企业并不依靠个别专利技术体现竞争力，而是作为专利池整体进行保护。华为每年 3.5 亿美元用于交叉许可，每年都投入近亿元以防止被侵权。

（七）注重管理创新，在管理制度上与国际接轨

为了适应国际化战略，适应在不断扩张的企业规模下提高效率，中兴和华为在研发、供应链、人力资源管理、组织结构和市场营销等方面持续性引入了西方的管理理念和机制，进行管理变革。同时，管理变革不仅是企业自身的要求，也是客户的需要。如，要进入英国电信等的优先采购目录，要有被认可的管理制度和管理能力，不只是价格优势。特别在欧盟发达国家，由于电信设备投资动辄上十亿数百亿，运营商往往关注设备提供商能否支撑其长远发展。

从 1997 年起，华为从 IBM 等引进先进管理方法，在人力资源、质量管理、财务管理、供应链管理、研发管理等进行了全面的管理革新。2005 年起在领导力开发、集成财经服务、客户关系管理、大客户管理、联合创新管理等进行了新一轮的全球化管理实践。后来，华为又引入了 HAY（合益）做人力资源管理咨询长达 3 年，并且曾经邀请 Mercer（美世）公司为其重新划分组织结

构，用分拆的方式调整组织架构，把公司的组织结构从以往按照部门设立的直线职能性组织，转变成流程性组织。

五、国内外企业创新与发展的启示

（一）从企业实践理解创新

1. 企业创新的核心是用新创意创造新价值

不管是制造业还是服务业，是提供中间产品还是最终产品，是生产资本品还是消费品，归根结底都必须为顾客提供独特的产品或服务，从而证明本企业不可替代的价值。这种独特性可能是低成本、高质量、好的用户体验、快捷的服务、高可靠性，以及多种特点的组合。独特性产生了附加价值，独特性越强，附加价值越高。

2. 创新在实践中有丰富的内涵和灵活的形式

产品、流程和商业模式是企业经营的三个关键因素。为了提升竞争力，在价值链中占据有利位置，企业不仅要进行产品创新，还要进行流程创新和商业模式创新。不同的企业在产品、流程和商业模式创新上有不同的侧重点。通常，较成功的企业兼顾三种创新类型。在制造业中，产品创新往往最具根本性，因为它最贴近市场。流程创新的作用是降低成本和提高生产率。商业模式创新可以促进产品为市场所接受。因此，仅仅依靠加大研发投入来促进产品创新，并非实现产业升级的唯一途径。

3. 创新是企业竞争力的重要却非唯一要素

企业成功是多种因素复杂作用的结果。创新对提升企业竞争力至关重要，但并非唯一因素。企业战略和理念、价格竞争、企业文化、投资策略等对企业竞争力都有不容忽视的重要影响。

4. 关键环节创新是企业提升竞争力的关键

所谓价值链提升是指企业从低附加值活动向高附加值活动转移的过程。但是，制造活动并不一定就是低附加值的。德国和日本等发达国家仍有很多企业在制造环节拥有优势，并享有高附加值。价值链只是一种对企业经营活动所含附加值大小的形象描述，更应关注的是企业在关键活动上竞争力的变化。

企业要在关键环节创新，通过创新（或变革或调整）发现和提升价值，实现价值最大化。关键活动会随企业发展阶段和市场环境而变化。如，一般对处于发展初期的制造企业来说，制造是关键活动。围绕这一关键活动，企业首先在生产管理、制造技术和供应链管理等方面开展创新。当发展到一定规模后，企业开始在产品和服务上开展创新。企业创新是一个伴随着竞争优势转换的动态过程。成功的企业会及时地在关键环节上不断进行新的创新组合①，实现竞争力提升。这对小微企业同样适用，小微企业并不一定像大中企业那样有完整的价值链或企业活动，但仍要注意在关键环节创新。

5. 企业模式的变化对产业生态、产业和国家竞争力有重大影响

企业模式对国家竞争力的影响主要来自企业生产地的选择、本地竞争优势及其变化、企业在价值链中的位置及其变化等。企业能否适应和驾驭这种模式是很大的挑战。政府不应直接干预企业经营模式的选择，对产品创新以外的创新模式变化，政府应在知识产权保护、IT基础设施建设、标准制定等方面发挥作用。

（二）产业生态系统对创新有重要影响

在美国的通信设备制造业中存在一个良好的"生态系统"，大、中、小型的企业在该系统中各行其道，共同推动了产业发展。虽然从微观角度看，存在大量的企业进入和退出，但从宏观角度看，整个行业在不断向前。在这个生态系统中，很多小企业依靠独有的技术立足，由于知识产权保护得力，小企业很可能被大公司收购，为小企业主提供了良好的退出机制。而大企业可以通过研发创新，也可以通过收购小企业迅速获得新技术和其他创新资源。

产业集群具有明显的创新效果，这也是思科比朗讯成功的重要原因。硅谷的产业集群中，相当一部分小型企业根本不生产产品，只开发前期技术，成为原始性创新的重要来源。大企业委托小企业研发，或收购获取小企业的创新资源，并将之产业化。同时利用地缘优势带来的信息传递、人员交流和技术集聚等便利，思科能以极低的成本和很快的速度迅速整合收到的创新资源。而在朗讯所在的新泽西州，虽然高校和高科技企业数量也不少，但不存在硅谷这样规

---

① 创新不仅局限于加大研发投入进行产品创新。

模的集聚，同时朗讯在获取外部创新资源的时候也没有充分利用集群的地域优势，比如其收购的 Agile 位于硅谷附近的圣荷西，而 Lannet 甚至远在以色列。产业集群的巨大创新效果是思科成功的重要原因。

（三）开放式创新是通信设备制造业的特点和趋势

开放式创新的思科取得的成绩明显优于封闭式创新的朗讯，彰显了开放式创新的巨大优势。于企业而言，开放式创新可以最大范围利用行业内，甚至是其他行业的创新资源，拥有远高于封闭式创新的选择余地和更快的创新速度。于行业而言，开放式创新可以有效地发挥各类企业的优势，在行业内实现扬长避短，中小企业原发创新、大企业产业化。开放式创新相对传统封闭式创新具有巨大优势，应在通信设备制造业中大力促进。

良好的创新环境是行业发展的巨大推动力。通信设备制造业的发展由大型与中小型企业共同推动。只有各种规模的企业共同发展，才能实现行业进步。美国通信设备制造业中大企业利用中小企业的原发性创新产业化，期间会以及其优惠的价格购买中小企业或其技术，因此中小企业有很高的原发性创新积极性。蓬勃的原发性创新活动为行业发展提供了充足的动力。

（四）管理创新是企业成长的基础

对企业来说最重要最基础的不是技术而是管理。技术总是变化的，而且可以被购买。技术或研发能力只是企业综合能力之一，而且这种能力也依赖于能够对研发有效管理，能够有能力吸收消化集成外部技术（如思科）。企业利润既来自技术带来的附加值，也来自管理带来的效率提高和成本节约。一个有效的管理制度也要能够及时应对变革做出调整。AT&T 等老牌跨国公司不能说管理制度不完善，但由于难以适应变革而难逃解体的噩运。

企业成长到一定阶段，面临巨大的市场风险。不开发新技术新产品就会被淘汰，开发则面临技术和市场风险。如何进行有效研发是摆在大企业面前的严峻挑战。要在参与全球竞争中获胜，就要科学研发。研发也要管理，不是赌博押宝，对大企业来说更是如此。成功企业都有面向中长期技术跟踪的组织，而在我国很多中小企业甚至一些规模较大的公司都没有建立。

日本从 60 年代，美国从 70 年代，企业都经历了大范围的管理革命，企业的管理水平和观念有了跨越发展。而中国企业的管理革命还没有真正发生。因此，对我国企业来说，真正的创新挑战是管理创新的挑战。

（五）企业家及其领导团队主导的企业文化对企业创新有决定性影响

如果说处在不同市场环境下的竞争，既包含了企业能力因素，也有制度和政策因素的话，处在相同市场环境下的竞争，就只有企业自身能力问题了。很多企业在抱怨缺资金、缺人才、缺技术、缺政府扶持，实际上真正缺少的是企业家才能和管理制度。华为和中兴同样经历了这些困难，同样在有缺陷的市场环境下。但华为和中兴的成就首先得益于优秀的企业家领导者及其团队，其次是及时调整企业制度与竞争形势相适应。

六、产业转型升级面临的主要挑战和障碍

30 多年前的世界 500 强公司，2/3 已经不复存在。那些生存至今且仍具较强竞争力的老企业，早已经成为母国的经济支柱。通信设备制造业也是如此。2000 年以后随着网络经济泡沫的破灭和电信业发展的减速，又有大量企业倒闭和退出。阿尔卡特和朗讯于 2006 年合并，北电于 2009 年申请破产保护。因此，保持长期竞争力，实现可持续发展是企业的不得不面对的重大考验。

表 15.5　　　　　　　　　主要大公司成立时间

100 年以上	西门子（1847）；诺基亚（1865）；三菱（1870）；北电（1874）；爱立信（1876）；阿尔卡特（1898）；福特（1903）；IBM（1911）
50～100 年	松下（1918）；丰田（1933）；惠普（1939）；索尼（1946）；LG（1947）
30～50 年	英特尔（1968）；三星（1969）；苹果（1971）；微软（1975）
30 年以下	思科（1984），朗讯（1996）

注：阿尔卡特和朗讯于 2006 年合并，北电于 2009 年申请破产保护。

（一）快速的技术变化和激烈的市场竞争大大增加了市场不确定性

1. 领先企业的战略转型是产业升级的关键

在创业和发展初期，由于企业技术和管理能力有限，做技术领先和引导市场的先行者风险大。华为和中兴采取了跟随策略。当领先企业发展到当前阶

段，认识到紧紧跟随是不够的，要有一定的市场前瞻性，要在某些领域成为领导者和市场开拓者。对领先企业而言，企业创新的难点是进行突破性创新和原始创新。

2. 技术变化和全球化对该行业的商业模式产生重大影响

通信设备业逐步从通信设备（CT）发展到网络通信设备（ICT）。固定电话系统的交换机等通信设备原本被思科等国外企业垄断，后来华为和中兴凭借较高的性价比占领这一市场。当前，思科等跨国公司已经由路由器厂商转型为能提供全套网络和通信基础设施的公司。而我国企业仍然主要以通讯设备制造为主（CT）。

不过，电信运营商业务正在面临着市场发展不利的局面。据英国研究公司Ovum预计，2012年电信运营商的支出增长率将由上年的12.2%下降至5.5%。因此，华为正式向消费者终端领域发展。华为的消费者终端，包括软件狗、手机和平板电脑在内，已经占了全部营业收入的1/5，市场增长速度达到40%左右，成为华为三大业务之一。

3. 管理理念和水平的升级是产业转型升级的最大短板

中国企业在创新方面仍然存在很多问题，即使一些有全球竞争力的企业也和国外企业差距较大。最大的问题不是产品创新或技术创新问题，而是管理问题。在一两件产品上有所创新并不难，可以凭借企业家个人的判断和原有的技术积累实现。难的是持续创新。持续创新需要把研发制度化，这就需要灵活适宜的研发和其他管理制度支撑。如IBM的集成研发管理。另一方面也需要创新文化。尤其对一个大企业，管理中的冲突和风险都大大增加，需要制度化但又灵活的管理制度支持。很多百年的跨国公司没有解决好这些问题，最终破产，如北电等。绝大多数中国企业的发展不过30年，在企业百年的生命周期中，当前的成绩不过是短暂辉煌，如何可持续发展，保持长久竞争力并不断提升，才是真正严峻的挑战。

4. 提高应对快速技术进步的能力

技术进步可能给产品创新带来两种相反的影响。一是产品生命周期缩短，更新换代速度加快，促进企业提供差异化的产品，企业追求差异化战略；二是数字技术促进了生产的模块化，集成组装变得容易，产品要实现差异化变得困难。产品趋同性越来越高。

（二） 开拓海外市场遇到国外政府干预

为了保护本国企业在激烈竞争中胜出，欧美等国政府市场干预倾向越来越强。特别是美国联邦政府。规模巨大的美国设备市场一直是本地企业垄断，爱立信和诺西等欧洲企业也难以进入。除了美国企业的竞争力外，美国政府的保护也发挥了重要作用。目前，阿尔卡特和爱立信等已经通过合并或并购朗讯和北电，进入了美国主流设备供应商行列。但中国企业的进入却受到严重阻碍。在思科的协助下，美国政府做出了不利于中国企业进入美国市场的裁决。欧盟也开始效仿美国的干预政策。不仅美国和欧洲，进入印度等市场同样遇到当地政府阻碍。印度已经成为中国公司最重要的海外市场之一。中兴华为两家在印度年销售额已经占到其全部销售额的 10%。印度政府直接出面禁止运营商采用中国公司的电信设备，对中国出口的光传输设备加征 30% ~ 236% 的关税等。这将对该行业的竞争格局产生重大影响。

（三） 地域文化对企业开拓国际市场影响大

对系统设备制造业来说，由于设备运营商的买方垄断地位，系统设备一次性投资巨大且投资回报周期长，一次投标竞争的结果对企业发展甚至生存影响重大。欧美、亚洲和非洲的地域文化差异性大，顾客需求的较大差异使运营商所需的软硬件必须符合当地市场的需要。国外厂商在中国大陆市场失利的一个重要原因就是其标准化产品未能满足中国消费者和运营商的特有需求。同样，华为和中兴等国内企业尽管在海外市场有所开拓，但主要集中于非洲和拉美市场。进入欧美市场的一个障碍就是文化障碍。

（四） 国内政策障碍

1. 税收负担仍然比较重

我国制造业企业面临的整体税负比较重，近几年的工业统计数据表明，企业负担的税收总额超过其获得的税后利润。美国的《福布斯》杂志曾推出全球税负痛苦指数排行榜，中国内地在 2008 年、2009 年均排名全球第二。而在中国以间接税为主的税制下，由企业缴纳的税收总额占了全部税收的 90% 左右。由于我国的制造业企业本来盈利能力就很有限，这种高税负对企业的创新实力无疑是一个较大的制约。华为公司 2011 年缴纳的国内税收总额多达 230 亿元人民币，而企业税后净利润仅为 116 亿元，纳税额是企业净利润的两倍之多，无疑为企业带来了很重的税收负担。

2. 创新的市场激励不足

尽管中兴和华为所处的深圳市是国内较早实行市场化改革的区域，但是随着两家公司不断成长壮大，其业务区域早已遍及全国。就整体而言，我国的市场大环境仍然很不完善。当前我国仍处于改革的攻坚阶段，一些行政干预和审批形成了许多"政策机会"，导致企业靠寻租而不是靠技术进步和创新获利。2009 年 12 月公布的我国第二次经济普查数据显示，房地产、采矿业、金融业和石油天然气开采业的利润率分别为 12.62%、23.16%、12.56% 和 41.56%，远高于通常被认为创新较活跃的行业。例如，同年高技术产业的主营业务利润率只有 4.89%。华为作为 2011 年中国民营企业五百强之首，中国创新能力最强的企业，其净利润率却排名国内 500 强的倒数第二名。在这种情况下，进入那些不需要大量研发投入的高利润行业是企业的最优选择，而创新活动则得不到有效的市场激励。

3. 知识产权保护力度不足

企业创新动力不足的另一个重要原因是我国知识产权保护力度仍不够。近几年我国知识产权制度建设取得了重要进展，但是由于地方保护主义、缺乏知识产权保护意识等各类因素影响，创新型企业仍然面临较高的维权成本。在宏观保护环境不利的背景下，为了保护自身知识产权，华为特别建立了强大的知识产权队伍，拥有 300 多名专门从事知识产权相关工作的技术专家、专利工程师和负责版权、商标、许可等业务的律师。中兴也面临着同样的困扰，同样建立了知识产权保护队伍，并设有知识产权总监。中兴和华为在欧洲展开的知识产权诉讼其实也从另一个侧面反映出国内知识产权保护环境的不足。此外，由于知识产权保护力度不足，华为和中兴就很难像美国的思科公司那样，依靠收购国内小企业的专利或兼并之来支撑自己的创新。

4. 部分政策与企业需求不符，影响实施效果

一些政策的初衷非常好，但是在具体落实中存在许多问题。例如企业研发费用所得税加计扣除政策，对企业很实惠。但是由于在研发费用认定中不能纳

入人员工资等费用，而创新型企业的研发投入其实主要是给研发人才发工资，因此依靠人力资本创新的企业就得不到实惠。华为和中兴为了吸引创新人才，对从事研发的员工提供非常好的工资报酬，这也是其年报中研发费用中的最大一块，可是按照现行政策，这部分费用是不能计入加计扣除部分的。此外，由于申请税收优惠需要较为繁琐的手续和政策成本，为企业真正享受免税政策带来了操作性障碍。以中兴公司为例，2011 年多达 84 亿的研发投入中，能够被相关部门确认享受加计扣除政策的部分只有 3 亿多元。

5. 对外投资审批制不利于企业国际化创新战略

中国企业对外投资要经过商务部、发展改革委、外汇管理局等多个部门的审批，虽然很少有企业不被批准，但这些繁杂的审批程序造成了对外投资企业的效率损失。目前，有些部门已经将审批变为登记，但登记周期仍然和审批时一样长，事实上还要继续进一步改进。对于华为、中兴这样海外收入占比非常高的企业，事先审批往往意味着较大的效率损失，对企业成功实现"走出去"十分不利。

6. 拓展海外市场受外国政府干预

近年来，美欧国家贸易保护措施的实施力度不断加大，常常对国外企业提起反补贴和反倾销调查及诉讼，这对我国企业实行走出去战略造成了一定的困难。典型的例子如，2010 年 9 月，欧盟委员会宣布对中国产无线广域网卡（WWAN）发起反补贴调查，此次反补贴申诉由欧洲厂商 OPTION 提出。OPTION 表示，华为和中兴接受中国政府补贴，以低价出口对欧洲生产商造成实质损害。其中政策性贷款的相关指控包括两个部分：一是国家开发银行和国家进出口银行给华为和中兴两家企业提供大量政策性贷款；一是华为、中兴得到的贷款利率不能被视为正常商业利率。类似的反补贴诉讼不止一起，而且都是针对中兴和华为这样具备创新能力和国际竞争力的企业，给企业带来了很大的麻烦和应诉成本，甚至使它们丧失部分海外市场。

七、我国通信设备制造业创新发展的前景展望

对企业来说，一时的胜利和辉煌是可能的，但长期保持优势对任何企业都

是严峻挑战，即使像思科和苹果这样的行业领先者也面临着巨大的竞争生存压力。从产业角度看，通信设备制造业未来发展正处于关键时期，必须准确把握行业当前所处阶段，明确今后发展方向。

（一）　中国通信设备制造业所处发展阶段

首先，通信制造业正经历从廉价产品生产向高端精密产品制造、从低成本工厂向高质高效工厂的转变。未来十年，我国通信制造业仍处于制造业价值链攀升的过程中。企业正在经历从生产廉价产品转向高端精密产品制造，从低成本工厂向高质高效工厂转变。这一过程要求产品质量、可靠性和设计能力都有显著提升。

在这一过程中，部分通信制造企业将在高端制造领域确立优势地位。另一方面，我国通信设备供应商的素质日益提高，逐渐适应了国外高端制造企业的需求，加入到其高端供应链中，成为高端制造基地，同时也对国际同行形成了更激烈的竞争。

其次，模仿创新和跟随策略仍是创新主流。在发展过程中，企业必然经历成本优势和差异化优势发展阶段。差异化优势的获得受到企业能力的限制。企业发展必然经历从内部挖潜提高效率（创新也会开始存在，主要表现为在产品和管理上的模仿创新和渐进创新），到产品和管理以及商业模式上的原始创新寻求企业成长。

无论在技术水平还是管理水平上，我国通信制造企业总体上还处于模仿跟随阶段，在价值链向上攀升的早期。各行业中的领先企业已经开始从成本优势向差异化优势发展。这一阶段的创新主要表现为在产品和管理上的模仿创新和渐进创新，从内部挖潜提高效率。受企业能力限制，企业在技术、产品、管理以及商业模式上的原始创新还很少。

（二）　产业升级的重点和途径

我国通信设备制造业原有的成本优势虽然缩小但没有消失。低成本的人才优势逐步取代土地和廉价工人等优势。成本优势的逐步丧失更加激励企业创新，对创新型企业更加有利。我国通信设备制造业的发展就是继续利用逐渐缩小的成本优势，发挥人才优势，提高技术和管理创新能力，走一条低成本、高效率、有创新的发展道路。

1. 转变观念，让研发成为企业利润中心

中国企业的优势在于低成本获得大量宝贵的人才资源，只有持续进行技术创新和组织创新，中国企业才能真正拥有并保持竞争优势。企业如果没有自己的核心技术，不仅难以获得产品高附加值，而且可能会被主要技术供应商牵制。大的跨国制造业公司都有自己的核心技术。对企业来说，依赖竞争对手的技术只有死路一条，最多只能获得微薄的利润。华为和中兴等企业的经验都表明，如果止步于购买技术或与国外企业合资，就不会有今天的发展。所以，在面对同行竞争对手时，相同产品的技术创新必须由企业自己来做。

2. 在开放式和合作创新中掌握核心技术

既然核心技术是企业必须拥有的，那么就面临选择拥有哪些技术和如何研发的问题。在技术变化迅速和市场变化快的行业，一味地自己研发不仅会错失市场良机，更会跟不上技术进步步伐，容易被市场和竞争对手淘汰。但研发之所以不是封闭的，是要及时应用（包括购买专利甚至并购企业）相关的已有先进技术，在别人技术基础上进行二次开发或者整合集成。所以核心技术研发既是必需的又要是开放的，甚至可以联合竞争对手共同开发，一同抵御更强大的对手。即使最强大的公司也只拥有某个领域的部分领先技术，为了抢占市场，企业会利用别的企业的领先技术，外包研发或者合作，以尽快推出新产品抢占市场。开放式创新有助于降低被新技术淘汰的风险。

3. 从产业链整合中增强竞争力

中国企业的通病是仅关注制造环节的成本降低，却很少关注制造环节以外的成本和效率问题，即很少关注供应链的成本和效率，导致综合运营成本高。而国外企业的特长是供应链管理。对于大企业来说，或者说对于主机企业或总装企业或集成企业来说，不应只关注自身的竞争力，还要从产业链的角度提升竞争力。即，从原料采购、库存管理、制造、渠道到顾客的端对端价值链的全程管理。IBM 所倡导的集成供应链要运行良好，不仅看总装企业，其他各个环节的上下游企业和客户也要具备较高的运作能力，因此只有所有环节都能力提升才能发挥总体效益。中国企业在和国外企业的高端竞争中，产业链总体效率和能力是弱的。这就是过去所说的配套能力，不仅仅是制造能力，还包括供应商的管理水平和能力，而这正是中国企业的最薄弱之处。供应链上的短板太多，整体效率不高。另一方面，中国制造业早已融入全球供应链之中。很多企业从中提升了自身能力，但整合其他供应商的能力不足，多数企业尤其中小企业能力较差。

4. 满足中国市场特征的商业模式创新和技术创新是主要方向

电信领域的基础设施投资虽然将保持快速增长，但用户在产业发展中的作用迅速成为主要力量。一些跨国公司已经将从设备为重点向以服务为重点转型。一方面是为了满足运营商市场需求变化的需要。即，海外市场一些运营商开始将网络运营外包，以专注于具体业务的开拓。另一方面也是发挥自身在管理、文化等方面的优势，避免在产品价格上的劣势，避免与中国企业的低价竞争。如，爱立信最先将服务上升为公司战略，为用户提供与系统设备运营有关的特定服务。帮助运营商提高收入，加强成本管理，提高投资效益。如今，爱立信近 40% 的收入来自运营托管、运维托管和电信业管理咨询等服务业务，相关专业人员超过 4 万人。中国企业面向服务化的转型，以及在商业模式和技术上的创新应基于用户，特别是国内用户的需求。面向市场需求的创新是中国企业的既有优势。在从低端向高端，从制造向服务，从低价向品牌升级的过程中，打牢基础，积极创新是中国企业成功的关键所在。

马名杰　执笔

华为、中兴创新案例比较

华为技术有限公司（以下简称"华为"）和中兴通讯股份有限公司（以下简称"中兴"）被称为中国通信设备制造业的"双雄"，是中国企业在改革开放过程中创新发展的成功案例。中兴和华为的成长之路代表着中国通信设备制造业、乃至中国电子信息产业实现技术和产业升级的努力和成果。因此，深入剖析中兴和华为这样的案例，对如何实现我国产业升级和经济结构调整具有典型意义。

一、华为、中兴的创新能力与企业竞争力

（一）两家企业的规模与业务分布

1. 华为

（1）企业规模与利润率

华为于 1987 年创立于深圳，当时从事的业务是为一家生产用户交换机（PBX）的香港公司做销售代理。经过 25 年的发展，华为已经成长为世界第二大电信设备及通信系统供应商，在电信基础网络、业务与软件、专业服务和终端等四大领域具备行业领先地位，其固定网络、移动网络和 IP 数据通信领域产品具有综合竞争优势。目前，华为的产品和解决方案已经应用于全球 100 多个国家，华为的客户包括全球电信运营商 50 强中的 45 家，其服务遍及全球

1/3的人口。

2011 年，华为实现销售收入 2039.29 亿元人民币，同比增长 11.7%。其中营业利润为 185.82 亿元，同比下降 39.4%。营业利润率约为 9.1%。这是近几年来华为首次出现营业利润的下降，同时销售收入的增长速度也有所减缓。究其原因，一是华为出于均衡布局考虑，努力拓展企业业务和消费者业务等新领域，因此投入的资金较多；二是受国际宏观经济形势不稳固的影响，作为客户的运营商纷纷削减了一些支出，使市场竞争更加激烈，导致 2011 年盈利水平出现下滑。不过，超过 9% 的营业利润率对国内制造业而言，仍然是一个较高的业绩。

图 16.1　华为 2007～2011 年销售收入与营业利润一览①

（2）主要业务区域分布

作为一家国际化的创新型企业，华为海外市场收入大概占到总收入的 2/3 以上。2011 年，华为国内市场实现销售收入人民币 65565 百万元，同比增长 5.5%，尽管受电信运营商投资速度减缓的影响，国内销售收入增长有所放缓，但是华为的市场地位仍十分稳固。

海外市场的增长速度大大高于国内市场，实现销售收入人民币 1383.64 亿元，同比增长 14.9%。欧美和独联体市场持续高速增长，其中欧洲专业服务市场增长超过 60%，美国消费者业务市场连续两年增长超过 100%；亚太地区受益于中国香港、日本、澳大利亚和新西兰等市场的发展，仍保持良好的增长

---

① 数据引自华为公司的年报，下同。

势头；拉美运营商网络、消费者业务增长强劲；中东北非稳健增长，阿联酋和卡塔尔等宽带产品市场发展迅速。

表 16.1	华为国内外业务分布		单位：人民币百万元
	2011 年	2010 年	同比变动（%）
中国	65565	62143	5.5
海外	138364	120405	14.9
合计	203929	182548	11.7

（3）主要业务领域分布

从主要业务领域来看，运营商网络业务在华为的三大领域中占据了约70%的份额，2011 年销售收入达到人民币 1501.45 亿元，同比增长 3.0%。同时，在华为均衡化发展战略的带动下，企业业务和消费者业务增长十分迅猛。其中企业业务销售收入达到人民币 91.64 亿元，同比增长 57.1%；消费者业务实现全球销售收入人民币 446.20 亿元，同比增长 44.3%。在华为力推的手机终端领域，2011 年手机发货 5500 万台，其中智能手机发货量近 2000 万台，同比增长超过 500%。全球移动宽带发货 6000 多万台，家庭终端发货 3000 多万台，在全球市场居于领先地位。

表 16.2	华为主要业务领域分布		单位：人民币百万元
	2011 年	2010 年	同比变动（%）
运营商网络	150145	145800	3.0
企业业务	9164	5834	57.1
消费者业务	44620	30914	44.3
合计	203929	182548	11.7

2. 中兴

（1）企业规模与利润率

中兴成立于 1985 年，其前身是深圳市中兴半导体有限公司。1986 年中兴组建了深圳研究所，开始了自主研发之路。1997 年和 2004 年，中兴先后在深交所 A 股和港交所 H 股上市。中兴的国际化之路始于 1995 年，1996 年首次获得孟加拉交换总承包项目，1998 年在美国设立了 3 家研究所（新泽西、圣地亚哥、硅谷）。经过多年的发展，中兴目前为全球 140 多个国家和地区的电信运营商提供创新技术与产品解决方案，是中国最大的通信设备制造业上市公司。

2011 年，中兴通讯实现全年营业收入人民币 862.54 亿元，同比增长 23.39%，增速位居行业首位。其中营业利润为 39.38 亿元，同比下降 21.9%，营业利润率由 2010 年的 7.2% 下降至 2011 年的 4.6%。与华为相比，中兴的营业收入不到华为的一半，营业利润率也差不多是华为的一半。

（2）主要业务的国内外分布

尽管海外业务比例赶不上华为，但是从业务分布来看，中兴也不失为一家成功的国际化企业。2011 年，其中，国际市场实现营业收入 467.58 亿元人民币，占整体营业收入的 54.21%，超过了一半，同比增长 24%。其中，欧美及大洋洲业务占总体收入的 23.7%，是中兴在海外的最大一块市场；亚洲和非洲的业务收入分别占了 18.1% 和 12.4%。

（3）主要产品结构

与华为相比，中兴通讯产品的覆盖面较窄一些，但是在其产品进入的领域，都有较强的竞争力。其主要的产品及服务分布于运营商网络、终端和电信软件系统及服务等三大领域，其所占比重分别为 53.9%、31.3% 和 14.8%。其中运营商业务占比刚刚超过一半，比华为的同一比重要低一些。而中兴的手机终端业务则占据了相当的比例，智能终端增速强劲，已跃居全球第四大手机厂商。

（二）企业技术创新能力和研发投入水平

1. 华为的创新投入与主要成果

（1）研发资金与人员投入

2011 年，华为研发费用支出为人民币 236.96 亿元，约占总体销售收入的 11.6%。多年来，华为一直保持了 10% 左右的研发投入水平，近 10 年投入的总研发费用累计已经超过人民币 1000 亿元。

从研发人员来看，华为总计有进行产品与解决方案的研究开发人员 6.2 万名，占公司员工总人数的 44%，接近一半。华为在德国、瑞典、英国、法国、意大利、俄罗斯、印度及中国等全球各地共设立了 23 个研究所，并与全球各大运营商合作成立了 34 个联合创新中心，致力于把领先技术转化为客户的竞争优势。

（2）研发产出

截至 2011 年，华为已经累计申请中国专利 36344 件、国际 PCT 10650 件、外国专利 10978 件。华为一共获得专利授权 23522 件，其中 90% 以上为发明专利。在较新的云计算相关技术上，华为拥有中国专利 685 件、欧洲专利 226 件、美国专利 107 件。2011 年，华为在全球范围内获得了 6 大 LTE（Long Term Evolution，长期演进技术）顶级奖项，标志着华为在 LTE 技术研发和商用实践领域已居全球领先地位。

华为还积极融入和参与制定国际标准。截至 2011 年底，华为加入了全球 130 个行业标准组织，较为知名的有第三代合作伙伴计划（3GPP）、互联网工程任务组（IETF）、国际电信联盟（ITU）、开放移动联盟（OMA）、欧洲电信标准化协会（ETSI）、美国电气和电子工程师协会（IEEE）等。华为共向这些标准组织提交提案累计超过 28000 件，并担任 OMA、ETSI 和电信工业解决方案联盟（ATIS）等权威组织的董事会成员，在任 180 多个职位。在云计算的国际标准制定工作中，华为担任了分布式管理任务组（DMTF）的 14 个董事成员之一，主导成立了 IETF 云计算数据中心领域的工作组并担任主席职位，积极参与云计算标准制定。

2. 中兴的创新投入与主要成果

（1）研发资金与人员投入

2011 年，中兴加大了对无线产品、智能终端等业务的研究开发力度，研发费用支出达 84.926 亿元人民币，比 2010 年上升了 19.7%，约占总体销售收入的 9.8%。与华为类似，中兴也一直保持着 10% 左右的研发投入力度，近三年研发投入超过 200 亿元。

中兴在国内外拥有从事研发的员工 3 万多名，在美国、法国、瑞典、印度，以及中国的深圳、上海、北京等各地共设有 15 个研发机构。2011 年，中兴更与欧美主流运营商携手建立了 10 大国际联合创新中心，建立了一套完整的全球研发体系。

（2）研发产出

中兴坚持以市场为驱动的研发模式进行自主创新，通过独立自主的开发主体，层次分明、科学规范的创新体系和持续的研发投入，中兴在技术开发领域取得了一系列科技成果。2011年，中兴PCT国际专利申请量达2826件，跃居全球企业第一位，国内发明专利授权量与申请量也均列国内企业第一位。在这些PCT国际专利申请中，LTE/3G、云计算及物流网、智能终端等新技术领域占比超过六成。目前，中兴通讯国际专利申请累计近10000件，重点分布于欧美等发达国家及重要新兴市场国家，全面覆盖3G、4G核心技术，部署了包括基本专利、核心专利在内的数千件专利，其中，中兴通讯4G－LTE基本专利数量已经占到全球通信厂商专利总数的7%，取得了一定的技术领先地位及竞争优势。同时，在专利技术的创新高度和申请质量方面，中兴所持有的专利90%以上为具有高度权利稳定性和技术品质的发明专利，已累计荣获多项国家级权威大奖，包括4项中国专利金奖、12项中国专利优秀奖、4项信息产业重大发明奖等。

中兴通讯还是中国重点高新技术企业、技术创新试点企业和国家863高技术成果转化基地，承担了近30项国家863计划重大课题，是通信设备领域承担国家863课题最多的企业之一。

（三）两家企业的竞争力

1. 国际竞争力比较

近几年来，全球电信设备制造业的竞争非常激烈，一些大型电信设备制造商在竞争中失去了原有地位，兼并和破产的案例非常之多，电信设备制造业的集中度正在不断增加。典型的例子如，马可尼公司已经退出市场；北电网络申请了破产保护；摩托罗拉失去了传统地位，已经处于市场边缘；阿尔卡特和朗讯合并；诺基亚和西门子合并。全球电信设备市场已经初步形成了寡头垄断的局面。

中兴和华为在这一场竞争中凭借自身的创新发展和国际化战略成为胜利者。随着国外大型电信设备制造商的市场份额持续萎缩，华为和中兴则抓住了发展机遇，逐步进入了全球电信设备制造商的五强。华为从2007年的世界第四大电信设备制造商发展到2011年的第二位，中兴也于2010年正式跻身世界五强，体现了我国通信设备制造业的强大竞争力。路透社甚至预测，2012年，华为将超越爱立信成为全球第一大电信设备制造商。

排名	2007年	2008年	2009年	2010年	2011年
1	ERICSSON	ERICSSON	ERICSSON	ERICSSON	ERICSSON
2	Alcatel·Lucent	Nokia Siemens Networks	Alcatel·Lucent	Nokia Siemens Networks	HUAWEI *
3	Nokia Siemens Networks	Alcatel·Lucent	HUAWEI	HUAWEI	Alcatel·Lucent
4	HUAWEI	HUAWEI	Nokia Siemens Networks	Alcatel·Lucent	Nokia Siemens Networks
5	NORTEL NETWORKS	NORTEL NETWORKS	MOTOROLA	ZTE中兴	ZTE中兴 *

图 16.2　2007～2011 年世界前五大电信设备制造商

2. 华为、中兴的产品竞争优势

华为的主要竞争优势主要来自传统的电信运营商业务。华为营业收入中约 2/3 来自其电信设备销售，在这一领域华为的主要竞争对手是诺基亚西门子、阿尔卡特朗讯和中兴。在企业业务领域，华为竞争力较强的产品是路由器和交换机，在价值数百亿美元的全球企业业务市场中，思科和惠普的竞争力是最强的。

不过，电信运营商业务正在面临着市场发展不利的局面。据英国研究公司 Ovum 预计，2012 年电信运营商的支出增长率将由去年的 12.2% 下降至 5.5%。因此，华为正式向消费者终端领域发展。华为的消费者终端，包括软件狗、手机和平板电脑在内，已经占了全部营业收入的 1/5，市场增长速度达到 40% 左右，成为华为三大业务之一。

与华为类似，中兴的主要竞争力所在首先也是电信设备。不过，中兴的终端业务似乎比华为更胜一筹。知名咨询公司 Infonetics 发布的市场报告称，在 2011 年，中兴消费者终端设备（CPE）产品销售额和出货量双双位居全球第一，在业界主流 CPE 供应商中，发展最为稳健。2011 年第二季度，中兴数字用户线路客户端（DSL - CPE）的出货量以及销售额已超越竞争对手，跃居全球第一，分别同比增长 22% 和 15%。第三季度，中兴通讯的 DSL - CPE 依然保持较强的发展势头，份额遥遥领先其他厂商，连续两个季度的销售额和出货量双居全球第一，获得多家运营商的连续扩容订单。

在同一个产品领域中，与国外电信设备制造商相比，华为和中兴的主要竞争优势在于技术和价格。依靠自身的创新能力，华为和中兴可以制造出与国外产品性能相当的产品，但是同时，由于研发人力成本大大低于欧美，华为和中兴的产品保持着非常强的价格竞争优势，这也是我国通信设备制造业的核心竞争力所在。

二、华为、中兴的创新特征与企业制度比较

　　企业的创新行为必然来自于内外各种动力的综合推动，企业本身的制度和内部机制对企业创新动力至关重要，这也体现了一个企业的自身生命力和活力。华为和中兴在创新发展方面各具特点，虽然两者之间有一定的差距，但都是典型的成功案例，企业制度和企业家精神无疑发挥了重要推动作用。

（一）两家企业的典型创新策略与竞争行为

1. 华为创新战略与特征

（1）总体战略：准确预判、集中投入

　　华为的总体竞争战略可以用《华为基本法》的一段话来概括："我们的经营模式是，抓住机遇，靠研究开发的高投入获得产品技术和性能价格比的领先优势，通过大规模的席卷式的市场营销，在最短的时间里形成正反馈的良性循环，充分获取'机会窗'的超额利润。不断优化成熟产品，驾驭市场上的价格竞争，扩大和巩固在战略市场上的主导地位。"

　　从多年发展历程可见，华为多年来一直坚持专业化战略，不停地对未来可能成为主流的新技术进行持续跟踪和研发，同时在与对手竞争时，采取所谓的"压强战略"。当华为看准一项关键技术时，就"以超过主要竞争对手的强度配置资源，要么不做，要做就极大地集中人力、物力和财力，实现重点突破"（任正非语）。这种有点孤注一掷的"压强战略"始终贯穿于华为的研发、营销和企业文化建设等多个环节，取得了成功，也反映出华为的领导者对未来主流技术发展的良好感觉。

（2）持续高额研发投入

　　从公司成立之初开始，华为就一直保持较强的研发投入水平。按照《华

为基本法》精神，华为每年都拿出超过销售额 10% 的资金用于专门的产品研发。例如对于当时业界尚存争论的 3G 应用，华为在看准之后就一直持续进行研发，累计投资达上百亿美元。另一方面，华为大量吸纳国内外的研发人才，经常成建制地（一次性招聘一个班级）到国内高校招聘人才，这就保证了华为公司的研发人才基础，为研发的高效率提供了持续支撑。在华为的员工中，超过 40% 的人属于研发部门。

（3）与客户共赢的营销理念

华为的营销经历过几个阶段，从创业初期推行的"农村包围城市"到发展过程中的客户关系经营，再到国际市场的开拓，其共同点就是尊重客户、理解客户，时时刻刻为客户的发展前景着想，甚至打入客户内部。为了实现这样的目标，华为对营销的重视程度不亚于研发，营销人员的待遇非常之高，人员总量也与研发人员相当。为了了解客户需求，华为与电信运营商一起设立创新中心，共同推动行业的未来发展，同时为客户开拓市场。

（4）持续引入外部管理理念和机制，学习西方规则

为了适应国际化战略，在规模不断扩张的同时切实提高管理效率，华为持续性引入了西方的管理理念和机制，从研发、供应链等后端业务流程入手，逐渐加入人力资源管理等辅助单元。伴随着企业成长和外部市场环境变化，华为最终在组织结构和涉及市场营销前端业务的流程上进行国际接轨。早在 1998 年，华为就引进 IBM 来帮助自己做业务流程咨询，IBM 在集成产品开发（IPD）和集成供应链（ISC）上对华为的辅助，让华为受益匪浅。后来，华为又引入了合益（HAY）做人力资源管理咨询长达 3 年，并且曾经邀请美世（Mercer）公司为其重新划分组织结构，用分拆的方式进行调整，把公司的组织结构从以往按照部门设立的直线职能性组织，转变成流程性组织。

（5）价格竞争利器

华为为了抢占市场份额，往往会采取低价竞争战略进入一个新的市场领域。当然，这与华为的成本控制能力是不可分割的。2005 年，华为以约 12 亿元人民币的报价中标泰国一个网络项目，同时参加竞标的爱立信报价约 16 亿元人民币，而摩托罗拉的报价约 20 亿元人民币。2008 年 8 月，中国电信针对码分多址（CDMA）建网招标，华为、中兴、北电、阿朗等六大厂商参加了竞标。阿朗报价是 140 亿元，而报价最低的是华为仅为 69 亿元。这种价格竞争

战略有利也有弊，尤其是在发达国家，可能会被认为是不正当竞争。例如，华为刚进入美国市场的时候，曾以不到竞争对手80%的价格进入市场，并宣称唯一不同的就是价格，然而此举遭到了思科的诉讼。不过，回顾发展史，价格竞争确实是华为创新历程的一大法宝。

（6）"狼性"企业文化

华为的企业文化是由任正非提出的所谓"狼性文化"，即敏锐的嗅觉、奋不顾身的进攻精神以及群体奋斗。"狼性文化"的主要表现是：华为在产品研发上大手笔投入，为开发产品而不计成本；为了企业持续发展，积极进行像狼一样的市场竞争。正如《华为基本法》第一条所言："通过无依赖的市场压力传递，使内部机制永远处于激活状态"。狼性文化使华为充满了竞争活力，当然同时也因为员工压力大而被社会所质疑。

2. 中兴的创新战略与特征

（1）总体战略：坚持创新、稳中求进

中兴在研发投入上的力度与华为基本相当，几乎每年也坚持将10%的收入投入到研发上。而且，中兴一直试图与华为争夺研发人才，在人才待遇上与华为看齐。但是，在总体发展战略上，中兴与华为则有着很大的不同。华为常常会冒一些风险去赌未来的技术和市场成功，而中兴则一贯将自己的战略定位在多元化、差异化，同时规避大的市场和技术风险，以稳为主、稳中求进。这种战略的弊病在于，很难在市场中获得先发优势和高风险带来的高利润，但是好处则在于不会出现太大的波动，企业总能处于较为平稳的发展过程中。

（2）市场大于技术的理念

相对于华为跟踪并试图引领行业趋势的发展理念，中兴显得更加务实，更多地去探索盈利前景明确的市场机会。2003年，中兴的销售额曾经一度超过了华为，主要原因就在于对两个非领先技术产品CDMA和小灵通的市场开拓。中兴认准中国联通必然会采用成熟的IS－95A增强型CDMA技术而非最先进的CDMA1X技术，以保证网络的安全可靠性，结果事实果然如此。中兴开发小灵通产品也是如此，尽管小灵通被认为是淘汰技术，但中兴还是决定专门从事小灵通产品的设计和研发。在中兴看来，中国农村面积广阔，固定电话需求较少，用户分布零散，但仍然需要铺设大量的线路，缆线维护成本较高，小灵通通信可以解决有线通信实施过程中的难题。事实证明中兴的决策是正确的，小灵通为中兴创造了丰厚的利润。

（3）价格竞争

这一点中兴与华为有些类似，中兴也一直采取了低成本竞争战略，在每次投标竞争中都争取一定的价格优势。对此，一位中兴管理人员认为："价格是一种策略，不能被算作恶性竞争。而设备商的利润来源不仅仅来自于销售设备，还来源于设备的售后服务以及增值业务等很多方面。而使用低价策略并非中兴一家，各家企业都使用过，大家都是有头有脸的企业，没有必要为了竞争做赔本赚吆喝的买卖①。"

（4）国际化中的跟随战略

在海外市场，华为比中兴发展得要早一些，而中兴采取的多是跟随战略。著名咨询机构盖特纳公司（Gartner）电信运营首席分析师田颖对此做过分析，他认为，"在一些国外市场，华为打开局面后，中兴通常就会亦步亦趋地凭借相似的竞争优势杀入。所以中兴和华为相比，海外市场起步较晚，实力也相对较弱。"这种跟随战略使华为感受到了很强的竞争压力，甚至在欧洲对中兴进行了诉讼。不过，这种竞争也是两家公司同步前进的动力。

（5）"牛性"文化

华为和中兴常常被比作"狼"和"牛"。从发展历程可以看出，中兴一直采取稳中求进、低成本开发的战略，这与中兴的"中庸文化"有着密切关系。中兴会采取相对缓和的进入方式，拓展一个新的行业，逐步理解、认识行业的需求。在中兴的文化里，公司的经营策略和整体业务规划也需要一个循序渐进发展的过程，企业应该是一个滚雪球式的发展，而不是一个爆炸式的发展。而且，"不将鸡蛋都放在一个篮子里"是中兴始终坚持的做法。在内部管理上，中兴也不像华为那样严格，相对而言更温和、更人性化。当然，其活力和效率也会相应地受到一些损失。

（二）创新模式背后的企业制度因素

华为和中兴都位于我国改革开放的前沿城市——深圳，面临着相似的发展环境。但是，即使在相同的政策和制度环境中，华为和中兴还是表现出上述不

---

① 参见王辰越："华为中兴的'项庄之舞'"，《中国经济周刊》，2011年第19期。

同的特点，究其原因，企业面临的制度约束不同应该是两者表现差异的关键因素。

1. 所有制与股份配置

（1）中兴

中兴是一家国有相对控股企业，在企业发展早期就采取了所谓"国有民营"的方式：国有资本控股，但是在企业经营运作机制上，国有股东书面授权民营科技企业进行经营，全面放权，用利润指标来进行考核。发展到今天，中兴虽然从形式上还是国有控股企业，但是国有资本的控制力比一般的中央级国企要弱得多。

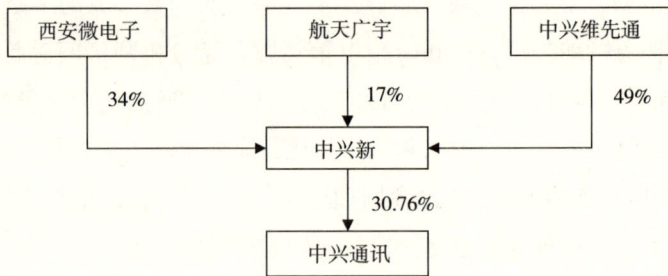

图 16.3　中兴的股权结构

在图 16.3 中，西安微电子隶属于中国航天电子技术研究院，属于国有科研事业单位；航天广宇则隶属于航天科工集团，是一家国有独资企业。中兴维先通是侯为贵一手创立的民营企业，也是中兴的前身。在中兴通讯的董事会中，来自西安微电子和航天广宇董事分别为 3 位和 2 位，在总共 9 名董事中占了一半以上。除了中兴新以外，其他股东最大的是一家香港公司，持有 18% 股权，其余都是相对较小的股东。

（2）华为

与中兴完全不同，华为则是一家 100% 由员工持有的民营高科技企业。公司通过工会实行员工持股计划，员工持股计划参与人数为 65596 人（截至 2011 年 12 月 31 日），全部由公司员工构成。全体在职持股员工选举产生持股员工代表，并通过持股员工代表行使有关权利。

（3）对企业创新行为的影响

中兴作为一家国有企业，对其创新行为既有利也有弊。其好处在于：一是在发展过程中、尤其是发展初期，国有的身份时期更容易获得银行贷款；二是在申请国家政策优惠时，由于其股东的国有科技机构性质，在承担国家科技项目、获得高新技术企业资格认定等方面会有一些优势。但是，国有的劣势也很明显：一是企业要保障国有资产的保值增值，不太容易承受高技术研发带来的高风险，因此在创新活动上更加短视一些；二是受国有身份限制，对企业员工进行股权激励面临较多的限制和障碍；三是在实施国际化战略过程中，国有企业的身份可能成为一个负面因素。

华为的情况则恰恰不同，民营企业的身份在企业发展初期可能得不到更多的国家政策扶持和银行贷款支持，但是同时却带来了更多的在市场经济中自主发展的空间。华为因此具有更多的股权和期权激励的自主权，也敢于冒着风险对未来的主流技术进行预先投资，从而获得长期收益，在行业发展中始终处于技术的领先地位。

2. 企业组织类型

（1）中兴

中兴是一家在香港和深圳公开上市的股份有限公司。作为一家公众公司，企业有义务定期向社会公开其财务报表和一些重大决定，有义务接受广大股东的监督，并保障股东的整体利益。

（2）华为

与中兴不同，华为尽管企业规模远远超过中兴，但是始终没有上市进行公开募资，仍然是一家有限责任公司。因此，尽管华为会定期公布其企业发展年报，但是没有向社会公开所有财务报表的义务，也没有接受社会监督的义务。

（3）对企业创新行为的影响

由于上市公司必须保障全体股东的整体利益，而且为了上市和不被资本市场列入"ST"系列，公司必须每年争取一定的盈利。在这种背景下，中兴采取了一种相对较为稳固的发展模式，从不冒大风险。在创新行为上的表现，一是更多开发成熟产品和市场，尽量不投资于风险太高的新技术；二是尽量采取多元化的创新战略，不把鸡蛋放在一个篮子里。因此，中兴发展得比华为更慢、更稳健。

相对而言，华为则在企业发展问题上更加具备主导和控制权，不用受广大股东的影响和羁绊，可以自主地开展更多的管理制度创新，更多地投资于自己看准的未来主流技术。同时，华为的员工持股和股权激励制度作为华为的独特融资发展模式，在上市公司是不可能实现的，尽管也暴露出一些不规范的问题，但是其模式的成功是毋庸置疑的。

3. 企业家的控制力和作用

（1）中兴：权力更分散

从企业控制力而言，尽管中兴是一家国有控股企业，但是董事长侯为贵的控制力要大大超过国有股东董事。侯为贵曾经任教师两年，后来进入工厂从业20多年，历任技术工人、车间主任和技术科长，始终是厂里的技术专家，属于典型的知识分子性格，处事谨慎谦虚，为人较宽容、善于沟通。正如中兴高级副总裁何士友所言："1992年我初次接触侯总的时候就感觉他像国营企业的厂长，一个老工程师的感觉，对人比较慈善和友好，他比较强调人性化的一面。"侯为贵善于授权，每个事业部经理都拥有相当大的权力，中兴近20个高级经理在过去20多年中都保持了相对稳定状态。

（2）华为：企业家绝对主导

华为的董事长是任正非，作为一家民营企业老板，任正非对企业的控制力和主导权比侯为贵大得多。任正非出身知识分子家庭，曾经入伍服役，部队转业后来到深圳，1988年集资创办民营企业华为公司。任正非性格爱憎分明、坚强果断，比较强调纪律规范。在通信行业中，任正非一直具有很强的危机意识，对自己认准的战略方向，在执行上更为执著和投入。总体而言，华为的企业家控制力更强，企业整体执行力也较强。

（3）对企业创新行为的影响

企业家精神在中兴和华为都烙下了明显的印记。正如前文所言，任正非更加相信自己的判断，华为经常能依靠前瞻性的研发投入获得所谓的"利润机会窗"，总体业绩明显高于中兴，但是存在着因企业家判断力下降而导致企业失败的潜在风险。反观中兴，侯为贵更加务实稳健，也注重听取各方面的意见，因此冒风险犯错误的概率更小，但是在技术换代更新速度非常快的通信行业，很难把中兴带到技术和产业引领者的位置上。两者优缺点分明，企业家的不同控制力和作用使华为更具发展前景，而中兴则更多属于稳健的跟随者。

三、中兴、华为面临的政策与制度环境：优势与问题

企业制度和治理结构决定了企业创新的自我激励，但是外部的市场制度环境和政府部门鼓励创新的政策对企业创新而言也非常关键。尽管两家企业的治理方式和企业文化有着较大的差异，但是其面临的政策与制度环境则有许多共同之处。

（一）制度与环境优势：政府的创新促进作用

1. 深圳国内领先的市场环境对企业发展起了决定性作用

华为和中兴虽然获得过国家的一些政策扶持，但是它们都是在市场经济中打拼出来的，都把改革开放和市场化作为企业成功发展的首要条件。

（1）率先改革开放使深圳成为市场经济最完善、民营企业最自由的特区

作为经济特区，深圳市最早开始了市场经济的实践。经过多年的积累，企业已经成为深圳创新体系的主体。深圳有个著名的"四个90%"，指的是90%以上研发人员集中在企业、90%以上研发资金来源于企业、90%以上研发机构设立在企业、90%以上职务发明专利产生于企业。这"四个90%"集中反映了企业在深圳创新体系中的主体地位。

民营企业在深圳发展迅猛。2006～2009年，规模以上民营企业增加值占全市规模以上工业增加值的比重从24.83%提升到41.7%。民营中小企业提供了500多万个劳动就业岗位，占全市社会劳动者总人数的比重约80%。从创新型企业的数量来看，深圳国家级高新区的民营企业2010年工业总产值达2124.25亿元，同比增长25.08%，占高新区工业总产值的比重达到70.3%，成为高新区创新型企业的主体。

（2）多年的制度优势使深圳积聚了具有"粘性"的创新资源

国外大量的研究表明，大部分创新来自于少量的创新型城市。这些城市的研究网络和企业集群中蕴含着具有明显"粘性"的隐含性（默识性）知识，这些知识很难有效地进行扩散，因此创新型城市往往能保持创新领先的地位。深圳是作为最早的经济特区之一，相对于国内其他城市具有市场制度发展较快

的优势，已经汇聚了大批创新型研发人才和企业家。由于创新资源的"粘性"特征而成为未来的创新"惯性"，是深圳创新发展最重要的优势之一。

（3）作为全国最大的移民城市，深圳创新文化特色鲜明

深圳是全国最大的移民城市，人员来自于全国各地，在这里形成一个有利于创新的氛围。创新活力的源泉来自这座城市的年轻市民，深圳是世界上最年轻的大城市，市民平均年龄不到 30 岁，其中常住人口平均年龄只有 28.68 岁，暂住人口的平均年龄只有 26.61 岁。深圳的创新文化被概括为四句话：敢于冒险、崇尚创新、追求成功，宽容失败。这种文化优势是国内其他城市短期内无法复制的。

（4）金融市场发达解决了企业的融资难题

经过 20 余年的发展，深圳金融市场成就突出，对深圳发展高技术产业、提高自主创新能力作出了巨大贡献。深交所已构筑起层次丰富、功能完善的资本市场体系，对于推动我国资本市场发展和现代化建设发挥了积极作用，也为深圳金融环境的改善和创新性城市地位的提升，发挥了不可替代的重要作用。作为中国第一个风险投资试点城市，深圳较早地出台了一系列扶持风险投资发展的政策措施，成为全国风险投资发展最活跃的地区之一。截至 2009 年底，深圳市风险投资机构管理的资本总额近 700 亿元，股权投资和创业投资企业已经达到 1500 家，累计投资总额近 600 亿元，100 多个投资企业在境内外资本市场成功上市。

2. 政府的适当扶持对企业创新具有一定的促进作用

与市场制度环境相比，政府政策的作用相对小一些，但是在企业发展初期和困难时期起了重要的激励作用。

（1）税收优惠政策为企业带来实惠

华为和中兴都享受了一些由各级政府提供的税收优惠政策。当然，这些政策并不只针对中兴和华为这样海外收入为主的企业，而是适用于国内的广大创新型企业。对这两家企业而言，出口退税和所得税优惠是最实惠的创新政策。

出口退税政策一直以来是我国支持装备制造业创新的重要政策工具。例如，2000 年时，政府为了鼓励软件和集成电路行业的发展，对我国出口厂商实行出口增值税退税政策。按照 17% 的标准增值税税率，企业最多可以获得 14% 的退税补贴。第二个重要的税收优惠政策是针对高新技术企业的所得税优

惠政策。按照《高新技术企业认定管理办法》和《高新技术企业认定管理工作指引》的相关规定，中兴和华为在获得高新技术企业资格认定后，均享受15%的企业所得税率。为鼓励企业走出去，财政部、国家税务总局还出台了《关于高新技术企业境外所得适用税率及税收抵免问题的通知》，自2010年1月1日起，华为、中兴等高新技术企业来源于境外的所得可以享受税收优惠，即按15%的优惠税率缴纳企业所得税。

（2）承担国家科技项目对企业研发有所裨益

尽管华为和中兴的研发资金绝大部分都来自于企业自己的投入，但是承担国家科技项目对提高企业创新能力仍然会有所帮助。多年来两家企业都牵头承担了一些国家科技项目，得到了国家和地方政府的一些研发资助，部分成果还获得了国家科技进步奖项。例如，在我国科技重大专项中，华为和中兴也承担了一些具体项目。

除此之外，金融扶持政策也在一定程度上缓解了华为和中兴两家企业的融资问题。

（二）企业发展中面临的制度与政策问题

中兴和华为都属于成功发展的创新型企业，但是企业的成功不代表制度和政策的完善。两家企业遇到的一些政策与制度难题其实也是整个通信行业面临的主要问题。

1. 税收负担仍然比较重

我国制造业企业面临的整体税负比较重，近几年的工业统计数据表明，企业负担的税收总额超过其获得的税后利润。美国的《福布斯》杂志曾推出过全球税负痛苦指数排行榜，中国内地在2008年、2009年均排名全球第二。而在中国以间接税为主的税制下，由企业缴纳的税收总额占了全部税收的90%左右。这种评价方法不一定很科学，只是一家之言，但是也从侧面反映出中国企业税负过高的现状。由于我国的制造业企业本来盈利能力就很有限，这种高税负对企业的创新实力无疑是一个较大的制约。华为公司2011年缴纳的国内税收总额多达230亿元人民币，而企业税后净利润则相对较少，为企业带来了较重的税收负担。

2. 市场大环境仍不完善，创新的行业利润不如不创新的行业

尽管中兴和华为所处的深圳市是国内较早实行市场化改革的区域，但是随着两家公司不断成长壮大，其业务区域早已遍及全国。就整体而言，我国的市场大环境仍然很不完善。当前我国仍处于改革的攻坚阶段，一些行政干预和审批形成了许多"政策机会"，导致企业靠寻租而不是靠技术进步和创新获利。2009年12月公布的我国第二次经济普查数据显示，房地产、采矿业、金融业和石油天然气开采业的利润率分别为12.62%、23.16%、12.56%和41.56%，远高于通常被认为创新较活跃的行业。例如，同年高技术产业的主营业务利润率只有4.89%。华为作为2011年中国民营企业500强之首，中国创新能力最强的企业，其净利润率却排名靠后。在这种情况下，进入那些不需要大量研发投入的高利润行业是企业的最优选择，而创新活动则得不到有效的市场激励。

3. 知识产权保护力度不足

企业创新动力不足的另一个重要原因是我国知识产权保护力度仍不够。近几年我国知识产权制度建设取得了重要进展，但是由于地方保护主义、缺乏知识产权保护意识等各类因素影响，创新型企业仍然面临较高的维权成本。在宏观保护环境不利的背景下，为了保护自身知识产权，华为特意建立了强大的知识产权队伍，拥有300多名专门从事知识产权相关工作的技术专家、专利工程师和负责版权、商标、许可等业务的律师。中兴也面临着同样的困扰，同样建立了知识产权保护队伍，并设有知识产权总监。中兴和华为在欧洲展开的知识产权诉讼其实也从另一个侧面反映出国内知识产权保护环境的不足。此外，由于知识产权保护力度不足，华为和中兴就很难像美国的思科公司那样，依靠收购国内小企业的专利或兼并小企业来支撑自己的创新。

4. 部分政策与企业需求不符，影响实施效果

一些政策的初衷非常好，但是在具体落实中存在许多问题。例如企业研发费用所得税加计扣除政策，对企业很实惠。但是由于在研发费用认定中很难全部纳入人员工资等费用，而创新型企业的研发投入其实主要是给研发人才发工资，因此依靠人力资本创新的企业就得不到实惠。华为和中兴为了吸引创新人才，对从事研发的员工提供非常好的工资报酬，这也是其年报中研发费用中的最大一块，可是在实际操作中，这部分费用是不能完全计入加计扣除部分的。此外，申请税收优惠需要较为繁琐的手续和政策成本，这为企业真正享受免税

政策带来了操作性障碍。

5. 对外投资审批制不利于企业国际化创新战略

中国企业对外投资要经过商务部、发展改革委、外汇管理局等多个部门的审批，虽然很少有企业不被批准，但这些繁杂的审批程序造成了对外投资企业的效率损失。目前，有些部门已经将审批变为登记，但登记周期仍然和审批时一样长，事实上还要继续进一步改进。对于华为、中兴这样海外收入占比非常高的企业，事先审批往往意味着较大的效率损失，对企业成功实现"走出去"十分不利。

6. 企业拓展海外市场往往遭遇反补贴等问题

近年来，美欧国家贸易保护措施的实施力度不断加大，常常对国外企业提起反补贴和反倾销调查及诉讼，这对我国企业实行走出去战略造成了一定的困难。典型的例子如，2010 年 9 月，欧盟委员会宣布对中国产无线广域网卡（WWAN）发起反补贴调查，此次反补贴申诉由欧洲厂商 OPTION 提出。OPTION 表示，华为公司和中兴通讯接受中国政府补贴，以低价出口对欧洲生产商造成实质损害。其中政策性贷款的相关指控包括两个部分：一是国家开发银行和国家进出口银行给华为和中兴两家企业提供大量政策性贷款；一是华为、中兴得到的贷款利率不能被视为正常商业利率。类似的反补贴诉讼不止一起，而且都是针对中兴和华为这样的具备创新能力和国际竞争力的企业，给企业带来了很大的麻烦和应诉成本，甚至使它们丧失部分海外市场。

四、对制度与政策的启示

本报告作为一个案例研究，主要针对华为和中兴两家企业，但是其中反映出来的很多问题都是通信设备制造业，甚至是我国整体制造业面临的共性问题，还有一些问题虽然目前主要反映在中兴和华为这样的领军企业上，但是未来也可能成为我国制造业将要面对的问题。因此，从华为和中兴的研究中获得的一些政策与制度方面的启示，对政府部门如何促进产业发展具有重要参考作用。

（一）减少体制性束缚，创造更好的激励创新的市场环境

1. 给民营企业更多的公平待遇，充分发挥其积极性

华为的发展经验表明，民营企业在市场经济环境中非常具有创新活力和生命力。从中兴与华为的比较也可以看出，民营企业更具一些冒险和创新精神。因此，一定要为广大民营企业创造一个更加公平公正的环境。鼓励民营经济发展的"新36条"已经颁布，但是执行效果与企业的期望还有落差，民营企业在投资发展方面还受到一些有形或者无形的障碍。因此，应加大"新36条"的实施操作力度，让民营企业享受和国有企业、外资企业同等的待遇。政府应创造良好的社会氛围，对民营企业创造的价值给予更多的承认。

2. 保护和激励勇于创新的企业家精神，政府尽量避免过多干预

企业家精神在华为和中兴的发展过程中都起了关键作用，两家企业在并不完善的市场化环境中一直保持着较高的研究开发投入，以企业家的个人理念和努力密不可分。要发挥企业的创造力，一定要创造保护企业家精神的舆论和法治环境。对在市场中通过积极创新获得的个人财富，应该予以严格保护。对那些依靠寻租获得高额利润的所谓企业家，应该予以坚决惩戒。此外，政府应尽量避免对企业的过度关心，即使出发点是帮助企业创新，也很可能对企业的发展方向形成事实上的干扰。政府要做的就是塑造良好的鼓励企业家精神的制度环境和社会氛围，具体措施如在舆论宣传上更加注重肯定企业家在经济发展中的重要作用和地位，注重听取和吸收企业家关于体制改革的意见等等。

3. 建立更加自由公平的产业发展环境，引导企业靠创新获利

市场机制下企业创新的根本动力在于通过创新实现高利润，但是房地产等行业的无序发展和高利润对企业创新产生了很大的扰动，即使中兴和华为这样的企业也深有感受。因此，要从创造适合创新的制度环境入手，逐步建立合理的市场准入规则，减少竞争性行业的行政性垄断，避免因政府干预形成人为的高利润行业，创造企业平等获得创新资源的市场环境，减少寻租机会，使创新者能够获利。

4. 加强知识产权保护

中兴和华为都是已经拥有数万项专利的创新型企业，亟需合理有效的知识

产权保护制度加以维护，以保证企业创新的积极性。应加强知识产权保护的司法制度建设，加大对假冒侵权等知识产权案件的打击力度，提高侵权成本，降低维权成本，提高企业创新积极性。同时，完善知识产权等无形资产的会计、评估、交易等基本制度，防止简单把知识产权数量作为考核指标，提高知识产权质量。

（二）从企业需求出发，调整当前政策体系

1. 适当降低税负，进一步落实税收优惠政策

我国制造业企业由于处于产业链低端环节，因此盈利水平较低，相对而言税负水平则偏高。为了促进企业增加积累和研究开发资金投入，应以多种方式率先降低创新型企业的税负。首先，切实落实研究开发支出税前加计扣除政策，一是要进一步扩大企业受惠面，二是逐步将研发人员工资的费用全部纳入抵扣范围。当前，由于一些地方政府财政收入受经济增长速度放缓的影响而增长较少，许多省市在执行研发费用抵扣政策时都非常谨慎，采取各种措施减少对企业所得税的优惠，这一点一定要及时纠正。其次，研究通过实施差别税率，适当降低高附加值的创新型企业的增值税，以提高企业创新和技术改造的投入能力。

2. 进一步改革审批制度，降低企业对外投资的政策成本

在对外投资便利化方面，相关部委进行了一些努力，比如2009年颁布实施了《境外投资管理办法》，商务部仅保留对少数类别对外投资的核准，大部分类别不需要核准。但是，在实际操作中，企业仍然会感到这种核准制带来的一些繁琐和效率损失。建议进一步推进对外投资管理体制改革，直接改为备案制管理或者对投资项目进行事后的审查和处理，同时缩短企业办理所需的时间，提高办事效率、简化繁琐手续，促进对外投资的便利化。

3. 尽量以符合国际规则的方式实施优惠政策，方便企业开拓海外市场

近几年来，欧美等发达国家为了摆脱国际金融危机影响和推动经济复苏增长，克服全球共同面临的能源、资源、环境等重大问题，纷纷加大科技投入，抢占科技制高点，争取发展主动权。以科技创新为核心的国家战略密集出台，创新成为当今最具时代特色的发展理念。受此影响，发达国家的贸易和技术保护倾向越来越明显，对我国科技政策中的贷款、资助及税收减免等多种政策工

具有所质疑，在部分领域还提出了反补贴措施。中兴和华为都是欧美国家反补贴措施的受害者。在这种背景下，相关政策的制定和实施尽量考虑国际规则的影响，选择合理可行的支持方式，既不能授人以柄，又要达到推动科技进步、促进自主创新能力提高的目的。

田杰棠　执笔

第十七章

手机制造业创新模式和转型升级

作为移动通信终端，手机是通信产业的重要组成部分。手机制造行业技术进步较快，产品直接面向广大终端消费者，其创新模式在制造业中具有代表性和典型性。我国手机制造业从零开始起步，逐步成长为全球最大的手机生产和出口国，生产的手机量占全球的六成多，但还不是手机制造强国，且长期依靠低成本竞争的发展模式难以为继。本报告将研究我国手机制造业的创新历程和模式、在创新中面临的问题，以及促进行业转型升级的建议。

一、我国手机产业发展概况

（一）手机产业链简介

手机行业产业链的上游为手机元器件生产厂商、手机操作系统厂商、手机设计公司和电子制造服务商（EMS，Electronics Manufacturing Service），分别为手机终端厂商提供手机所需的各种元器件、手机操作系统、手机软硬件、外观、结构等设计方案，以及为手机厂商提供手机主板的贴片与整机的组装；产业链的下游主要为各类手机经销商。

手机元器件主要可以分为电子元器件、机电元器件和结构器件三大类。电子元器件是指手机 PCBA（Printed Circuit Board + Assembly，指印刷电路板空板经过表面贴装技术上件，再经过插件的整个制程）上的贴片物料，包括主芯片、存储器、音频功放、电阻、电容、连接器等；机电元器件是指既与电子相关又与结构相关的物料，包括屏、摄像头、喇叭、马达、柔性电路板等；结构器件是指与尺寸、结构、外观等相关的物料，包括外壳、按键、镜片等。手机的主芯片组包括基带芯片、射频芯片、电源管理芯片等，是手机电子元器件的最主要组成部分，是手机的核心器件。芯片设计和制造厂商处于产业链的最上端，主要厂商包括高通（Qualcomm）、英飞凌（Infineon）、联发科技（MTK）、德州仪器（TI）、意法半导体—爱立信（ST - Ericsson）、展讯（Spreadtrum Communications）等公司。

手机操作系统是管理手机硬件与软件资源的程序。目前，智能手机操作系统厂商主要包括谷歌、苹果、微软、诺基亚和移动研究（RIM）等国际公司，它们推出的操作系统分别为 Android、iPhone OS、Windows Mobile、Symbian OS 和 RIM OS 等。

手机设计公司为下游的手机厂商提供软硬件、外形、内容或整机设计方案，行业内的大型设计公司能够提供整机设计方案，如龙旗、德信无线、晨讯科技等，而众多中小型设计公司则更多提供外观、硬件或内容等某一方面的设计。目前，国内有数百家手机设计厂商。

电子制造服务主要包括印刷电路板组装、半成品组装、系统组装等三大类，根据客户实际生产的需求，提供代料代工或来料代工的专业生产及服务。我国手机行业通常委托 EMS 工厂进行手机主板的贴片与整机的组装，合作形式多以来料加工为主，即手机企业提供生产资料与所需物料，EMS 企业负责生产。

手机产品通常通过各级经销商与零售终端卖给终端消费者。从手机品牌厂商出货方式可划分为全国性分销模式、厂商直供模式、运营商定制模式三种。

（二）世界手机产业发展

手机通信技术已经经历了几次升级换代。1980 年，第一代（1G）类比式手机诞生，经过多年发展，进展为第二代数位式系统，成为世界主要移动通信标准，以欧洲主导的 GSM（Global System for Mobile Communications，全球移动通信系统）系统及美国主导的 CDMA（Code Division Multiple Access，码分多址）两大系统为主流，于 1992 年前后开始推广。因网际网路应用及多媒体影音发展趋势，第二代数据传输速度（9.6Kbps，每秒传输 9600 位）不能满足多数传输需求，因此国际电信联盟规划了第三代移动通讯系统 IMT2000，资料传输速度可达 2Mbps（每秒传输两兆位），在欧美及中国各方竞逐下，第三代移动通讯系统共有欧洲主导的 WCDMA，美国、韩国等主导的 CDMA2000，及中国主导的 TD - SCDMA 三大体系，但因为第三代移动通讯系统建制费用过高，多数电信服务商在由第二代系统演变到第三代前，推出了所谓过渡性技术升级的第 2.5 代 GSM 系统也就是 GPRS（General Packet Radio Service，通用分组无线服务）系统，于 1998 年开始推广使用。目前，3G 通信技术正在全球范围内推广应用，同时，人们正在研发第四代移动通信技术（4G），理论上最高数据传输速率超过 100Mbps。

2011 年，全球手机销售量 17.7 亿台，比 2010 年增长 11.1%，销售收入估计约 2400 亿美元，增长 18% 左右。在 2011 年手机终端销量排名中，诺基亚仍居首位，全年共出货 4.22 亿台，市场占有率为 23.8%。三星和苹果紧随其后，全年总销量分别为 3.13 亿台和 8926 万台；与上年同期相比，三星的市场占有率基本持平，苹果的市场占有率由 2.9% 提升至 5%。2011 年手机终端销量排行第四到第十位的厂商分别为：LG、中兴、RIM、宏达电、华为、摩托罗拉、索尼爱立信（2012 年 2 月，索尼完成收购爱立信持有的索尼爱立信的 50% 股份）。在销量前十位的厂商中，除诺基亚、LG、索尼爱立信销量及市场占有率均明显下降外，摩托罗拉、RIM、三星的市场占有率基本持平，其余几家包括苹果、中兴、华为、宏达电在销量及市场占有率上均有明显上升。

表 17.1　　　　　2011 年全球手机终端销售量

厂商	2011 年销售量（万台）	2011 年市场占有率（%）	2010 年销售量（万台）	2010 年市场占有率（%）
诺基亚	42247.83	23.8	46131.82	28.9
三星	31390.42	17.7	28106.58	17.6
苹果	8926.32	5.0	4659.83	2.9
LG	8637.09	4.9	11415.46	7.1
中兴通讯	5688.18	3.2	2968.60	1.9
RIM	5154.19	2.9	4965.16	3.1
宏达电	4326.69	2.4	2468.84	1.5

厂商	2011 年销售量（万台）	2011 年市场占有率（%）	2010 年销售量（万台）	2010 年市场占有率（%）
华为	4066. 34	2. 3	2381. 47	1. 5
摩托罗拉	4026. 90	2. 3	3855. 37	2. 4
索尼爱立信	3259. 75	1. 8	4181. 92	2. 6
其他	59732. 69	33. 7	48545. 20	30. 4
总计	177456. 41	100	159680. 24	100

资料来源：Garter，2012。

全球手机销售利润主要集中在少数领先企业，且创新快速改变行业利润分布。Asymco 公司发布的数据显示，2007 年第二季度至 2011 年第四季度，手机行业利润主要集中在诺基亚、三星、苹果、RIM 等公司中。近年来，由于苹果公司推出了创新产品，取得了手机行业的大部分利润，而诺基亚和 RIM 公司所占利润份额则急剧降低。2012 年第一季度，苹果公司手机出货量仅占全球手机出货量的 8.8%，但占据了全球手机产业利润的 73%。相比之下，三星公司手机出货量市场份额为 23.5%，占全球手机利润的 26%。此外，HTC 基本收支平衡，而 RIM、诺基亚、索尼、摩托罗拉和 LG 则在亏损（见图 17.1）。

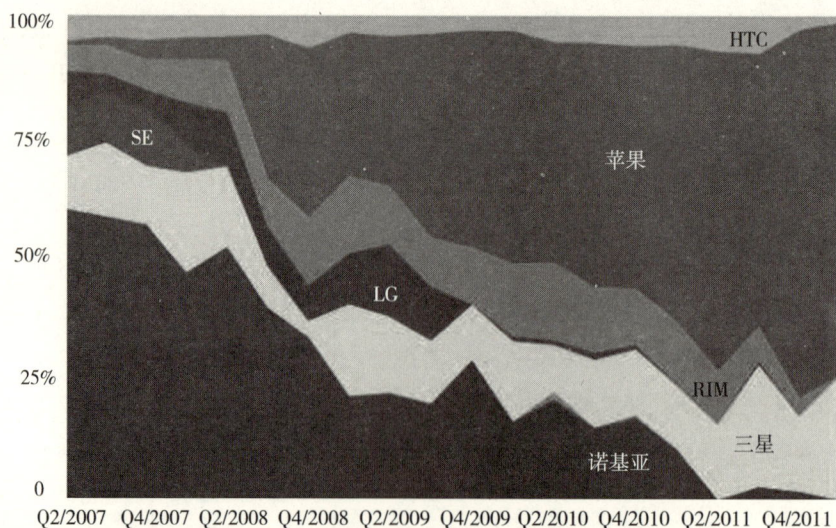

图 17.1   全球主要手机厂商利润份额变化

资料来源：Asymco 公司，2012。

（三）我国手机产业发展现状

在模拟通信时代、2G 时代的核心关键技术上，我国扮演的是旁观者、学习者的角色；在 3G 时代，我国逐渐参与规则制定，TD – SCDMA 成为 3G 标准之一，但是我国起步较晚，在终端产品的多样性、产业链的成熟度等方面与国际先进水平还有一定差距。4G 时代，我国开始参与主导产业发展，当前，国际上采用我国开发的 4G 通信标准 LTE 建设的移动通信网已经启动。

我国手机产业从引进国外技术开始，目前已经成为全球最大的手机生产国，产量占全球六成多。1995 年以前，我国手机产业还处在以摩托罗拉为首的国外品牌的垄断下，国内的厂商主要为国外品牌加工、组装，或负责其产品销售业务。1997 年，我国建成第一条手机生产流水线，之后我国手机产业在国内和国际市场的支撑下高速发展，2011 年，我国手机产量约 11.7 亿部，比 2010 年增长 15.5%，出口总量为 8.8 亿部，比 2010 年增长 13.9%，占全球出口量近八成，出口额约 627.6 亿美元，比 2010 年增长 34.2%。目前，以芯片、软件、设计制造和品牌公司为主要环节的产业结构初步形成，但主要的芯片、显示器件等还要依赖国外企业提供。我国手机行业产业链布局紧密，集中于珠三角、长三角、京津唐等三大产业集群区。国内手机行业除了几个大品牌外，小的品牌数量超过 2000 个。我国手机终端厂商的专利部署主要集中于外观设计方面，软件硬件厂商隔离，没形成有效的专利体系。

二、我国手机制造业创新历程

我国手机产业从引进技术到发展壮大，其创新历程到目前大致可分为以下三个阶段。

（一）1997～2003 年：初创期以加工组装和贴牌为主，受产业政策保护国产品牌快速占领市场

我国手机制造业从 1997 年开始，初创期取得了快速的发展。1997 年，东方通信公司成立了中国第一条手机生产流水线，标志着国产手机产业开始起步，

1998 年 10 月，第一台国产手机上市，国产手机正式进入市场竞争。1999 年 1 月，国务院颁布《关于加快我国移动通信产业发展的若干意见》，明确规定国内生产和销售手机必须经过信息产业部批准，实行生产许可证制度，并停止审批外商合资、独资的移动通信产品生产企业，保护国产手机企业。1998～2003 年期间，国产手机厂商的销售额逐年攀升，5 年期间迅速占据了 55% 的市场份额。

在初创期，国内手机企业以加工组装和贴牌为主。在巨大的市场潜力吸引下，国内企业纷纷涉足手机领域。国内企业进入手机领域大致可以分为两个阶段，第一阶段是在 1998 年以前，国内企业主要以合资形式进入手机市场，规模大的主要有北京诺基亚、天津摩托罗拉等，这些合资企业采取组装的形式生产国际品牌产品，而这些产品也为合资的中方带来了丰厚的利润。国内企业涉足手机的第二阶段是在 1998 年以后，突出的特点是国内企业纷纷以"贴牌"的形式推出自己品牌的手机，如中科健、康佳、TCL、波导等，其合作对象从"移动三巨头（诺基亚、摩托罗拉、爱立信）"等转向尚未打进我国市场的跨国企业，如韩国的三星和法国的萨基姆等。

（二）2004～2008 年：发展期以模仿创新为主，处于价值链低端

在经过初创期的快速发展后，由于国内手机企业缺乏核心技术，最终在与国外手机企业的竞争中渐落下风。虽然国内品牌手机在 2003 年占领了国内手机市场近 55% 的份额，但随后在与国外品牌手机的竞争中，市场份额逐渐下降（见图 17.2）。

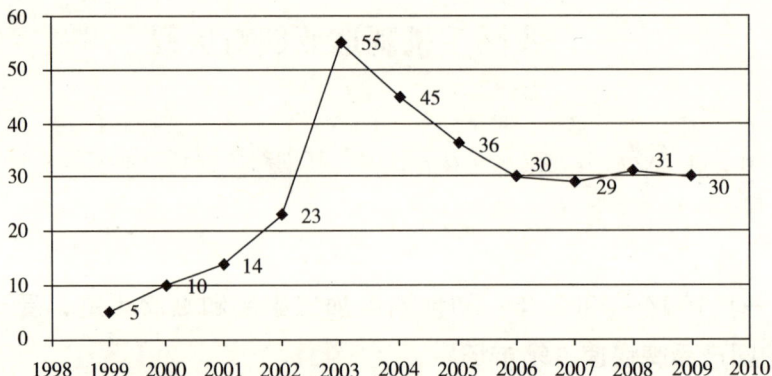

图 17.2 国产品牌手机国内市场占有率（%）

资料来源：赛迪顾问网站，http://www.ccidconsulting.com/。

在这期间，国内大型手机厂商根据自身特点，力图走自主创新之路，向产业高端升级，但大都未能成功。

1. 坚持技术研发，如夏新、联想、普天东信等企业

早在 20 世纪 90 年代 GSM 手机刚刚兴起时，康佳、东信等企业对手机领域投入大量资金和人员进行自主研发，但未能取得成功。夏新坚持走自主研发道路，是唯一不采用台湾联发科技股份有限公司（以下简称联发科公司）集成芯片的国产手机企业，在 3G 手机领域上投入研发经费上亿元，但最终也未能取得成功，被迫出售其手机研发基地。业内人士认为，国产品牌手机企业当时的技术实力还没有足够能力对手机市场的快速变化做出完全的响应，而研发投入带来了资金和业绩上的巨大压力，故自主技术研发的方式最终失败。

2. 走品牌发展道路，如科健、熊猫、南方高科、迪比特等企业

这些企业投入大量资金推广品牌，但是品牌还没有树立起来，企业却已经倒闭。相对而言，拥有强大技术实力的华为手机基本是以贴牌为主，并不强调品牌。华为公司总裁任正非曾在公司会议上表示："中国厂商做手机，根本不需要品牌。"在一些厂商投入品牌建设的同时，另外一些低成本、低品牌、高渠道商利润的新兴品牌增长强劲。由于企业并没有建立起自身的核心竞争力，为了品牌而品牌的道路是走不通的。

3. 建立销售渠道，投入营销占领市场，如波导、天语、金立等企业

天语手机基本上都是采用联发科集成芯片方案的半加工品，通过给经销商让利，自己只拿最基本的制造利润，吸引了大批经销商，一度占据了较大的市场份额。这种经营模式的核心优势是"快"，产品上市时间快，销量和份额提升快，现金流周转速度快。但是，这个模式的缺陷非常明显：由于商业模式上没有进入壁垒，加上品牌影响力很弱，这种模式很容易被其他同类厂商复制。2007 年第四季度，天语手机开始出现库存积压问题，很大程度上就是因为一些新进入厂商提供了比天语给渠道商更高的利润空间。

4. 走规模化发展道路，如联想、波导等企业

当产品生产达到一定规模后，由于规模经济，制造成本将大幅降低。因此，一些国产手机厂商开始扩大规模，力图实现规模效应。因为把规模放在第一位，联想和波导选择了在保证一定研发投入的同时，与手机设计公司和台湾联发科公司合作，快速扩大生产。但这些手机企业在经过一段时间的快速增长

之后，便又开始走向衰退。无论国产手机厂商如何扩大规模，与全球一线国际厂商依然存在很大的规模差距，采购成本依然居高不下。另外，随着专业手机代工厂的兴起，国产手机厂商的制造竞争力也始终无法与这些专业制造企业竞争。

5. 并购国外企业，如 TCL、明基

TCL 收购阿尔卡特手机，明基收购西门子手机，但这些过度的扩张，都给母体公司带来了巨大的亏损。

实际上，国内手机企业还不具备消化吸收跨国公司的能力，过度扩张不仅不能解决本身的发展问题，还会陷入一种难于控制的局面。业内人士分析，"走出去之前，还是要彻底解决自己的问题"。

在国内大型品牌手机企业向研发、品牌、营销等产业价值链高端攀爬遇阻的同时，国内小微型企业则通过模仿创新快速成长了起来。我国小型企业无机会参与，也基本被政府排斥在手机产业发展之外。一是在手机产业发展初期，手机生产的技术壁垒较高，生产一部手机非常复杂，厂商在研发出手机芯片后，还要开发出适用的软件，功能和外观的设计也要花费巨大的人力财力。二是我国对手机生产实行牌照许可制度，后又改为生产核准制，对手机生产实行严格准入限制。再加上我国对手机入网的认证和检测收费较高。这些均不利于小企业发展。2003 年，台湾联发科公司将芯片、软件平台和第三方应用软件捆绑在一起的集成芯片开发成功。手机厂商只要购买这种集成芯片，加上定制的外壳和电池，就可以自己组装手机，手机生产的技术壁垒消失了。手机生产的技术壁垒消失后，市场中涌现了一批手机制造厂商，通过对一些主流产品学习、模仿、借鉴、包括改良进行手机生产，这些手机产品被称为山寨手机。山寨手机制造厂商建立了更加快速有效的产业链，使我国大陆手机行业发生了革命性的变化。新的手机产业链打破了传统垂直一体化的产业链模式：联发科公司负责提供芯片和软件设计，手机方案公司负责硬件设计和系统整合，终端厂商则负责具体的项目管理。在手机生产中，部分国产品牌厂商仅立项环节，就需要半年；而山寨企业由于分工细化，一款新机型从立项到开模，再到量产，一般 45 天可以上市，最快 15 天就可上市。这样，传统产业链模式的产品周期是以年计，而山寨产品的周期是季、月甚至是周，极大地加速了产业周期，缩短了产品从设计到入市的时间。由于联发科公司已经承担了大部分研发成本，这种成本事实上又被分摊到了规模庞大的终端厂商身上，因此联发科芯片可以以相对低的价格出售（一般比主流手机品牌的芯片便宜 8～10 美元）。由于在手机成本中，芯片成本一般占到总成本的 50%～70%，因此，采用联发科芯片的手机的成本就可以大大降低，能够以较低价格出售给大量希望享有多功能手机但又无法支付高价格给传统手机品牌厂商的消费者——而这正是山寨手机厂商的目标用户群。山寨手机依靠低成本运作、快速市场反应、外形功能创新设计和灵活的销售策略很快占领了市场。2005 年，山寨手机出货量为 0.5 亿部，2006 年则翻了一倍多达 1.1 亿部。一批山寨机厂商在联发科芯片方案的支持下迅速成长为中型企业，比如天宇朗通、金立集团等。

（三）2009 年至今：进入成熟期，开始集成创新，向价值链高端升级

我国手机产业在经历发展期后，企业的技术能力逐渐增强，取得了一些突破性的创新成果。在最为核心的基带处理器芯片方面，我国企业在 2009 年取得了重大突破，如展讯公司成为国内市场位列前三的基带处理器提供商；华为海思推出了智能手机芯片；瑞芯微电子推出了基于谷歌操作系统的第一个手机芯片；联芯向中兴、华为、联想等国内外几十家 3G 终端制造商提供量产的 TD 手机芯片；智多微电子、安凯等企业的多媒体处理器芯片也开始应用在新一代的国产手机上。

通信技术进入到 3G 时代后，通信终端相应进入智能手机时代，我国手机企业开始集成创新，向手机产业链高端升级。随着我国融入全球供应链，我国手机产业正逐渐形成完备的产业链，并能够设计出成熟的智能手机解决方案，本土手机品牌开始具备与全球手机巨头竞争的能力。2011 年，北京小米科技有限责任公司生产的智能手机——小米手机上市，小米手机产品外观设计全部由小米团队完成，生产由英华达股份有限公司代工。该手机性能能够与同期国际巨头苹果公司生产的苹果手机相媲美，而价格不到苹果手机的一半，因而很快占据了较大的市场份额。华为公司在经过多年的代工后，开始推出自己的品牌，并进入到产业高端环节。2012 年 2 月，华为发布了公司自主研发的四核处理器，以及一款自有知识产权的 16 核心显示芯片，在部分测试软件中的得分已经击败了英伟达公司、高通公司等国际手机芯片设计巨头。证明了国产厂商也有能力研发高端的移动处理芯片。

三、产业创新模式和特点

我国手机产业从起步发展到今天，企业尝试了各种创新模式，主要有如下特点。

1. 从劳动密集型环节逐步向研发等产业高端环节延伸

手机产业链的高端是研发等技术密集型的活动，产业链的低端则是生产加工制造等高度劳动密集的活动。因此，作为初级要素的生产工人，其劳动力成本对加工制造环节竞争力起着至关重要的作用。我国过去至当前阶段最大的比较优势，就是庞大、高质量、低成本的劳动力。该比较优势决定了我国在手机产业的劳动密集型环节具有竞争优势。

在我国手机产业发展过程中，企业发挥了我国劳动力密集的优势，从劳动密集型环节进入产业链，待资金和技术积累到一定程度后逐渐向产业链高端升级。由于我国手机企业不掌握核心技术，早期的手机企业主要从事手机组装，后来开始在手机外形等方面进行创新，从机型、铃声等产品外形方面进行突破，再到后来在手机功能等方面进行了大量应用创新，双模、彩屏和弦、可拍照手机等功能机纷纷出现，满足了我国市场日益多样化的需求，同时也增加了手机的差异化，提高了产品的利润。目前，我国部分手机企业已经进入到手机芯片、操作系统等部分核心技术研发领域，初步取得一定成果。

2. 从中低端市场需求开展创新

在手机产业发展早期，国内手机企业主要针对中低端市场需求开展创新。1999 年到 2003 年是我国手机市场发展初期阶段，国产手机企业迅速成长并占据较大的市场份额。这一阶段，诺基亚、摩托罗拉等国际知名品牌手机的市场定位主要在中高端市场，而大部分国产手机厂商从成立开始，大多是从中低端价位的市场切入，只有少量商家尝试了高端切入的策略，但最终没有取得成功。由于中低端价位市场的需求占据了市场的主体地位，国产手机品牌抓住了中低端价位手机市场的空白，在很大程度上促成了五年期间市场份额的迅速壮大。

在国内品牌手机发展到一定程度停滞不前的时候，山寨手机企业发挥成本优势，进一步挖掘开拓国内外低端市场需求，迅速壮大起来。山寨手机初期主要是针对二级及以下市场，尤其是县乡市场，这部分市场对价格比较敏感，对品牌的忠诚度相对较弱。自 2004 年以来，移动运营商纷纷加大对县乡市场的拓展力度，为山寨手机创造了一个良好的市场环境。此外，亚非拉发展中国家的移动通信市场也开始进入繁荣期，为山寨手机创造了规模巨大的海外市场，在印度、巴基斯坦、拉丁美洲、非洲以及东南亚等新兴通信市场，山寨手机也取得了较大的市场份额。

进入智能手机时代，国产手机仍定位于中低端市场需求开展创新。2011年国产品牌手机市场份额大幅提升，占国内手机销售市场份额的 37.5%，在销量前十位的品牌中，国产品牌占据六位。主要原因是：在智能手机市场，免费手机操作系统安卓系统的出现使得手机同质化趋势明显，国产手机与国际品牌手机差异化缩小，国际品牌集中定位高端价位，国产品牌则主打中低端细分市场，而这部分市场需求潜力巨大，国产品牌采取低价竞争方式占据了一定市场份额。

3. 以应用创新为主

山寨手机是一些小的手机厂商以极低的成本模仿主流手机品牌产品的外观或功能，并加以创新，最终在外观、功能、价格等方面超越这个产品的手机。山寨手机中出现了大量应用创新，如外观创新、工艺创新，通过将很多技术和设计组合起来，实现了各种各样的功能，一定程度上引领了消费者的需求。山寨手机除了模仿之外，还经常有所创新，加入各种各样的设计元素，如配置 4 个摄像头、7 个喇叭、关公图案、验钞功能、游戏模拟器等，将应用创新发挥到了极致。

4. 产业集群促进了行业创新

手机产业集群推动了技术发展和产品创新。虽然我国手机产业没有掌握处于产业链上游的大多数核心技术，但手机产业集群在产品创新上发挥了重要作用。以深圳手机产业集群为例，该集群涵盖了整机和零部件生产基地、外形结构设计配套体系、手机解决方案提供商和销售渠道，形成了完善的手机产业链，为产品创新提供了硬件环境。同时，集群内聚集了众多业内企业家和技术专家，其丰富的人力资源为产品创新提供了软环境。因此，集群内任何一个有价值的创意都会得到迅速响应，引发产业链上各环节的连锁反应，通过各主体间的分工协作，在最短的时间内设计、制造、销售新产品。

产业集群在促进行业创新方面，主要发挥了以下作用。一是提高了企业应用研发水平。虽然不掌握大多数核心技术，但是基于核心技术进行应用研发的各类企业大量存在于集群内。各企业间的合作和交流，不但完善了技术应用，也产生了应用方面的创新。同时，企业间研发人员的流动也促进了企业技术水平的提高。二是降低了产品成本。产业集群的存在降低了手机企业的配套服务成本，进而减少了企业管理费用。另外，数量众多的上下游企业形成了自由竞争的市场环境，降低了各环节的加工服务费用。三是提高了新产品上市速度。集群内手机生产企业与相关的配套企业互为依托，从方案解决到外观设计的"一条龙"服务使得国产手机企业能够快速推出新产品。

此外，山寨手机的快速发展也离不开产业集群的推动作用。产业集群为山寨手机企业提供了丰富的资源，首先是为山寨手机企业培养和提供了从业人员；其次提供了完整的手机产业链，为自身实力有限的山寨手机企业提供了从设计到制造的一系列服务；再次，集群内的网络化分工提高了山寨手机的推出速度，产业集群内大量同类企业的聚集，快速解决了仿制中出现的技术难题。最后，集群内发达的市场网络为山寨手机提供了销售渠道。深圳能成为全国最大的山寨手机制造和集散地，离不开其发达的产业集群。

四、政府相关政策及影响

（一）政策支持

在手机产业发展过程中，我国相关政府主管部门从行业准入、资金等方面给予了积极支持，力图推动行业快速发展。

1. 严格限制外资进入

在手机产业发展初期，我国对手机的生产准入实行牌照制，以不同形式限制外资手机企业新建企业和扩大产量，保护国产手机企业发展。1998 年 12月，国务院下发信息产业部和国家计委联合制定的《关于加快移动通信产业发展的若干意见》，对手机制造业准入实行生产许可证制度，外资或合资企业必须取得生产许可证并保证一定比例的出口，未取得生产许可证，产品必须全部出口。2001 年国家批复的 19 家 CDMA 厂商中，国外厂商仅摩托罗拉 1 家。这一政策不仅限制了国外厂商的进入，而且在一定程度上限制了行业内生产厂商的数量。

2005 年，发展改革委发布了《移动通信系统及终端投资项目核准的若干规定》，将手机生产审批制改为核准制。2007 年 10 月，国务院公布了《国务院关于第四批取消和调整行政审批项目的决定》，取消了手机生产核准制。按照目前规定，只要一款手机能够通过"进网许可"，即可用自己的品牌出现在市场上。手机核准制取消，不仅意味着此前全国几百家没有获得牌照的手机企业结束了"贴牌"生产的历史，可以打出自己的品牌，更让一些非常有实力的数码厂商纷纷涉足手机领域。

2. 支持产业技术研发

为扶持国内移动通信产业发展，国家对手机产业投入了一定研发经费，支持企业技术研发。在产业发展初期，国家从国债中拿出 4 亿元扶持具备一定技术及经济实力的手机生产企业，包括系统设备、手机和元器件生产企业。1999 年，有关部门决定从手机入网费中拨出 14 亿元支持国产手机业务发展，连续 5 年从固定电话初装费中提取 5% 支持国产手机的研发和产业化；另外还筹集 50 亿元设立了无线移动产业化专项基金，用于支持移动通信的交换和基站系统建设以及手机产品与手机配套产品的技术研发等。

3. 设定较高的行业准入门槛，支持大企业发展

在手机生产行业，国家主管部门设定了较高的准入门槛。如 2005 年发展改革委关于《移动通信系统及终端投资项目核准的若干规定》对厂商自身资金、技术实力进行了限制，要求申请移动通信终端投资项目的申报单位注册资本不低于 2 亿元，项目申报单位应建立研发中心，具有完善的开发平台和研究环境，具备完整的整机、单元电路硬件设计能力，基于芯片组和协议栈的软件开发能力，结构外观设计能力。这些限制条件使得小微型企业无法从事手机生产。直至近年来，才将手机生产项目核准的注册资本降为 2000 万元。

另外，高昂的检测认证费用也使得小微型企业无法支付。在我国，新手机上市需进行手机型号核准、进网许可和 3C 认证（中国强制性产品认证制度）检测（国外大多由移动运营商支付，且检测手续简单）。2011 年 4 月，发展改

革委发布《规范和降低手机检测收费有关问题的通知》，此次调整前，一款手机的检测费用在 20 万元左右，大概占产品前期总投入的 15%，调整后的费用仍约需 15 万元。

（二）政策影响分析

1. 对国内产业保护延缓了产业技术进步速度

"手机生产牌照"这一特殊的行政许可制度，使得国外一些研发实力强、技术好、生产能力强的外资企业不能合法进入国内市场，而国内一些不具备研发、生产手机能力的企业却获得手机生产牌照。因此，这项特殊制度直接导致了国产手机厂商选择贴牌①的生产模式，普遍通过台湾地区、韩国、日本厂商贴牌生产。在制度资源优势对国内、国外厂商不对称的条件下，国内手机厂商走上了粗放式的发展道路。

手机牌照取代技术研发成为我国手机产业最宝贵的资源，滋生了手机产业的"制度惰性"，使得整个国内手机产业链的研发、设计上游环节被弱化。国内手机生产厂商专注于产量的增加，营销网络的扩张。产量的迅速增长、销售网络的持续扩张，使得上中下游各环节的零组件供应商、制造厂商和经销商逐层挤压微薄的利润空间，而忽视了产业链上游的技术研发。

在我国手机产业集群形成初级阶段，制度惰性延缓了我国手机产业集群的发展步伐。国内厂商的短期逐利追求，造成产业链片段化、断链化，手机设计、核心技术及关键零组件等则严重依赖进口。厂商在价格、规模上展开恶性竞争，国内、国外手机厂商核心竞争力的差异也逐渐拉大。

2. 较高的行业准入门槛迫使大部分小企业逃避监管扭曲发展

由于手机入网"牌照"限制，加上检测过程昂贵又耗时，导致不少小型手机生产厂干脆放弃走正规道路，生产起了"山寨机"。山寨手机之所以走上逃避政府管理的非正规生产之路，与国家手机牌照限制政策和手机机身号码管控手段 IMEI 码（International Mobile Equipment Identity，国际移动设备识别码）存在很大关联。2007 年 10 月以前，国家对手机生产采取牌照管理，没有取得

---

① 贴牌是指取得手机生产牌照的手机厂商，因为本身不具备整机生产能力，因此通过 ODM 或 OEM 方式由其它手机制造厂代替生产，并挂上该品牌进行内销的市场销售行为。

牌照生产的手机就是非法生产的山寨手机或黑手机。在发展改革委取消手机牌照核准制以后，工业和信息化部对手机生产采取机身码管控手段 IMEI 码，只有通过申请电信终端测试技术协会（TAF）的入网许可检测取得 IMEI 码才能算正规生产的合法手机。这些管制措施给中小企业设立了较高的准入门槛，小型企业只得转入地下生产。

五、创新面临的主要问题

我国手机产业在转型升级过程中，目前主要面临以下问题。

1. 企业依靠低成本竞争优势，自身难以积累足够资金投入核心技术研发

尽管我国手机生产企业在研发、生产和市场开拓等方面取得很大进步，但手机产业的核心技术基本掌握在国外厂商手中，上游研发都由跨国公司控制。手机产业的芯片研发生产技术、通信标准和通信协议等核心技术基本上都掌握在国外厂商手中，国内厂商发展能力受制于人、发展速度落后于人。在手机芯片市场，高通公司因其控制着核心专利①而收取高额的专利费。高通公司在 CDMA 专利上一贯以高昂和多重的专利收费著称，导致 CDMA 手机生产成本较高。首先，手机生产商若想取得 CDMA 手机开发授权，必须交纳知识产权转让授权费。高通公司规定，生产 CDMA 系统设备或手机的公司，都要交纳大约 1 亿元人民币的"入门费"，才能进入这一行业。其次，生产 CDMA 手机时，生产厂家必须购买高通公司的芯片，并且按销售额给高通提成。与 GSM 芯片价格相比，这部分费用高出后者 30% 左右。此外，为了升级支持芯片的软件，CDMA 手机生产商每一次都要支付几十万美元的授权费。一直以来，手机厂商都需要给高通公司交纳整机 5% 的 3G 专利费，这对终端厂商是直接的利润损失，造成了成本上的压力。

由于我国手机产业整体上处于全球价值链低端，企业依靠低价竞争导致行

---

① 2012 年上半年全球智能手机芯片市场报告显示，全球智能手机芯片市场规模达到 55 亿美元，高通占据了 48% 的营收市场份额，排名第一，高通、三星、联发科、博通、德州仪器等 5 家企业垄断大部分市场。

业利润率非常低，难以积累足够资金投入核心技术研发。随着我国手机产业准入门槛的降低，各跨国公司加快将其手机生产向我国转移，加大对中低端市场的开拓。国产手机品牌在生产成本、管理成本以及渠道成本等方面的竞争优势日渐弱化，国内手机市场竞争进一步加剧，使得越来越多的手机生产企业陷入低价恶性竞争，难以提升核心竞争力。低价竞争以及众多国内手机企业所采取的单一价格竞争战略导致行业净利润率低下，甚至出现负值。而这又使手机企业根本无力进行技术研发，造成核心技术匮乏，新产品开发不足，整体竞争力越来越弱。据报道①，2012 年中国出口手机估计突破 10 亿部，出口量占全球八成，但 99% 的利润都被苹果、三星两家公司赚去，众多中国企业获得的利润还不到 1%。中国企业在量上取得地位，却没有获得较高利润并形成核心竞争力。大部分中国手机企业还处于拼装、贴牌和修改用户界面的层次，出口手机赚取的仍然只是极其微薄的组装费用。据海关部门数据显示，2012 年 1~8 月份，以加工贸易方式出口的通信设备总额达到 684 亿美元，占出口总额的 73%。

2. 产业政策难以适应中小企业创新规律

中小企业资金小、技术基础差，需要政府的支持，但我国的政策环境对中小企业不利，甚至持排斥态度。首先，较高的行业准入门槛将小企业排斥在外。其次，高昂的检测费和税收也不利于中小企业发展。从一款手机生产成本计算来看，其中包括的各项税和收费过高，通常一款手机的检测费用占手机前期总投入的 15%~20%，还需缴纳营业税、增值税、所得税，这些税收要占到企业营收的 25% 左右。一旦入网，山寨企业需要缴纳更多的附带费用。在手机低价竞争日趋激烈的情况下，上述税费甚至可能超出了一部手机的利润。小企业产品销售小，单个型号手机产品的利润更是可能不及检测费。随着手机牌照的取消，绝大部分山寨手机开始走合法化道路，其中就有"金立"、"天语"等手机品牌。

3. 知识产权制度不适用产业技术创新规律

我国手机产业目前以应用创新为主，但知识产权制度难以促进产业技术创新。我国大部分手机产品赢得市场主要依靠外观设计和功能方面的创新。然

①　王攀，范超："全球手机 99% 利润归苹果三星中国企业分不到 1%"，新华网（广州），2012 - 10 - 23。

而，现行《专利法》关于外观设计专利的授权标准、审查周期、保护强度（例如保护期限）和保护程序等方面难以起到保护手机产业技术创新的作用。从授权标准来说，我国外观设计的授权标准较低，一些复制模仿，甚至直接照搬非相近种类产品的已有设计或对已有设计稍作改进、变化或者简单替换、组合、拼凑等低水平模仿的外观设计都能获得外观设计专利权的保护。此类创新程度较低的手机外观设计专利往往会阻碍市场竞争和妨碍进一步创新，违背专利政策激励创新的目的。从外观设计专利权的保护程序上来说，实践中模仿他人的外观设计专利权一旦被权利人诉诸法院，侵权嫌疑人可能启动专利权无效宣告程序以拖延时间。由于漫长的专利复审和诉讼程序增加了权利人的维权成本，使得专利权人往往对于较小的山寨侵权行为采取放任的态度，无意中助长了山寨侵权行为。另外，由于山寨手机上市周期比外观设计专利审查周期短，手机更新换代的生命周期往往短于实用新型和外观设计专利权 10 年的保护期限，因此，对于山寨手机产业而言，实用新型和外观设计专利权制度并未充分发挥对山寨手机的保护作用。而脱离了知识产权制度保护的创新，必然面临更大的模仿压力。面对模仿压力，山寨手机生产商只能进一步缩短手机上市周期、降低成本从而获得市场先行的利益，这必然造成手机质量下降和低价竞争等现象。

为了保护手机创新成果的市场先行者利益，在《专利法》出现保护不足时，《反不正当竞争法》应可以起到弥补作用。但是，我国《反不正当竞争法》第 5 条第 2 项禁止商品仿冒行为的规定适用范围狭窄，将仿冒对象限于"知名"商品，对于大部分不知名的杂牌手机，甚至没有任何品牌标识的白牌手机不能提供全面保护。另外，面对山寨手机中的不正当模仿行为，《反不正当竞争法》也缺乏关于禁止不正当模仿的一般规制条款。因此，亟待修改和完善《专利法》和《反不正当竞争法》，以保护手机产业合法的创新成果和利益。

六、国外手机产业发展经验及我国创新战略

国际上手机产业大国主要有美国、韩国和芬兰等，美国摩托罗拉公司在模拟通信技术时代引领了手机产业的发展潮流，之后，芬兰的诺基亚公司在第二代通信技术时代占据了领导地位，在第三代通信技术时代，美国的苹果公司和

韩国的三星公司则处于领先地位。由于韩国在经济发展阶段、文化等方面与我国更为接近，两国手机产业发展过程中，政府都担当了很重要的角色，因此，本文着重介绍韩国手机产业发展经验。

（一）追赶国家手机产业发展经验

我国手机产业起步于 20 世纪 90 年代，目前虽已初具规模，但核心技术缺失，国产手机只得通过降低价格的方式吸引消费者。同样是后发国家，韩国在手机业的发展道路上走得颇为成功，不到十年的时间就顺利地实现了赶超。如今，以三星、LG 为代表的韩国手机已在世界范围内享誉盛名。韩国政府在扶持手机产业发展方面主要有以下做法。

1. 支持信息产业发展的大背景为手机产业发展奠定了基础

韩国政府重视并支持信息产业，政府对信息产业实施必要的政策倾斜、资金扶持等。例如，1996 年，韩国政府总共在计算机网络和信息产业基础设施建设中投资了 19 亿美元，并且在此后 3 年内每年给通信、计算机、半导体、软件四个子行业投资 1.28 亿美元，这些资金促进了韩国信息产业快速发展。

信息产业发展为手机产业奠定了良好的基础。在韩国政府的支持下，韩国企业在半导体、液晶、软件等手机核心组件上均取得了较大突破，韩国三星等公司掌握了世界上最先进的薄膜液晶显示屏（TFT—LCD）技术。这些技术在手机上得到广泛应用，为韩国手机产业的发展提供了支撑。

2. 引导、协调产业发展

韩国 98% 的手机通过运营商直接采购并销售，韩国政府从 1992 年就开始动员并组织企业发展 CDMA 移动通信产业，走联合研究开发的道路，并积极协调韩国制造业和运营业的良性互动关系，使得韩国成为当前世界上移动通信技术强国。1990 年，韩国企业生产的手机只占 5%，摩托罗拉占 95%，因为韩国政府和韩国企业的积极努力，1995 年情况就正好反过来了，摩托罗拉占 5%，韩国企业占 95%，2001 年韩国品牌手机几乎 100% 占据了韩国市场，而且大量出口到世界各国。

3. 支持产业技术研发

2010 年 3 月，韩国知识经济部和三星电子、LG 电子、泛泰公司三大手机生产企业发表了手机产业发展战略，在 2015 年将韩国发展成为世界手机强国。

根据这一战略，韩国政府将在其后 5 年内投资 7600 亿韩元进行手机相关研发，其中，至 2014 年投资 5981 亿韩元研发无线网系统、实现手机核心部件的国产化、研发更加多样化的手机软件。

(二) 创新战略

我国属于发展中的大国，经济社会发展相对落后，国内市场需求庞大且具有明显的二元结构特征，因此，我国手机产业未来发展既需要向高端开拓，同时又要根据国情满足国内市场需求。

1. 以应用创新为重点，向产业链高端延伸

手机产业既需要在芯片、操作系统等产业链高端环节进行创新，也需要在应用方面开展创新。随着手机彻底转变成为消费类电子产品，个性化已成为消费者最基本的需求。因此，市场存在着各种不同的需求，形成许多细分市场。在目前核心技术研发不占优势的情况下，发挥我国企业在应用创新方面的优势，针对国内庞大的市场需求开展应用创新成为突破点。同时，我国少数大企业已经拥有相当的技术、资本、人力资源，在核心技术研发上开始具备优势，应引导支持具备实力的大企业向产业链高端升级。

2. 着眼于下一代通信技术发展，集中研发资源实现核心技术突破

通信行业是一个技术快速进步的行业，在第一代、第二代移动通信技术发展过程中，我国都处于落后地位。在第三代移动通信技术发展过程中，国家大力支持自主知识产权通信标准并取得成功，在 3G 领域拥有一席之地。目前，3G 已经开始应用。一方面应该抓住新技术、新应用带来的机遇，在 3G 技术应用领域开展创新。我国手机产业在已有技术领域没有优势，但随着产业向智能化、多媒体化和宽带化方向发展，新技术层出不穷，我国手机产业可以借助新技术为突破口，首先在某个或某几个技术领域取得领先优势。3G 时代的手机应用也将越来越丰富，如手机动漫、手机支付、手机电视、GPS 导航等。我国手机产业可以依托国内的庞大市场开发和完善新的应用，并推广到国际市场。另一方面，着眼第四代通信技术发展，力争突破国外的知识产权壁垒。到了 3G 手机乃至 4G 手机之后，手机的软件和关键元器件越来越重要。我国相关手机企业已经具备一定创新能力，应该加强对手机基础和关键性技术研究的政策支持，争取在 4G 时代摆脱技术受制于人的局面。

3. 从支持企业创新转向支持产业集群创新

手机产业集群内的细致分工和创新活力在我国手机产业发展过程中起着不可替代的作用。手机产业链的融合已经使企业间竞争升级为产业链间竞争，而产业集群的形成增强了产业链竞争力。面对国际手机巨头，我国中小手机企业之所以能够形成独特的竞争优势，占据较大的市场份额，在于形成了产业集群，通过企业之间的资源互补和合作开发实现产业创新，以产业集群参与全球竞争，从而提升了产业竞争力。产业链上各环节围绕手机产业发展趋势共同努力，共同承担成本和风险，把握手机产业发展的话语权，提高了我国手机国内产品的市场竞争力和市场占有率，实现了共同的商业利益，从而促进整个产业的良性发展。3G时代，产业集群对手机产业的发展将发挥更加重要的作用。提升手机产业国际竞争力，必须从手机产业链全局出发，注重产业集群的发展。

七、启示和建议

（一）启示

1. 从模仿到创新是追赶型国家产业发展的重要路径

后发国家在发展高技术产业时，初期技术积累少，企业创新能力弱。在经济全球化的形势下，面对发达国家已经建立起强大自主创新能力的企业，后发国家企业不具备竞争优势。选择从合法模仿出发，通过在模仿中不断吸取技术知识、获得技术能力，既可以避免直接竞争，也可以较快地进入产业，最终获得较强的自主创新能力。从日本、韩国和巴西等国家经济发展的历程可以看出，后发国家必然要经历一个从技术引进、消化、吸收到自主创新的过程。我国手机制造业发展初期，企业试图直接进入产业价值链高端环节，一些企业也投入资金进行了研发，建立品牌，但这些努力收效甚微。最终，大部分企业从模仿出发，通过模仿、学习慢慢积累起创新能力，实现应用创新和集成创新，提高了创新层次。

2. 应重视中小企业创新，为其提供良好的创新环境

在手机产业发展过程中，我国重视支持大企业创新，较少支持中小企业尤其是小企业创新。由于不太重视中小企业的作用，政策环境对中小企业创新非

常不利，如市场准入门槛高、手续复杂，甚至直接将中小企业排除在创新的门外。实际上，当今世界上成功的创新型大企业，如美国的微软、谷歌、苹果，中国的华为、联想、阿里巴巴等，都是从小企业发展起来的。其关键就是宽松的市场准入、完善的金融服务、强大的人才支撑和有效的产业组织形式所构建的有利于创新的环境。我国手机产业发展状况也表明，中小企业成为推动产业创新的重要力量，为我国手机产业发展作出了重要贡献。因此，应针对中小企业特点，为其营造良好的创新环境。

3. 过度保护产业和过高的行业准入门槛不利于企业技术进步和创新

为了推动我国移动通信产业发展，我国政府主管部门对移动通信产品市场实施了严格的宏观调控与管理，但并未推动行业技术进步和创新，最终市场力量主导了行业的发展。在手机生产领域，一方面，国家严格控制外资企业准入。在政府的保护下，国内手机企业确实占据了一定市场份额，但企业并未走上自主研发的技术创新道路，产业技术进步缓慢，且最终市场份额迅速下滑。另一方面，国家设定较高的行业准入门槛，控制生产企业数量。这一控制措施在一定程度上阻止了小企业进入手机生产行业，但也未能推动产业技术进步，而随着手机技术壁垒的降低，大量小企业从不同层次市场需求出发，获得快速发展。

（二）建议

为促进我国手机产业升级，建议如下。

1. 从支持单个企业或项目创新向支持产业集群创新转变，增强集群创新能力

为促进本土品牌做大做强，当前应该以产业集群为抓手，以推动产业集群创新能力的提升带动国产手机企业做强做大。一是引导企业在专利、标准等方面建立产业联盟，共同应对国际竞争。面对知识产权处于落后地位的局面，国内企业须加快建立手机专利池、标准联盟等共同应对在专利、标准方面占绝对优势地位的跨国公司。二是引导企业共同投入产业关键、共性技术的研发。在一些国内目前尚未攻克、依赖国外的关键元器件方面，引导企业共同投入，联合攻关，成果共享。三是为企业提供公共服务，加强市场监管。在检测、信息发布、知识产权等方面搭建公共服务平台，给予企业支持，提升企业创新能力。规范行业管理，区分合法模仿和非法模仿，加大对手机企业非法经营和侵

权行为的打击力度，营造良好的市场环境。

2. 支持中小企业创新

合理降低行业准入门槛并给予中小企业政策优惠。一些非市场因素的制度性成本过高是山寨手机企业不愿转正的关键原因，其中最突出的就是手机入网测试流程。尽管国家相关部门已经做出了积极举措下调手机检测费和检测时间，但这个力度与山寨厂商的期望还是相差甚远。在合理降低行业准入门槛的同时，给予中小企业尤其是小企业政策优惠，降低中小企业检测收费标准，支持中小企业根据市场需求开展应用创新。

建立面向中小企业服务的公共服务平台。通过健全手机认证管理制度，主要对质量、安全等项目进行检测，努力搭建信息、知识产权、人才等公共服务平台，引导和带动风险资本及社会各类资金支持手机中小企业技术创新活动，促进相关企业提升品牌知名度和产品附加值，提高手机行业的整体创新能力。

3. 建立适应行业创新规律的知识产权制度

从外观设计制度设计上来说，许多国家考虑到不同产品的特点，对于生命周期较短或者容易被模仿的产品，设立了延迟公开制度（例如欧盟）或者秘密外观设计制度（例如日本），其目的在于使这些产品在上市之前既可以获得外观设计保护，又不必公开设计的内容，这样可以使权利人有充分的时间设计产品和准备上市。上述制度设计对于修改和完善我国外观设计制度、保护手机创新成果具有借鉴意义。另外，从降低维权成本、有效制止侵权的角度考虑，还有待缩短外观设计专利权无效确认的行政程序和司法程序，及时维护手机外观设计权利人的利益。为了维持手机产业有序的市场竞争秩序，在《反不正当竞争法》中增加对不正当模仿行为的规制条款，加强对非法模仿的打击。

戴建军　执笔

参考文献

[1] 刘淑华. 论山寨手机的模仿与创新. 知识产权, 2011 (7)

[2] 梁云, 左小德, 晋海建. 山寨手机产业链的调查. 企业活力, 2011 (6)

第十八章

国外通信设备制造商创新与竞争战略

20 世纪 90 年代全球电信业迅速发展，为通信设备制造业提供了极好的机会。中小型企业雨后春笋般出现，大型企业规模迅速扩大。2000 年以后随着网络经济泡沫破灭和电信业发展降温，又有大量企业倒闭和退出。我们对思科和朗讯两家企业的创新与竞争战略进行分析，以为我国通信设备制造业政策提供启示和建议。

一、思科创新与竞争战略

思科系统公司（Cisco System . Inc，以下简称"思科"）由斯坦福大学的两名计算机科学家于 1984 年建立，当时主要提供多协议路由器①，使相异网络中的计算机能够通信。1985 年思科推出第一款产品 MEIS Sub 系统；第一批路由器产品于 1986 年出现；1987 和 1988 年，思科连续推出行业领先的多端口路由器和交换机，并开始开发路由协议；1988 和 1989 年，思科扩充产品型号和扩大用户范围；1990 年思科在纳斯达克上市；1997 年跻身财富 500 强；2000 年 3 月 24 日思科市值达到 5791 亿美元，成为全球市值最高的企业。思科在全球路由器和交换机市场上长期占据超过 50% 的市场份额；此外，思科还不断进入数据中心、视频服务和云计算等新市场。到 2011 年，思科已经是年销售收

---

① 得益于路由器的出现，全球各地不同网络中的计算机才能相联，因特网才能出现。

入超过 400 亿美元、员工 70000 人的大型企业。

思科利用电信市场的快速增长，制定相应创新和竞争战略：准确定位自身及其产品，内部研发结合开放式创新，并利用市场份额优势制定行业标准，实现了长期快速发展。

（一）企业和产品定位明确

思科创新和竞争战略的基础是对本身及产品的明确定位。

1. 将自身定位为解决方案提供商

思科虽是设备供应商，却将自身定位为"解决方案"提供商，并体现在创新和竞争战略中。

解决方案提供商与设备供应商有两个不同之处。第一，前者业务范围更广。解决方案覆盖了方案设计、设备提供及升级服务等较广的业务范围，不仅销售通信设备。第二，解决方案提供比仅提供设备更贴近需求。对客户而言，解决方案能够实现网络通信从需求到供给的直接过渡，为客户节约了大量时间和精力。当然，也为企业带来更多收入。

战略定位影响了思科整个创新和竞争战略。思科采取的策略是听取客户要求，同时监控所有可选择的技术，并给客户提供一定范围进行挑选。同时无论思科能否制造所有产品，都必须要提供一个"完整的"解决方案。客户需求和产业技术出现新变化时，思科就通过各种手段不断丰富产品和提升服务，以求提供最优解决方案。

思科战略定位具有长期性，并不随行业景气而改变。2000 年以前，思科在"解决方案"提供商的定位下发展迅速；2000 年以后的一些年份，特别是网络经济泡沫破裂的 2002 年、2003 年和金融危机后的 2008 年、2009 年，经营状况恶化，销售收入和利润全面下滑，但思科并未因此改变战略定位。

2. 产品定位"高性能、高价格"

思科利润率一直高于 20%①的行业平均水平，毛利润率长期维持在 60% 以上，个别年份甚至超过 70%。思科产品价格远高于行业平均水平，而高性能则是思科采取高定价策略的基础。

---

① 2011 年数据，出自美国国家统计局。

思科选择高价格战略是因为有信心将其产品排除在价格竞争可及的范围之外。或者说思科的产品及解决方案有足够大的优势，与其他通信设备制造商的产品明显不同，以至于其他厂商的产品失去了"替代品"属性。例如，思科产品价格一度为 juniper 等其他领先厂商的 2 倍左右，但仍保持了过半的市场份额。此外，2003 年思科的低端交换机因技术含量和价格因素在中国市场上被用户归到中端产品范畴。

要做到产品和解决方案明显优于竞争者，必须技术领先。为保持领先优势，必须以持续创新推动产品和解决方案的进步，思科也的确是通过持续创新来实现的。同时，由于思科产品的高价格，在客户购买了思科产品后，其沉没成本也较高，升级时如果换用其他供应商的产品会需要承担较高的成本，因此多数情况下都会选择继续使用思科的产品和服务，成为其固定客户。

（二）持续进行开放式创新

通信设备制造业技术快速进步，传输速率不断提高、传输方式不断更新，为获得和保持竞争优势，企业必须不断创新。创新的资源可以分为企业内部的和外部的，由于自身禀赋和经营理念的不同，企业创新的优势所在也各不相同。要获得创新优势，必须将内外部的资源全部都调动起来。思科合理利用了内外部资源，取得了很好的收效。初创阶段思科依靠内部创新，利用路由器技术进入通信设备领域并发展成具有一定规模的企业；成为大企业后，思科准确认识到自身的优势已经由新技术转变为产业化和销售等，于是以开放的态度，利用核心业务带来的巨额利润，不断获取外部创新资源进行产业化。

1. 保证核心产品收入和利润

创新离不开巨额资金投入，思科牢牢保证了两大核心产品的市场份额，通过其高额的收入和利润，确保了对外部和内部创新资源的利用。

思科最具优势的产品和主要利润来源是路由器和交换机。思科推出的第一款产品即为路由器，1993 年，思科开始了交换机的生产，形成两大核心产品格局。虽然此后其产品范围不断扩大，服务占收入比重也一直上升，但路由器和交换机的核心地位从未改变。

思科的路由器和交换机在几乎所有种类市场都处于领先地位。以路由器为例，无论市场规模大小，思科全部提供产品，而且几乎都占有半数以上的市场份额，从十几亿美元容量的核心路由器市场到几百亿美元的企业路由器市场概莫能外。2004 年前，路由器和交换机的销售收入占思科总收入的比重一直维持在 80% 左右；此后虽然逐年下滑，但基本维持在 60% 以上。

表 18.1　　　　　　　路由器和交换机占思科收入比重（%）

	2003	2004	2005	2006	2007	2008	2009	2010	2011
路由器	31.2	29.1	26.4	25.1	23.5	23.9	22.4	20.8	20.6
交换机	49.6	48.4	48.5	45.3	42.3	40.2	40.9	41.5	38.9
合计	80.8	77.5	74.9	70.4	65.8	64.1	63.3	62.3	59.5

数据来源：思科历年年报。

与在思科的销售收入中所占比重类似，路由器和交换机在全球市场的份额也在下滑。2007 年，全球路由器和交换机市场思科所占份额分别为 66% 和 69%，到 2011 年这两个比例分别下降为 55% 和 67%。作为市场占有率超过 50% 的大企业，市场份额逐渐被后来者蚕食几乎是不可避免的。路由器和交换机占主营业务收入的比重持续下滑，并不是由于其销售收入下降造成的。由图 18.1 可见，思科的路由器和交换机销售收入在 10 年内保持了较稳定的增长。只是服务、新产品等其他业务的收入增长速度超过了路由器和交换机才带来比重下滑。

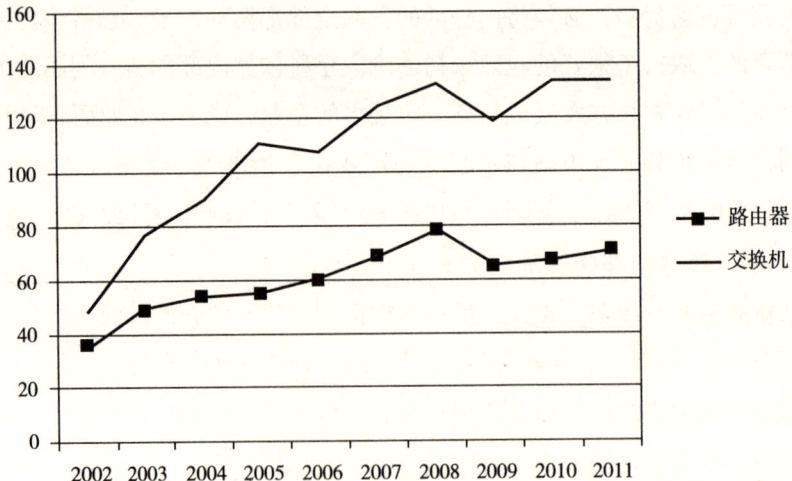

图 18.1　思科路由器和交换机销售收入变化（单位：亿美元）

思科在这两个市场上长期保持领先地位，是因为路由器和交换机技术领域未发生革命性创新；而思科通过各种方式不断渐进式创新，得以一直保持在技术前沿，同时辅以思科强大的营销能力，保证了其市场地位的稳固。以路由器为例，路由器（Router）的中文译名可以理解为"实现路径搜索的机器"，是具有智能实现路径搜索的小型计算机。1984 年成立思科时就通过路由器实现了不同网络间计算机的通信服务，历经近 30 年的发展，路由器的速率、能耗等有了巨大的进步，但功能和基本算法并没有本质变化。在核心算法不变的情况下，思科通过各种方式的创新，将其路由器的性能不断提高。两项核心产品带来稳定而丰厚的收益，为思科获取外部资源和投入内部研发提供了充足的资金。

2. 多种方式开放性创新

通信设备产品更新换代以产品性能的提升为主，包括传输速率的提高、设备体积的缩小、处理速度的加快和稳定性的增强等。创新行为不仅出现在思科等大型企业，更广泛存在于大量中小型企业中。虽然电话技术出现在贝尔实验室这样的大企业，但很多新技术、新产品都产自或来源于中小型企业的创新，例如发明路由器时思科规模还非常小。作为行业领先企业，吸收和利用其他企业的创新资源，甚至是通过合作进行创新无疑是有益的。并购和战略联盟是思科利用外部创新资源的两条重要渠道。

研究表明：中小企业平均每个员工完成的技术创新成果是大企业员工的 2 倍；其中，一流创新成果是大企业的 1.9 倍，重大改进是 1.92 倍，一般改进是 2.46 倍。作为大型企业，应该扬长避短，充分发挥自身的优势，通过购买技术的方式进行开放式创新，而利用自己的品牌、渠道和产业化等能力，将外部的创新资源尽快市场化。

（1）并购获取外部创新资源

成立伊始，思科就连续不断地利用并购进行开放性创新。相对于内部线性研发创新，思科更擅长发现有市场潜力的新技术，并通过成功的运作将这些技术结合到思科现有的产品中，或者直接利用该技术开发新产品并投入市场。通过并购，思科快速获得新技术等创新资源来完善产品或推出新产品。

思科从战略角度选择开放性创新的来源。思科认为，要完全进入一个新市场或生产新产品并有竞争力，收购两家或更多的企业是必须的。为选取最合适的新技术进行收购，思科设有专门部门对创新资源进行评价，考察其在思科产品或业务组合中的适用性和稳定性。思科从多个角度对技术进行评估，以保证投资、并购和整合的技术确实能够满足业务需求；并为技术到市场间的转换，以及保持行业领先地位和持续增长提供帮助。并有专业人员从技术趋势角度对战略价值进行评价，针对和思科的现有产品有联系的新市场和新技术，制定出整合方案，从而在收购后实现短期内的市场进入及保持长期内的领先地位。

1992 年开始思科每年都会进行并购，年均并购企业超过 7 家；1995 年后，只有一年并购企业的数量低于 4 家；仅 2000 年就并购了 23 家企业。截至 2012 年 5 月底思科共并购 152 家企业。20 世纪 90 年代，思科依靠收购技术为业务收入增长的贡献都超过 50%。

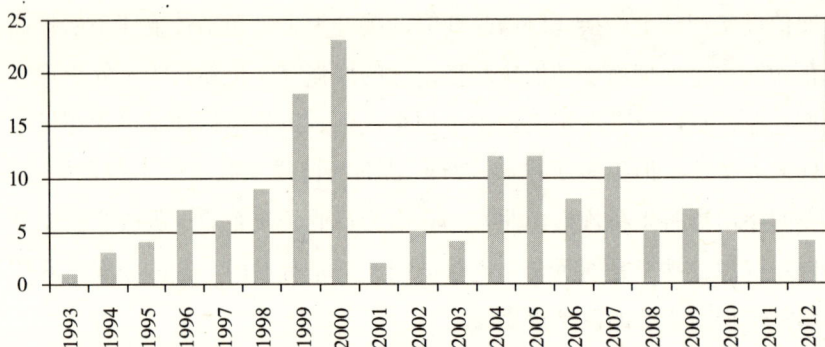

图 18.2　思科并购事件统计

思科并购目标主要是能够为其产品提供补强的企业或者想要进入的市场中的领先者。并购对象以掌握最新技术，但距离产品推出还有一年左右时间的小企业为最优选择，也包括少数大企业。其并购目的都是获取技术和市场，后来成为思科支柱产品之一的交换机就是收购外部创新资源实现开放性创新的成功例子。20 世纪 90 年代初期，Crescendo 公司开发出了功能接近路由器的交换机产品，运行速度高于思科路由器，而价格则低于后者，在相当大的范围内冲击到了思科路由器的市场地位。于是思科在 1993 年以极高溢价收购了 Crescendo，并很快将交换机发展成为其主要利润增长点。

（2）利用战略联盟进行合作创新

思科与众多相关领域的领先企业建立了战略联盟关系，以开发商业模式及解决方案，并利用联盟企业的技术等优势进行合作创新。

思科利用联盟伙伴的优势建立相应领域的合作关系，其战略联盟伙伴包括埃森哲、IBM、英特尔、诺基亚、富士通和微软等。其中思科与埃森哲建立了创新合作组织，用于改进思科的跨企业市场营销和客户管理等；而与爱默森的合作则集中在数据中心基础设施的建设上。近来，思科又与全球领先的企业管理软件公司 BMC 结成战略联盟，通过集成思科的创新网络管理解决方案，BMC 为双方共同的客户提供了针对多样异构的云环境扩展支持，而思科也得以为客户提供可靠的云解决方案。

3. 快速实现战略目标

通信设备制造业创新速度和技术进步速度很快，要求企业技术路线必须有前瞻性；技术决策和行动速度也必须快。思科实现战略目标过程中力求保证速度以跟住市场和技术进步①。

并购本身能够快速实现新技术开发，通讯设备制造业新产品研发通常耗时 18 ~ 24 个月，而并购可以节约 6 ~ 12 个月。并购中思科一直提供优惠的价格和方式，以便尽快收购，及早利用目标企业的技术。此外在选择收购对象时，尽量选择地点、企业文化和技术上相近的企业，便于尽快融入思科。

思科的并购方式以换股为主，即按照一定的比例用思科的股票换取目标企业的股票，从而获得目标企业的所有权。作为上市企业，换股并购有效地避免了现金流的大量流出，从而保证了思科的经营实力，减轻了思科并购时的财务压力。换股并购既帮助思科快速进入新兴市场或推出新产品和解决方案，又没有带来过高的成本。收购前，思科有专职人员使用固定的标准，对目标公司的战略、文化和经济等进行评估，以鉴别目标能否与思科相融合，并将现有技术增加到思科已有的产品体系中。同时，思科股价的平稳上升也为其换股并购带来了便利。1991 ~ 2000 年，思科共 9 次拆分股票，按照拆分比例，拆分后股价变为原来的一半或 2/3。但思科股票多数会在较短的时间涨至拆分前的水平，甚至超过原来水平。以 1991 年 3 月的拆分为例，拆分前股价为 57 美元，按照 1：2 的比率拆分后股价折合为 28.5 美元，但 1992 年思科再次拆分股票时，股价已经涨至了 78 美元。思科持续上涨的股价给了目标企业的股东一个有力的暗示，那就是换股比现金能够带来更大的收益，这也加速了思科的并购。最后，思科在进行并购时总是愿意给出较高的溢价。在被思科收购时，

---

① 思科总裁钱伯斯认为，思科长期保持领先地位的原因一个是时刻关注客户需求，另一个是快速的根据市场和标准变化作出反应。

Crescendo 年销售收入只有 1000 万美元；但思科以 9700 万美元的高价提出收购，于是在短短一个月内就完成了收购过程。而在 2000 年 5 月，思科花费近57 亿美元收购 ArrowPoint 公司，当时后者的年销售收入不过 4000 万美元，而且年年亏损，于是思科非常优惠的收购价帮助其闪电般地完成并购。

表 18.2　　　　　　　　　思科股票拆分事件表

拆分开始时间	拆分结束时间	拆分前股价（美元）	拆分后股价（美元）	拆分比率
1991.03.01	1991.03.15	57.00	28.50	1∶2
1992.03.06	1992.03.20	78.00	39.00	1∶2
1993.03.05	1993.03.19	92.00	46.00	1∶2
1994.03.04	1994.03.15	79.00	39.50	1∶2
1996.02.02	1996.02.16	89.00	44.50	1∶2
1997.11.18	1997.12.16	80.13	53.42	2∶3
1998.08.14	1998.09.15	96.63	64.32	2∶3
1999.05.24	1999.05.21	123.12	61.56	1∶2
2000.02.22	2000.03.22	144.38	72.19	1∶2

思科总部位于旧金山，利用硅谷大量的创新资源和中小企业。思科在选择并购对象时，只考虑位于硅谷的，这样既能更好地进行交流，以便于在收购完成之后快速完成对目标企业的整合，也省去了公司职员及其家庭搬迁的麻烦。思科在并购对象选择上的地域偏好也显著提高了其并购的成功率。

得益于并购时承担的较高成本和地域优势，思科往往能够在发现自身产品的互补技术或者新兴市场时，能够以最快的速度完成产品升级或市场进入。

4. 长期持续创新

通讯设备制造业技术进步迅速，有线到无线，局域到广域，低速率到高速率的发展要求企业持续不断地提高技术能力，通信流量的迅速增长要求设备的传输速率不断提高，接入设备的增多持续增大交换设备的容量，而终端数量的上升则对处理速度提出新的要求。创新成为企业保持竞争力和争夺市场份额的必然选择，思科不断通过各种方式创新，推出新的产品、服务及解决方案。

为保持和扩大在路由器和交换机市场上的领先优势，思科持续进行创新投入。2000 年前，思科每年用于内部的研发经费就已经超过 10 亿美元，而内部研发经费与购买研发经费之和达到了 20 亿美元。占销售收入的比重在 1997 年后一直高于 10%，基本维持在 15% 左右，个别年份甚至达到了 20%。持续的研发投入也带来了丰厚的回报，以具有超高传输速度的新一代路由器 CRS－3 为例。随着网络通信量的快速增长，思科在 21 世纪初即意识到市场上会对高速路由器产生需求，于是在 2004 年开始研发超高速路由器。截至 2010 年 CRS－3 投入市场，思科在 5 年的时间内投入 16 亿美元，动用了超过 600 名研发人员才完成了该产品的开发。

表 18.3　　　　　　　　思科历年 R&D 支出　　　　　　　单位：亿美元

年份	R&D 支出	年份	R&D 支出
1995	2.2	2003	18.8
1996	4.1	2004	22.0
1997	6.4	2005	24.8
1998	8.4	2006	28.4
1999	12.1	2007	34.9
2000	18.9	2008	39.5
2001	22.2	2009	36.1
2002	18.9	2010	40.0

资料来源：思科年报 1995~2011 年。

（三）遵守并引领行业标准

思科在保证产品符合行业相关领域标准的同时，通过影响标准的制定来巩固已有利益。

思科在其通信软件平台 IOS 上搭载最广泛的通信协议，以无缝连接多种类型的设备和媒介。思科利用其路由器极高的市场占有率，使 IOS 成为互联网中的通用软件平台。其他设备供应商多数只能选择从思科处获取 IOS 许可，以确保其产品能够与思科的产品一起运作。同时，思科还积极地与整个行业中的供应商及研究机构合作，推进新标准的设立，并很快地将新协议增加到其操作系统当中。

为应对 IOS 之外出现的新标准，思科主动将 IOS 许可给康柏、阿尔卡特和微软等大型公司；获得许可的公司能够获取 IOS 程序结构信息，从而保证其产品能够在所有 IOS 兼容设备上运行，而无论该设备是否由思科制造。思科虽然在 IOS 平台上保持了私有，即该平台和标准是公开但不共有的，但由于其提供的大量借口都是公开的，因此其他设备供应商可以在其接口协议内开发优于思科的产品。依靠 IOS 的私有性，IOS 和思科设备是最优选择。依靠在制定和引领标准上的巨大优势，思科在行业内的领先优势得以巩固。

二、朗讯创新与竞争战略

朗讯科技（Lucent Technologies，以下称"朗讯"）前身是美国电信业巨头 AT&T（American Telephone & Telegraph Inc，美国电话电报公司）的通信设备制造部门。朗讯成立时包括 AT&T 最重要的研发部门贝尔实验室及西部电子（Western Electric）。西部电子是 AT&T 的网络系统与技术部门，从事交换设备的生产等。起源于 1925 年的贝尔实验室是全球现代电信业的起源地和现代电信技术的发动机，也是世界上拥有诺贝尔奖最多的机构。指导信息通信业发展至今的最权威的科学理论"通信的数学理论"就是在贝尔实验室诞生的。现代电信业中几乎大部分的重要技术都出自贝尔实验室的专利，如晶体管技术、蜂窝技术等。

1996 年到 2000 年是网络经济发展的黄金时期，朗讯作为网络设备供应商，在此期间也发展迅速，营业收入增长率几乎都在 10% 以上。2000 年后网络经济泡沫开始破裂，众多网络公司及设备供应商纷纷业绩下滑。朗讯也不例外，2000 年开始其不断爆出商业贿赂、做假账等丑闻，业绩一路下滑，直至 2005 年被法国阿尔卡特公司收购。在十年的发展历程中，朗讯投入大量资源进行内部研发创新，也顺应行业发展趋势做出了战略性决策，但由于某些战略和执行层面的原因没能避免走下坡路。

（一）为转型做出战略部署

朗讯脱胎于 AT&T 的时候，正是电信产业面临变革的时刻，因此以电话业务起家的朗讯成立伊始就面临战略转型。朗讯一直在为从电话设备厂商向网络设备供应商转型做出努力，并多次制定和执行相应的竞争战略。

20 世纪最后三四年，朗讯通过加大研发投入和收购目标领域企业，将主导产品向 IP 系统和光通信等转移；2000 年到 2002 年，在网络经济泡沫破裂的情况下持续对光通信进行投资，并将当时先进的 2.5 代 CDMA 产业化。2003 年后，朗讯开始由设备提供商向方案解决商转型。朗讯的三次重大战略变化都顺应行业发展趋势。

表 18.4　　　　　　　　　　　　朗讯重大竞争战略变化

时间	1997~1999	2000~2002	2003~2005
战略行为	大量收购 高研发投入	分拆重组 进入多个市场	业务转型
外部环境	网络经济高速发展	网络经济泡沫破裂	网络通信市场开始复苏
主导产品	传统电话交换机 DWDM 光通信设备 数据综合接入系统	DWDM 光通信 CDMA 移动通信系统	无线接入系统 3G 移动通信 DWDM/ASON 光通信
技术创新	整合电话交换系统和 IP 接入系统，开始 CDMA 的研发	研发 IP 路由器 2 代、2.5 代 CDMA 产业化 3 代 CDMA 系统研发	生产外包，由设备提供向系统方案解决转型
技术领域	综合传输、无线接入，IP 交换能力	巩固了综合传输特别是光传输的能力，提升了 CDMA 蜂窝移动技术能力	进一步巩固蜂窝 CDMA 移动通信技术能力
战略行为	并购几十家网络技术公司	分拆原用户终端业务 AVAYA 和微电子 部门成立独立公司 AGERE	市场从北美向亚太等地转移

（二）内部创新能力极强

朗讯内部创新资源丰富，创新机制高效，但创新模式过于封闭，没有开放利用外部创新资源。

1. 内部研发强大但缓慢

贝尔实验室是朗讯的研发机构和内部创新的唯一渠道，为朗讯提供了极为强大的技术支持。1998~2001 年，朗讯的专利数量以接近 100% 的速度增长。

比较而言，朗讯的内部创新是成功的。贝尔实验室在语音通信领域配备的强大研究设备和人员，具有无可比拟的技术优势。直到被阿尔卡特收购，朗讯在无线通信领域的技术领先优势依然巨大。与强大研究力量相伴而生的是贝尔实验室"精益求精"的研究精神。从科学研究的角度来看，贝尔实验室无疑是优秀的；但从企业角度看却不尽然。因为贝尔实验室总是要将技术和产品做到完美，然后才会推向市场。而在瞬息万变的通信设备领域，当一项产品以完美的姿态出现在市场上时，很可能已经落伍而失去竞争力。"缓慢"和"完美"是贝尔实验室的特点，也可以说是朗讯内部创新的特点。

2. 较完善的内部创新机制

朗讯成立内部创新公司和创新风险投资基金，对研究成果进行甄别并有选择地产业化。贝尔实验室每年产出大量的研发成果，其中会有相当数量被朗讯"遗弃"。此时内部创新公司和风险投资基金会做出评判，选择一部分成果投资。产业化成功后，如果朗讯有意则可回购该技术以此来弥补当初的错误判断；如果产业化不成功或朗讯无意回购，则采取出售或独立经营发展等途径。朗讯根据自身条件设计了非常有效的内部创新途径，该机制根据贝尔实验室研发成果数量巨大的特点，设计了两次筛选的方案，很好地避免了错过贝尔实验室的"遗珠"，从而极大地推动了朗讯的内部创新。

（三）错误行为导致资金状况严重恶化

导致朗讯走向衰亡的是几次错误的操作行为，导致现金流状况严重恶化。

1. 大量赊销损失巨额收益

2000 年前网络市场发展迅速的阶段，朗讯大量采取赊销手段，允许客户在获得设备后先不付款。网络经济泡沫破裂后，朗讯的很多客户破产，巨额账款无法收回，带来十亿计的损失。

2. 转型收购失败导致竞争力下降

基于网络通信规模和需求的迅速膨胀，朗讯决定向网络通信设备领域转型。为此，朗讯将并购作为尽快获取优势的手段。1997 年朗讯宣布了"穿珠成串"（string of pearls）的并购战略，并付诸实践。1997 年底收购 Livingston Enterprise，后者的服务器设备用户超过 2500 家。1998 年初朗讯收购了端口密度和交换容量连续两年排名美国第一的交换机厂商 Prominet 公司，以获取千兆以太网通信技术，同年又分别收购了 Yurie System 和 Lannet 公司以进军 ATM 领域，这两家公司都是该领域内的领先者。1998 年 7 月收购了 MassMedia 公司，以增强在数据、语音和视频网络中的软件能力。最大的收购还是在 1997 年初对全球第四大网络设备公司 Ascend 的收购，同年 9 月又收购了生产路由器和交换机的 Nexabit 公司。

朗讯为收购付出了巨大的代价。到 2000 年，朗讯为收购共付出了高达 460 亿美元的成本，高于其同期利润总和。仅收购 Ascend 一家，朗讯就付出了 200 亿美元，相当于其 1998 财年盈利的 9 倍；而朗讯为 Ascend 付出的溢价也高达 180%。从朗讯传出收购 Ascend 的消息后，二者股价就呈现此消彼长的趋势。仅 1998 年 1 月 11 日朗讯宣布收购计划当天，Ascend 股价上涨 8%，朗讯股价则下滑 2%。巨额的收购成本一方面限制了其资金流，导致了财务状况恶化；另一方面股价下跌，面临来自股东方的巨大压力。

但最终大量收购并没有帮助朗讯获得数字通信领域的竞争优势，这主要是由于其没能将收购到的公司整合到其现有体系中。以 Ascend 收购为例，该公司非常看重销售，而朗讯则是出名的重研发轻销售，两种企业文化存在很大差异。朗讯在收购了 Ascend 之后，并没有拿出与收购资金相匹配的精力来整合，而是让 Ascend 保持很高的独立性。结果导致 Ascend 与朗讯的在市场上出现竞争。

（四）错误判断失去发展良机

通信设备制造业的市场主要包括运营商、企业和家庭市场三个。运营商市场由各国的主要网络运营商组成，是通讯网络的经营者。2000 年以前，运营商市场是设备供应商主要市场和利润来源；同时，随着各国通信市场的扩张，运营商市场保持了高速增长。而此时企业市场规模小，发展缓慢。因此朗讯判断企业市场不具备发展潜力。

2000 年 6 月，朗讯分拆了其企业网络设备部门，并命名为 Avaya。Avaya 是当时领先的企业网络设备供应商，产品涵盖了企业级的硬件、软件及解决方案，在全球 90 个国家拥有近 90 万的企业客户，其中《财富》全球 500 强中有 350 多家采用 Avaya 的设备。分拆 Avaya 在当时看来对朗讯有至少两方面的好处，首先分拆为朗讯剥离了 8 亿美元的短期债务，公司财务状况明显好转；其次朗讯得以集中力量在主要盈利部门运营商市场上提高竞争力。朗讯宣布分拆 Avaya 当天，其股票价格就上涨了 15%。

此后，由于网络经济泡沫的破裂，运营商市场迅速萎缩，而企业市场在度过了短暂的平稳期后开始了快速增长。2003 年，全球企业用于 IP 语音通信产品的支出增长达到了 88%。这种情况下，Avaya 在企业 IP 通信领域取得巨大成功，一度与思科争夺该领域龙头的位置；而朗讯则恰恰相反，由于分拆了原有部门，不得不重新组建企业网络部门，从零开始涉足企业通信网络的竞争。

朗讯一直在为继续语音通信领域的辉煌和成为优秀的网络通信设备商而努力，并作出一系列的战略决策，但由于操作上和判断上的失误，又对行业发展做出错误判断，屡失良机，最终不得不与阿尔卡特合并。

三、思科和朗讯的创新与竞争战略比较

同为曾在通讯设备领域的领先供应商，思科与朗讯现处于迥异的经营状态，与他们的创新和竞争战略有重要关系。

（一）封闭式创新和开放式创新

朗讯和思科是两种创新模式的典型代表。前者几乎是完全封闭式的内部研发创新，后者则通过各种方式进行开放式创新。

通信设备制造业竞争优势包括很多方面，创新是重要一项因素，但生产、销售等同样重要。其中原发性创新并不是大型企业的优势所在，所以大企业应该以开放的态度利用外部创新资源。思科虽然是以新产品起家，但在利用路由器做大之后，就走上了开放创新之路，业内普遍认为思科70%的创新来自于外部资源。大量获取外部创新资源后思科进行了有效利用。朗讯创新模式过于封闭，虽然研发出大量新技术和产品，但以一家企业之力难以同整个行业的中小企业相比。

由表18.5可以发现，思科每年会有大量资金用于并购。在1999年到2005年间，其收购资金与研发资金之比约为0.55∶1。在网络经济发展迅速的2001年以前，两项支出大抵相当；在其大量并购的2000年，收购支出甚至比研发高85%。由此可见，思科在开放式创新中将大量资源投入了外部原发性创新的获取。

表 18.5　　　　　　　　　　思科历年研发支出与收购支出对比

	收购支出	研发支出
1999	7.51	20.6
2000	49.69	26.85
2001	28.73	37.78
2002	4.75	33.01
2003	8.79	30.26
2004	1.63	31.92
2005	17.03	33.22
合计	118.13	213.64

（二）对行业发展的判断

对比发现，20世纪最后几年的高速发展中，思科通过并购获取了无线通信领域技术，而朗讯则大力收购进军数字通信领域。21世纪最初3年网络经济泡沫破裂时期，思科将收购作为进入网络安全和网络管理领域的手段，而朗讯则是将目标瞄准了超前的光通信领域，并收购了该领域的领先公司。2003年通信市场开始复苏后，朗讯已经麻烦缠身，频繁出售业务部门，无力继续并购；思科则继续其并购，一方面进军家庭网络市场，另一方面加强其现有产品和解决方案的安全性能，渐进创新。

表 18.6　　　　　　　　　　思科朗讯战略对比

时间	电信业	思科		朗讯	
		并购对象	并购对象主要产品（技术）	并购对象	并购对象的主要产品（技术）
1997~1999	网络经济高速发展	VBit、NetLine 等	数字通信、无线网络、高速数据传输	Ascend	无线传输、数据交换
2000~2002	网络经济泡沫破裂	Growth、GetCell 等	网络安全、网络管理、网络存储、家庭网络	Chromatis、Herrmann 网络等	光学通信、广域网
2003~2005	网络经济开始复苏	Linksys、PCube 等	视频、安全、消费者网络产品	无	

对行业发展的预测和判断是企业都必须做出的，思科和朗讯对行业发展的判断有一些差别，这些判断上的差别也导致了两者在发展上的不同。朗讯的一些判断错了，比如在发展前期舍弃了此后可以作为主要赢利点的企业市场。但思科的部分判断也很难说正确，以其长期发展的视频领域为例，经过近十年的持续投入，仍未能实现盈利。

（三）对技术的态度

技术在通信设备制造业中占据重要地位，思科把技术作为实现市场目标的工具，而朗讯则将技术作为企业最重要的优势和出发点。

具体来讲，思科以市场为导向，利用技术提供满足市场需求的产品和服务。在通信设备市场上，表面上是先由设备供应商研发了新技术，推向市场才产生了新技术、新设备的需求。但实际上，只有存在潜在市场需求的新技术、新设备才能成功在市场上销售出去。对比发现，思科如同一个猎人，不断搜索市场需要的新技术、新产品；而朗讯则如同一个商人，不停推销自己的技术。这也造成了思科收购的技术产业化的概率要明显高于朗讯研发的技术。

四、启示和建议

通过对思科和朗讯的分析可以发现，通信设备制造业的产业集中度正在进一步提高，国际巨头的兼并重组还在进行，而引领行业发展和技术进步的也正是这些巨头。一个国家通讯设备制造业的竞争力主要看龙头企业，龙头强则产业强。

（一）对我国的政策启示

在美国的通信设备制造业中存在一个良好的"生态系统"，大、中、小型的企业在该系统中各行其道，共同推动了产业发展。虽然微观角度看，存在大量的企业进入和退出；但从宏观角度看，整个行业在不断向前。在这个生态系统中，很多小企业依靠独有的技术立足，由于知识产权保护得力，小企业很可能被大公司收购，为小企业主提供了良好的退出机制。而大企业可以通过研发创新，也可以通过收购小企业迅速获得新技术和其他创新资源。大、中、小企业各自选择技术创新模式，自由竞争，创新很活跃。

1. 产业集群创新效果明显

产业集群具有明显的创新效果，这也是思科比朗讯成功的重要原因。

在美国旧金山，以硅谷为中心，形成了一个包括思科、Ascend 等大型企业，以及大批中小型企业的通讯设备产业集群。而朗讯的所在地新泽西州茉莉山，则并不存在大量通讯设备企业和集群。

硅谷的产业集群中，相当一部分小型企业根本不生产产品，只开发前期技术，成为原始性创新的重要来源。大企业委托小企业研发，或收购获取小企业的创新资源，并将之产业化。同时利用地缘优势带来的信息传递、人员交流和技术集聚等便利，思科能以极低的成本和很快的速度迅速整合收到的创新资源。而在朗讯所在的新泽西州，虽然高校和高科技企业数量也不少，但不存在硅谷这样规模的集聚，同时朗讯在获取外部创新资源的时候也没有充分利用集群的地域优势，比如其收购的 Agile 位于硅谷附近的圣荷西，而 Lannet 甚至远在以色列。产业集群的巨大创新效果是思科成功的重要原因。

2. 良好的创新环境是行业发展的巨大推动力

通信设备制造业的发展由大型与中小型企业共同推动。只有各种规模的企业共同发展，才能实现行业进步。美国通信设备制造业中大企业利用中小企业的原发性创新进行产业化，期间会以及其优惠的价格购买中小企业或其技术，因此中小企业有很高的原发性创新积极性。蓬勃的原发性创新活动为行业发展提供了充足的动力。

3. 开放式创新优势巨大

开放式创新的思科取得的成绩明显优于封闭式创新的朗讯，也彰显了开放式创新的巨大优势。

于企业而言，开放式创新可以最大范围利用行业内，甚至是其他行业的创新资源，拥有远高于封闭式创新的选择余地和更快的创新速度。于行业而言，开放式创新可以有效地发挥各类企业的优势，在行业内实现扬长避短，中小企业原发创新、大企业产业化。开放式创新相对传统封闭式创新具有巨大优势，应在通信设备制造业中大力促进。

（二）政策建议

1. 培育科技型中小企业、加强知识产权保护

开放式创新速度较快，但需要更多企业参与研发。因此应培育科技型中小企业、加强知识产权保护。

思科开放式创新的多数技术都是通过收购中小型企业获得的。这种购买行为需要大量从事研发的科技型中小型企业；而完善的知识产权保护机制是科技型中小企业存在的重要条件。在美国，很多持有先进技术的中小型企业并不具备产业化能力。他们从事产业化前研究，并通过出售有产业化前景的技术给思科这样的大企业实现盈利。如果没有完善的知识产权保护机制，那么大企业就可以采取其他手段获得中小企业的技术；中小企业无法通过研发获利自然就不会存在，大企业也失去了获取外部创新资源的主要渠道。

因此需要加强我国知识产权保护，切实做到提高侵权成本，降低维权成本，加快知识产权案件审判速度，落实知识产权案件判决执行，加强行政执法和刑事司法部门间的联动机制，使知识产权持有人的利益获得最大保障。只有研发成果大量出现，外部获取创新资源的渠道才能通畅。

2. 适度促进产业化、为创新产品提供市场环境

思科将自身主要力量投入到产业化和营销中，而朗讯则在研发中使用了大量资源。最终思科保持了长期竞争优势，朗讯则被收购。可见创新中产业化和营销等非常重要，我国创新政策应加强对产业化的支持，并为创新产品创造市场环境。

加大对创新产业化的支持，在科技园区中，提供更好的中试服务和平台；为研发成果产业化提供专业化咨询。通过政策帮助创新产品打开市场，在制定创新政策时更多听取企业家的意见，在创新相关专项中适当减少政府对技术的选择；通过财政补贴消费端、提供消费便利和建设基础设施等方式，促进创新产品的销售。

杨 超 执笔

第五篇
化学制药工业创新
与转型升级

加快技术创新和体制创新步伐、
促进化学制药工业转型升级

　　加快化学制药工业发展、结构调整和转型升级步伐，对于促进医药工业由大变强，保护和增进人民健康，应对自然灾害和公共卫生事件，促进经济社会发展，具有重要意义。

　　本章分析我国化学制药工业发展的状况、创新与转型升级面临的问题及原因，研究未来化学制药工业创新与转型升级的方向与重点，并就促进化学制药工业创新与转型升级提出政策建议。

一、我国化学制药工业发展的基本情况及
在国际上所处的地位

　　化学制药工业是我国医药工业的重要组成部分①，产值约占我国医药工业产值的50%，占全国 GDP 的比重为 1.5% 左右。化学药包括化学原料药和化学药品制剂。

---

　　① 在我国，医药工业主要包括化学药、中药、生物技术药物、医疗器械、药用辅料和包装材料、制药设备等。

（一）化学原料药

我国是全球最大的化学原料药生产和出口国，可生产1500多种化学原料药产品，产能在200～300万吨左右，占世界产量的20%左右，抗生素、维生素、解热镇痛药物等传统优势品种市场份额较大，他汀类、普利类、沙坦类等特色原料药已成为新的出口优势产品，具有国际市场主导权的品种日益增多。

我国生产的化学原料药已达1500余种，包括抗生素、维生素、激素、解热镇痛类等，不但能满足国内市场需要，同时大力拓展国际市场，在国际市场上也有较大的市场份额和重要地位，以青霉素、维生素C为代表的20多种化学原料药产量和出口量均居世界第一。化学原料药产量已达120万吨，成为世界化学原料药生产和出口大国。年产量超万吨的品种有青霉素、土霉素、阿莫西林、VC、VE、氨基酸、安乃近、咖啡因、注射葡萄糖等。原来需要进口的沙星类、他汀类、VB2、利福平、抗生素等类别及产品都已实现出口，国际市场逐步拓展。

近年来，各生产化学原料药的重点企业加大环保投入力度，使化学原料药环保工作进入新的高度。华北制药、山东新华、东北制药、鲁抗医药等企业加大清洁生产、污染治理力度，在资源、人力、技术上都做了较大投入，环境有了较大改善；石药集团在清洁生产、污染治理上投入了3.5亿元，全集团通过了ISO14001认证；浙江海正通过EHS（环境、职业健康、安全管理体系）认证。经过多年的探索，一批先进环保技术在制药行业得到应用和推广：鲁抗医药应用美国CASS技术处理废水，并在多家药厂得到应用；东北制药应用活性炭纤维膜回收甲苯/甲醇废水和渗透汽化装置回收低浓度异丙醇等有机溶媒；华北制药应用荷兰上流式厌氧消化污泥床处理技术和意大利多效蒸馏处理高盐废水技术；江苏福昌科技公司的负燃料型焚炉技术等。这些引进、消化吸收的环保技术，开拓了环保领域视野，推动了环保、节能减排工作向纵深发展。

（二）化学药品制剂

从整体来看，化学药品制剂产业尚处于起步阶段，新药研发能力不足，主要以生产仿制药为主。我国生产制剂4000余种，原创药青蒿素在国际上被广泛使用，为世界范围内疟疾的防治作出了重要贡献。"十一五"期间，国家通过"重大新药创制"等专项，投入近200亿元，带动了社会资金约600亿元投入制药创新领域，通过产学研联盟等方式新建了企业为主导的50多个国家级技术中心，技术创新能力不断增强。江苏恒瑞、浙江海正、齐鲁制药、江苏正大天晴、山东辰欣、誉衡药业、成都康弘、绿叶制药、石药恩必普、贝克联合制药等一批创新型企业快速发展。2011年9月，华北制药研发的"药用辅料级基因重组人血白蛋白"获国家食品药品监督管理局（SFDA）药品生产许可证，华药也成为继英国、日本的企业之后全球第三家实现重组人血白蛋白产业化的企业。2011年9月，浙江贝达药业的抗肿瘤一类新药"盐酸埃克替尼"正式上市，打破了国外替尼类药物对国内市场的垄断。2011年12月，江苏恒瑞生产的"伊立替康"通过美国FDA认证，获准在美国上市销售，江苏恒瑞由此成为国内第一家注射剂通过FDA认证的企业。在国家政策鼓励下，华北制药、石药集团等一批重点骨干制药企业积极转型，一批创新转型企业迅猛发展；江苏恒瑞已有11个一类新药进入临床研究，2个已在欧美国家开展临床研究；康弘药业、先声药业、浙江海正、复星医药等都将研发目光投向了国际市场。

随着工艺不断创新改进，生产技术水平不断提高，如VC采用两步发酵工艺，在环保、安全、资源、成本等方面优于国外普遍采用的莱氏法，在先进技术基础上扩大了规模，2010年我国出口VC类产品10万多吨，占国际市场80%的份额，具有较大的话语权。青霉素工业盐通过菌种选育、发酵、提炼、结晶工艺的不断改进，产品质量和技术水平、生产规模均居世界领先。一些跨国药企购买我国青霉素工业盐，以及6APA、7ADCA、GCLE作为中体，使抗生素生产水平提高较快。我国成功地解决了VE中间体芳樟醇、异植物醇、三甲基氢醌的工业化生产，成为世界主要出口国。VB2基因工程菌用于生产，地塞米松采用生物脱氢等新工艺，都成为国际市场优势产品且大量出口。此外，VB2、咖啡因、可可碱、麻黄素、青蒿素、肝纳素等产品，我国都具有一定的竞争优势和核心竞争力。

二、我国化学制药工业创新与转型升级
面临的主要问题及原因

制药业是高技术、高投入、高风险、高收益、壁垒严、产业集中度较高的行业。当前，我国化学制药工业面临的主要问题是：企业规模与跨国制药巨头相比普遍偏小，制药企业数量众多，产业集中度低，低水平重复建设，同质化、低水平竞争现象严重，技术创新能力不强，国际竞争力较弱。加之 14 年连续 30 次降价，不规范的招标采购，"限抗"政策的陆续出台，化学制药业受到较大冲击，企业的利润空间缩小，给企业研发、GMP 改造、环保综合治理、结构调整和产业升级造成了严重障碍。

以上问题的存在，是多方面的因素造成的。

1. 新药审批速度问题

由于国家药监局药品审评中心评审人员数量不足、审评体系不尽完善、企业研发申报资料水平参差不齐等多方面原因，造成审评效率不高、审评质量堪忧、审批人员高压、申报企业焦虑的恶性循环。以化学药品注册审评为例：2011 年国家药监局药品审评中心用了大量时间完成了 2010 年积压（2200 余种）的注册审评事项，而 2011 年的 5781 件申请则只完成了 824 件，仅占当年申报量的 14.25%，大量的申报积压资料势必又将累积至下年审评。

2. 基本药物招标采购制度与定价

各地在基药招标中基本采用的是"双信封"制，最低价者中标。这种做法存在三方面问题：一是各省市在基药招标中呈现竞相降价的政绩比赛，导致部分药品价格越招越低，直接冲击药品质量安全底线，毒胶囊事件就是一个很好的反面例证；二是"唯低价是取"的做法未能反映生产成本波动趋势，也未给企业留有合理利润空间，严重背离市场规律，严重威胁国内部分以基药生产为主的优质制药企业的生存和发展；三是低价招标方式诱导的低于成本中标的行为涉嫌违反多部法律，使基本物招标采购制度面临法律风险，并将影响企业转型发展，削弱我国制药业的核心竞争力；四是现行的药品招标制度中，给予外资药"单独列标"、原研药单独定价权，造成不公平竞争。

3. 制药企业研究开发能力不足

目前，国内制药企业基本没有能力研究开发新药。欧美制药企业研究开发投入占销售收入的比例一般在 10% ~ 15% 左右，有的甚至达到 45%，而国内制药企业研究开发投入占销售收入一般不足 1%，个别达到 6% ~ 8%。国内所有制药企业一年的研究开发投入约 100 亿人民币，还不及美国辉瑞制药一年的研究开发投入（94 亿美元）。国际上，研究开发一个新药需要 8 ~ 10 年时间，投入 8 亿 ~ 10 亿美元，国内企业普遍不具备研究开发新药的实力。如此，国内制药企业陷入了"仿制—同质化—低水平竞争"的恶性循环。

4. 化学原料药低水平重复建设

我国是制药大国，但不是制药强国。化学原料药低水平重复建设、产能过剩是不争的事实，维生素 C、青霉素系列产品已列为国家限制类产品。化学原料药生产中产生的"三废"最严重，最难处理，被国家环保部划为重点治理行业之一。但是，有些地方还在盲目扩产，重复建设，造成严重浪费。特别是抗生素发酵产生的废渣，环保部规定都按危化品处理，由于量大，企业处理难度很大，成本负担很重。这些问题，对化学原料药结构调整、产业升级带来极大的负面效应。

5. 药用辅料管理问题

药用辅料是药物制剂最终产品的组成部分，对药品质量、安全性、有效性的影响与原料药（活性成分）不相上下。目前在药用辅料管理中存在的主要问题是：一是监管缺位，二是标准不高，三是品种不全，四是质量偏低。药用辅料行业的落后致使国产制剂产品与国际水平存在较大差距，直接影响了产品市场竞争能力及出口。这次工业明胶充斥药用胶囊市场就是药用辅料管理的一个反面例证。

6. 新版 GMP 实施问题

《药品生产质量管理规范（2010 年修订）》的颁布和实施，为制药业升级翻开崭新一页。对制药企业而言，新版 GMP 的实施既是机遇，更是挑战。在新版 GMP 实施中遇到的问题：一是 GMP 改造投入较大，国家支持力度较小；二是对通过新版 GMP 的企业，在招标采购、药品定价、进入医保目录等方面缺乏政策支持；三是涉及医药设计、制药装备、原辅料、药包材配套的行业政策缺失；四是 GMP 认证检查人员水平参差不齐。这些问题对新版 GMP 的实施造成很大障碍。

（7）政府监管问题

制药行业涉及审批、生产、医疗、价格、社会保障等方方面面，监管部门多，缺乏整体设计和配合协调。

三、我国化学制药工业创新与转型升级的方向与重点

（一）国际国内形势

当前，我国医药工业面临的国际国内环境总体有利，正处于调整结构、转型升级的关键时期，但不确定因素增多，机遇和挑战并存。

一般来说，化学药比较便宜，收益人多面广，是世界医药市场的主流，发展势头强劲。

在国际方面，通用名药和生物技术药物迅猛发展，为我国医药工业缩小与世界先进水平的差距提供了机遇。另一方面，跨国医药企业规模不断扩大，实力越来越强，在主导专利药市场的同时，大举进入通用名药物领域，市场竞争更趋激烈。

一是全球医药市场继续保持增长。今后5～10年，预计全球药品销售将保持3%～6%的增速，到2015年达到约11000亿美元。美欧日等发达国家市场仍居全球药品消费主导地位，但市场增速将放缓至1%～4%。以巴西、俄罗斯和印度为代表的十几个新兴医药市场受经济快速发展、居民收入增加、医保体系健全等因素驱动，预计将以14%～17%的速度增长，成为拉动全球药品消费增长的主要力量。

二是通用名药面临重大发展机遇。未来5～10年，全球将有130多个专利药物陆续专利到期，总销售额在1000亿美元以上，其中一些品种的临床应用短期内很难有新品种替代，这将为通用名药释放很大的市场空间。发达国家为减轻财政负担，控制医药费用支出，纷纷出台政策鼓励通用名药的开发和使用，控制高价专利药的使用，将极大地促进通用名药销售的增长。

三是产业整合呈现新趋势。合同研发和合同生产发展迅速，包括我国在内的一些临床资源丰富、研发和制造业基础好、综合成本低的发展中国家正在成

为全球合同研发和合同生产的重要基地。并购重组活跃，大规模的并购交易不断涌现，专利药公司通过并购和联盟等方式大力发展通用名药成为新趋势。新兴医药市场愈发得到重视，跨国医药企业不断加大投入，加强生产基地和研发中心建设，积极推动新药全球同步研发和上市。

在国内方面，市场需求快速增长，国家对医药工业的扶持力度加大，质量标准体系和管理规范不断健全，社会资本比较充裕，都有利于医药工业平稳较快发展。另一方面，由于环境和资源约束加强，企业生产成本不断上升，药品价格趋于下降，新产品开发难度加大，医药工业发展仍存在不少困难和制约因素。

（二）转型升级的方向

目前，我国化学制药行业还不具备跨国制药巨头开发专利创新药的能力，但仿制药市场的快速扩张将给我国化学制药企业带来机会，仿制创新的道路将会是一条可取的发展之路。由于我国的化学原料药企业主要是以出口为主，未来制剂转型的主要方式也是以向欧美发达国家的制剂出口为主。

化学原料药的生产企业主要集中在中国、印度以及以意大利为代表的南欧国家。中国和印度都是医药工业基础薄弱的发展中大国，是借助人力成本、环境成本的优势在国际的原料药市场中不断扩大占有率的典型代表。但是印度的原料药企业早在十几年前就开始了由原料药企业向制剂生产转型的过程，目前已经涌现了诸如 Ranbaxy，Dr Reddy's Lab，Sun Pharmaceuticals 等具有世界影响力的仿制药企业。

实现制剂转型的关键是：①强大的研发能力：在原料生产和制剂生产的工艺上能够突破原研药厂的专利保护，先于其他药企在市场推出仿制药品；②高度的国际化：规范市场对于原料药、辅料和制剂生产的要求远高于非规范市场，因此认证能力和国际合作能力是实现制剂转型的关键之一；③持续的研发投入形成完善的产品线：仿制药的前期高额利润是企业成长的关键，只有不断的研发形成产品群才有可能保持企业的持续增长。

当前，我国化学制药企业已经具备了转型的基础。政府通过提高制剂与原料药的出口退税的差额和加大环保的标准促进企业向制剂转型，我国药企具备的全面成本优势使产业转移成为趋势，原料药企业在技术水平、认证能力以及企业规模等方面已经全面提高。海正药业和华海药业作为国内制剂转型的先行者已经在研发、生产和产品上实现了突破，正处在由初级原料药制造企业向下游制剂生产商的转变阶段。

（三）转型升级的重点

1. 调整产品结构

在严重危害人民群众生命健康的重大疾病和多发性疾病领域，加强具有自主知识产权的化学新药开发。抓住一批临床用量大的产品专利到期的机遇，加快通用名药新产品开发。加强新工艺、新装备的开发与应用，提高制剂生产水平，培育新的具有国际竞争优势的特色原料药品种。一是研发满足我国疾病谱中的重大、多发性疾病防治需求的创新药物，如抗感染药、抗肿瘤药、心血管系统用药、内分泌系统用药、神经系统用药、免疫系统用药和疼痛控制类药物等。二是抓住全球仿制药市场快速增长及一批临床用量大、销售额居前列的药物专利陆续到期的机遇，加快仿制研发和工艺创新，培育一批具有国际竞争优势的专利到期药新品种。三是贯彻落实《关于建立国家基本药物制度的实施意见》，适应基本药物不断扩大的市场需求，增加生产，保障供应，实现基本药物生产的规模化和集约化。

2. 调整技术结构

一是鼓励技术创新。继续加大对原料药研发的投入，对具有我国自主知识产权的新药研制，应在科研立项、经费辅助、新药审批、进入医保目录和技术改造投资上给予支持。鼓励开展共性、关键性以及前沿性重大医药研发课题研究。支持企业加强技术中心建设，通过产学研，调整技术资源，推动企业成为技术创新主体。二是加强技术改造。以技术改造为抓手，推动结构调整。支持符合结构调整方向、对医药产业升级有重大带动作用的技术改造项目，重点支持创新药物产业化、基本药物上水平、药品质量保证体系升级。三是开发原料药、制剂新技术。原料药方面主要是推广应用膜分离、手性技术、新型结晶、生物转化等新技术，运用基因工程、细胞工程技术构建新菌种或改造抗生素、维生素、氨基酸等产品的生产菌种，提高质量、节能减排和降低成本。制剂方面主要是加强缓释控释、透皮吸收、粘膜给药、靶向给药等新型制剂技术在药物开发中的应用。

3. 调整组织结构

一是制止低水平重复建设，限制和淘汰落后产能，切实推进产业结构优化升级；二是鼓励优势企业实现跨地区、跨省市收购兼并和联合重组，促进品种、技术、品牌、渠道等资源向优势企业集中，形成一批具有国际竞争力和对行业发展有较强带动作用的大型企业集团。三是支持中小企业向"专、精、特、新"方向发展，形成大型企业和中小型企业分工协作、协同发展的新格局。

4. 调整出口结构

抓住新兴医药市场快速增长的机遇，加强国际合作，同时，面向美国、欧洲、日本等世界主流医药市场进行销售。筛选具有比较优势的制剂产品，加快开展国际注册和生产质量体系国际认证，建立国际营销渠道，培育自主品牌。支持有条件的企业"走出去"，在境外建立制剂工厂，直接面向终端客户。通过政策引导和扶持，推动制剂企业通过发达国家 GMP 认证，提高制剂在药品出口中的比重。

四、促进化学制药工业创新与转型升级的建议

1. 完善药品招标采购制度

一是实行医药分开，从制度上解决以药养医的弊端（上海 6 月份开始进行医药分开试点，要认真总结经验，在全国加以推广）；二是参照国际通行做法，即谁出资、谁购买、谁招标的原则，建议由医保部门牵头医疗部门参与组织招标；三是建立全国统一、科学、可量化的基本药物生产企业综合评价招标体系，赋予合理的药品质量权重，筛选和淘汰药品质量偏低的招标企业；四是取消商务标中"最低价者中标"的规定，引入药物经济学评价方法，通过调查核实成本，采用中价法制定基本药物的合理中标价；五是取消原研药的单独定价权。

2. 提高新药审批上市效率

一是改革现行的审批制度为备案制，加快创新药的临床试验申请（IND）审批（美国 IND 审批时间为 30 天，我国审评时间为 90 天，甚至一年）；二是

对临床不同阶段提供药理、毒理评价资料；三是对符合条件的创新药实行特殊审批，建立绿色通道或者专利到期药绿色通道，加快审批速度；四是对危及生命而目前没有有效治疗手段的新药，实行有条件的批准，加速上市；五是对生产现场检查与 GMP 认证同步进行，降低研发成本；六是增加国家新药评审中心的人员编制，以提高评审速度。

3. 提高新药创新能力

在重大疾病和多发性疾病领域，加强具有自主知识产权的化学新药开发。抓住一批临床用量大的产品专利到期的机遇，加快通用名药新产品开发。加强新工艺、新装备的开发与应用，提高制剂生产水平，培育新的具有国际竞争优势的特色原料药品种。加强医药创新体系建设，进一步发挥企业在技术创新体系中的主体作用，支持骨干企业技术中心建设，提高企业承担国家科技项目的比重，增强新药创制和科研成果转化能力。引导和扶持创新活跃、技术特色鲜明的中小企业发展，培育成为医药创新的重要力量。继续推动企业和科研院所合作，构建高水平的综合性创新药物研发平台和单元技术研究平台。完善医药创新支撑服务体系，加强药物安全评价、新药临床评价、新药研发公共资源平台建设。

4. 加强企业技术改造

依托优势企业，结合新版 GMP 实施，支持一批符合结构调整方向、对转型升级有引领带动作用的技术改造项目。瞄准国际先进水平，加强清洁生产、节能降耗、新型制剂、生产过程质量控制等方面的新技术、新工艺、新装备的开发与应用，提升医药大品种的生产技术水平。鼓励发展合同研发服务，推动相关企业在药物设计、新药筛选、安全评价、临床试验及工艺研究等方面开展与国际标准接轨的研发外包服务，创新医药研发模式，提升专业化和国际化水平。加快新产品产业化，着力解决中试放大、检验检测等制约新产品产业化的突出问题，加快形成一批先进的规模化生产能力。

5. 鼓励制药企业兼并重组

要提高行业集中度，培养大企业，鼓励药品流通企业通过收购、合并、托管、参股和控股等多种方式做强做大，实现规模化、集约化和国际化经营。支持研发和生产、制造和流通、原料药和制剂企业之间的上下游整合，完善产业链，提高资源配置效率。支持同类产品企业强强联合、优势企业重组困难落后企业，促进资源向优势企业集中，实现规模化、集约化经营，提高产业集中度。加快发展具有自主知识产权和知名品牌的骨干企业，培育形成一批具有国际竞争力和对行业发展有较强带动作用的大型企业集团。鼓励大型骨干企业加强新药研发、市场营销和品牌建设，支持中小企业发展技术精、质量高的医药中间体、辅料、包材等产品，提高为大企业配套的能力。鼓励中小企业发挥贴近市场、决策迅速、机制灵活的特点，培育一批专业化水平高、竞争力强、专精特新的中小企业，促进形成大中小企业分工协作、协调发展的格局。

6. 对化学原料药集中生产、集中治理

一是对产能已经过剩的化学原料药立项或扩产由国家相关部门按照国家医药工业发展的战略布局进行审批，不能由地方擅自立项或盲目扩产，避免重复建设，浪费资源；二是遵循国际经验采用集中生产、集中治理的办法，由国家投资进行环保和"三废"设施建设，在全国建立几个原料药生产基地（园区），其他地区不鼓励发展；三是抗生素发酵废渣的处理，建议环保部参照欧盟做法，制定处理标准，达到循环利用目的。

7. 加大对实施新版GMP的政策支持

一是出台新版GMP技改投入贴息（低息）贷款、税前抵扣税收优惠、上市公司优先融资等财税政策；二是调整目前招标采购和药品定价政策，比如在基药招标中给予加分，在非基药招标采购中给予单列质量层次，使按新版GMP标准生产的药品中标率得到提升，对通过新版GMP认证的企业优先给予差别定价，在降价中，适当降低幅度；三是加快制定医药设计、制药装备、药用原辅料、药包材的配套行业政策；四是建立专职的GMP检查队伍，随时集中一批有代表性的问题，由专家作出解决方案与权威解释，避免因人而异、标准不一。

8. 重视新型药用辅料管理和开发应用

一是完善药用辅料管理办法，规范我国药用辅料市场；二是加大政府部门支持力度，鼓励药用辅料技术创新；三是加紧制定完善药用辅料标准体系；四是强力支持新型辅料的研发；五是药品价格政策应鼓励新型药用辅料的应用。

9. 支持和鼓励制剂出口

积极开展药品国际注册和生产质量管理体系国际认证，推动EHS管理体

系及其他各项标准与国际接轨，为开拓国际市场创造条件。在人才、退税、认证等方面给予政策支持，鼓励国内大型医药企业开展制剂出口，提高原料药出口的毛利率，为国内医药企业真正走出国门，建立国际品牌打下坚实基础。依托化学原料药优势积极承接境外制剂外包业务，扩大制剂出口。

李志军　执笔

第二十章

新药注册管理制度

新药注册管理制度虽然只是药物创新发展的一个环节，但是对于促进化学制药行业的新药创新却发挥着特殊的作用。然而，尽管我国对于新药的界定不断发生变化，但是相对宽泛的做法仍然没有让我国化学制药行业的创新能力得到实质提升。与美国相比，我国的新药定义仍然不能体现真正的创新。今后我国应该实施有别于仿制药的新药管理思维，以美国为新药发展对象，以追求真正的创新为最终目标。为此，应该调整新药临床申请和新药生产申请的审评思路，建立完善的新药专利权益目录和沟通及指导机制，加强新药审评能力建设。

一、国内外对于（化学）新药的定义

（一）我国对于新药的定义及其发展过程

我国化学药品的研发能力一直比较低，为了鼓励制药企业研发新药，需要从战略角度合理有序地界定新药范畴。因此，我国对于新药的认识经历了一个由宽松到严格的演进过程。1985 年 7 月 1 日实施的《中华人民共和国药品管理法》规定"新药指我国未生产过的药品"；而 1999 年 5 月 1 日实施的《新药审批办法》（国家药品监督管理局颁布）进一步明确了"新药系指我国未生产过的药品。已生产的药品改变剂型、改变给药途径、增加新的适应症或制成新的复方制剂，亦按新药管理"。2001 年 12 月 1 日施行的新修订的《药品管理法》没有对新药给予更多的定义，但是在 2002 年 9 月实施的《中华人民共和国药品管理法实施条例》则对新药给予了更加严格的要求，规定新药"是指未曾在中国境内上市销售的药品"，这样就将由国内某家企业首先生产的、但国内市场已有进口的药品排除出新药的范畴了。2007 年 10 月 1 日施行的《药品注册管理办法》则进一步压缩了新药的认定范畴，将 1999 年《新药审批办法》所认定的根据新药管理的内容做了更加细致的规定，"除了靶向制剂、缓释、控释制剂等剂型外，改变剂型但不改变给药途径，以及增加新适应症的注册申请获得批准后不发给新药证书。"为进行注册管理，原《新药审批办法》和 2007 年《药品注册管理办法》都根据创新程度的不同，对新药进行了进一步的分类，其分类对比参考下表（如表 20.1 所示）。

表 20.1　《药品注册管理办法》与《新药审批办法》有关新药注册分类的比较

	原注册分类	现注册分类
第一类：首创的原料药及其制剂	通过合成或半合成的方法制成的原料药及其制剂	1.1 通过合成或者半合成的方法制得的原料药及其制剂
	天然物质中提取的或通过发酵提取的有效单体及其制剂	1.2 天然物质中提取或者通过发酵提取的新的有效单体及其制剂
	国外已有药用研究报道，尚未获一国药品管理当局批准上市的化合物	同 1.1
第二类	已在国外获准生产上市，但未载入药典，我国也未进口的药品	同 3.1
	用拆分、合成的方法首次制得的某一已知药物中的光学异构体及其制剂	1.3 用拆分或者合成等方法制得的已知药物中的光学异构体及其制剂
	国外尚未上市的由口服、外用或其他途径改变为注射途径给药者，或由局部用药改为全身给药者（如口服、吸入等制剂）	2. 改变给药途径且尚未在国内外上市销售的制剂
第三类	由化学药品新组成的复方制剂	1.5 新的复方制剂
	由化学药品与中药新组成的复方制剂并以化学药品发挥主要作用者	列入中药管理
	由已上市的多组份药物制备为较少组分的原料药及其制剂	1.4 由已上市销售的多组份药物制备为较少组份的药物
	由动物或其组织、器官提取的新的多组分生化药品	列入生物制品管理

续表

原注册分类		现注册分类
第四类	国外药典收载的原料药及制剂	3.1 已在国外上市销售的制剂及其原料药，和/或改变该制剂的剂型，但不改变给药途径的制剂
	我国已进口的原料药和/或制剂（已有进口原料药制成的制剂，如国内研制其原料药及制剂，亦在此列）	6. 已有国家药品标准的原料药或者制剂
	用拆分或合成方法制得的某一已知药物中国外已获准上市的光学异构体及制剂	同 3.1
	改变已知盐类药物的酸根、碱基（或金属元素）制成的原料药及其制剂。此种改变应不改变其药理作用，仅改变其理化性质（如溶解度、稳定性等），以适应贮存、制剂制造或临床用药的需要	4. 改变已上市销售盐类药物的酸根、碱基（或者金属元素），但不改变其药理作用的原料药及其制剂
	国外已上市的复方制剂及改变剂型的药品	3.2 已在国外上市销售的复方制剂，和/或改变该制剂的剂型，但不改变给药途径的制剂
	用进口原料药制成的制剂	同 3.1
	改变剂型的药品	5. 改变国内已上市销售药品的剂型，但不改变给药途径的制剂
	改变给药途径的药品（不包括第二类新药之3）。	3.3 改变给药途径并已在国外上市销售的制剂
第五类：已上市药品增加新适应症者	需延长用药周期和/或增加剂量者	补充申请之注册事项3
	未改变或减少用药周期和/或降低剂量者	1.6 已在国内上市销售的制剂增加国内外均未上市的新适应症
	国外已获准此适应症者	3.4 国内上市销售的制剂增加已在国外上市的新适应症
仿制药品		6. 已有国家药品标准的原料药或者制剂
其他		补充申请：新药技术转让（如已有药品批准文号则收费）

（二）美国对于新药的定义

美国对于新药的管理一直是国际药物管理的典范，因此这里介绍美国 FDA（美国食品和药品管理局）有关新药管理的做法。FDA 把新药定义为"凡在

《1938 年食品、药品和化妆品法》公布后提出的任何具有化学组分的药品，其说明书中提出的用途未被训练有素且有评价经验的专家普遍承认其安全性和有效性的；或虽然其安全性和有效性已被普遍承认，但尚未在大范围或长时间使用的，称为新药。"从这个定义中，我们知道，符合以下条件的，都可以称为新药：①一种最新发现的化学原料；②含有一种从前未用于医药的化学原料；③某种药品从前被用作药，但其剂量和使用条件与现行使用方法不同；④某种药品已经核实对其预期的目的是安全和有效的，但未曾用于其他病症。

为进一步说明新药定义，FDA 从三个层面对新药进行划分：第一种是根据药品特性分为创新药和仿制药。创新药是指首次在美国上市的药品，其上市前必须向 FDA 提出新药申请；仿制药的上市则提出简略新药申请。第二种是根据新药的化学新颖性和疗效潜力分类。化学新颖性分为七类：①全新分子化合物；②新酯、新盐或其他非共价键的衍生物；③新制剂或新配方；④新结合物；⑤新生产厂；⑥新适应症；⑦未经新药申请已上市的药品；疗效潜力分为 P（指疗效优于市售药）和 S（指疗效和安全性与市售药相似）。每个送审药有两个代表符号，第一个以数字代表化学新颖性，第二个代表疗效潜力。第三种是按新药审评的重点以阿拉伯数字 1，2，……为序又将新药分为 6 类。

（三）我国与美国对于新药定义的差异

尽管我国对于新药的定义一直在不断演化并趋于严格，但是对比美国的做法，我国的定义显得简单些。虽然将其分为 6 类有利于细化注册管理，但是对于鼓励企业创新以及严格新药管理方面，仍然存在不足。例如，在这 6 类注册管理中，真正能够称得上属于创新药物的其实只有 1.1（"通过合成或者半合成的方法制得的原料药及其制剂"）和 1.3（"用拆分或者合成等方法制得的已知药物中的光学异构体及其制剂"），其他的注册管理分类多是改配方、剂型以及增加新的适应症等，创新程度明显不够；同时，也没有针对不同创新程度的新药制定相应的审批分类，不利于进行"特殊审批"的管理。关于这一点，我们可以在后面介绍美国有关特殊审评机制的时候，就能够发现这种细化新药创新情形的管理作用。因此，从对于新药注册管理的角度来看，我们对于新药的分类实际上要粗浅简略得多。

今后我们有必要根据当前我国化学制药行业发展水平的变化和医药卫生体

制改革的需要，进一步完善对新药的认识，从促进新药创新角度出发，参考美国的相关做法，从化学新颖性和疗效出发，细化新药定义。

二、美国新药审批管理及其特点

从完善新药审批管理制度、促进一国企业的药物创新能力来看，每个国家都面临着同样的任务、都希望达到相同的目标。从这个意义上讲，作为最为有效地促进企业药物创新能力、确保社会用药安全的美国，也就成为世界各国药品监管部门学习的标杆，对我国自然也不例外。因此，这里主要介绍美国新药审批管理、制度及其基本特点。

（一）美国 FDA 新药审批流程

美国的新药审批制度是最为严格也最为有效的。在美国，一种创新药品从实验室研发到最终上市销售，需要经过以下 7 个过程[①]。

1. 临床前试验

企业或研发机构在获得一个新化合物之后须经过实验室和动物试验，证明其对特定目标疾病具有生物活性，并且要评估其安全性。

2. 新药临床研究申请

接着，企业或研发机构需要向 FDA 提交新药临床研究申请，以便可以将该化合物应用于人体试验。新药临床研究申请需要提供的材料包括：临床前试验材料、试验地点、人员及方案、新化合物的结构、该化合物的制造生产情况等。所有临床方案必须经过机构审评委员会的审查和通过。每年必须向 FDA 汇报一次临床试验的进程和结果。

3. Ⅰ期临床试验

在这一阶段，一般需要征集 20～100 名正常和健康的志愿者进行试验研究，以获得有关该药物的安全性资料，包括该药物的安全剂量范围以及药物吸收、分布、代谢和排泄以及药效持续时间的数据和资料。

---

① 根据以下资料整理：《中国医药市场信息》2002 第 2 期。

4. Ⅱ期临床试验

在这一阶段，通常需要征集 100～500 名相关病人进行试验，以获得其药物治疗有效性资料。

5. Ⅲ期临床试验

在这一阶段，通常需要征集 1000～5000 名临床和住院病人，以进一步获得该药物的有效性与药物副作用资料，以及与其他药物的相互作用关系。该阶段试验一般采取多中心，进行安慰剂（或/和有效对照剂）对照和双盲法试验。Ⅲ期临床试验是整个临床试验中最重要的一步。

6. 新药申请

在完成Ⅲ期临床试验并分析所有资料及数据以证明该药物的安全性和有效性之后，则可以向 FDA 提交新药申请。新药申请需要提供所有收集到的科学资料，通常一份新药申请材料可多达 100000 页甚至更多。按照法规，FDA 应在 6 个月内审评完新药申请。

7. 批准上市

一旦 FDA 批准新药申请后，该药物即可正式上市销售，供医生和病人选择。但是还必须定期向 FDA 呈交有关资料，包括该药物的副作用情况和质量管理记录。对于有些药物 FDA 还会要求做第四期临床试验，以观测其长期副作用情况。

上述过程需要经过很长的时间，花费很多的精力和资金。根据不同的观点，有人认为，一种创新药物可能需要花费企业十亿美元、十年长的时间。因此，企业开发一种新的药物需要付出高昂的成本。

（二）美国新药注册管理制度的基本特点

1. 总的来看，采取"宽进严出"的态度

我们可以从两个方面来看[①]：首先，FDA 对临床研究采取的是备案制度。30 天内企业如果没有收到 FDA 的消息，就可以按照申请方案进行临床研究。FDA 对临床的审评着重在安全性的评价上，对临床研究进行严格的监管；到

① 陈伟："我国新的药品注册管理制度的特点以及与美国 FDA 有关制度的比较"，《上海医药》，2003 年第 5 期。

申报生产时再进行全面、系统地评价。其次是对药品标准放松要求。在 FDA 的新药申请注册过程中，虽然对药品标准也有规定，但没有对其进行单独管理。FDA 的职责是对申报资料进行评价，而具体试验、研究是由申报单位负责。FDA 也不会发布质量标准，他们认为质量标准是建立在规范的生产过程之上，如果没有规范的生产过程控制，仅靠质量标准并不能完全控制产品质量，也意味着产品的质量管理是全过程、动态的（即 cGMP）。

2. 制定详细的新药开发申报指南[①]

为了让企业及时了解 FDA 对药物的最新技术要求及标准、减少新药开发过程中的盲目性、达到指导企业新药开发的目的，FDA 新药审评研究中心（CDER）制定了全面、详细、富于可操作性药物开发指南。尽管这些指南没有法律效力，但如果按照相应的指南进行研究，通常就会达到 FDA 的新药审评标准。随着新技术的不断运用，新的技术标准也不断出现，为了让这些指南保持有效的状态，FDA 会根据需要修订或撤销现行的指南。据 CDER 2008 年 7 月 1 日发布的综合指南目录，美国 FDA 所发布实施的指南共有 470 个[②]。

3. 定期召开新药申请人和审评人员之间的技术交流会

为了更好地指导企业进行开发，及时解决在新药研究、审评过程中出现的问题，美国 FDA 鼓励申请人和新药审评人员之间举行交流会，探讨技术问题，解决审评过程中出现的争端。这种交流会依据研究所处的时期不同分为：临床研究前交流会、Ⅰ期临床试验后交流会、上市申请前交流会。每个交流会有着不同的目的。据统计，在 1985～1995 年期间所批准药物中，至少有 91% 的企业运用了 1 次交流会，至少 46% 运用了 3 次交流会，近 25% 运用了 4 次交流会[③]。

4. 对特殊药物提供审批快速通道

为了加速新药审批速度，让人们能获得应有的更好的健康服务和药物治疗，FDA 从上个世纪 70 年代开始就研究如何改进新药注册审批程序，1997 年美国《食品和药品管理局现代化法案》最终提出快车道审评政策，以便为那

---

① 史录文等："美国药品注册与新药创新"，《中国药事》，2004 年第 6 期。
② 张欣涛等："美国新药创新体系相关因素分析及对我国的启示"，《中国新药与临床杂志》，2008 年 10 月，第 10 期。
③ 史录文等："美国药品注册与新药创新"，《中国药事》，2004 年第 6 期。

些意图用于治疗危重疾病或威胁生命疾病的药物审评，提供尽可能的便利①。它所适用的并不是某一个药品，而是特定药品同特定适应症的组合。

针对不同情况，FDA 制定了三种特殊的审评机制②（见表 20.2 所示）。从表 2 我们发现，这三种快速审批机制主要针对新药的不同疗效与创新情况而进行的：优先审评机制主要是在不影响所需申报材料的质量要求，也不影响审评的科学和药学标准的前提下，通过增加审评的人力物力资源，将新药审评时间由标准审评的 10 个月缩短为 6 个月；加速审批主要是针对临床试验过程中不容易证实其临床产出，或临床产出需要很长时间才能显现的药品，通过对其实验室观察参数或人体征兆替代的判断方法的评价，来批准新药的上市申请。快速通道则主要强调药品研发企业在新药研发过程中和 FDA 的共同协作与紧密沟通，为此通过允许研发企业分阶段递交新药申请资料组件，提前新药审评的开始时间，以利于新药的尽早上市。

表 20.2　　　　　　　　　　美国特殊审评机制及适用条件

特殊审批机制	适用条件
优先审评	能够在治疗、诊断或预防疾病上比已上市药品有显著改进的药品
加速审批	用于治疗严重或危及生命疾病的药品，且存在合理并能够测量的"替代终点"
快速通道	用于治疗严重或危及生命疾病的药品，且有潜力满足临床尚未满足的医学需求

5. 加强新药注册审批与专利等相关制度的协调

这包括两个方面的内容③。首先建立橘皮书制度。为了保护新药专利持有人权益以及缩短仿制企业不必要的消耗，美国在 1984 年通过的《药品价格竞争与专利期补偿法》（Hatch – Waxman 法案）中设立"橘皮书制度"，规定新药申请企业须将其新药完整的专利信息及时备案公布于橘皮书上，否则仿制申请就可能获得通过，FDA 也将不再受理由此导致的专利纠纷。其次是设立市

---

① 宋华琳："中美两国药品加速审评程序之比较分析"，《中国医药技术经济与管理》，2007 年 9 月第 5 期。

② 樊路宏，平其能："美国创新药物注册监管制度评价及对我国的启示"，《中国临床药理学杂志》，2011 年第 9 期。

③ 杨悦等："美国 FDA 处理药品专利链接问题的研究"，《中国医药导刊》，2006 年第 5 期。

场独占期。对不同类别的仿制药赋予不同的数据保护和市场独占期保护，以弥补新药因 FDA 在注册审批过程中所占用的专利时间及其商业损失，以平衡药物创新企业的利益。

三、我国新药审批制度发展与现状

药品直接关乎人民群众生命健康，各国政府对新药的审批都采取慎重的态度并以立法的形式进行严格管制。我国对于新药的审批一向采取严肃慎重的态度，并根据国内医药产业发展实际不断完善新药审批制度。从历史来看，我国新药审批管理制度经历了以下几个发展阶段。

（一）初步建立阶段：1998 年之前

早在 20 世纪 60 年代，我国就初步建立了比较具体的新药管理制度[1]，对新药（当时称新产品）的定义、新药报批程序、新药临床试验、新药生产的审批、设立药品审定委员会以及哪些类药品属卫生部审批等，均给予了明确的规定。1979 年，卫生部又组织制定了《新药管理办法》，该办法较以往的管理规定有了更系统、更明确的要求，对新药的定义、分类、科研、临床、鉴定、审批以及生产管理均做了全面具体的规定。1985 年 7 月 1 日，卫生部根据 1984 年的《药品管理法》制定颁布了《新药审批办法》，从此我国新药的管理审批开始进入法制化阶段。该办法对新药生产申请必须呈报的临床试验、各类新药安全性和有效性评价及有关技术要求等均做出了具体规定，从而建立了一套比较完整的新药审批程序。1988 年卫生部又颁发了《关于新药审批管理若干补充规定》，进一步完善了新药审批。

（二）调整规范阶段：1998~2007 年

1998 年 8 月，国家药品监督管理局（SDA）正式成立，接手原先由卫生

---

① 张孝法："我国药品注册审批制度的历史变革及解析"，《中国中药杂志》，2009 年第 34 卷第 20 期。

部门负责的新药注册审批工作。为加强药品监督管理和依法行政力度，SDA 重新制定颁布了既能与国际接轨又符合我国国情的《新药审批办法》及其一系列相关管理规章，并先后多次进行修订。这段时期里，新药审批工作发生了重大的变化，主要包括这样几个方面。

首先是整合药品注册管理制度。1999 年 5 月 1 日，SDA 正式颁布了《新药审批办法》、《新生物制品审批办法》、《进口药品管理办法》、《仿制药办法》、《新药保护和技术转让的规定》等 5 个部门规章，就化学药、中药与生物制品审批以及仿制药审批及相关问题管理分别制定相应的制度，但是从 2002 年 12 月开始，所有这些问题都统一在国家药品监督管理局修订后的《药品注册管理办法》（试行）中，并将药品的注册申请分为新药申请、已有国家标准药品的申请、进口药品申请及补充申请等四种类型。其中，将增加药品新的适应症或者功能主治，工艺没有质的改变以及改变、增加或修改原批准事项或内容，新药技术转让、药品试行标准转正等较为简单的事项列入药品的补充申请注册管理中。

其次是对于新药的认识发生了转变，不断严格新药认定范围。1999 年 5 月 1 日，SDA 正式颁布了《新药审批办法》、《仿制药办法》、《新药保护和技术转让的规定》等 5 个部门规章，此时新药仍然沿用以前的定义，即"新药系指我国未生产过的药品"；而 2002 年 9 月 15 日起施行的《药品管理法实施条例》中对新药的概念作出了权威性界定，规定新药是指未曾在中国境内上市销售的药品；同时，《药品注册管理办法》（试行）还进一步规定"已上市药品改变剂型、改变给药途径的，按照新药管理"。2005 年施行的《药品注册管理办法》进一步明确新药的定义，其中第八条指出，新药申请是指未曾在中国境内上市销售的药品的注册申请。已上市药品改变剂型、改变给药途径、增加新适应症的，仍按照新药申请管理。

第三是建立快速审批的做法。《药品注册管理办法》（试行）在 1999 年首次提出加快审评程序的基础上又提出实行快速审批的规定，明确要求"未在国内上市销售的来源于植物、动物、矿物等药用物质制成的制剂和从中药、天然药物中提取的有效成分及其制剂，未在国内外获准上市的化学原料药及其制剂、生物制品，以及抗艾滋病病毒及用于诊断、预防艾滋病的新药，治疗恶性肿瘤、罕见病等的新药，治疗尚无有效治疗手段的疾病的新药"，都可以申请快速审批。

第四是设立新药监测期。2002 年 9 月 15 日执行的《药品管理法实施条例》撤销了新药保护期，更改为新药监测期。该条例规定，"对药品生产企业生产的新药品种设立不超过 5 年的监测期，在监测期内，不得批准其他企业生产和进口"。

（三）全面发展和提高阶段

尽管我国对于新药管理制度进行了不断的尝试，但是我国批准的新药数量仍然比国外特别是美国多得多，而创新程度却非常有限；而医药管理领域不断爆出的腐败案更是加深了人们对于新药审批管理体制的质疑甚至是批评。因此，两年之后药监部门即更新药品注册管理制度，于 2007 年再次出台新的《药品注册管理办法》，之后国家食品药品监督管理局发布实施了《中药注册管理补充规定》、《药品注册现场核查管理规定》、《新药注册特殊审批管理规定》、《药品技术转让注册管理规定》等四个配套文件，自此，以《药品注册管理办法》为核心的我国药品注册管理法规体系初步形成，我国药品注册进入了一个鼓励创新、引导创新的时代。

与以往相比，新的《药品注册管理办法》在以下几个方面对于新药审批管理进行了进一步的规范。

首先是进一步严格了新药的认定标准。对于已上市的药品改变剂型、改变给药途径或增加适应证，注册时只能按照程序申报，而不再按照新药管理；对已上市药品改变剂型，但是不改变给药途径的注册申请，则要求采用新技术以提高药品的质量和安全性，且与原剂型相比有明显的临床应用优势；将新药中的"已有国家标准的药品"改为"仿制药"，明确只有真正的创新药才能取得新药证书，进而提升了新药证书的含金量。这几个措施有助于解决新药管理过于宽泛的问题，而化学药仅有一类至四类才能被称为"新药"，曾经出现的新药拥挤注册的盛况将不复存在。

其次是首次提出特殊审批的规定。新的办法以"特殊审批"概念取代了之前的"快速审批"概念[①]，其中，第四十五条规定，"未在国内上市销售的

---

① 宋华琳："中美两国药品加速审评程序之比较分析"，《中国药物技术经济与管理》，2007 年 9 月第 1 卷第 5 期。

从植物、动物、矿物等物质中提取的有效成分及其制剂，新发现的药材及其制剂；未在国内外获准上市的化学原料药及其制剂、生物制品；治疗艾滋病、恶性肿瘤、罕见病等疾病且具有明显临床治疗优势的新药；治疗尚无有效治疗手段的疾病的新药。申请人在药品注册过程中可以提出特殊审批的申请，由国家食品药品监督管理局药品审评中心组织专家会议讨论确定是否实行特殊审批"。此制度的设置在于简化符合特殊审批制度的新药的审批程序，以满足临床用药的需要。

第三是强化了新药的社会监督作用。该办法要求新药审批将实行"三制"，即主审责任制、责任追究制和专家公示制。要求新药审评人员实行集体负责制，以防止个别人滥用权力，强化对违法审批行为的责任追究，并将药品审评审批置于社会监督之下。

第四是更加强调新药注册的真实性核查。将原先的新药生产申请受理后的先抽样后审评改为先审评后抽样，将生产现场核查和样品检验后移至技术审评后、批准生产前，使得造假的机会大大降低。

第五是将新药证书和新药批件分开，从而将药品研制与药品生产分开。因此，即便不生产新药，药品研制机构也可以通过转让技术、合作生产等方式，受益于药物创新，专注于新药研发。从整体来看，这样规定将有利于整个化学制药行业的竞争力提升。

总之，现行的《药品注册管理办法》进一步完善和明确新药申报与审批的政策规定，提高了审评审批标准，真正地起到了鼓励创新、抑制低水平重复、保护知识产权的作用。

四、当前我国新药注册管理所面临的问题

尽管我国新药注册管理制度已经经过上述多次修订修改，但是在促进制药行业创新方面仍然存在不少的问题。简要地说，这些问题包括以下几个方面。

首先是我国新药创新能力仍然很弱。2008 年，美国 FDA 批准申报新药总数 97 个，其中新分子实体（new molecular entity，NME）就有 21 个；我国批准新药总数 165 个，其中 I 类新药才 5 个。而且我国新药标准与国外尚有差

距，属于完全创新的 NME 则更少。此外，全球销量前 10 名的药品均为真正的创新药，而在我国销量靠前的药品中，很少能看到完全由我国自主研发的新药。因此，我国研发的新药国际竞争力较弱[①]。

其次是审批时间仍然过长。目前，国际上对新药临床试验的管理政策较为宽松，审批时间一般较短且相对固定；然而，即使是根据 2007 年的管理办法，我国新药临床试验的法定、实际审批时间仍然相对较长（见表 20.3 所示）[②]。针对新药研发耗时较长、成本很高的特点，国际上主要以专利保护形式鼓励创新药的研发，让药品专利持有人在有限的时间内获得回报。自我国设立新药监测期以来，开始引导研发单位通过专利保障自己的合法权益。在这种背景下，过长的临床试验审批时间不仅使新药研发的平均周期延长、进程延缓，更消耗了珍贵的药品专利保护期，已对我国的新药（特别是专利药）研发产生了一定的消极影响，降低了研发机构研发新药的积极性。

表 20.3　　　　　　　　　各国临床试验的审批政策和时间

国别	理论时间（天）	实际时间（天）	审批政策
美国	30	30	备案
日本	30	30	备案
欧盟	60	<60	审批制
印度	112	40	审批制
中国	145	较长甚至 1 年	审批制

第三是新药审评机构与申请机构之间缺乏沟通。从我国的实际情况来看，临床试验申办者与药品审评中心沟通交流的机会很少，药品审评中心对临床试验申办者及实施的整个过程也很少给予相应的指导，直接影响新药临床研究的效率与成功概率。

第四是新药审评机构的技术力量不足。我国评审资源十分缺乏，每年的新药临床申请、生产申请数量非常庞大，但承担评审工作的专家及工作人员却非常有限。2005 年美国 2200 个审评工作人员审批注册 1000 个药品，而我国 120个工作人员承担了 9252 个药品的注册批准工作[③]。这也是造成工作人员与申

---

①②③　陈永法等："我国新药临床试验审批政策的现状和对策"，《中国药业》，2010 年第 19 卷第20 期。

办者缺少沟通、审批过慢的一个客观原因。

五、完善我国新药注册管理制度的政策举措

1. 科学地认识新药内涵

尽管因为多次修订法律法规，我国对于新药的概念已经发生了很大的变化，日趋合理，但是从实际情况来看，"新药不新"的情况仍然继续存在，而且每年批准的新药数量仍然比美国还要多得多[①]。这除了与我国审批制度不太严格有关之外，也与我们对于新药的态度有关。当前我国的一个主流观点是，我国新药研发能力不足，因此必须降低新药认定标准，以便鼓励更多企业参与新药创新。

但是，实际上，这种认识是不科学也不合理的。虽然当前我国制药行业创新能力不足，但是这不应该成为我们降低新药要求的理由，我们完全可以从加快仿制药发展、促进仿制药行业竞争力的角度去弥补这方面的不足。从几十年的发展实践来看，降低新药认定标准，并没有让我们的全新药物更多，反倒是出现了一大批"假新药"。我国新药创新能力仍然长期持续低迷。

今后，我国应该基于科学态度、科学精神去认识化学新药，不要因为我国目前医药生产技术尚不具有国际竞争力而降低其注册要求，应该根据新型化学实体和专利去界定新药标准。

2. 调整新药临床申请和新药生产申请的审评思路

目前世界上很多国家均采取较为宽松的审批政策，将临床试验的审批和药品上市许可的监管审批分开，对上市许可的审批实行较严格的审批制，而对临床试验实行备案制（如美国、日本）或较宽松的审批制（如欧盟、印度）。因此建议在保障受试者权益的前提下，引入许多国家通行的药品临床试验申报（IND）机制，将临床试验和药品上市许可的审批区分开，从多环节入手，大

---

① 根据国家食品药品监督管理局注册司司长张伟的介绍，2010 年我国批准的生化新药为 112 个。而美国 FDA 这些年来每年批准的新药数量呈现下降趋势，通常每年不足 30 份。

幅缩短新药临床试验的审批时间[①]。

3. 建立完善的新药专利权益目录

美国《橘皮书》制度有别于专利部门的专利目录，而是药品审评机构建立的，其目的不是为了方便企业开发新药的专利检索，而是力图在新药持有人与仿制药机构之间搭建利益协调的平台。这是我们认识药品专利链接制度必须把握的一个关键问题。我国虽然也在药品注册管理过程中要求解决药品注册的专利纠纷，但是仍然不能称为是专利链接制度。今后，药监部门应该建立规范的药品专利链接制度，从定期发布新药专利目录入手，建立类似的"橘皮书"制度。

4. 建立完善沟通及指导机制

药品审评部门应建立与申办人进行定期沟通的机制（如临床研究前交流会、临床研究交流会、上市前交流会等），以指导申办人配合审批工作，探讨注册过程中的技术问题，及时解决在新药审评过程中出现的问题。虽然我国目前已在临床试验和上市申请方面正式发布的药学研究技术指导原则共79个，但比起欧美500多份指导文件来说还远不够完善和详细。因此，应逐步制定完善并颁布各项技术指导文件，向申办者提供技术及研究方案的咨询与指导意见，使其准备材料有的放矢，缩短临床试验审批时间，避免新药研发过程中的资源浪费[②]。

5. 加强新药审评能力建设

虽然我国在新药审评时，注意发挥地方药监部门的作用，但是在技术审评阶段，国家药监部门的新药审评能力仍然严重不足。今后应该从建立专业审评队伍、合理配置和加强新药审评力量监督，加大药品审评机构建设。

为了提高国家药监部门的新药审评能力，可以考虑加强地方（省级）药监部门的药品审评能力建设，将一些不至于严重影响药品质量与疗效的审评审批事项（如某些补充申请等）委托给地方省级药监部门。这样不仅可以减轻国家药监部门的工作压力，更可以提高其新药审评审批能力。

6. 完善相关法律法规建设

尽管当前我国相关部门对新药审评制度进行了多次的修订，但是这些规定

---

①②　陈永法等："我国新药临床试验审批政策的现状和对策"，《中国药业》，2010 年第 19 卷第 20 期。

的法律效力仍然不足，而且是散布于条例、部门规章中，没有体现在《药品管理法》中。而当前的《药品管理法》是 2001 年就开始实施的，与当前的药品监管工作缺乏有效衔接。因此，当前应该加快《药品管理法》的修订工作，将这些科学合理有效的制度建设纳入其中，使得这些新药审评制度能够完整协调统一。

李广乾　执笔

第二十一章

促进我国仿制药（通用名药）产业升级的政策

　　世界上恐怕很少有产品能跟药物一样，牵涉到如此之多的制度：就其管理来说，有药品注册上市许可、药品标准、药品定价、基本药物目录、药品招标采购、GMP 认证、GCP 认证等；就知识产权保护来说，有专利制度、商标制度、药品专利链接制度、药品专利期延长制度、"Bolar 例外条款"、药品数据保护等等。改革开放尤其是加入 WTO 之后，我国对这些制度大部分进行了引进。牵涉的制度众多充分反映出药事管理的复杂性。但是，世界上恐怕也找不出第二个像我国一样的国家，对药物给予了如此之多的政策性称谓：自主创新药、自主知识产权药、创新药、专利药、原创药、原研药、化学原创药物、"我国未生产过的药"、"未曾在中国境内上市销售的药"、"已有国家标准药"、"已有国家药品标准药"、仿制药、首仿药……这些政策性称谓有些是引进的舶来品，有些则纯粹属于土生土长的"汉阳造"。

　　"汉阳造"的一个典型例子就是仿制药。近些年随着不少"重磅炸弹级"药物的专利保护陆续到期，业界普遍认为这是我国仿制药产业发展的大好时机，但是殊不知，"仿制药"这个词本身就是有问题的，拿出去做国际交流，别人很可能都不知道你在说什么。仿制药一词由 2007 年新《药品注册管理办法》正式提出，如果采取直译的方法，其对应的英文应为"Copy Drug"或

"Copycat Drug"，而在美国，这种药明确属于假药、劣药①。实际上，前述语境下所谓的仿制药，应当是指在国际上通行的另一个概念——通用名药（Generic Drug），但是我国现行法律法规中的仿制药定义与通用名药又有着本质的区别。那么，什么叫做通用名药？我国为何对这个符合国际惯例的称谓弃而不用？各国对通用名药又采取了什么态度和政策？我国所谓的仿制药又到底是指什么？

针对仿制药的安全性和质量我国实际上已经做了大量的工作，但是要想进一步发展，"由仿制药大国变为仿制药强国"，首先就是要说别人能听得懂的话。名不正则言不顺，为避免自说自话，我们还是从基本的概念入手，交代清楚通用名药这一国际上通行的概念到底是指什么。

一、什么是通用名药——从美国的药品注册说起

美国是现代药品注册监管基本理念和框架的发源地，例如，针对新药进行临床试验以检验其有效性、针对通用名药采取简化申请程序等基本的药物管理制度都是起源于美国。理解了美国的药品注册审批程序，我们就会明白很多药品注册监管制度和概念的起源及其因果联系。

（一）药品的化学名、通用名和商标名

一种药品，从其研发、审批、上市前乃至到上市后，可能会经历很多很多的名称，例如便于实验室研究人员使用的化学简略名甚至代号、系统名、世界卫生组织推荐使用的国际非专有名等，但是从药品监管的角度来看，有三个名称最为重要：化学名（Chemical Name）、通用名（Generic Name）和商标名（或商品名，Brand Name、Trade Name 或 Trade Mark）。化学名是指依药物的化学组成按公认的命名法命名的名称。化学名能准确地描述药物的原子或分子结构，但是一般比较复杂，不便于患者甚至医生使用。因此，在药物注册时，还

---

① http：//www. washingtonpost. com/opinions/generic － vs － copy － drugs/2011/03/29/AF7eChJC _ story. html.

会被赋予两个名称，即通用名和商标名。通用名是官方机构赋予的名称，在美国，是由美国药物命名委员会（USANC）授予的名称，在我国，则是依据国际通用药品名称，由卫生部药典委员会命名的名称。因此，通用名又被称为正式名、学名（Official Name）或确定名（Established Name、Adopted Name、Approved Name）。对某一特定的药物分子，通用名是唯一的。通用名有可能就是化学名，但是一般情况下不同于化学名，比化学名简单，易于为一般医疗参与者接受，但是它不具有专有性。商标名则是药品注册人为区分自己的产品、树立品牌而选择的名称，一旦注册获得批准，则该名称具有专有性，只能为持有人使用。

（二）美国的各种药及法律适用

1. 新药定义与专利药、品牌药

美国对新药的定义是："凡是1938年《食品、药品和化妆品法案》公布后提出的药品，其说明书中提出的成分未被训练有素并有评价经验的专家普遍承认其安全性和有效性的；或虽其安全性和有效性已被普遍承认，但尚未大范围或长时间使用的，称为新药。"这一定义很好地吻合了专利所要求的"新颖性、创造性和实用性"要求。所以在美国，新药一旦问世基本上都能申请到专利，而新药的推广又是离不开商标和广告的，因此，新药在美国通常又被俗称为专利药（Patented Drug）、品牌药（Branded Drug）。

美国的新药定义也是经过历史演变形成的。1938年的《联邦食品、药品和化妆品法案》确立了新药上市前的安全性审查程序，1962年的《Kefauver - Harris药品修正案》又进一步要求所有新药上市申请都必须包含药物有效性的"实质性证据"。至此，"安全"和"有效"成为美国药品监管的两大核心理念。新药申请应当提交包括动物试验、临床试验和生物利用度等完整的资料。

新药获批之后，会被授予一个六位数字的代码，便于FDA跟踪。其后也可提交有效性补充申请（Efficacy Supplement），有效性补充申请包括以下八类：①增加或修改适应症的；②修改剂量或给药方案的；③提供新的给药途径的；④宣称比另外一种药品更为有效的；⑤显著改变用药人群的；⑥由处方药变为非处方药的；⑦宣称可以治疗严重或致命疾病或宣称比现有药物更为有效，要求加快审批的；⑧依据至少一个充分且受到良好控制的临床试验结果，要求合并药品信息的①。补充申请会被要求提交相应的临床试验数据，以检验其有效性，获得批准之后，则该补充申请会获得一个新的六位数代码。所以美国某一活性成分的新药可能会有不止一个药品代码，不同的代码对应不同的适应症、剂型等，是不同的新药。

2. 《Hatch－Waxman 法案》确立的简化申请程序与通用名药

（1）立法背景

1962 年的《Kefauver－Harris 药品修正案》为美国新药审批程序带来了深刻的变革，也带来了几个突出的问题。其一是根据该修正案，为了证明有效性，新药上市前必须做临床试验，这大大推迟了新药上市的时间，导致新药的实际专利保护时间缩短。其二是该修正案可以被解释为新药专利保护到期之后，其他厂商生产该药，仍然需要做全面的临床试验，没有必要且不利于降低药品的成本，降低了药品的可及性。其三是其他厂商向 FDA 提交注册申请，需要提供相关的药品信息，而依据法院当时的决定，当一种新药处于专利期内时，专利权人有权阻止他人对该药进行临床试验。这导致其他厂商进行临床试验只能等到专利到期之后，延缓了药品的上市时间。

（2）《Hatch－Waxman 法案》建立的制度与解决的问题

为解决上述问题，美国 1984 年通过了《药品价格竞争和专利期恢复法》，即《Hatch－Waxman 法案》。《Hatch－Waxman 法案》一方面延长了新药的专利期，延长时间取决于审批该类药品所花的时间（此即药品专利期延长制度）。另一方面，该法案设立了一种新的审批机制——"简化新药申请程序（ANDA）"，通过该程序，其他厂商只需证明其产品具有与品牌药相同的活性成分、给药途径、剂型、强度及药代动力学特性（即生物等效性，Bio－equivalent）即可，无需再做临床试验。同年，国会修改了专利法，其中规定，"目的仅仅是为获得和提交 FDA 审批所需的信息而从事的有关行为不被视为侵犯专利权"（此即"Bolar 例外条款"）。其他厂商可提前进行试验，获取必要信息，只要新药专利到期或权利人放弃权利，在满足 FDA 相关要求、获得批准之后，即可上市销售。

---

① CFR－2012－title21－vol5－chapI－subchap D.

表 21.1　　　　　　　美国新药和 ANDA 申请所需提供的资料

新药申请所需资料	ANDA 申请所需资料
1. 标签	1. 标签
2. 药理/毒理	2. 药理/毒理
3. 化学	3. 化学
4. 制造生产	4. 制造生产
5. 控制	5. 控制
6. 微生物学	6. 微生物学
7. 检查	7. 检查
8. 测试	8. 测试
9. 动物试验	9. 生物等效性
10. 临床试验	
11. 生物利用度	

　　《Hatch – Waxman 法案》要求 FDA 发表出版所有经过安全性和有效性评价的药品名单,并按月更新内容,此即后来俗称的"橙皮书",即"经过治疗等有效性评价批准的药品"。"橙皮书"不但列出了包括处方药和非处方药的所有被 FDA 批准的药品,还列出各个品牌药所申报的各项专利以及 FDA 所给予的行政保护信息。有人提出 ANDA 申请时,须参照"橙皮书"上登记的对照参考药(Reference Listed Drug)及其专利,向 FDA 提交专利申明书,申明所参照药品无专利(第 1 段申明);或所有专利已全部过期(第 2 段申明);或列出所有未过期专利号,申明将不在专利过期前上市销售(第 3 段申明);或所牵涉的专利不成立、无法执行或该 ANDA 药的生产和销售并不侵权(第 4 段申明)(此即药品专利链接制度)。如果"橙皮书"中的品牌药尚未被列为对照参考药,可先提交《公民请愿书》,将该品牌药列为对照参考药。在受理 ANDA 申请时,FDA 只负责申报材料的评审,而对涉及的专利侵权问题不负责任,由申报人自己负责,出现侵权纠纷通过法律诉讼或当事人协商解决。对照参考药制度确保了被仿制的对象为品牌药而不是通用名药,避免出现"仿制药的仿制药"情况。

　　为了鼓励通用名药尽早入市,《Hatch – Waxman 法案》还规定,对于通过专利抗辩(即第 4 段申明)而获准上市的通用名药可享受 180 天的市场独占期。在此期间,FDA 不再批准其他的通用名药上市。在后来的实践中,出现了很多品牌药厂商出于竞争策略的需要,或是为了充分利用这 180 天的市场独占期，由自己生产或许可其他厂商生产其品牌药的"通用名版"，即"授权的通用名药（Authorized Generic Drug）"的情况。"授权的通用名药"不需要经过 ANDA 申请，因为它使用的是新药注册手续，符合美国的法律规定，但是其对于市场竞争的影响目前仍然处在争论之中①。

除了延长新药专利保护期外，《Hatch–Waxman 法案》还为新药建立了药品数据保护制度，其中规定：在一定的保护期内，FDA 不能依赖新药申请人为了获得首次上市批准而提交的能够证明药品安全性与有效性的未披露的试验数据来批准通用名药的上市。除非 ANDA 申请者能够自行取得并提供这些数据，或者获得新药数据所有者的"使用授权"，否则在这段数据保护期内，FDA 不受理该申请。具体的保护期为新化学实体药 5 年，增加新适应症 3 年，罕见病药品 7 年，儿科药则在 5 年、3 年和 7 年的基础上再加 6 个月。5 年期的药品数据保护有个例外，如果通用名药申请是通过专利抗辩（即第 4 段申明）获得通过的，则相应的新药数据保护期降为 4 年。

数据保护制度对于以下几种药品非常重要：一是有效的专利保护期小于数据保护期的药品；二是少数由于特殊原因没有得到专利保护的药品；三是被强制许可的药品。被强制许可的药品无论其专利保护是否期满，都得批准通用名药上市。而在药品数据保护期内，即使发放了"强制许可证"，通用名药也不能上市；四是已注册的药品因增加新的适应证或用途而获得药品数据保护。这些已注册的药品在专利即将期满前，因增加了新的适应症或用途，获得了 3 年或 3 年 6 个月的数据保护期，并持续到专利期满以后，实际上延长了药品的保护期限（杨莉、李野、岳晨妍，2007）。

（3）通用名药的定义与特征

至此，我们大体上了解了美国的药品审批制度。那么，什么叫做通用名药？或者说，为什么叫通用名药？在美国，通过 ANDA 申请注册的药也可以申请商标，但是实际上这类药为了降低成本，在更多的情况下不做广告，不注册商标，而只是用其通用名销售。不管注册商标与否，这类药，即"依据（修订后的）《联邦食品、药品和化妆品法案》第 505（j）款——《美国法典》第 21 章第 355（j）款即简化申请程序获得批准的药"，都被统称为通用名药。

---

①　Federal Trade Commission（2011）．Authorized Generic Drugs：Short–Term Effects and Long–Term Impact. http：//www. ftc. gov/os/2011/08/2011genericdrugreport. pdf.

注册了商标的，叫品牌通用名药（Branded Generic Drug）；没有注册商标的，叫无品牌通用名药（Non – Branded Generic Drug）。每个通用名药申请获批之后也会有一个六位数字的代码与之对应。无论是通用名药还是新药，要想使用商标，仅仅通过美国专利商标局的注册是不够的，还必须经过 FDA 的批准，这么做的主要目的是为了避免夸大宣传，误导患者。

通用名药的主要特征是：①除了非活性成分可能稍有不同之外，其安全性和疗效与品牌药相比并无明显差别；②在品牌药专利保护到期、权利人放弃权利、或通过专利抗辩获得胜诉之后上市。因为已有品牌药做参照，无需再做临床试验；③因为没有先期的研发投入和巨额的临床试验费用，上市后也很少做广告，价格可以比品牌药低很多；④美国商标法禁止通用名药与品牌药看上去完全一样，所以二者的外观会有所区别，比如品牌药如果是白色的，某一厂商生产的通用名药则可能是红色的，另一厂商生产的则可能是黄色的；⑤标签上需标明所对应的对照参考药。

值得特别指出的是，在美国，生物制品（Biological Products 或 Biologics）是由《公共健康服务法案》进行定义和管辖的，而不是《食品、药品和化妆品法案》。《Hatch – Waxman 法案》所建立的简化申请程序仅适用于化学药，并不适用于生物制品。生物制品简化申请程序是 2010 年由奥巴马总统签署的医疗改革法案（Patient Protection and Affordable Care Act）确立的，其简化申请程序、专利抗辩方式与化学药存在较大的区别。因此，美国的通用名药仅指化学药。

3. "祖父药"、"普遍被认为安全有效的药" 与历史遗留问题的处理

美国的药品注册制度细说起来非常复杂，但是其基本理念其实非常简单：经过 FDA 检验的药分为两种，一种是安全并且有效的药，另一种就是要么不安全、要么无效或不够有效的药。但是由于历史的原因，美国目前市场上销售的药并非都是通过了安全性、有效性检验获得 FDA 的批准而上市的：1938 年《食品、药品和化妆品法案》颁布以前就上市的药服从 1906 年《纯净食品和药品法》的管辖，没有经过 FDA 的注册，既没有做安全性检验也没有做有效性检验；1938 年至 1962 年上市的药 FDA 进行了注册，通过了安全性检验，但是没有经过有效性检验。没有经过安全性和有效性检验，并不是说这些药就是不安全和无效的，而仅仅是说没有经过 FDA 的检验而已。

使情况变得更复杂的是，对于 1938 年至 1962 年通过安全性检验的药，由于当时还没有建立简化申请注册制度，FDA 通常允许这些药的相同的、相关的或相似的（Identical、Related、Similar，简称 IRS）产品未经独立的注册即可上市。同时也有很多厂商认为其产品是被普遍认为是安全的产品（GRAS），不符合当时的新药定义，甚至从 FDA 那里得到该药不是新药的认定，没有注册就直接上市。

对这些药的处置沿着两个方向进行。一个方向就是按"祖父药"处理。所谓"祖父药"是指依据"祖父条款"处理的药。"祖父条款"相当于追溯法令，是指某些人或者某些实体已经按照过去的规定从事一些活动，新的法规可以免除这些人或者这些实体的义务，不受新法律法规的约束，继续依照原有的规定办事。对于 1938 年以前就上市的药和 1938 年至 1962 年间注册的药可以分别适用 1938 年《食品、药品和化妆品法案》和 1962 年修正案确立的"祖父条款"：只要不更改药品标签和成分，即可继续销售。对于第一类"祖父药"，可能 FDA 也认为它们已是过时之物，所以其数量一直没有全面的统计，但是可以推断，目前市场上这类药如果不是完全绝迹的话，其数量也应该极少。更关键的是，不论是第一类还是第二类"祖父药"，在下文所述的 FDA "清场行动"中，FDA 以及法院通常都采取非常谨慎的态度：FDA 认为目前宣称处于"祖父药"状态的药其标签和成分已经发生改变，如果厂商认为其产品适用"祖父条款"，需要自己提交证据。

处置的第二个方向就是对 1938 年至 1962 年间注册的药重新进行有效性检验。1962 年的修正案要求 FDA 对这些药的有效性进行评估，但是在评估结果出来之前，FDA 认为这些药是假定有效的新药（Deemed Approved NDAs），可以继续销售。FDA 根据评估结果，将上述 IRS 药一并纳入制定了实施行动计划，即药效研究实施行动计划（DESI）。该计划一直持续到现在仍未正式结束。如果 FDA 的最终结论是某药根据其标签上的用法为有效的药，FDA 会要求补充资料使其成为正式的新药申请，相应的 IRS 药则需要重新提交 ANDA 申请。如果 FDA 的最终结论是某药为无效的药，FDA 可以启动《食品、药品和化妆品法》及其规章确立的行政听证程序，撤销新药申请，使其（连同 IRS 药）退市。

FDA 的"清场行动"遇到的另一个困扰就是"被普遍认为安全和有效的

药（GRASE）"这一概念。"被普遍认为安全和有效"，且已大范围或长时间使用，则这类药不符合新药定义，无需经过 FDA 的新药注册。FDA 在新药注册过程中，也确实采用了这一概念，但是更多的适用情况是针对非处方药，而不是处方药。对于目前在售、未经 FDA 安全性和有效性检验而宣称是"被普遍认为是安全和有效的"处方药，FDA 承认理论上确实存在这种可能性，但是认定"被普遍认为是安全和有效"的条件是非常苛刻的，FDA 认为这些药并不满足这些条件①。

FDA 于 2005 年为"清场行动"制定了详细的行动计划《未经批准的在售药——合规政策指南》，并于 2011 年进行了修订。FDA 的最终目标是美国境内销售的所有药品（化学药）除非被确认是"祖父药"或"被普遍认为是安全和有效的药"，否则都必须得到 FDA 的批准（通过安全性和有效性检验，成为新药或通用名药），或符合最终非处方药专论（OTC Monograph）。除此之外，其他的药全部为非法销售。

（三）通用名药在其他国家/地区/国际组织的称谓

美国新药与通用名药、新药申请与简化新药申请的二分法不仅对其国内的制药工业，而且对世界其他国家或地区的药品注册监管体系产生了深远的影响。通用名药是指活性成分、剂型、强度、给药途径、质量、适应症以及药代动力学特征等都可与品牌药（新药）相比的药。这是国际上普遍被接受的定义。新药申请需要做全面的临床试验以检验其有效性，对通用名药则可采取简化申请，这也是制药工业比较发达的国家普遍的作法。但是通用名药在不同的国家、地区或国际组织有不同的称谓，注册技术标准和上市程序也有很大的差异，这是我们需要特别注意的。

首先是称谓的不同。在日本，通用名药称为"ジェネリック"，直译成中文为"后开医药品"，但是在翻译成英文时日本人习惯将之翻译为"Generic Drug"。欧盟人用药指令（2001/83/EC）的称谓为通用药品（Generic Medicinal Product）。印度称为"后续批准药"（Subsequent Approval/Permission）。我

---

① Deborah M. Autor, Esq（2007）. The Unapproved Universe. CDER Office of Compliance. http://www.fda.gov/downloads/Drugs/DevelopmentApprovalProcess/SmallBusinessAssistance/UCM314558.pdf.

国台湾地区的称谓则为"学名药"。OECD 采用的称谓与美国一致，而国际卫生组织则称之为"多来源药品"（Multisource Pharmaceutical Products），但是在翻译成中文时，为了照顾中国人的习惯，将之翻译为仿制药。

其二是注册技术标准的不同。日本、欧盟和美国通过国际人用药注册技术协调会议（ICH）机制在临床试验管理规范等药品注册技术要求方面已经取得了相当大的协调统一。ICH 的常规技术文件（CTD）已经成为欧盟和日本法定的、也是美国强烈推荐的格式。而在印度，CTD 是推荐使用的格式，但是并非强制。也就是说，同样是美国某个品牌药的"通用名版"，在印度获得注册未必能在美国获得注册。

其三是上市程序和时间上存在差别。即使是在美国、日本和欧盟，药品注册程序和制度仍存有较大差异。例如，"Bolar 例外条款"是加快通用名药上市的核心制度设计，欧盟指令（2004/27/EC）也进行了引入，但是在欧盟成员国内部，由于专利制度的差异，"Bolar 例外条款"的执行标准并未统一。再如，药品专利保护期延长制度直接影响到通用名药的上市时间，除了美国之外，澳大利亚、日本、韩国、以色列以及欧盟很多成员国都引入了该制度，但是标准也未统一。正是由于这些差异，在通用名药的注册程序、专利抗辩途径和上市时间上各国仍存在一定的差别[1]。

其四是商标使用情况不同。美国、日本和欧盟的通用名药普遍都是用其通用名称来销售，是"无品牌的通用名药"。而印度于 2005 年才开始对药品提供产品专利保护，所以，印度的通用名药大部分都有自己的商标，是"有品牌的通用名药"。这可能也是印度将之称为"后续批准药"而不是通用名药的原因。

综上所述，除了我国，其他国家/地区没有一个称通用名药为仿制药的。后面我们将会详细讨论：我国的仿制药这一概念并不科学，其定义与内涵也与通用名药有着本质的区别。我国法律法规目前还没有对通用名药进行定义，也就是说，《药品管理法》和《药品注册管理办法》中都还没有这种药。既然尚未定义，我们本可以称之为"通用名药"，也可以称为"学名药"或其他，但是我国法规中已有"药品通用名"的提法，所以本文采用了"通用名药"这一称谓。

---

[1] Peter L'Ecluse and Catherine Longeval, Van Bael & Bellis（2004）. The Bolar clause in the new European pharmaceutical regulatory package. Life Sciences, 2004/05.

二、主要国家通用名药产业的发展情况与政策比较

美国药品监管框架不仅对其国内的药品制造业，而且对很多国家的药品监管产生了深远的影响。但是总体上来说，通用名药产业在各国发展的情况差别仍然很大，即使是在 OECD 成员国内部，发展也并不均衡。例如美国、德国和英国的通用名药所占份额很高，而同样是医药制造强国的法国、日本和瑞士其通用名药份额目前仍然很低（图 21.1）。

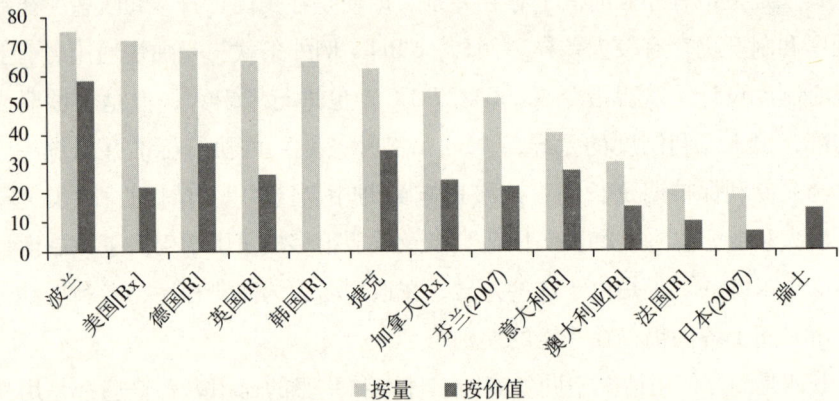

图 21.1　几个 OECD 国家的通用名药所占份额（2008 年，%）

注：R = 门诊；P = 药房；Rx = 处方药；未注明则为整个市场。

数据来源：OECD（2010）。

（一）美国：大力发展，成效显著

美国可能是不仅在品牌药上保持了强大的创新活力，而且在通用名药产业发展上也成为取得骄人成绩的少数几个国家之一。1984 年美国通用名药处方量仅占14%，而到2008 年，该比例上升到了72%[①]。有多个方面的因素推动了美国通用名药产业的发展。

---

① CDER. Generic Drugs. FDA.

1. 严刑峻法，培育信任

通用名药是品牌药的一种替代，既然是替代，就很自然地容易引起人们的不信任。这就需要政府一方面加强制度建设，理顺通用名药和品牌药的关系，加强监管，确保二者的治疗等效性，另一方面也需要政府做好宣传。

在美国，立法就是最好的宣传。《Hatch – Waxman 法案》颁布以后，FDA 受理的简化申请激增，同时也出现了不少行贿、受贿、申报材料不实等不法行为，尤其是1989 年的一份国会调查使得通用名药遭遇了严重的信任危机[①]。为应对这种情况，美国国会于 1992 年通过了《通用名药实施法》，除了已有的禁令、没收、召回、民事处罚和刑事制裁手段外，又设立了多种处罚权限。该法并不仅仅是针对通用名药的，却有意以通用名药命名，当时对于提振民众的信任起到了非常大的作用。

《通用名药实施法》授予 FDA 的处罚权限有多种。一是民事处罚，在通用名药的注册过程中，对犯有行贿、虚假陈述或其他不法行为的企业可处最高100 万美元的罚款。二是暂停销售，如果企业的行为可能影响某种药品的安全性和有效性，在接受调查期间，FDA 有权停止该企业某些甚至全部产品的销售。三是暂时拒绝批准和撤销批准，企业在通用名药注册过程中因不诚信行为（如行贿）而接受调查，FDA 可以暂停该药的注册申请。注册过程中有不诚信行为且已得到批准的，或得到批准而不按要求生产的，FDA 可以撤销批准。

在这些处罚措施中，当时引起很大争议也是最为严厉的处罚措施就是行业禁入。对于药品注册中有不法行为的人员，FDA 可以禁止其在制药行业内从业，处罚期限可以是若干年，情节严重的则可能被罚终生禁入。被罚人员名单在《联邦公报》上公示。被罚禁入，这就意味着这个人以后在制药企业里做个厨师都是不可以的。每个企业在申请药品注册时，必须提交没有雇佣禁入人员的申明。企业雇佣了禁入人员，哪怕是作为顾问或合同商，都可被处以最高100 万美元的罚款，该人员可能同时也会被罚，罚款最高可达25 万美元。

2. 医疗卫生保险体制与通用名药产业的关系

美国通用名药份额如此之高，究其原因，也与其医保体制有关。

---

① Tamar Nordenberg. Inside FDA：Barring People from the Drug Industry. http：//www. fda. gov/ICE-CI/EnforcementActions/FDADebarmentList/ucm139627. htm.

（1）政府、医疗保险机构和医生的作用

美国的药品支出按资金来源分有三种：自付费（31%）、政府支出（31%）和商业医疗保险机构支出（38%）①。自付费又分为两种情况。一种是患者有医疗保险，但属自费的部分，另一种就是没有医疗保险的。政府的药品支出主要是通过联邦医疗保险（Medicare，针对残疾人和65岁以上的老年人）和政府医疗救助（Medicaid，针对贫困人口）两大计划，而这两大计划又基本上是通过与私有医疗保险机构合作来执行的②。因此，医疗保险机构在患者的治疗方案和药物的选择上能发挥极为重要的作用。

美国现在的医疗保险绝大多数是管控型医疗保险（Managed Care），传统的补偿性保险，即照单全付的医疗保险已经几乎绝迹。而管控型医疗保险按照管控的程度不同，又分为四类：医疗保健组织（HMO）、优选医疗组织（PPO）、混合型组织（POS）和按人数承包医疗（Capitation Plan）。管控的程度越低，保费就越高。其中，HMO是1973年由国会通过法案正式向全国推行的保险形式，因而成为管控保险的主流和代名词，其他的保险种类都由此派生而来。

HMO管控的手段有多种。首先是对药物及治疗方案的管控。HMO型保险公司都有自己的药物目录，在存在替代可能的情况下，这些保险公司更倾向于选用通用名药以控制药物支出。医生在开具处方时，应优先选择目录中已有的药物，一般治疗方案无效才可考虑其他方案，一开始就开具非目录中的药物，须事先征求保险公司的同意。此即分步疗法或事先授权要求（Step Tharapy或Prior authorization requirement）。近些年，采用事先授权要求的HMO型保险公司比例大幅上升，由2004年的75.1%上升到了2010年的91.2%③。其次是对医生的控制。美国的医生和医院是相对独立的，绝大多数医生并不受雇于医院，而是自组机构，和医院签订合作协议，在医院内行医，医生医院各自向病人、保险公司或政府收取费用。每个HMO型保险公司都有自己的医生网络，投保人在投保时，在保险公司给出的名单上挑选出初级诊治医生（家庭医生），在患有初级诊治医生解决不了的疾病时，由其介绍专科医生。保险公司

① 2007年数据，OCED（2010）。

② 在Medicaid计划中，受益人要有商业保险，联邦和州政府出资的部分，由州政府通过商业保险公司支付。在Medicare计划中，由联邦医疗保险与医疗救助服务中心（CMC）与商业保险公司签订合同，将支付处理、呼叫中心服务、医生登记及欺诈调查等事项外包给商业保险公司。

③ http://www.managedcaredigest.com/November2011_StepTherapy.aspx.

有所有病人的就医记录，定期对其就医情况进行审查对比，如果发现费用偏高等异常情况，就会跟医生沟通，主要审查对象是包干一定病人人数的初级诊治医生。如果初级诊治医生把自己诊所内就能解决的问题推给专科医生，时间一长，保险公司就会找到你，如果不改，就解除合同，带走所有病人。因此，在存在替代可能的情况下，保险公司对医生的监督使得医生处方行为更有利于便宜的通用名药。

（2）药店和药剂师的作用

在美国，医生只负责开处方，患者可以拿着药方去任何一家药店买药。美国法律规定，经营药店，必须配有合格的专职药剂师，而且对药剂师的资质要求是很高的。当某一品牌药出现通用名药时，药剂师有可能比医生甚至保险公司更早知道。如果医生的处方开出品牌药，药剂师是否可以更换呢？这一方面要看医生的处方是否明确要求"仅品牌药"（Branded Drug Only）。即使在医生的处方要求"仅品牌药"的情况下，也可由药剂师与医生进行沟通，如果医生同意并且修改了处方，则药剂师可以替换。另一方面，如果处方中没有明确要求"仅品牌药"，药剂师是否可以自行替换则要看该药店所处州的立法。美国各州针对通用名药替代的立法并不一致，但是各州都有相关的立法，总体上来说，这些立法是有利于通用名药产业发展的。例如，有很多州法定要求药剂师进行替代，而有些州则是允许进行替代（参见表21.2）。

表 21.2　　　　　　　美国各州有关通用名药替代的立法

是否需要参照"橙皮书"	需要参照"橙皮书"的：AZ、AR、DE、DC、HI、ID、INKS、KY、LA、ME、MD、MA、MS、NE、YV、NH、NJ、NM、NY、OH、PA、SD、TN、TX、UT、VA、WV、WI、WY
	不需要参照"橙皮书"的：AL、AK、CA、CO、CT、FL、GA、MI、MN、MO、MT、NC、ND、OK、OR、RI、SC、VT、WA
法定/允许替代	法定的：FL、KY、MA、MN、MS、NJ、NY、PA、PR、RI、WA、WV
	允许的：AL、AK、AZ、AR、CA、CO、CT、DE、DC、GA、GU、HI、ID、IL、IN、IA、KS、LA、ME、MD、MI、MO、MT、NE、NV、NH、NM、NC、ND、OH、OR、SC、SD、TN、TX、UT、VT、VA、WI、WY
州药物处方列明可以替代的药物或不可以替代的药物	列出可以替代药物的：DE、DC、FL、HI、MA、NE、NV、NH、NJ、NY、TN、UT、VA、WI
	列出不可以替代的药物的：AR、KY、MN、MO、NC

续表

病人知情同意	做出要求的：AK、AZ、CA、CO、CT、DE、DC、FL、GA、HI、ID、IL、IN、IA、KS、KY、ME、MD、MI、MN、MS、MO、MT、NE、NV、NH、NY、ND、OH、PA、PR、SC、SD、TX、UT、VT、VA、WV、WI、WY
	不做要求的：AL、AR、GU、LA、MA、NJ、NM、NC、OR、RI、TN、WA
成本节约要求或者要求与购药者分享节省的费用	做出不可以比处方中的药更贵要求的：AK、AR、CA、DC、GA、GU、HI、ID、IL、KS、KY、ME、MA、MS、MO、NV、NH、NJ、NY、NC、ND、OH、OR、PA、PR、RI、TN、TX、VT、VA、WI、WY
	做出需要与购药者分享节省下来的费用要求的：CO、CT、DE、FL、IN、IA、ME、MD、MI、MN、MT、NE、NM、RI、TN、WA、WV
	没有做出要求的：AL、AZ、LA、ME、PR、SC、SD、UT
NTI 药物作为特殊类别	认定 NTI 药物的：KY、NC、PA、SC、TN

NTI：治疗指标狭窄。

资料来源：http：//www. uspharmacist. com/content/s/44/c/9787/。

3. 通用名药在节省医疗支出中的作用

美国除了对 Medicare 和 Medicaid 两大计划的药品价格进行了原则性的规定之外，没有对药品实行具体的价格管制，基本上是由市场定价。《Hatch – Wax-man 法案》的核心理念就是在不削弱品牌药创新激励的前提下，加快通用名药的上市，促进市场竞争，提高药品的可及性。这就导致了品牌药和通用名药价格出现比较明显的两极分化。根据美国全国药店连锁协会（NACDS）的统计，2008年美国通用名处方药的平均零售价格为 35. 22 美元，而品牌药则为 137. 90 美元。品牌药价格居高不下，一方面为创新提供了激励，另一方面也为通用名药产业发展提供了内在的动因，而通用名药产业的发展又反过来对降低药物支出乃至整个医疗支出起到了非常大的作用。美国政府问责局（GAO，即前审计署）引用的数据表明，从 1999 年至 2010 年间，通用名药替代为美国医保体系节省的费用超过 1 万亿美元[1]。2010 年，美国处方药总支出为 3070 亿美元，为全球最大的市场，但是其增长率仅为 2.3%，创 55 年来的第二新低（2008年仅为 1.8%）。其中主要的原因就是通用名药得到广泛的使用[2]。

---

[1] GAO (2012) . Drug Pricing：Research on Savings from Generic Drug Use. http：//www. gao. gov/products/GAO – 12 – 371R.

[2] http：//www. reuters. com/article/2011/04/19/us – drug – spending – idUSTRE73I4G920110419.

（二）日本：份额较低，潜力巨大

日本是继美国之后的世界第二制药大国，2011 年全球制药百强企业排行榜前 25 名中，10 家来自美国，欧洲 9 家，以色列 1 家，日本有 5 家入榜。但是与美国不同，日本国内的药品市场仍以品牌药为主。2009 年，日本处方药市场按销售额计算通用名药仅占 10.3%①，而且这是日本政府及社会各界近些年通过不懈努力取得的结果。

1. 通用名药份额较低的原因

通过前述对美国的分析也可以看出，影响通用名药产业发展的因素并不是单一的，是由多种因素共同起作用的结果。首先是药品定价机制，如果政府对品牌药采取了价格管制，品牌药价格本来就不高，那么以通用名药替代品牌药的可能性就会降低，但是这种管制无疑会降低创新激励。其次是这个国家的医疗保险体系能否为这种替代提供相应的制度安排和足够的激励。最后是民众对通用名药的认知程度，以及医生和药剂师是否能及时知道替代药物的出现，知道之后，进行这样的替代又是否合法。

日本是一个实行全民医保的国家，对药品进行较为全面的价格管制：非处方药由市场自由定价，而对于几乎所有的处方药，都由厚生劳动省医政局经济课负责制定零售价。为尽量降低价格管制对创新的影响，日本针对新药设计了较为细致的定价机制（参见表21.3）。其中最为重要的是第二阶段的"参照外国价格进行调整"：当第一阶段确定价格高于外国价格 150% 时下调，低于外国药价 75% 时上调。这实际上是国际上比较常用的"国际参考定价"模式，在很大程度上保证了新药的价格，减少了对创新激励的不利影响。新药上市后每两年价格调整一次。而对于通用名药，第一次进入医疗保险目录会按照同类品牌药的 70% 来定价，如果目录中已有通用名药，第二个进入目录的则按同类药的最低价来定价。如果某品种通用名药数量已经超过 20 个，再申请进入目录的通用名药则在现有目录最低价的基础上再乘以 0.9。为适应品牌药每两年价格下调一次的政策，通用名药每两年价格下调 4% ~6%。所以大多数情况下，通用名药和品牌药的价格最高相差 30%，以通用名药替代品牌药的激励并不大。这可能是日

---

① 根据 Meno Miyake（2010）测算。

本通用名药份额较低的最为重要的原因。尽管对药价进行了管制，但是总体上来说，日本的药价水平及人均药物支出仍然是比较高的（图21.2）。

表21.3　　　　　　　　日本新药价格的核算步骤与方式

	有类似药品："类似药效比较方法"		新研发或引进的，无类似药品："成本核算方式"
	仅规格改进	有所创新（加算调整）	
第一阶段	无加算调整，直接进入第二阶段	创新性加算：40%～100% 实用性加算：5%～30% 市场性加算：3%～10% 试剂盒加算：3%～10%	成本核算方式：综合考虑制造（进口）成本、销售、管理、流通、消费税、利润等因素
第二阶段	参照外国价格进行调整。当第一阶段确定价格高于外国药品价格150%时下调，低于外国药价75%时上调		
第三阶段	规格间调整：调整比例＝log（Q1/Q2）/log（Y1/Y2）		
第四阶段	根据最终的计算结果，确定新药价格		

注：Q1为常用规格的类似药中，收录的年销售额最多的药品价格；Q2为该收录药品与其他规格的类似药之间，销售额处于第二位的药价；Y1为常用规格的类似药中，收录的年销售量最多的药品的有效成分的含量；Y2为该收录药品与其他规格的类似药之间，销售量处于第二位药品的有效成分含量。

资料来源：石其宝（2009）。

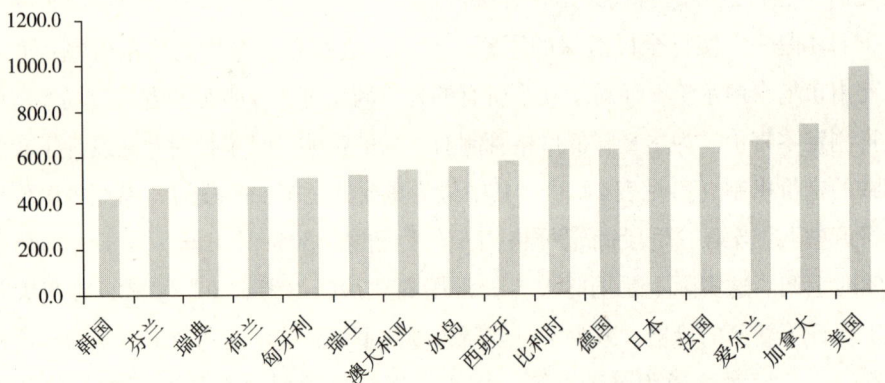

图21.2　各国2009年人均药物支出（PPP，美元）

数据来源：OECD Health Data 2012。

日本通用名药份额较低的另一个重要的原因是其药品结构。目前日本60%的药品仍然处在专利保护当中，仅40%可以生产通用名药。很多"重磅炸弹"级的品牌药是最近几年才开始集中失去专利保护（Thomson Reuters，2009）。

最后，日本医疗保险体系为通用名药替代提供的激励不够，民众对通用名药的认知程度也比较低。中央社会保险医务委员会（CISMC）2007 年的一份调查发现：医生进行替代时，92.2% 的患者仍会坚持选择品牌药；以通用名药替代品牌药，处方总成本平均仅降低 27.6%，而其中由患者自费的部分降低程度则更低，31.7% 的病人认为不值得这样做；另外，还有 30% 的患者担心通用名药的质量（Meno Miyake，2010）。

2. 日本政府的态度及改革举措

日本是世界上老龄化程度最高的国家。随着国民平均预期寿命的增长，政府负担的医疗保健支出占 GDP 的比重 2035 年就会达到 13.5%（2005 年为 6.6%），这将是一个严峻的挑战。近些年，作为医疗改革非常重要的组成部分，日本政府开始采取一系列措施，大力推动通用名药的使用，如修改处方格式，医生禁止通用名药替代需要签字等（详见表 21.4）。

表 21.4　　　　　日本近些年促进通用名药使用的举措及计划

	举措及计划
2002	修改药店医疗服务费和配方费，其中包括收取通用名药配售附加费、信息咨询费以及通用名药处方费，以此激励药店配售通用名药
2003	引入联合诊断程序（DPC）包干支付体系，大型地区医院和教学医院被支付一个固定的费用，这些医院因使用通用名药而节省的费用自动算作其收入
2006	修改处方格式，医生可签名授权以通用名药替代品牌药
2008	全面推进通用名药宣传措施，其中包括修订 NHI 药方和药剂师职责规章；修改通用名药配售附加费；进一步修改处方格式，医生禁止通用名药替代则需要签字；废除了通用名药处方费
2010	实施增加通用名药份额的额外措施，其中包括引入以量为基础的分阶段措施，由按处方量为计算基准变为以处方开出的通用名药量为计算标准

注：年份为财年。

资料来源：Situation of Generics in Japan. http：//www.sawai.co.jp/en/generics/index.html.

2007 年，厚生劳动省宣布了《促进通用名药安全使用行动计划》，拟将通用名药的市场份额由 2007 年的 18.7%（按量）提升到 2012 年的 30%。根据日本行业报纸 NiKKan Yakugyo 的报道，民主党于 2006 年设下目标，2025 年前将通用名药市场份额进一步提升至 50%。尽管这一消息未能从其他途径获得证实（Thomson Reuters，2009）。

（三）印度：药品制造业的兴起

1. 药品注册体系逐渐与国际接轨：新药定义与"后续批准药"的注册

印度的情况与我国极为相似。首先是制药企业众多，规模小、散，创新能力薄弱。其次是立法模式相近，都是对传统药物、化学药和生物制品混合立法。最后是药监局成立之前就已上市的药品仍大量存在。如前所述，在美国，这些药是不需要注册的，而是按照 1938 年《食品、药品和化妆品法案》确立的"祖父条款"进行处理——只要不更改药品标签和成分，即可继续销售。经过这么多年的发展，这些药在美国如果不是完全绝迹的话，其数量也应该极少。但是在我国和印度，这些药仍大量存在。我国主要是中药，印度则是阿育吠陀、悉陀和尤那尼药物。

印度《药品与化妆品法》实施细则（Rule 122 - E）对新药的定义是：①一种药品，包括原料药物质，凡被用于疾病的预防、诊断或治疗，在标签描述、推荐或建议的条件下尚未在印度境内大规模使用并且其安全性和有效性未被药品许可当局承认的，视为新药；②已被批准的药物改剂型、增加适应症或修改给药途径的；③将先前已各自获得批准的药物，组成固定剂量复方制剂的，或者复方制剂需改剂型、给药途径或增加适应症的。所有疫苗都被视为新药，另有规定的除外。

1988 年，实施细则加入了临床试验要求，即 Y 计划（Schedule Y）。对于所有新药，即使其安全性和有效性已经在其他国家获得验证，也必须提交新的本土临床试验数据，但是要做哪类临床试验取决于该药在其他国家的状况。2006 年，为了进一步加快审批，所有初次进口新药申请又被分为两种类别（类别 A 和类别 B）。类别 A 中的临床试验，即来自美国、英国、瑞士、澳大利亚、加拿大、德国、南非、日本和欧盟①的药在印度本土进行的临床试验，可以采取快速审批程序，审查周期一般为 2 到 4 周。来自其他国家或地区药品的临床试验数据（类别 B）则仍采用先前的审查程序，审查周期一般为 8 至12 周。实施细则及计划 Y 于 2005 年再次修订，使得临床试验更接近国际认可的标准。

---

① 指采取欧盟集中程序上市的药品。

2001 年，为了加快"后续批准药（Subsequent Approval）"的审批进程，Y 计划加入了附件 1 - A（Appendix 1 - A），根据这个附件的要求，"后续批准药"仅需证明与原始药具有生物等效性即可，无需提交 Y 计划中提及的其他数据。那么这个"后续批准药"实质上就是通用名药，且对照参考药是国内新药和首次进口的新药。新制度的建立使得通用名药的上市变得更为容易，也更为迅速。

1947 年印度独立时，约 99% 的专利药由外国公司掌握，当时印度是世界上药价最高的国家之一。为此，印度采取了一系列举措，其中比较重要的，一是 1970 年专利法废除了食品、化学品和药品的产品专利，同时建立了工艺专利保护制度，二是限制跨国制药公司的股权比例，三是对某些制剂和原料药实行价格管制。随着 1995 年印度加入 WTO，为适应新的形势，2005 年印度再次修改专利法，重新建立了药品产品专利制度，对于 1995 年 1 月 1 日以后的药品，通过逆向工程进行仿制的行为均为非法。所以，印度通用名药有两个来源，一种就是 1995 年以前的国外品牌药的"印度通用名版"，另一种是仿制已失去专利保护的品牌药而产生的通用名药，目前在印度出售的药品 97% 已经失去专利保护，这一部分也是通用名药最主要的来源。

印度现行专利法第 107A（a）条也确立了"Bolar 例外条款"。但与美国不同的是，其一，印度迄今仍未建立专门的数据独占制度，尽管该项议题在印度已经讨论了多年，但是其药品数据保护仍未超出 TRIPs 协议规定的义务（Animesh Sharma，2007）；其二，由于印度 2005 年才开始提供药品产品专利保护，所以印度的通用名药大多数都注册了商标，是"有品牌的通用名药"。

由此可以看出，印度药品注册体系已逐渐与国际接轨：不区分国产和进口；仅新药和"后续批准药"才需注册；新药定义采用国际上常用的方法。这直接导致了两方面的结果。其一就是在混合立法模式下，从"成分"或"物质"入手对新药进行定义使得传统药物很难取得新药地位。其二就是新药基本上为国外跨国公司申请，本国企业没有新药。临床试验基本都是国外跨国公司做的，在药监部门权威性不够而药品注册又难以做到真正公开透明的情况下，"印度人沦为西方药企的'小白鼠'"，这种政治压力长期困扰着印度的药监部门。

2. 在美国大量进行 ANDA 申请，以国际注册带动出口

除了国内药品注册制度逐渐与国际接轨之外，印度企业还积极进行国外注册，特别是在美国大量进行 ANDA 申请。2011 年，FDA 全年共批准了 431 个 ANDA 和 117 个暂定性批准，其中印度企业及其子公司或者合作企业（共 28 家）获得的批准就分别占 144 个和 49 个。近些年，印度企业从 FDA 获批的 ANDA 申请基本都占到约 1/3，暂定性批准占到近 40%，是除美国本土企业之外获得批准最多的。而且，积极进行 ANDA 申请也带动了印度制药企业厂房、设备、管理制度等软硬件设施的提升，印度也是美国本土以外，拥有 FDA 认证设施最多的国家。

通过美国 ANDA 申请，对于处于技术追赶阶段国家的制药企业来说具有极大的吸引力。首先，美国本身就是世界上最大的通用名药市场。其次，能够通过 ANDA 申请本身也是一个试金石。FDA 的药品注册具有很高的权威性，很多品牌药本身就是来自美国，即使不是来自美国，通过了 ANDA 申请，就相当于为药品取得了"正统地位"，再出口到其他国家障碍就会大大降低。印度正是以此打开了国际市场，推动了其药品出口。

1996 年入世之初，印度药品出口仅 6.7 亿美元，而到 2011 年达到了 84.8 亿美元，约占总产值的 40%。其中制剂和原料药出口（海关税则编码 3004 和 3003）达到了 72.8 亿美元和 6.3 亿美元，分别增长了 13.1 倍和 4.1 倍，进口则分别为 10.3 亿美元和 4467 万美元。印度现在不仅原料药而且制剂都能够实现净出口获利。生物制品（编码 3002）出口规模尽管仍然较小，2011 年仅 3.9 亿美元，但是增速惊人，15 年间增长了 19.6 倍。而从出口目的地来看，美国已经成为其主要的出口地，2011 年占 29.9%（其中制剂占 94%），另一个主要出口目的地则是非洲。另外，近些年到俄罗斯（占 4.7%）、英国（4.2%）、德国（2.5%）和加拿大（1.3%）的出口增长也很快。

3. 价格管制与通用名药的推广使用

（1）为配合药品出口，全面放松国内价格管制

印度对药品价格进行管制始于中印战争，1963 年在《国防法》之下制定了《药品价格控制法令（DPCO）》，其后又于 1970 年、1978 年、1979 年及 1987 年多次进行修订。1970 年的 DPCO 并不要求药品的价格需要得到政府的批准，主要是通过限定企业利润，达到间接控制药品价格的目的。在 1979 年

的修改版中，DPCO 规定了控制目录中原料药及制剂的最高价格，为了进一步控制价格，仍规定了企业利润的最高限度。

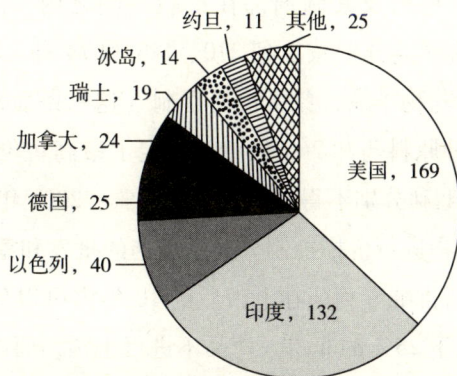

图 21. 3　美国 ANDA 申请获得批准情况（2008 年）

数据来源：Thomson Scientific。

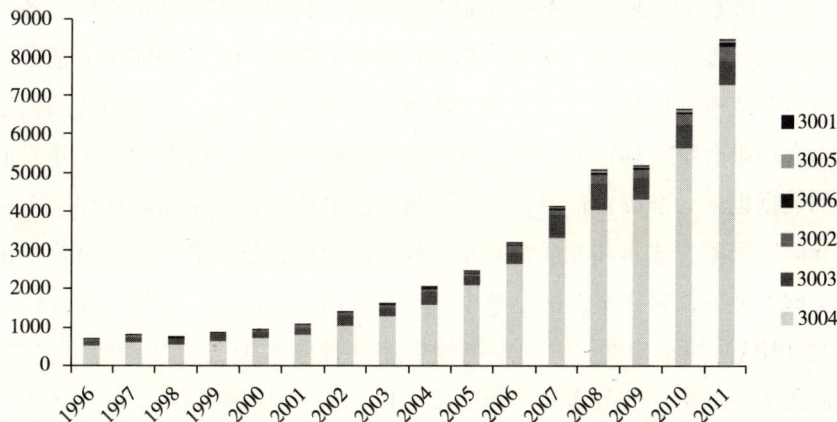

图 21. 4　印度的药品出口情况（百万美元）

注：海关税则编码：3001：已干燥的器官疗法用腺体及其他器官，不论是否制成粉末；器官疗法用腺体、肝素及盐；其他供治疗或预防疾病用的其他税目未列名的人体或动物制品。3002：人血；治病、防病或诊断用的动物血制品；抗血清、其他血份及修饰免疫制品，不论是否通过生物工艺加工制得；疫苗、毒素、培养微生物（不包括酵母）及类似产品。3003：两种或两种以上成分混合而成的治病或防病用药品（不包括3002、3005 或3006 的货品），未配定剂量或制成零售包装。3004：由混合或非混合产品构成的治病或防病用药品（不包括3002、3005 或3006 的货品），已配定剂量（包括制成皮肤摄入形式的）或制成零售包装。3005：软填料、纱布、绷带及类似物品（例如，敷料、橡皮膏），经过药物浸涂或制成零售包装供医疗、外科或兽医用。3006：其他药物产品。

数据来源：印度商务部网站贸易统计数据系统。

1995 年的 DPCO 是在经济自由化、取消工业许可及鼓励外国投资的大背景下制定的，延续了 1979 年版的结构框架，但是缩小了控制的范围。1970 年所有的 500 种常用原料药及其制剂都在控制范围之内，而在 1979、1987 和 1995 年，受到控制的种类分别减少到 370、143 和 74 种。2002 年则试图将单位售价低于 2 卢比的药物排除，免于价格管制（这一条后来并未实行）。2005 年，印度政府对 74 种原料药和 260 种制剂设定了最高售价，约占其零售市场的 1/4，批发和零售毛利分别不得超过 8% 和 16%。2006 年，《国家药物政策》建议对 354 种基本药物进行价格控制。通用名药的批发和零售毛利润率各不得超过 15% 和 35%；新批准专利药在上市后的 10 年内可以免于价格控制；对 1 年内药品价格涨幅低于 25% 的非目录药品不进行干预，而以前的上限是 20%，对非目录药品的营业额干预上限也由 21.5 万美元调整到 86 万美元。

可以说，印度是各种各样药品价格管制方式的试验场，除了国际参考定价这一模式之外，其他诸如限定最高售价、整体利润控制、毛利控制、价格涨幅控制、营业额控制、低价药免除管制以及通用名药与专利药区别对待等各种方式都可以在印度找到影子。这些管制方式本质上都是以成本加成法为基础发展而来。但是成本加成法的主要弊端在印度也逐渐显现出来，一是加成的幅度设定是否合理难有统一的标准；二是成本数据的获取是个费时费力的工作，而且取得的数据也未必准确；最后，可能也最为重要的是，对于印度这样一个以出口为导向的国家，成本和加成都暴露于外，国内的价格管制会使得企业在出口时丧失砍价地位，最终损害的是整个产业乃至国家的利益。正如印度医药制造业联盟（IPA）所指出的，"如果继续采用这种成本加成为基础的价格管制，会对制药企业的出口获益造成冲击"。2011 年的《国家药物政策》（草案）也指出，"美国和其他西方国家正有大量品牌药的专利保护到期，如果继续这种成本加成的价格管制方法，可能会导致产业丧失抓住此次提升能力、扩大出口的机会"。因此，2011 年的草案提出的三个核心原则是：以基本药物目录为基础进行价格管制；仅对制剂进行价格管制；以市场价为基础进行管制。

（2）政府药品采购对通用名药的扶持

2006 年的《国家药物政策》对政府基本药物的集中采购明确提出优先采购通用名药，尤其是"无品牌的通用名药"，并且招标时技术标和价格标分开，采用独立的信封，即"双信封"模式。

我国也借鉴了印度的做法，在基本药物招标中采用了"双信封"招标模式。这种模式会使得企业陷入激烈的价格竞争。而对于印度这个以出口为导向的国家来说，这一招标模式比起一般的政府定价更容易使得这些药品在出口时丧失砍价地位。印度的解决办法是将"双信封"招标与政府定价结合起来：如果某药品制造企业的报价低于政府定价的 15%，企业会被要求提供理由。如果不能提供适当的理由，投标很可能会被拒绝。所以，印度基本药物招标的核心仍是政府定价，政府定价时已经考虑到企业的利润，采用"双信封"不会使得企业陷入零利润的价格肉搏战。

与我国相比，印度药品以低价著称，但是仍有很多穷人买不起药。以前去印度公立医院和诊所的患者须自己购买药品，政府不提供免费药物。2012 年 6 月，印度政府推行了一项雄心勃勃的"全民药物免费计划"：未来 5 年公立医院和诊所将免费提供药物。根据该计划，医生只能开药物清单上的通用名药，开品牌药处方将受到严厉的处罚。也就是说，比起我国，印度可能面临着更为严重的药物可及性问题，基本药物招标也同样采用了"双信封"模式，但是印度政府进行药品价格管制时，仍然考虑到产业的长远发展，宁可政府免费发药，也不愿继续在药品价格管制上做文章。由战时的物资管制走到现在，可以清晰地看出印度药品价格逐渐放松管制的脉络。2011 年的《国家药物政策》草案已经出台，面临庞大的出口市场和国内的药物可及性问题，印度的药品价格管制何去何从，仍是一个需要静待观察的问题。

三、我国还没有真正意义上的通用名药

我国药品注册分类方法与国际上常用的方法有很大的不同，并不是采用"新药—通用名药"的二分法，而是分为国产申请和进口申请，国产申请才分为新药和仿制药申请。为什么要这样划分，新药和仿制药到底是什么，为什么又说我国还没有真正意义上的通用名药，首先得从我国对新药的定义讲起。

（一）新药定义的变迁

1. 计划经济时期的"新产品"和"新药"

我国最早关于新药的定义出现在 1963 年由卫生部、化工部、商业部联合下达的《关于药政管理的若干规定》中，此时的新药称为"新产品"。1978年的《药政管理条例（试行）》首次使用了"新药"这个概念："新药系指我国创制和仿制的药品。"由此可见，当时的新药与仿制药概念是混淆的。

2.1985年的《药品管理法》："我国未生产过的药品"

1985年，第一部《药品管理法》实施，标志着我国步入以法治药的轨道，该法对新药的定义是"我国未生产过的药品"。同年的《新药审批办法》第二条又作了补充，"已生产的药品，凡增加新的适应证，改变给药途径和改变剂型的亦属新药范围。"1999年修订的《新药审批办法》进一步规定，新的复方制剂按新药管理。所谓的"属新药范围"和"按新药管理"，背后则是一纸新药证书提供的各种行政保护和优惠政策。

1985年的《专利法》对"疾病的诊断和治疗方法"、"药品和用化学方法获得的物质"不授予专利权，只有"药物化合物或制剂的制备方法发明"及"医疗器械发明"可以申请专利。为应对这种情况，我国对新药采取了浓厚的保护主义态度。1987年的《关于新药保护及技术转让的规定》为各类新药设立了不同的保护期，其他单位如未得到原研制单位的技术转让，在规定年限内不得移植生产。1993年新修订的《专利法》扩大了保护范围，开始对药品产品专利进行保护，保护期延长到20年，与国际接轨。在此背景之下，1999年的《新药审批办法》及《新药保护和技术转让的规定》仍为新药设立了保护期。

新药保护可以说是一个很大的政策优惠，在当时缺医少药、鼓励投资的背景下出台，有其时代背景，但是由于新药定义的缺陷，导致了不可避免的逻辑矛盾：有些品种明明已经进口多年，国内首家仿制仍然可称为新药，照样能拿到新药保护期，然而如果再用这个保护期去限制进口，明显是不合理的——毕竟人家才是正宗。为了解决这个逻辑矛盾，新药保护期只禁止国产仿制而不限制进口。这也是该制度后来被业内广为诟病的原因。除了提供新药保护排除国内竞争外，新药还在自主定价权、招标采购等方面享有诸多的优惠政策。新药证书成为我国"含金量"颇高的证书之一，由此埋下伏笔。

3.2001年至今："未曾在中国境内上市销售的药品"

2001年修订即现行的《药品管理法》并未直接给出新药定义，而是由2002年的《药品管理法实施条例》给出的。为解决已进口多年的药品国产之后仍可被称为新药这一矛盾，新药的定义转变为"未曾在中国境内上市销售的药品"，这个定义使得新药的范围大幅缩水。自此之后，我国又分别于2002年、2005年和2007年出台过三个《药品注册管理办法》（2002年的为试行），并在1985和1999年的新药分类基础上逐步形成新的药品注册分类，就化学新药而言，被分为5类：未在国内外上市销售的药品（一类）；改变给药途径且尚未在国内外上市销售的制剂（二类）；已在国外上市销售但尚未在国内上市销售的药品（三类）；改变已上市销售盐类药物的酸根、碱基（或者金属元素），但不改变其药理作用的原料药及其制剂（四类）；改变国内已上市销售药品的剂型，但不改变给药途径的制剂（五类）。

2002年的《药品注册管理办法》取消了新药保护，取而代之的是"监测期"这一概念。新药处在监测期内（不超过5年），则不批准其他企业生产、进口。入世之初，"已在国外上市销售但尚未在国内上市销售的药品（三类）"大量存在，这为国内企业仿制提供了很多机会，而通过监测期保护，国内首仿企业不仅可以限制国内竞争，更可限制国外品牌企业的竞争，因而刺激了国内企业对国外品牌药的仿制。

新的新药定义适应了入世带来的机遇，却为后来的改剂型泛滥提供了依据。也可能是将国外品牌药原原本本仿制过来仍存在困难，所以在很长一段时间内，国家对改剂型采取的确实是纵容和鼓励的态度。其表现，一是在2002年的办法中提出了标准试行期这一概念，试行期为2年。标准试行期实质就是专门为国内企业改剂型提供的一种行政干预，在实践中通常也被企业视为对改剂型的一种保护。其二就是2005年转正的办法在三类新药中加入了改剂型但不改变给药途径的药，也就是说，已在国外上市销售但尚未在国内上市销售的药只要不改变给药途径改了剂型也算新药。政策鼓励的结果就是，2005年批准的药品共11086个，其中新药1113个（一类至四类）、"已有国家标准药"8000多个，而改剂型（五类）就有1198个，如果算上三类中的改剂型则更多。

由此看来，后来有人批评我国一年批一万多个新药，这种提法并不准确，但是新的新药定义加上政策鼓励确实为改剂型泛滥提供了依据和土壤。为应对这种情况，2007年的办法一方面取消了改剂型的监测期，另一方面，可能也是更为重要的，"改变剂型但不改变给药途径，以及增加新适应症的注册申请获得批准后不发给新药证书；靶向制剂、缓释、控释制剂等特殊剂型除外"。

两套组合拳下来，到2009年，我国批准上市的化学新药和改剂型仅为175

件（一至四类）和 17 件（五类）。效果可以说非常明显，但是效果明显却未必合理。国外（比如美国和印度）改剂型和增加新适应症都算新药，到了我国名义上算新药，却不发新药证书。治乱效果明显，并不是说我国药品注册技术短短几年就有这么大的提升，秘诀仍在新药证书所体现的"含金量"上：不发证书，企业就缺乏了申请的激励。新药证书的指挥棒作用，由此可见一斑。

表 21.5   **2009 年我国批准上市的药品**

注册类别	批准境内生产			进口
	新药	改剂型	仿制药	
化学药品	175	17	356	100
中药	72	8	12	1
生物制品	38			13
合计	792			

数据来源：根据公开资料整理。

（二）"三类新药"、"已有国家标准药"都不是通用名药

1. "三类新药"是国外品牌药的"中国通用名版"，是新药，不是通用名药

根据新药分类，一类和二类创新性和风险都非常高，国内目前在研项目如果有的话也应该极少。四类也很难，因为品牌药企业通常会考虑各种情况，筛选出的已经是最合适的酸根或碱基，并不是轻易可以改变的。就新药而言，国内企业更关心的是三类和五类。由于现在的大环境，单纯改剂型和增加新适应症已经不受欢迎了，所以对国内企业而言，比较重要的"创新"路径就是仿制"已在国外上市销售但尚未在国内上市销售"的制剂及其原料药、复方制剂。

三类新药始于对国外品牌药的仿制。它就好比是一篇"国外已发表但国内尚未发表"的论文，有人翻译之后在国内发表，但是在国内它不算译著，而是算作"创新"。新的新药定义尤其是在新药分类中引入"三类新药"，以及引入监测期保护等在入世之初确实为国内企业"捡漏"提供了机会。这类药未曾在国内销售过，是需要做临床试验的，只不过临床试验比起一类和二类要少很多。所以，它不是通过生物等效性试验，证明与国外品牌药具有同样的

活性成分、给药途径、剂型、规格和相同的治疗作用而获得上市许可的，它是国外品牌药的"中国通用名版"，是"新药"，不是通用名药。

2002 年的《药品注册管理办法》首次建立了一种形式上的专利链接制度，2005 年、2007 年的办法都予以明确："申请人应当对其申请注册的药物或者使用的处方、工艺、用途等，提供申请人或者他人在中国的专利及其权属状态的说明；他人在中国存在专利的，申请人应当提交对他人的专利不构成侵权的声明。对申请人提交的说明或者声明，药品监督管理部门应当在行政机关网站予以公示"、"药品注册过程中发生专利权纠纷的，按照有关专利法律法规解决"。

随着药品专利链接制度的建立，并且经过这些年的挖掘，还有多少真正具有市场潜力、"已在国外上市销售但尚未在国内上市销售"的药品没有在中国申请专利呢？从新药定义、新药分类入手，又以各式行政保护为激励手段，苦心孤诣为"捡漏"提供制度环境，但是这种"创新模式"终究是难以为继的。

2. "已有国家标准药"是"仿制药的仿制药"，更不是通用名药

以三类新药促"创新"不仅难以持续，而且带来了药品注册体系的混乱。新药研制出来上市了，如果国外品牌药永远不进口还好办，由于注册技术上存在的差距，与品牌药相比可能"不够有效"，拿着这个药去其来源国注册未必能获得批准，但是国内毕竟有了一种新药，有总胜于无。此后不论该药进了药典成了"已有国家标准药"，或不进药典成了"已有国家药品标准药"，其他企业均可在此基础上再通过生物等效性试验进行仿制，游戏可以继续下去。而此时生产出来的药至少已经历了两次仿制，所以我们不妨称之为"仿制药的仿制药"。

但问题是，监测期过后国外品牌药进来，情况就变复杂了。此时进口的品牌药需按照三类新药的规定报送资料，跟国产三类新药一样，需要再做一遍三类新药申报所需的临床试验[1]。也就是说，同样一种药，分国产和进口，需要走两遍临床试验，而这些成本最终都是要转嫁出去由患者承担的。这还不是关键，真正的问题是，此后其他企业再仿制，该以谁作为"对照参考药"呢？

2007 年之前，因为注册标准不够严格，确实造成了很多"新药"、仿制药和国外品牌药在质量上存在很大差异。2007 年之后，要求相对变严格了：仿制药"应首选已进口的原研产品，其次可考虑选用研究基础较好、临床应用

---

① 参见 2007 年《药品注册管理办法》附件 2——《化学药品注册分类及申报资料要求》。

较为广泛的非原研产品。"2012 年 1 月,《国家药品安全"十二五"规划》出台。《药品管理法》实施已快三十年,药品安全仍然需要"规划",说起来可能不太好听,但是该规划却是少有的比较务实的一个。按照规划的要求,对2007 年的《药品注册管理办法》施行前批准的仿制药,分期分批与被仿制药进行质量一致性评价,其中纳入国家基本药物目录、临床常用的仿制药在2015 年前完成,未通过质量一致性评价的不予再注册,注销其药品批准证明文件。药品生产企业必须按《药品注册管理办法》要求,将其生产的仿制药与被仿制药进行全面对比研究,作为申报再注册的依据。这就是中国版的"药效研究实施行动计划(DESI)"。

仿制药一致性评价成功与否的关键,其一是对照参考药物的选择上,其二就是注册技术标准的选择上。由于尚未出台具体的实施细则,对照参考药是否都要选择品牌药,两种药物多大程度上算是生物等效、治疗等效等关键的技术标准,或是否与国际先进水平统一,仍不得而知。

目前仿制药一致性评价还仅针对 2007 年的《药品注册管理办法》施行前批准的仿制药,但是并不是说 2007 年以后的仿制药就不存在这个问题。如前所述,美国的"药效研究实施行动计划(DESI)"是由历史原因造成的,我国的药效一致性评价问题的根源却在于新药定义和"国产新药—国产仿制药—进口药"的三分法上。如果像印度一样,一开始就从新药的定义入手,将国产药和进口药纳入统一的框架之下,就不会出现这些问题。药效一致性评价是个难度很大的工作,美国的 DESI 计划始于 1962 年,至今仍未正式结束,就怕我们的药监部门最终会做出各种权衡,像当年中药注射剂安全性再评价那样,起初想要高标准严要求,结果却是雷声大雨点小。从新药定义入手,在新药分类中引入三类新药,又辅以监测期保护等各种行政干预措施,确实为我国制药企业在入世之初抓住了一些"创新"和发展的机遇,却为整个药品注册体系留下了系统性的隐患,而且这个隐患未必能在几年之内彻底解决,孰得孰失,确是个值得反思的问题。

(三)通用名药缺失凸现我国药品注册监管体系的深层次问题

1. 历史遗留问题与新药定义之难

国外定义新药一般都是从成分(Composition)或物质(Substance)入手,

然后再考虑是否曾大范围或长时期使用以及是否安全和有效。不论是化学药还是生物药，也不论大分子或小分子，其有效成分或活性物质是比较容易说清楚的。而对于中药，尽管经过历代宝贵的经验积累，大量是"被普遍认为安全和有效的药"，但是中药的化学实体是活性物质群，作用于多靶点，呈现多效性，很难说清楚。各国立法模式也不一样，美国是化学药和生物制品分别立法，我国与印度、欧盟一样，采用了混合立法模式，而如果在混合立法模式下，从成分或物质入手对新药进行定义，则中药很可能像印度的阿育吠陀（Ayurvedic）、悉陀（Siddha）和尤那尼（Unani）药物一样，难以取得新药地位。如果新药证书仅仅是该药安全性和有效性的一个证明，取不取得这个证书也无所谓，因为已经是"被普遍认为是安全和有效的药"，有人愿意用，自然有其存在的道理。但问题复杂就复杂在，我国的新药被赋予了诸多的行政保护和优惠政策，拿不到一纸证书就很难获得发展。所以，从"未曾生产过的药"到"未曾上市销售过的药"，我国的新药定义真是做足了文章，却不愿采用国际上常用的新药定义方法。

新药有效成分和活性物质说不清楚，批准通用名药上市的关键指标——生物等效性、治疗等效性等也就难以说清楚。这些概念及评价指标都是由西方医学、药学演变而来，而传统中医又讲究"辨证施药"，这些概念及评价标准是否适用于中药，由于笔者非药学出身，不敢妄自揣测。尽管国内已有不少关于中药生物等效性等方面的研究，但是从现有的法规来看，评价标准难以适用、难以统一可能是阻碍我国引入通用名药概念的一个重要原因。2002 年的《药品注册管理办法》附件一"中药、天然药物分类及申报资料要求"就"改变给药途径、改变剂型或者工艺有质的改变的制剂"确实有"进行生物等效性试验的药品，可以免临床试验"的提法。2005 年和 2007 年的办法则转变为仅在"未在国内上市销售的中药、天然药物复方制剂"一节提及需提交"中药、天然药物对化学药品生物利用度影响的试验资料"，除此之外就再无中药生物利用度、生物等效性的明确描述。

2. "已有国家标准药"、"仿制药"概念的缘起及上市与生产许可的捆绑

一般来说，一个国家/地区的药监部门只需对其成立后上市的药品进行注册，或可有一定的追溯期。对于其成立之前就上市的药品的质量则由国家药典或

处方集等标准予以规范，企业只需获得生产许可，证明具有相应的生产条件和质量控制能力（比如通过 GMP 认证等），直接按照标准进行生产，销售时正确贴标签和包装即可，无需注册。而且，就拿美国来说，即使是 FDA 成立之后上市的非处方药，如果不走新药转非处方药的途径，只要符合非处方药专论，也是无需注册的。药监部门只需对其成立后上市的新药以及通用名药进行上市许可，上市许可人可以委托任何一家具备相应生产能力的企业进行生产。上市许可人对药品的民事责任、赔偿责任及安全责任负最终责任。这就是所谓的上市许可与生产许可的分离。美国、欧盟、日本等都建立了相似的制度，它有效降低了固定资产投资且加快了科技成果的转化，同时产生了合同生产、授权生产、委托加工、外包等多种药品上市许可人与生产许可人之间的合作模式。

但是在我国，企业即使已经取得相应的《药品生产许可证》，生产哪怕是来自《本草纲目》且已进入药典的药仍然需要取得药品批准文号。而对于新药，情况则更复杂，"符合规定的，发给新药证书，申请人已持有《药品生产许可证》并具备生产条件的，同时发给药品批准文号"。也就是说，药品批准文号只发给持有《药品生产许可证》并具备生产条件的企业。新药申请人如果本身就是企业还好办，如果是研究机构、大学甚至个人，要使得这个药上市销售，只有两条路走：要么自己设立企业，取得《药品生产许可证》和药品批准文号，要么将新药证书转让给具备相应《药品生产许可证》和生产条件的企业，由其申请药品批准文号。此即上市许可与生产许可的捆绑。

国内已有不少文章指出了上市许可与生产许可捆绑的弊端。但是为什么会是这样呢？这又是个历史原因。1985 年立法之初，我国药品标准并不统一，有国家药品标准和省、自治区、直辖市即地方药品标准。当时《药品管理法》规定，除生产中药饮片外，生产已有国家标准或者地方标准的药品，必须经地方卫生行政部门征求同级药品生产经营主管部门意见后审核批准，并发给批准文号。这样的规定，导致同一品种在不同地区有不同的标准，有些地方为了保护地方利益，甚至降低标准审批药品。规矩一出，乱象丛生。因此，2001 年的《药品管理法》取消了地方标准，同时取消了地方审批权，将两道审批（地方卫生行政部门和药品生产经营主管部门审批）改为一道审批（国家药品监督管理部门审批）。经过几年不懈的努力，地标升为国标，除了中药炮制还存在一些地方标准外，我国现行药品标准只有国家标准。截至现在，仍然有很多国家药品标准（尤其是中药）处于试行期，没有转正。由于这个历史原因，为了保证药品质量，地标升国标也需试行，所以继续对其实施批准文号管理，这些药仍需注册，取得上市许可。

所以说，我国目前的药品注册与监管体系很大程度上仍在为历史问题补课。本来就应该无需注册的药品，当然也就无所谓上市许可和生产许可的分离。根据国家食品药品监督管理局网站查询结果，尽管经过集中清理，我国以"国药准字"开头的药品批准文号仍为187947个。对于新药而言，当然应该积极探索适合我国国情的上市许可和生产许可分离的路子，但是当前更为重要的工作，是应该考虑逐步放开"已有国家标准药"尤其是标准已经转正的"已有国家标准药"的注册审批。如果这个问题不解决好，市场上仍有十几万张药品上市许可，上市许可人制度就根本无法建立起来，强行推进，势必又会出现新的混乱。

"已有国家标准药"其实是一个非常容易引起混淆的概念。从严格意义上来说，所谓国家标准，必须是"由国务院标准化行政主管部门编制起草审批"并出版公布的标准，才能是"国家标准"。由于药品不同于一般的产品，制药行业的标准制定、标准出版、产品生产、质量监督都是独立的，不是由质监部门而是由药监部门来负责，其具体的载体就是《中华人民共和国药典》。药典仅收载疗效确切、毒副作用小、质量稳定的常用药物及其制剂，规定其质量标准、制备要求、鉴别、杂质检查、含量测定、功能主治及用法用量等，作为药物生产、检验、供应与使用的依据。所以，并非所有的药品都可以进入药典，狭义上的"已有国家标准药"仅指已进入药典的药。搞清楚这一点，我们就知道2002年《药品注册管理办法》"新药—已有国家标准药—进口药"的注册分类是多么不合适且容易引起混淆了。为此，2007年的《药品注册管理办法》正式引入仿制药这一概念，将注册分类改为"新药—仿制药—进口药"。但是此举并未从根本上解决问题：所谓的仿制药申请仍然是指生产"已批准上市的已有国家标准的药品的注册申请"。具体到不同的药，分类又不一样，中药和天然药物是"新药—仿制药—进口药"，化学药则是"新药—已有国家药品标准的原料药或者制剂—进口药"。

"已有国家标准药"当然有可以改进、提高的地方，但这是药典自身的体系，不应该将之与药品注册搅在一起。我国的仿制药概念似乎是想将药监局成立之前就已上市后来又进入药典的"已有国家标准药"和药监局成立之后通过仿制而上市的药整合在一起，这实际上是混淆了美国药典和"橙皮书"的功能，是不可取的。

四、我国制药产业发展现状与制度环境

（一）制度建设的进展与局限

在知识产权制度建设方面，我国于 1993 年修订《专利法》，开始对药品产品专利进行保护，保护期延长到 20 年，逐渐与国际接轨。2002 年、2005 年和 2007 年的《药品注册管理办法》都引入了专利链接制度。2002 年《药品管理法实施条例》第 35 条引入了化学药品的数据保护制度，保护期限为 6 年。2008 年《专利法》第三次修改，第 69 条引入了"Bolar 例外条款"。可以说，除了药品专利保护期延长制度尚未建立之外，我国发展通用名药产业的有关专利、数据保护制度等都已初具形态。

在违法责任方面，《药品管理法》第九章（73 条至 101 条）规定了药品研究、生产、销售、进口、使用、价格、广告、药品采购、保管、收受回扣等方面的违法行为及处罚以及对药品监督管理机构和工作人员违法行为的处罚，大体有 26 个方面。除了多种行政处罚和刑事处罚措施之外，也引入了资格罚：对"生产、销售假药及生产、销售劣药情节严重的单位及直接负责的主管人员和其他直接责任人员"，十年内不得从事药品生产、经营活动；对"骗取许可证或药品批准证明文件的单位或个人"，五年内不受理其申请。

单从药品资格罚上来看，我国的处罚力度比美国的市场禁入就要弱很多。而且，"对骗取许可证或药品批准证明文件的单位或个人，五年内不受理其申请"，是不是就意味着这个单位或个人可以利用已获得的其他许可证或药品批准证明文件继续进行生产和经营活动？除了处罚力度不够、可操作性不强之外，我国药品监管的突出问题主要还是在执法上，卫生、质检、工商、药监、广宣、公安等部门"多龙治水"。药品监管是个专业性很强的工作，药监部门一纸处罚下去，很可能还得其他部门配合，但是这些部门未必知道为什么要处罚以及这些违法行为的严重性到底是什么，甚至出于地方利益的需要予以袒护。

（二）产业发展现状：已不再缺医少药，但与印度相比，成绩不值得夸耀

20 世纪 60 至 70 年代，为解决缺医少药的问题，我国还在全国范围内开展过中草药群众运动。1985 年的《药品管理法》在"缺医少药"和改革开放的时代背景之下出台，经过近 30 年的快速发展，我国制药工业规模与当年已不可同日而语。化学原料药由 1984 年的 5.35 万吨增长至 2009 年的 201.2 万吨。规模以上制药企业 6807 家，工业总产值 9443.3 亿元，从 1995 年算起，增长近 10 倍，其中化学药、中药和生物药分别占 51.8%、21.8% 和 10.4%。可以说，我国已经走出了缺医少药的局面。另据 IMS 的数据，我国的医药制造业产值规模已经跃居世界第三，而印度按量计算是世界第三，按产值则排十名以后。

我国的制药工业跟印度极为相似，散、小、研发投入低。印度制药企业甚至比我国还多，达一万多家。笔者认为，与印度争不争这个世界第三并没有什么意义，因为制药工业发展最根本的动因还是在于这个国家人民生活水平的提高，医疗保健需求的增长。各国药品注册技术标准不一样，产值统计并没有可比性，比较好的可比数据还是进出口以及这些数据所体现的国际竞争力上。

在药品国外注册方面，与印度大规模进军欧美主流市场且渐成气候相比，我国自 2009 年华海药业获得第一个 FDA 暂定性批准之后，尽管有很多企业表示希望有所作为，但是迄今还没有一个能够获得正式批准，我国本土企业生产的化学药制剂出口到美国等主流市场的通道仍未打开。而从进出口数据来看，我国的出口多以原料药为主，化学药制剂仍然需要大规模进口，2011 年出口 21.8 亿美元，仅为印度的 30%，而进口就达 81 亿美元。在化学药制剂出口中，又有约 60% 是外商投资企业出口的[1]。印度制药工业的成就是在人均国民生产总值不到我国 30% 的情况下取得的，与之相比，我国制药工业尽管发展很快，但是成绩并不值得夸耀。

---

[1]　2011 年上半年数据。数据来源：郭晓丹，"西药制剂贸易不平衡依然突出"，《中国医药报》2011 年 9 月 19 日。http://www.hyey.com/MemberServices/ArtcleCharge/ShowArticle.aspx? ArticleID = 194232。

表21.6　　　　　　　我国制药工业 2011 年进出口情况　　　　　单位：亿美元

	出口	进口
中药类	23.3	7.2
西药原料药	220.0	70.2
西成药	21.7	81.0
生化药	23.0	20.5

数据来源：中国医药保健品进出口商会。

（三）药品价格管制

药品价格管制和不管制是个问题，进行管制，以何种方式管制又是个问题。可以说，一直到现在，世界上还没有就药品价格管制形成成熟的理论。各国政府的药品价格管制，与其说要在效率和公平（创新和药物可及性）方面取得权衡，倒不如说更多的是出于实用主义的态度：在效率和民心之间取得权衡。

世界上大多数国家都对药品价格实施了不同程度的管制，美国可能是个少有的例外。美国的药品价格和人均药物支出甚至就在发达国家内部比较都算高的（参见图21.2），但是没有一种理论就能明确指出这种模式有什么不好。美国医药制造业之所以能保持如此强大的创新活力，每年能出现几十种甚至上百种新药，政府价格管制较少是其原因，而不是结果。但是这种模式是以医疗保险市场的健全和制度建设的完善作为前提条件的，其他国家尤其是发展中国家短期之内很难直接借鉴。

对药品进行价格管制的国家，其管制的模式又多种多样，但是基本的方法无外乎国际参考定价、以成本为基础定价和以药物经济分析为基础的定价方法等。前两种也是最常用的方法，如前文所述，日本和印度分别采用的就是这两种方法。国际参考定价一般为制药工业比较发达且有大量出口的国家所采用。其优点是对外有参考价为依据，出口时不至于损害本国企业的利益，对内也有交代：其他国家就是这个价。其缺点是对专业技术的要求比较高，比如日本的"创新性加算"、"实用性加算"等都是有很高的专业技术要求的，必须懂药的人才能定价，有可能还要为此成立专门的药品定价机构。以成本为基础的定价方式，不管其变体如何，优点是简单明了，缺点则更多，如介绍印度模式时所述，一是准确的成本数据难以获取，二是很难确定合理的利润，结果很可能是各方都不满意，三是有大量药品出口时，成本和加成都暴露于外，导致企业丧失砍价地位，最终损害的是本国利益。

1992 年至 1996 年间我国也曾尝试放开药品价格管制，但是因为缺乏相应配套改革和制度建设，结果导致药价飞涨，于是 1997 年又对药品价格重新进行管制。2000 年原计委颁布了《药品政府定价办法》，并一直施行到现在，其中规定："药品政府定价，要综合考虑其合理生产经营成本、利润，同类药品或替代药品的价格，必要时要参考国际市场同种药品价格"；"区别 GMP 与非 GMP 药品、原研制与仿制药品、新药和名优药品与普通药品定价，优质优价"。这两条确立了我国药品政府定价模式是以成本为基础定价与原研药、新药等单独定价相结合的模式。在这里，原研药一词又是个"汉阳造"。国外是没有原研药一说的，尤其是在药品价格管制中，有的话也只有专利药一说，但是正因为我国药品注册体系的缺陷，国产药与国外品牌药事实上存在质量差别，为了体现"优质优价"，国内特意造出了这么个词。也就是说，进口品牌药哪怕在我国已失去了专利保护，在其国内也面临着通用名药激烈的价格竞争，但是在我国，因为是原研药，仍可享受单独定价的特惠。"优质优价"同样也是个"汉阳造"。药品只有安全有效和非安全有效之分、"治疗等效"和"非治疗等效"之分，市场上出现用了多少片不见效的药，不正是药品监管部门的失职吗？何来"优质优价"一说？

15 年来我国已有 30 次药品降价，《药品政府定价办法》事实上已经沦为《药品政府降价办法》，但是药价又总是循环往复，降不下来。究其原因，根源还是出在药品注册上：一旦某些药品降价成为廉价药，就会遭到弃用，药品生产企业会将其改头换面，重新包装再以新药名义通过审批，再高价上市，于是又出现新一轮药品降价。药品注册体系的缺陷，如影随形，挥之不去。

目前我国划入政府定价范围的药品，仅限于列入《国家基本医疗保险、工伤保险和生育保险药品目录》的药品及少量特殊药品（如国家计划生产供应的精神、麻醉、预防免疫、计划生育药品等）。这些由政府定价的药品约占总量的 20%，但是用量很大，销售额约占 60%。2010 年 6 月，发展改革委曾制定《药品价格管理办法（征求意见稿）》，试图改革定价模式，但两年过去，这个办法始终未见落地。办法难产，基药招标"双信封"却已在多地推广开来。"医改变药改，药改变基改，基改变价改"，而价改目前的成果就是这个双信封。我国的"双信封"本来就是借鉴印度经验，但是比照一下印度模式可知，我们的价格主管部门很可能是没有考虑到这些药品以后大规模出口的可能性的。两个小信封装进了 6000 多家企业，企业陷入激烈的价格竞争，没有利润，出口时家底都暴露于外，政府又退了税，现行的基药招标模式将使得我国在这些药品上彻底成为一个企业无利润、政府无税收的加工车间。

（四）药品税收国际比较

与药品价格直接相关的就是税。我国目前对药品及制药行业开征的税种主要有两类。一类是企业所得税和个人所得税，这类税在国外有的是叫公司税和工资税，一般都是要征收的。这类税不会对药品价格直接产生影响，所以我们略而不论。另一类就是增值税，即生产环节的 17% 和流通环节进入药店之前的 13%。而药店一般是作为小规模纳税人处理，也缴纳增值税，只不过税基是销售额，税率是 3%。那么药店缴纳的这个税实际上就等同于国外的消费税或销售税。我国也有消费税，但并未对药品开征。这一类税会对药品价格产生直接的影响。以此为基础，我们可以跟其他国家简单地比较一下。

与美国比较。美国没有开征增值税，但是确实是有销售税（参见表 21.7）。美国的销售税由各州开征，开征的情况有很大的差别：有没有开征销售税的（共 5 个州）；有开征了销售税但药品免征的（共 7 个州）；有开征了销售税，处方药免征，非处方药适用一般税率的（共 22 个州，包括华盛顿特区），适用税率一般在 4% ~ 7.3% 之间；其他州则对处方药和非处方药统一适用一般税率（共计 24 个，包括关岛和夏威夷），税率在 2.9% ~ 7.0% 之间。如果不考虑我国在药品零售环节开征的"增值税"与美国药品销售税税负水平的差异，那么与美国比较，我国对药品多征收的并且对药价会直接产生影响的税就是生产环节 17% 和流通环节 13% 的增值税。

与其他国家的增值税税率比较。表 21.8 列出几个制药工业规模较大而且开征了增值税的国家的药品增值税税率。有些国家标准税率比我国高，比如英国是 20%，但是这些国家普遍的作法是对药品尤其是处方药采用低税率。这么做于情自不必说，于理也说的通：药品是有益品，而烟草和酒等商品属于有害品，如果政府不愿意放弃因有益品税率降低而减少的税收，可以通过提高有害品的税率来弥补。从中可见，我国针对药品尤其是处方药的增值税税率是偏高的。我国药品目前只有避孕药品和国内定点生产企业生产的国产抗艾滋病病毒药品免征增值税，其他的药品则适用一般税率。所以，通过对药品减免增值税降低药价有很大的空间。而且，开征增值税的依据并非全国人大的法律，而是1993年的《增值税暂行条例》，在操作上也具备可行性。

表 21.7　　　　　　　　　美国各州对药品开征的销售税

	州名	税率（%）
没有开征销售税	阿拉斯加、特拉华、蒙大拿、新罕布什尔、俄勒冈	/
开征销售税但药品免征	纽约、弗吉尼亚、哥伦比亚特区、宾夕法尼亚、佛蒙特、德克萨斯、康乃迪克	4~6.35
开征销售税，处方药免征，非处方药适用一般税率	阿拉巴马、北卡罗来纳、缅因州、威斯康星、俄亥俄、波多黎各、阿肯色、佛罗里达、爱荷华、肯塔基、马里兰、密歇根、南卡罗莱纳、西弗吉尼亚、马萨诸塞、华盛顿、内华达、印第安纳、新泽西、罗德岛、加利福尼亚、亚利桑那	4~7.30
处方药、非处方药都适用一般税率	伊利诺伊[①]、科罗拉多、佐治亚、关岛、夏威夷、路易斯安那、南达科塔、怀俄明、密苏里、俄克拉荷马、北达科他、新墨西哥、内布拉斯加、犹他、爱达荷、堪萨斯、明尼苏达、密西西比、田纳西	2.9~7.0

注：①伊利诺伊州一般税率为6.25%，但是药品最高征收1%。

表 21.8　　　　　　　　　主要国家的药品增值税税率

国家	标准增值税率（%）	药品增值税率	
		处方药（%）	非处方药（%）
日本	5	5	5
加拿大[①]	7	0~7.0	0~7.0
澳大利亚	10	0	10
韩国	10	10	10
墨西哥	15	0	0
西班牙	16	4	4
巴西	18	18	18
德国	19	19	19
法国[②]	19.6	2.1~5.5	2.1~5.5
英国[③]	20	0	20
意大利	20	10	10

注释：①加拿大：按医疗保险报销范围划分，报销药品增值税率为0。②法国：补贴药品2.1%；非补贴药品5.5%。③英国：2011年修改，之前标准税率为17.5%；医院购买的药品适用标准税率。

五、改革药品注册体系，加快通用名药产业发展

其他国家都在想方设法促进通用名药的推广和使用，降低药物支出，我们却始终在关注"创新"；几十年下来真正原创性的药物没搞出几个，青蒿素、双环醇和丁苯酞们却又因为制度、历史的原因砸在自己手里；明明面对异常庞大的通用名药出口市场，而且印度已经趟过路，取得了骄人的成绩，我们却仍在纠结批过的药到底是新药还是仿制药，生产出的药又到底是不是安全和有效的。为解决"一药多名"问题，我国以行政手段限制了仿制药使用商品名，只允许以通用名称进行销售，因而有人笼而统之称之为"通用名药"，但是仅用通用名称销售并非就是通用名药。目前我国逐渐有越来越多的化学药对照参考药就是国外品牌药，但被置于"仿制药"这个大帽子下，名不正言不顺。

制药工业是一个具有高度制度依赖性的行业。我国 1985 年的《药品管理法》大体与美国《Hatch – Waxman 法案》同步，但是真正的通用名药上市制度到现在仍未建立起来，已经晚了近 30 年。美国、欧洲、日本近些年又就生物制品的简化申请建立了新的制度，而我国的"生物仿制药"仍按新药申请处理。化学通用名药产业的发展已经失去或正在失去机会，国内却对发展"生物仿制药"持乐观态度：美国生物制品简化申请程序不是也才刚建立起来吗？但是，小分子化学药都搞不好，凭什么就说大分子生物药就能搞好？

国内外商投资制药企业越来越多，药物研发、生产的国际化趋势也越来越明显，区分国产和进口是否能实现对内保护的初衷，现在也成了问题。如果说以前的制度建设有种种制约，要三思，要权衡，那么我国制药产值已居世界第三，没有理由继续固步自封，应当加快药品注册体系的改革。

（一）对新药重新进行定义

如果说 1985 年的立法是奠基的话，那么 2001 年的修订则主要是为历史问题补课。立法已逾 27 年，修订之后也已施行了 11 年，我国的药品研究、生产、经营、使用等各个环节出现大量的新情况、新问题，有些领域仍处于立法

空白，如罕见病药物等，应当及时再次修订。

首先，应当把药品的安全性和有效性明确作为立法宗旨。1985 年的立法宗旨是"加强药品监督管理，保证药品质量，增进药品疗效，保障人民用药安全，维护人民身体健康"，即质量、疗效和安全。而 2001 年则变为"加强药品监督管理，保证药品质量，保障人体用药安全，维护人民身体健康和用药的合法权益"。通观整篇文本，除了对进口药品有"疗效"、"有效"等描述外，再无药品有效性的明确表述。如果《药品管理法》对药品有效性都没有明确要求，那么要求国产药品做临床试验干什么呢？是为了检验其安全性吗？

其次，应当重新对新药进行定义并且将药品安全性和有效性明确写进新药定义。我国药品注册监管体系存在的缺陷、三类新药与仿制药的纠葛、"仿制药的仿制药"问题、药品价格管理总是出现反复，其根源就在于新药的定义上。再次修订时，对于化学药和生物制品，可继续采取混合立法的模式，新药定义可以直接借鉴其他国家常用的定义方法。对于中药和天然药物，如果新的新药定义确难适用而又想继续走传统中药现代化的路子，可另行定义，甚至可单独立法，在单独立法中进行定义（如正在酝酿中的《中医药法》），药品安全性和有效性也应当写进其新药定义，并且明确提出安全性和有效性的标准。

（二）取消"已有国家标准药"、"仿制药"注册分类，将进口药纳入统一的"新药—通用名药"二分注册框架

应逐步放开"已有国家标准药"的注册审批，加强《药品生产许可证》的管理，使"已有国家标准药"尽早回归到药典自身的管理体系，药典标准应当及时修订。取消"仿制药"这一提法。建立新的新药注册分类，适时、稳步建立新药上市许可人制度。

判断化学药和生物制品"生物等效性"、"治疗等效性"的标准应逐步与世界先进水平靠近，加快通用名药的上市进程，提高"化学通用名药"、"生物通用名药"与其对照参考药的可替代性。如果有可能，制定中药和天然药物替代的"治疗等效性"标准。

（三）大力推进通用名药的使用，政府的首要目标应是在满足治疗等效性的前提下，降低药物支出，而不是促进"创新"

应加强通用名药的宣传工作，加强药店和药剂师的作用，规范医生的处方行为，在存在替代可能性的情况下，通过制定法规、修改处方格式等途径明确要求医生进行替代，在政府基本药物招标中优先选择通用名药。

完善增值税税制，对药品尤其处方药减税甚至免税，进一步降低药品价格。政府药品价格管制和药品招标应当充分考虑国内企业出口的因素，不应当竭泽而渔，降低药物支出主要的途径是大力发展通用名药产业和完善医疗保险体系，医改的问题不应当推向药改。积极鼓励企业在国外尤其是欧美等主流市场进行药品注册，打开市场，扩大药品出口。

也只有这样，国内某一新药出现时，其安全性和有效性比现有药物表现得更为优越，能够真正减轻或解决病者的疾患，才会有人愿意去买、去用。这才是新药本来的含义。

李　忠　执笔

参考文献

[1] Animesh Sharma (2007). Data Exclusivity with regard to Clinical Data. The Inidan Journal of Law and Technology. Volume 3, 2007.

[2] Christopher Scott Hemphill (2010). The Law and Economics of Generic Drug Regulation. A dissertation for the Degree of Doctor of Philosophy. Stanford University.

[3] Kurt R. Karst (2007). Marketed Unapproved Drugs – Past, Present and Future? RA focus, February 2007.

[4] Ira R. Berry and Robert P. Martin (2008). The Pharmaceutical Regulatory Process, Second Edition. Drugs and the Pharmaceutical Sciences, Volume 185.

[5] Japan Pharmaceutical Manufacturers Association (2012). Pharmaceutical Administration and Regulations in Japan.

[6] John R. Fleder, ESQ (1994). The History, Provisions and Implementation of the Generic Drug Enforcement Act of 1992. Food and Drug Law Journal, Vol. 49, 1994.

[7] Meno Miyake (2010). Japan's Generic Drug Market: Challenges and Reforms. Health Economics Spring. 18 May 2010.

［8］Mukesh Kumar and Surinder Kher（2007）. Regulatory Considerations for Conducting Clinical Trials In India.

［9］Tamar Nordenberg（1997）. Inside FDA：Barring People from the Drug Industry.

［10］Thomson Reuters（2009）. The Japanese Generic Drug Market：Opportunities and Strategies for Success.

［11］William Greene（2007）. The Emergence of India's Pharmaceutical Industry and Implications for the U. S. Generic Drug Market. Office of Economics Working Paper. U. S. International Trade Commission. May，2007.

［12］杨莉，李野，岳晨妍. 美国的药品数据保护及启示. 中国药房，2007（10）

［13］石其宝. 政府药品价格管制的机制与效果——日本医药定价的经验研究. 价格理论与实践，2009（4）

CRO产业的技术创新和结构调整

一、什么是 CRO

CRO 是合同研究组织（Contract Research Organization）的英文首字母缩写，CRO 主要的服务对象是大型制药企业和生物技术企业。通俗地讲，CRO 就是医药研发外包。

CRO 主要有以下六方面特点。

第一，CRO 最初被称为临床研究组织（Clinical Research Organization），制药企业和生物技术企业可以委托 CRO 执行临床试验中的某些工作和任务。因此，国际上通常将 CRO 定义为一种学术性或商业性的科学机构，申办者可委托其执行临床试验中的某些工作和任务，此种委托必须做出书面规定。

第二，CRO 现已发展到承接制药工业和生物技术产业价值链各环节的外包。随着行业的发展，CRO 的角色不再仅限于临床试验，而是逐渐渗透到药物研发的各环节。大型制药企业和生物技术企业通常将新药研发中很多重复性的工作，如中间体合成提纯、临床管理、材料申报审批等，外包给 CRO。

第三，CRO 可以显著缩短研发时间，降低研发成本，推动新药上市。CRO 的作用首先体现在它可以使新药研发的时间大大缩短，而新药研发时间缩短直接导致研发成本的降低、新药上市时间的缩短和新药销售收入的增加。

第四，CRO 通过产业分工推动大型制药企业和生物技术企业在更高层次上创新。制药工业和生物技术产业都有明显的价值链，处于上游的环节是早期研究和化合物研究，目的在于进行药物设计和药物发现（drug discovery）。早期研究和化合物研究主要由大型制药企业和生物技术企业从事，但其中一些重复性的环节可以外包给 CRO。早期研究和化合物研究是高风险、高收益、具有很强不确定性的环节，也是价值链中最有价值的环节，一旦新药发现成功，大型制药企业和生物技术企业可以凭借一些明星药物在专利期内的畅销，获得稳定的高利润。处于价值链中游的是确定性较大的临床前研究（preclinical studies, nonclinical studies），临床前研究包含了动物实验。处于价值链的下游则是常规性的、确定性很大的环节，主要包括临床研究（clinical research）、临床试验管理（clinical trials management），乃至最后的新药申报。临床前研究和临床研究可以由大型制药企业和生物技术企业从事，但更多的是外包给 CRO。通过将价值链上各个环节中带有重复性质或确定性大的部分外包给 CRO，大型制药企业和生物技术企业与 CRO 形成了共生共存共荣的关系。其中，价值链低端和下游的临床研究重复性最大，外包程度也最高。外包后，大型制药企业和生物技术企业可以专注于价值链上游和高端的药物发现和药物设计。

第五，CRO 的技术创新是一种辅助性创新。与大型制药企业和生物技术企业的技术创新相比，CRO 的研发外包做得再好，也是辅助性质的。不可否认，全球领先的 CRO 的技术创新范围已经向上延伸到药物设计和药物发现环节，但即便如此，价值链上游环节的外包也是带有重复性质的。因此，总体而言，CRO 无论在规模还是在研发投入上无法与大型制药企业和生物技术企业相比，因而其技术创新地位不能高估。换而言之，在制药工业和生物技术产业，创新的主体是大型制药企业和生物技术企业，CRO 只是扮演一个研发外包的角色。但随着外包比例的不断扩大，CRO 的创新地位也在逐步增强。

第六，CRO 被定义为服务组织（service organization）。CRO 作为医药研发外包，属于高技术服务业范畴，但其中的临床 CRO 具有中介性质。大型制药企业和生物技术企业外包给 CRO 的研发分为三部分：技术创新含量高的药物发现和药物开发，也就是与新药开发相关的部分，具有很强的研发属性，属于新药研发外包；临床前研究技术创新含量较高，研发属性较强；临床研究的技术创新含量较低，研发属性较弱。临床研究外包的情况下，CRO 只是接受制药企业和生物技术企业的委托，监督临床研究，具体从事临床研究的是临床研究者和药物临床试验机构，因而临床 CRO 具有中介性质。全球领先的 CRO 不限于承接临床研究外包，而是可以提供药物发现、药物开发、临床前研究、临床研究、新药上市申报乃至新药批准后的全套服务。

二、当代西方 CRO 产业

（一）西方 CRO 在全球占据主导地位

目前 CRO 在西方已是一个成熟产业，CRO 在美国有 300 多家，在欧盟有 150 多家，在日本有 100 多家。以美国和西欧国家为首还成立了国际 CRO 协会（Association of Clinical Research Organizations，ACRO）。CRO 的发展和分布是有其内在规律的。制药工业和生物技术产业发达的国家和地区，制药工业和生物技术产业 R&D 投入大，产生的新药多，临床试验需求大，CRO 产业发达。依照这一标准，美国和西欧是全球 CRO 最为发达的国家和地区，在全球占据主导地位，主要体现为以下几个方面。

一是从临床试验和临床前研究的费用分布看，全美制药研究和制造商协会（Pharmaceutical Research and Manufacturers of America，PRMA）估计，2007 年 96% 的临床阶段费用都发生在西方发达国家，而在这当中，美国和西欧又占据主要份额。据 clinicaltrials. gov 发布的数据，全球大约 53% 的临床试验在美国做，24% 在欧洲做，23% 在亚洲、拉丁美洲、非洲和澳洲做。而从全球临床一期试验的分布数据看，全球 76% 的临床一期试验发生在 3 个西方发达国家：美国、加拿大和荷兰。全美制药研究和制造商协会的成员企业仅将其 R&D 的 3% 花在临床试验新兴地区和国家。临床前的研发活动占到这些企业研发支出的 27.3%，但实际上临床前的研发活动几乎都是在西方发达国家完成。

二是从临床试验基地的全球分布看，83% 的临床试验基地位于北美、西欧和大洋洲。美国 2007 年有 36281 个授权的临床试验基地，几乎占到全球授权临床试验基地数量的一半，达 48.9%，相比之下，12 个主要的临床试验新兴国家总共只有大约 7400 个授权的临床试验基地，相当于美国的 20%。

三是从 CRO 行业雇员的分布看，ACRO 发布的数据表明，其成员公司在全球的雇员总数为 66000 人，其中北美地区占 43%，欧洲占 36%，亚洲、拉丁美洲、非洲和澳洲占 21%。

四是从 CRO 研发支出的分布看，Frost & Sullivan 公司 2008 年发布 CRO 研发支出数据表明，北美地区占全球 CRO 研发支出的份额最高，达 49%；西欧地区仅次于北美地区，居第二位，占 37%；包括日本、澳大利亚、中国和印度在内的亚太地区则居第三位，占 13.5%；世界其他地区仅占 0.5%。

（二）当代西方 CRO 产业特点

第一，西方 CRO 产业已经从制药工业和生物技术产业价值链的下游和低端往上延伸到价值链的上游和高端。CRO 在 20 世纪 80 年代发端于西方发达国家，迄今已经有 30 多年历史，最初大型制药企业都是自己从事价值链下游环节，但这些常规性的、确定性较大的环节并不是大型制药企业的核心竞争力所在，因此外包给 CRO。而 CRO 最初的地位是低下的，原因在于，大型制药企业最初外包的是价值链下游和低端的环节。CRO 发展到今天，尽管外包的地位没有改变，但是外包的内容已经不再是价值链下游和低端，而是往上延伸到药物发现和药物开发这些属于价值链上游和高端的环节。大型制药企业和生物技术企业外包的动机越来越强，外包比例越来越高，外包环节也不断拓宽，现已基本覆盖新药研发的所有环节。

第二，西方 CRO 产业一方面企业数较多，一方面产业集中度较高。目前西方有数百家 CRO，但 2009 年全球 CRO 销售收入的 55% 集中在前 10 名的 CRO，包括昆泰、科文斯、PPD、查士睿华等。

第三，西方 CRO 产业的法律和监管环境较为严密。西方对 CRO 进行立法和监管以临床试验领域最有代表性，原因在于，西方非常关注临床试验阶段的利益冲突，即一方面，制药企业和生物技术企业开展临床试验的目的是盈利，因为要推出新药，并获取高额利润，另一方面，临床试验的参与者的人权保护和临床试验的科学真实性也必须得到保护。因此，美国卫生和人类服务部才会做出如下结论：关键的挑战是确保临床试验参与者的保护，同时不影响新药研究和发现的步伐。具体来讲，临床试验一方面涉及严肃的伦理问题，另一方面涉及质量问题，伦理问题涉及参与者的人权保护，质量问题涉及数据的可靠性和真实性。二者都要求有清晰的规则保护和规则的严格执行。应该说，目前西方无论在临床试验中的人权保护还是在临床试验中的质量方面，在全球都是最高标准。西方在二战后有几部重要的临床试验法律和规范：一是《纽伦堡法典》（The Nuremburg Code）。该法典包含了 10 个原则，其中最重要的是人体试验必须是受试者自愿同意。二是《赫尔辛基宣言》（Declaration of Helsinki）。该宣言是由世界医学联合会 1964 年颁布的，该宣言最大的贡献之一是引入了伦理委员会（Ethics Committee，EC）。此后世界各国都普遍设立了独立于受试者、资助者的伦理委员会来监督临床试验，只是机构的名称不一，在美国叫做 Institutional Review Boards（IRBs），在加拿大叫做 Research Ethics Boards（REBs），在很多西欧国家叫做 Research Ethics Committees（RECs）。三是 ICH – GCP①。ICH – GCP 是监管 CRO 从事临床试验的国际规范，于 1990 年颁布，美国、欧盟和日本 1996 年率先将 ICH – GCP 写入本国法律，临床试验的新兴国家也纷纷将 ICH – GCP 写入本国法律。ICH – GCP 对 CRO 的权利和义务做了清晰的界定。欧盟还于 2001 年专门出台了《临床试验指令》（Clinical Trials Directive，CTD）②。

　　第四，西方 CRO 产业的金融活动较为活跃。CRO 产业作为生物技术产业的组成部分获得西方风险投资、私募资本强有力的金融支撑。CRO 在创业阶段通常是小企业，后来随着业务的全球化而不断壮大，成为大企业。在这个过程中，风险资本和私募资本扮演了重要作用，不仅积极参与 CRO 的融资和上市，还参与了现有 CRO 的并购重组。这其中的原因在于：一方面，CRO 拥有稳定的现金流，另一方面，未来大型制药企业和生物技术企业外包比例会不断扩大，因此 CRO 在全球的发展前景看好。此外，通过并购发展壮大企业已经成为 CRO 产业的一个突出特点，例如全球第六大 CRO 爱尔兰爱康（ICON）2000～2012 年每年都要收购 1～2 家企业。

---

　　① ICH 是 International Conference on Harmonisation of Technical Requirements for Registration of Pharmaceuticals for Human Use 的英文首字母缩写，中文翻译为："人用药物注册技术要求国际协调会议"。ICH 由欧美日的药品监管机构和制药工业界创建于 1990 年。GCP 是 Good Clinical Practice 的英文首字母缩写，中文名称为"药品临床试验管理规范"，目的在于保证临床试验过程的规范，结果科学可靠，保护受试者的权益并保障其安全。

　　② 欧盟临床试验指令的全称是 Directive 2001/20/EC on the approximation of the laws, regulations and administrative provisions of the Member States relating to the implementation of good clinical practice in the conduct of clinical trials on medicinal products for human use。

第五，西方 CRO 全球化运营。这主要是因为临床试验向西方以外的地区和国家转移趋势明显。目前在美国 FDA 受理的重要新药的申请中，已经有一半包含了外国临床数据，2004～2007 年，美国 FDA 受理的新药申请涉及的临床受试者中，西方以外的地区和国家受试者的增长速度明显快于西方，这当中，中东欧地区增长了 12.1%，拉丁美洲增长了 12.1%，亚太地区增长了 10.2%，而北美和西欧的参与者仅分别增长了 5.2% 和 6.1%。临床试验国际化的原因是多方面的，首先，在西方新药层出不穷的同时，西方临床试验的需求大幅度增加，但西方临床受试比例却不能跟上。据统计，截至 2009 年 2 月，西方有 2900 种新药化合物处于临床试验阶段或处于美国 FDA 审批之中，增长了 52.6%，相应地，1999～2005 年，完成一项临床试验平均需要的天数增长了 70%，而同期临床试验受试者的登记比例和实际参与比例分别下降了 21% 和 30%，这表明西方临床试验需求大于供给，换而言之，就是西方临床试验参与率低，导致在西方新药临床试验找不到足够数量的病人，转而向新兴地区寻求病人。其次，CRO 全球化运营能显著缩短临床试验时间。有数据表明，癌症临床第三期试验如果仅仅在美国做，需要大约 5.8 年时间，而如果同时在美国和美国以外的国家和地区做，则仅需 1.9 年。再次，低成本是导致临床试验从西方向西方以外地区和国家转移的一个重要原因，据统计，印度和中国每个病人的临床试验成本估计是美国的 1/3。当然，临床实验费用降低只是表面的原因，因为如果考虑到物流和其他因素，发展中国家临床试验的全部成本接近于发达国家临床试验的成本。事实上，临床试验国际化和向西方以外地区和国家转移的最根本的原因在于将开发时间缩短了一半，新药可以更快推向市场，导致新药总的开发成本降低了 2/3，新药可以享受更长的专利期，从而赚取更多的利润。同时，临床试验阶段的加快也意味着全球的病人可以更快地服用到安全有效的新药。

第六，CRO 在西方已成为生物技术产业的重要组成部分，并形成产业聚集。从世界范围内看，全球 CRO 一般聚集在研究型大学园区和生物技术园区。例如在美国北卡罗来纳州的研究三角园区（The Research Triangle Park），汇集了昆泰等 17 家美国 CRO。园区内有著名研究型大学杜克大学、北卡罗来纳州立大学、北卡罗莱纳大学。研究三角园区有一个生物技术和生命科学产业集群，汇聚了 80 多家生物技术和生命科学企业，其中既有大企业，又有创业企业。再例如，英国 CRO 公司主要聚集在"爱丁堡—格拉斯"和"伦敦—雷丁"两个生物技术产业聚集带上，两个聚集带上分布着英国近一半大型 CRO。其中，"伦敦—雷丁"聚集带是英国最大的 CRO 聚集区，分布着 19 家大型 CRO。

第七，西方 CRO 积极申请国际专利，保护和管理创新成果。西方 CRO 拥有较为雄厚的技术创新实力，不仅申请 PCT 专利，而且申请欧洲专利，还在个别国家申请专利。西方 CRO 参与研发前都会与客户签订严格的知识产权合同，事后纠纷较少，解决了新药研发外包可能导致的知识产权划分不清的问题。

第八，西方将 CRO 纳入生物技术产业的激励政策范畴。生物技术产业是西方大力发展的 21 世纪产业，CRO 由于主要服务对象之一就是生物技术企业，因而被西方纳入生物技术产业范围，享受与生物技术企业同样的激励政策。

第九，西方 CRO 与西方大学和科研院所的关系极为密切。从 CRO 的地理聚集看，CRO 一般是处于研究型大学、医学科研机构集中的地方，一方面有人员往来，另一方面，CRO 在为制药企业和生物技术企业提供外包服务的同时，也为大学和医学科研机构提供外包服务。此外，一些 CRO 就是由大学教授和博士生创办的。例如，昆泰的创始人是北卡罗莱纳大学生物统计学教授 Dennis Gillings。

三、我国 CRO 产业发展现状

CRO 在我国 20 世纪 90 年代才开始萌芽和产生。CRO 在我国目前已经发展了 10 多年时间，和美国、欧洲、日本、印度等国相比，我国 CRO 兴起要晚很多，但由于 CRO 行业准入门槛低，在过去的 10 年里，我国 CRO 如雨后春笋，目前大大小小的 CRO 已达上千家。我国 CRO 产业主要现状如下。

1. 受国内和国际医药研发外包市场的推动，我国 CRO 产业规模不断扩大

1996 年，MDS Pharma Service 在我国投资设立了中国第一家真正意义上的

CRO，从事新药的临床试验业务，标志着我国CRO产业正式开启。我国CRO业务来源主要可以分为两部分，一是为国内制药企业的研发外包，二是国外大型制药企业和生物技术企业的研发外包。我国CRO领头羊无锡药明康德、尚华医药的主要业务均来自国外大型制药企业和生物技术企业的研发外包。得益于国际和国内两个市场的推动，我国CRO产业发展呈现加速增长态势，2006年我国CRO产业总规模约为37亿元，2010年增长至101亿元。

2. 外资和民营资本在我国CRO产业占据主导地位

目前我国CRO可以分为四类：第一类是外资，其典型代表是国际CRO巨头在华的独资子公司。例如，2001年全球CRO巨头昆泰就在华设立独资企业。目前世界主要的CRO都在华拥有子公司，主要在华从事临床研究。第二类是国内民营资本，这类企业数目较多，这当中的海归企业专门从事与新药研发有关的化学、临床前的药理学及毒理学实验等业务内容，典型代表是无锡药明康德。第三类是合资企业，数目较少，例如北京凯维斯就是Kendle在华合资CRO，主要从事临床研究。第四类是拥有国家资源的国家建立或认证的中心，这些中心集中在北京、上海、成都等地区。

3. 我国CRO已在全球制药工业和生物技术产业研发外包中占据一定份额

目前，发展中国家的CRO主要分布在中国和印度。我国CRO自2000年以来，发展迅速，目前已经有上千家，超过了印度。而全球大型制药企业和生物技术企业，将更多地进行医药研发外包，外包的目标主要是中国和印度。争取国际医药研发外包订单成为我国CRO融入世界制药工业和生物技术产业创新体系的一个重要机遇。

4. 我国临床前研究和临床研究的法律法规不断健全

临床前研究方面，1988年科技部发布了《实验动物管理条例》，1992年科技部和国家质量技术监督局发布了《实验动物质量管理办法》。在此基础上，参考国外实验动物质量标准，结合原有国家标准，于2001年颁布了《中国实验动物质量国家标准》。临床研究方面，GCP是规范药品临床试验全过程的标准规定，我国引入、推动和实施GCP已过了近10年的时间：1998年3月2日卫生部颁布了《药品临床试验管理规范（试行）》；国家食品药品监督管理局成立后对该规范进行了进一步的讨论和修改，于2003年9月1日起正式实施《药物临床试验质量管理规范》（GCP）。全国医药技术市场协会 CRO 联合体是我国 CRO 行业管理的非赢利性机构，为规范 CRO 药物临床试验的服务行为，2009 年出台了《临床试验合同研究组织服务管理规范》。GLP 是就实验室实验研究从计划、实验、监督、记录到实验报告等一系列管理而制定的法规性文件，涉及实验室工作的所有方面[①]。我国引入 GLP 已有近 20 年：1994 年1 月，由国家科委颁布 GLP 草案；1999 年 9 月，国家药品监督管理局修订和颁布 GLP 试行规范；2003 年，国家食品药品监督管理局发布《药物非临床质量管理规范》和《药物非临床质量管理规范检查办法（试行)》，并正式对 GLP 实验室进行认证检查；2006 年，国家食品药品监督管理局发布《药物非临床质量管理规范认证管理办法》；2006 年，国家食品药品监督管理局发布新药的安全性评价研究强制实施 GLP 的要求；自 2007 年 1 月起，新药安全性评价研究强制实施 GLP。

5. 我国 CRO 已在上海、北京、南京、无锡等地形成产业聚集

CRO 一般聚集在大学、科研机构和大医院密集的城市，北京、上海、南京、无锡、武汉、成都等城市成为我国 CRO 的首选之地（见表 22.1）。北京的亦庄经济技术开发区和中关村科技园区都有生物医药园，当中有不少企业是 CRO。无锡以建设马山国家生命科学园为龙头，建立了马山生物医药研发服务外包区，大力发展 CRO。上海 2009 年出台了《上海市生物医药产业发展行动计划（2009～2012 年)》，CRO 所代表的医药研发外包是其中的重要内容，上海打算做大生物医药临床前服务外包的规模，加快上海医药临床研究中心建设，提升新药临床研究水平，推动发展潜力大、市场前景好的临床研究 CRO 服务发展。鼓励企业积极承接国际产业转移，使上海逐步融入国际生物医药研发链，到 2015 年，实现服务外包收入达到 200 亿元。

表 22.1　　　　　我国主要的生物医药研发服务外包区

城市	生物医药研发服务外包区
上海	上海张江生物医药服务外包专业园区 上海南汇生物医药服务外包专业园区 上海徐汇临床外包服务和产业基地

① GLP 是 "Good Laboratory Practice" 英文首字母缩写，中文直译为 "优良实验室规范"，但通常翻译为 "药物非临床试验管理规范"。

续表

城市	生物医药研发服务外包区
无锡	无锡马山生物医药研发服务外包区
北京	北京中关村科技园大兴生物医药产业基地 北京亦庄经济技术开发区生物医药园
南京	南京生物医药谷
武汉	武汉国家生物产业基地（光谷生物城）
成都	成都天河生物医药科技园

6. 海归在我国 CRO 创办中扮演了重要角色

海归在我国 CRO 的发展过程中起了十分重要的作用，这也是我国 CRO 异军突起的一个重要原因。这些海归大都在国外大型制药企业或 CRO 巨头工作过，熟悉制药工业的研发，回国创业的同时，带来了技术、管理和人脉，因此事业开展十分顺利，有的企业甚至在国际上颇具知名度，最为典型的是无锡药明康德创始人李革，1993 年，哥伦比亚大学化学博士李革凭借其在攻读博士期间发明的专利技术获得风险投资，在美国创办了 Pharmacopeia 公司。该公司1995 年在纳斯达克上市。1999 年，李革受邀回国考察。2000 年末李革在无锡注册成立无锡药明康德，客户均为国外大型制药企业和生物技术企业。2006年无锡药明康德进入全国 103 家"国家级创新型企业"，2007 年在纽约证券交易所上市，成为中国第一家登陆纽约证券交易所的 CRO。2008 年无锡药明康德进入"中国创新型企业 20 强"，李革入选"中国企业最具创新力十大领军人物"；公司荣获"弗若斯特沙利文最佳制药和生物技术研发外包奖"。2009年无锡药明康德营业收入 2.7 亿美元，利润突破 1 亿美元。2009 年无锡药明康德进入全球创新 50 强，并高居第 8 位。

7. 我国 CRO 成立了松散型或紧凑型的产业联盟

为了克服企业规模小带来的劣势，我国 CRO 还成立了产业联盟，分为松散型和紧凑型两种。松散型产业联盟的代表是北京，2006 年，北京中关村 22家 CRO 曾成立了中关村 CRO 联盟，后又有 10 家公司加入。该联盟成员单位各自接订单，更像是一个半官方的行业协会。紧凑型的产业联盟则共同接订单。例如，2007 年，上海桑迪亚和同在张江药谷的联友药业有限公司、华大天源生物科技有限公司结成了 CRO 服务联盟。结盟后，三家 CRO 可以共同完成从先导化合物合成、优化，直至临床试验用药的中间体和原料药开发的新药研发外包过程。

8. 利好政策多方面助推 CRO 产业

主要体现为以下方面：首先，CRO 和制药工业和生物技术产业是伙伴关系，我国从中央到地方都极为重视生物技术产业的发展，中央和地方出台一系列促进生物技术产业发展的优惠政策，CRO 作为生物技术产业的组成部分，也从中受益，例如，2010 年 10 月 10 日，国务院发布了《关于加快培育和发展战略性新兴产业的决定》，明确将生物医药产业纳入我国战略性新兴产业范畴，再例如，上海 2009 年出台了《关于促进上海生物医药产业发展的若干政策规定》。其次，CRO 如果被认定为高新技术企业，就享有高新技术企业的所得税优惠政策。第三，CRO 如果被认定为技术先进型服务企业，将享有技术先进型服务企业的所得税优惠政策。第四，CRO 作为研发外包，属于高技术服务业的范畴。享受高技术服务业的政策优惠。2010 年国家发展改革委办公厅发布了《关于当前推进高技术服务业发展有关工作的通知》，提出"重点培育信息技术服务、生物技术服务、数字内容服务、研发设计服务、知识产权服务和科技成果转化服务等高技术服务行业"，其中专门针对生物技术服务提出，要"大力发展临床前研究、药物安全性评价、临床试验及试验设计等专业化第三方服务，降低创新成本，提高创新效率"。第五，CRO 属于服务外包型企业，我国服务外包产业的产业发展政策对 CRO 产业也会产生影响，2010年 4 月 7 日，国务院办公厅发布了对商务部《关于鼓励服务外包产业加快发展的复函》，同意建设杭州等 20 个中国服务外包示范城市，同意放宽技术先进型服务企业的认定标准，将技术先进型服务业务收入占本企业总收入 70% 的比例降低到 50%，取消技术先进型服务企业需获得国际资质认证的要求，加快技术先进型服务企业认定工作。

9. 个别 CRO 已开始全球化发展，并在全球 CRO 排名中占据一席之地

例如无锡药明康德 2007 年在纽约证券交易所上市后，2008 年 1 月又成功以 1.51 亿美元全资收购美国 AppTec 实验室服务公司，开创了我国 CRO 海外扩张的先河。收购 AppTec 对药明康德的竞争力有提升作用，AppTec 主营业务包括生物制药和医疗器械研发，与药明康德主营的小分子化学药业务形成互补。AppTec 为超过 700 家制药企业提供服务，其广泛的客户网络帮助无锡药明康德在

美国市场拓展业务。2011 年无锡药明康德的营业额突破 4 亿美元，在全球 CRO 排名中高居第 14 位。再例如，尚华医药的前身上海开拓者化学和上海睿智化学研究有限公司，分别创建于 2002 年和 2003 年，先为礼来做化学合成方面的外包服务，后扩展服务至生物、药理、毒理和制剂等其他领域。以此为基础，设立了尚华医药研发服务集团（ShangPharma），旗下控股 6 家从事 CRO 业务的子公司，包括上海睿智化学研究有限公司、上海开拓者化学研究管理有限公司、上海开拓者医药发展有限公司、成都睿智化学研究有限公司、凯惠医药发展有限公司和上海凯惠医药化工有限公司，并引入美国最大的私募股权投资公司之一的德克萨斯太平洋集团（TPG）作为战略投资者。2008 年尚华医药的营业额超过 3.1 亿元。2010 年 10 月 19 日尚华医药在纽约证券交易所成功上市，成为我国继无锡药明康德之后第二家在纽约证券交易所上市的 CRO。

10. 我国 CRO 发展模式多样化

我国 CRO 的发展模式与创办人的专业背景相关。例如，凯维斯的创办人谢燕彬是北京朝阳医院的一名临床女医生，因此凯维斯专注于临床研究。无锡药明康德的创始人李革是哥伦比亚大学化学博士，尚华医药创始人惠欣也是化学专业出身，因此无锡药明康德和尚华医药都是从小分子的化学合成开始的。上海美迪西生物医药有限公司的首席执行官陈春霖是美国俄克拉荷马州立大学药理和毒理学博士，专业优势在于动物实验，因此美迪西在这个领域发展。

四、推动我国 CRO 产业技术创新和结构调整的政策建议

为提高我国 CRO 产业的技术创新能力，推进 CRO 产业的结构调整，本文提出如下政策建议。

1. 大力发展临床前 CRO

临床前 CRO 从事药物发现、药物设计和临床前研究。临床前 CRO 与临床 CRO 有一个很大的不同，就是产业聚集地点的不同：临床 CRO 大多聚集在医院附近，这样便于开展临床试验，而临床前 CRO 大多聚集在生物医药产业园区，这样便于开展技术创新。我国目前正在大力推动制药工业和生物技术产业的技术创新，而临床前 CRO 因为触及新药研发，对于推动制药工业和生物技

术产业的技术创新可以起到极大的推动作用。

2. 规范和整顿临床 CRO 数量的过度膨胀，着力提高临床试验的质量和水平

目前，我国临床 CRO 数目过多，由于临床 CRO 技术含量不高，却使用了大量的资源，因此有必要对临床 CRO 进行必要的规范和整顿，规范和整顿主要是从 CRO 产业标准入手，提高临床试验的质量和水平。

3. 在发展专业型 CRO 的同时，鼓励全能型 CRO 的发展

国际上 CRO 也在往两个方向发展：一个方向是全能型，一个方向是专业型。全能型的 CRO 可以提供全方位的服务，专业型的 CRO 则只提供某一类型的服务。CRO 既可以向全能型发展，也可以向专业型发展。全能型服务的优势在于实现各环节的无缝连接，专业型服务专注于研发过程中某一环节，能够在细分领域做到最好。我国在鼓励专业型 CRO 发展的同时，还应着力打造全能型 CRO。

4. 为 CRO 建立行业准入制度和资质认定制度

目前我国 CRO 产业没有一个行业主管部门，这使得 CRO 行业成为一个无人管的行业，一方面药监部门作为药品注册和管理部门，是 CRO 进行新药申报时必须打交道的部门，但是药监部门依据《药品注册管理法》，称 CRO 不归其管理。另一方面，卫生部门只管医院，不管药品，从而使得我国对 CRO 的监管出现真空，目前我国 CRO 主要靠行业自律。CRO 行业由于不存在行业准入，造成该行业鱼龙混杂。此外，我国 CRO 还缺乏资质认定，资质认定工作是进一步规范 CRO 行业且政府有必要大力推行的一项工作。只有将 CRO 的资质认定工作落实，各种规模和水平不等的 CRO 才能在市场上公平竞争。

5. 以发展现场管理组织 SMO 为契机，转变我国药物临床试验机构的发展方式

高水平药物临床试验机构建设是推动 CRO 行业与国际接轨的一个必备的条件，药物临床试验机构好比是基础设施，只有基础设施完备了，CRO 这个行业才能得到高效的发展。因此，政府应着力打造一批高水平的药物临床试验机构。目前我国药物临床试验机构建设注重硬件设施的建设，但不注重临床研究者的队伍建设。表面上看，我国药物临床试验机构数目多，一旦具体到各个病种，药物临床试验机构数目少的尴尬局面就立刻显现出来。为此，我国要借鉴国外成熟经验，药物临床试验机构既要抓硬件，更要显著提高各病种的临床研究者的数量和水平，这样才能从根本上改变目前临床试验供求关系颠倒的奇怪局面。而 SMO 在这个过程中可以发挥应有的作用。

6. 积极承接国际多中心试验（MCT）

我国在承接 MCT 上已经落后于印度等周边国家，落后的原因在于我国审批时间太长，延误了参与 MCT 的时机。为此，我国相关部门应加快审批速度，为 MCT 进入我国创造良好的政策环境。

7. 进一步完善临床前研究和临床研究的法律、监管和执行环境

目前我国虽然已在 2003 年正式颁布和施行《药物临床研究质量管理规范》（GCP）和《药物非临床研究质量管理规范》（GLP），但我国 GCP 与 ICH – GCP 相比还有一定差距，我国 GLP 与经合组织（OECD）的 GLP 相比也有一定差距。此外，GCP 和 GLP 在我国没有被很好地执行。尤其是，硬件上的差距可以很快弥补，但规范的执行、落实、管理和人员等方面的差距不是短时间内可以弥补的。

8. 鼓励 CRO 做大做强，走出去与西方 CRO 同台竞争

目前，我国 CRO 企业数量已经足够，但是在规模上还普遍较小，业务一直停留在低端，难以得到国外同行的认可。并且，企业规模小还使得我国 CRO 在标准和知识产权保护上还存在欠缺，因此，下一步我国应做大做强 CRO。要鼓励有实力的 CRO 走出去。此外，目前都是全球 CRO 巨头进入我国，利用我国丰富的资源进行临床前研究和临床研究，同时在我国进行新药上市申报。我国已经有一些有实力的临床 CRO 涌现，典型代表是泰格医药。对于这类企业，应该鼓励其走出去，为我国制药企业在美申报新药上市提供贴心的服务。走出去还意味着这类企业不能将业务限于本土，还应该在海外设立子公司，在海外招募工作人员和承接订单等。

9. 鼓励具备实力的 CRO 从代工模式转型升级为创造模式

目前我国以无锡药明康德为代表的 CRO 不做新药研究，只为国际客户做新药服务的研发外包模式，带有典型的中国制造色彩，也就是医药研发的代工。今后，随着我国 CRO 实力增强，不排除个别 CRO 转型升级为制药企业，从而变中国制造为中国创造。此外，CRO 也将成为新药开发的摇篮。CRO 虽

然自己不能做药,但是可以培养出大批熟悉做药流程的科学家,他们可以成为未来我国医药研发的主力。因此,尽管我国目前的环境不适合新药研发,一旦国内的制药工业环境变好,CRO转型升级为制药企业的可能性还是存在的。

10. 为 CRO 的发展提供金融支撑

目前药明康德、尚华医药和新生源选择境外上市,泰格医药2012年成为第一家在深圳创业板上市的CRO。国际和国内风险资本和私募资本在我国CRO的发展过程中已起到了一定作用,下一步我国应鼓励风险资本和私募资本进入CRO产业,推动CRO在国内和国际上市。

11. 加大 CRO 产业的知识产权保护力度

制药工业和生物技术产业是依赖于知识产权保护的行业,新药保护主要是专利保护,CRO作为制药工业和生物技术产业的组成部分,首先要注意对作为委托方的客户知识产权的保护;其次,CRO要积累自身的知识产权,在国际和国内积极申请专利。为此,我国相关部门应出台相关政策,鼓励CRO积极进行知识产权的创造、保护和管理。

12. 促进国内制药企业和生物技术企业与 CRO 的合作

国内制药企业和生物技术企业在继续与大学和科研院所合作的同时,应加强与CRO的研发合作,将CRO作为可以利用的外部资源,我国制药企业和生物技术企业通常仅仅利用临床CRO开展临床实验,而对临床前CRO利用很少。这反映了国内制药工业和生物技术产业研发模式仍停留在与大学和科研院所的合作层面上。未来我国制药工业和生物技术产业应参照国际制药工业和生物技术产业的研发外包模式,更多将新药研发外包给临床前CRO。

13. 加大海外引智力度,吸引更多的海外人才回国创办 CRO

我国每年都有大量的医药和化学专业毕业生,同时我国在国外制药工业和生物技术产业有一大批有着丰富研发经验和商务运作经验的化学和医药方面的人才。如何吸引海外人才回国创办CRO,将海外科学家和本土丰富的人力资源相结合,是提升我国CRO产业国际竞争力的关键。

罗　涛　执笔